CŒUR DE
BANLIEUE

DAVID LEPOUTRE

CŒUR DE BANLIEUE

Codes, rites et langages

Odile
Jacob

publié sous la responsabilité éditoriale
de Marc Augé

© ÉDITIONS ODILE JACOB, 1997, NOVEMBRE 2001
15, RUE SOUFFLOT
75005 PARIS

www.odilejacob.fr

ISBN : 978-2-7381-0455-7

Introduction

L'ethnologie
de la culture des rues

1. Donnant, donnant : Samir et l'ethnographe

En septembre 1990, j'ai été nommé comme professeur d'histoire-géographie dans un collège de La Courneuve, en proche banlieue parisienne. Ayant été éduqué dans une famille bourgeoise de province, j'ignorais à peu près tout des réalités quotidiennes des adolescents vivant et grandissant dans ce que l'on regroupe sous le terme de grands ensembles de banlieue. J'ai immédiatement été frappé par l'âpreté et la dureté des relations interpersonnelles et notamment par la violence verbale et physique qui s'exerçait entre jeunes, à tout moment et en toute occasion, dans l'enceinte du collège. J'ai donc décidé de faire de ces formes de relations adolescentes le sujet de ma recherche[1]. Tout en continuant à enseigner, j'ai fait quelques incursions dans un club de boxe thaïe local, puis je me suis inscrit au Judo-Club courneuvien, où j'ai ensuite pratiqué avec assiduité pendant deux ans. Au mois de février 1992, je me suis de plus installé à plein temps dans un studio, dans la cité voisine des Quatre-Mille, où sont recrutés la grande majorité des élèves de mon établissement, et j'y ai résidé pendant vingt mois. J'ai par la suite continué d'enseigner dans ce même collège.

La matière ethnographique de ce livre est issue à la fois des observations que j'ai pu faire au cours de toutes ces années, observations qui ont été dans la mesure du

---

1. Cet ouvrage est la version remaniée d'une thèse de doctorat d'anthropologie sociale et d'ethnologie, soutenue en 1996 à l'École des hautes études en sciences sociales.

possible régulièrement consignées par écrit, et des paroles d'interlocuteurs adolescents recueillies soit au cours d'entretiens organisés et enregistrés, soit lors de conversations et d'échanges multiples et informels qui se sont déroulés dans le cadre scolaire — au collège ou à l'occasion de voyages scolaires —, dans le grand ensemble — dans les rues ou à mon domicile — et dans les vestiaires du club de judo, avant et surtout après les entraînements.

S'il n'est plus besoin aujourd'hui de souligner la nécessité et les vertus de la méthode dite d'observation participante, méthode considérée à juste titre comme fondatrice de l'ethnologie contemporaine et qui consiste, pour la résumer, à partager pendant une durée de temps assez importante tout ou partie de l'existence du groupe social que l'on étudie, cela afin de pouvoir bénéficier soi-même d'un point de vue « de l'intérieur » sur les relations sociales et sur les représentations culturelles de ce groupe, en revanche il semble qu'il reste beaucoup à dire sur les relations très spécifiques qui s'instaurent entre le chercheur et les personnes qui font l'objet de sa recherche et notamment celles qui deviennent sur le terrain ses informateurs ou, pour le dire de façon moins désuète, ses interlocuteurs privilégiés.

Ces relations sont évidemment, et pour qui en a fait la plus mince expérience, fondées sur bien autre chose que la simple nécessité de transmission des informations ethnographiques. Et l'on peut se demander ici dans quelle mesure l'amitié ne figure pas comme une des conditions nécessaires du travail ethnographique. De plus, c'est bel et bien dans la relation spécifique entre l'ethnologue et ses interlocuteurs, dans les réussites et les difficultés de cette relation, que s'élabore sans aucun doute une part essentielle de la réflexion dont est issu le travail d'analyse ethnologique. Autrement dit, ce qu'apprend et comprend l'ethnologue, il ne peut le faire qu'au prix de cette relation, quelles qu'en soient par la suite les conséquences négatives ou positives, et pour lui et pour ceux avec qui ces relations ont été nouées. Enfin, il faut aussi se demander si ces relations, qui mettent en œuvre au quotidien l'altérité culturelle et sociale, ne sont pas recherchées et désirées pour elles-mêmes, au moins inconsciemment, par l'ethnologue. Du moins, les motivations et les déterminations propres de ce dernier ne se laissent certainement pas réduire aux seuls objectifs et intérêts scientifiques. Pour prendre le contre-pied d'une sentence célèbre, aucun ethnologue ne peut véritablement haïr les voyages, quand bien même ces voyages ne l'emmènent qu'à quelques kilomètres de chez lui.

Pour mettre en lumière de la façon la plus concrète possible toute l'ambiguïté et la difficulté de cette relation qui s'établit entre l'ethnographe, poseur de questions, curieux, indiscret, voyeur et parfois véritable gêneur, et l'informateur, méfiant, fuyant et réticent, voire franchement hostile, ou à l'inverse confiant, coopérant, rarement indifférent et jamais dupe, en tout cas, de cette relation intéressée et sans échange équitable, il nous a semblé intéressant de reprendre les extraits de nos carnets de terrain concernant Samir[1], un adolescent de quinze ans, avec qui nous avons noué des liens dès le début de notre travail, à la fois dans le cadre de l'enseignement et dans celui du travail ethnographique.

Samir est fils cadet d'une famille d'origine algérienne de six enfants installée aux Quatre-Mille depuis 1964. Son père est employé dans un restaurant parisien, sa mère femme au foyer. Contrairement à ses frères et sœurs pour lesquels la réussite scolaire et l'intégration sociale ne posent pas de problème particulier, Samir vit une ado-

---

1. Tous les prénoms et noms des personnes citées dans l'ouvrage ont été changés, de façon à protéger leur anonymat et leur vie privée. En revanche, les noms des lieux ont été conservés, bien que parfois utilisés les uns à la place des autres, quand cela nous a semblé nécessaire.

lescence critique qui peut se résumer en termes de conflit avec sa famille, d'échec scolaire relatif et de petite délinquance. Il passe la majeure partie de son temps libre dans les rues de la cité à traîner ou à faire les quatre cents coups avec ses copains. Ses parents, en désespoir de cause, le menacent rituellement de le renvoyer au bled, c'est-à-dire en Algérie, pour y garder les moutons ! Son seul intérêt déclaré va au football, qu'il pratique avec assiduité dans un club local. Très vif d'esprit, gentil et attachant mais aussi insupportable ou même exécrable, il se définit lui-même comme un « diable ». Volontiers querelleur et bagarreur, parfois voleur et racketteur à l'occasion ; très hâbleur et très fort *vanneur*, il est avant toute chose grand fabulateur, reconnu par ses pairs comme « le plus grand *mytho* [mythomane] de la cité ».

Samir a toujours fait preuve, dans ses rapports avec moi et dans des situations très diverses, d'une perspicacité et d'une lucidité implacables et souvent déconcertantes. Rapidement, il s'est rendu compte de ma position de demandeur et il ne s'est jamais gêné soit pour me rejeter purement et simplement, soit pour chercher à en tirer profit matériellement ou symboliquement. Par ailleurs, ses sentiments à mon égard n'ont jamais cessé d'évoluer, dans un sens ou dans l'autre. L'ethnologue que j'étais, s'intéressant à sa vie quotidienne et à son univers, lui apparaissait tour à tour insupportable ou attirant. À chaque étape de mon intégration, relative mais trop visible, à son monde, à son langage, à sa cité, etc., il m'a fait payer au prix fort, psychologiquement parlant, ce qui lui apparaissait comme une intrusion tout à fait aberrante. Il m'a aussi accordé, à force de temps, un peu, peut-être même beaucoup de son amitié et de sa confiance. Tout voyou, menteur et voleur qu'il soit, je crois pouvoir dire qu'il n'a jamais cherché à me tromper véritablement, du moins pas sans m'en avertir de façon codée.

Est-il besoin de préciser que les conflits qui nous ont opposés s'inscrivaient d'abord dans la relation professeur-élève qui était la nôtre au départ ? Seulement, si je n'ai pas été le seul enseignant à qui il ait posé des problèmes disciplinaires, avec moi les choses ont assurément atteint des sommets immotivés dans un cadre purement scolaire. L'ethnographie, science parfois trop humaine s'il en existe, était donc bel et bien en jeu — ou en cause — dans les faits qui vont être ici relatés.

[Septembre 1990-février 1991] La classe de quatrième me pose de sérieux problèmes de discipline, notamment à cause de quatre élèves agités et agitateurs qui perturbent systématiquement les cours. Samir, sur qui les sanctions n'ont guère d'effet, est le plus exubérant d'entre eux. Nous parlons histoire, il répond bruyamment football ; nous traitons de l'économie allemande, il intervient vingt fois dans l'heure à propos de l'Algérie. Au mois de février, j'annonce aux élèves que j'entreprends un travail de recherche sur la cité des Quatre-Mille. Samir me demande à la fin du cours si j'ai l'intention de l'interviewer.

[5 mars 1991] Samir me fait visiter, un soir, avec deux autres élèves, sa cité : le terrain de foot, les barres et les tours, les commerces, les graffitis et les *tags*, le terrain vague sur lequel ont eu lieu quelques fameuses bagarres avec la cité voisine des Francs-Moisins. J'offre un verre, pour finir, au bistrot du quartier. Il se montre aimable et jovial, visiblement content de fréquenter un professeur à l'extérieur du collège. Il me pose cependant nombre de questions sur les raisons de mon travail, questions auxquelles je réponds tant bien que mal, sentant peut-être déjà poindre un doigt de suspicion.

[14 mars 1991] J'emmène Samir et Mohamed en promenade dans les rues de Paris pour l'après-midi. À la gare R.E.R. de La Courneuve, les choses s'annoncent mal. N'ayant pas de monnaie, je commets l'erreur de sortir sous leurs yeux un billet de cinq cents francs pour payer les tickets. Le sang de Samir ne fait qu'un tour. « Monsieur, vous êtes plein de fric, vous êtes plein aux as ! » Le voyage se passe normalement. Mais, dès l'arrivée à Paris, Samir entame une longue litanie de demandes incessantes sur le ton de la plaisanterie ou du reproche qui durera tout l'après-midi. Mon portefeuille est sollicité à toute occasion, pour tout ce qui se présente en vitrine, de *Télé Z* au baladeur en passant par les blousons Chevignon, les hamburgers, etc. J'ai promis un verre dans un bar, ni plus ni moins. Les demandes se transforment rapidement en provocations multiples. Samir dénigre systématiquement le cadre de l'excursion, la ville, le quartier, les gens... Il répond à mes rares questions de façon lapidaire en *verlan* et en argot. Au parc du Luxembourg, il fait mine d'agresser deux enfants. À la Sorbonne, où nous entrons pour visiter un amphithéâtre, il cherche ostensiblement quelque objet à embarquer. Sur le Pont-Neuf, il jette une canette vide sur une péniche qui passe. À plusieurs reprises, il fait mine de me défier au combat. Nous buvons, comme prévu, un verre — accompagné, à sa demande insistante, d'un sandwich. Samir en demande un autre que je lui refuse, redemande un verre, demande un gâteau, etc. Nous retournons à la station Saint-Michel et, pour conclure, sur le quai, en attendant le train, Samir fait l'addition de mes dépenses à voix haute et m'annonce, ravi et odieux, que j'ai déboursé au total « dix *keu's* [sacs] pour [leur] pomme ». Dans le R.E.R., il devient carrément insultant et se met à *rapper* en me roulant dans la farine : « Lepoutre, c'est une poutre / On en a rien à foutre / Je me suis régalé / Je l'ai bien carotté / Il a craché dix *keu's* pour des mecs des *Quat'-Keu's* [Quatre-Mille] / Viens en banlieue regarder la jeunesse dans les yeux / Etc. » Ne sachant plus du tout comment réagir, terriblement las, j'attends que le trajet se termine, en endurant. Nous nous quittons à la gare. Je rentre chez moi, très affecté et bien décidé à tirer la leçon de ce qui s'est passé.

[Mars-avril 1991] À la suite de notre sortie à Paris, mes rapports avec Samir se dégradent rapidement. Plus d'un mois durant et sans raison déclarée, je deviens l'objet de sa détestation profonde. Son hostilité, voire sa haine s'expriment pendant les heures de cours, dans les couloirs du collège, à la sortie dans la rue, en toute occasion et à tout moment, sous forme de remarques acerbes incessantes, insinuations de toutes sortes, insultes, calomnies, menaces... Le conflit est devenu personnel et il est pour moi de plus en plus difficile de l'assumer. Samir refuse évidemment toute forme de dialogue. Je réagis tour à tour par la colère, les sanctions, l'indifférence, la gentillesse et la conciliation. L'interruption des vacances de Pâques améliore un peu les choses, mais le conflit n'est pas réglé pour autant.

[15 mai 1991] Je rends visite aux parents de Samir pour essayer de régler le problème d'une autre façon. Samir est dans la cour de la cité avec ses camarades. Quand il me voit arriver, il me lance une « vanne » et décampe. Sa mère me reçoit et demande à son autre fils, Nasser, d'aller chercher Samir. Il revient au bout d'un quart d'heure, bredouille. Nous discutons pendant une demi-heure autour d'un café. Madame S... me fait part de ses difficultés déjà anciennes avec Samir. Nasser, qui est en première au lycée, émet des doutes sur l'avenir de son frère. Je repars au moins satisfait d'avoir pu établir un bon contact avec la famille. Le lendemain, au collège, Samir me lance dans un couloir : « Ça fait quinze ans que j'y habite dans ma putain de *téci* [cité], tu crois qu'on peut me trouver *ça comme* [comme ça] ! Tu te la racontes ! » Au cours des semaines qui suivent, toutefois, son hostilité à mon égard diminue de façon très nette, à mon grand soulagement. Un de ses camarades, Loïc, me prend en aparté un soir à la sortie du collège : « Samir, il fait la racaille avec vous, M'sieur, mais en fait, il vous aime bien. Il me l'a dit à la cité, l'autre jour : "Monsieur Lepoutre, je l'aime bien, mais je veux pas lui faire montrer, parce que après, il va prendre la confiance !" »

[22 juin 1991] Je me rends à un gala de boxe thaïe à Langevin-Wallon. Devant la porte, je trouve Samir qui essaie de rentrer sans payer. Il ne me dit pas bonjour, détournant vivement le regard, puis, alors que je fais la queue, s'approche de moi avec un de ses copains et lui dit en me montrant : « Lui, il faut le savater. Si tu le trouves dans la rue, tu le massacres, d'accord ? » Je souris, un peu nerveusement. Son acolyte me regarde fixement, attendant une réaction de ma part. Samir me demande alors de lui payer sa place. Je refuse et rentre dans le gymnase.

[Septembre 1991] À la rentrée, Samir me dit bonjour, très gentiment. Je n'ai pas repris sa classe cette année, mais nous nous croisons dans les couloirs. Il me demande plusieurs fois de l'interviewer : « T'es mon pote, *Vid'da* [David] ! Hein, t'es mon pote ? Quand est-ce qu'on va boire un coup ? J'te raconte tout ce que tu veux sur ma cité. » Je finis par lui promettre une interview tout en restant évasif sur la date.

[Octobre 1991] J'interviewe Samir dans un bistrot à La Courneuve. Il me refait le coup du sandwich, sans succès cette fois. L'entretien dure une demi-heure. Samir parle énormément, très rapidement, puis s'arrête brutalement, agacé et énervé : « Bon, vas-y, arrête, fais voir, arrête ! » Il m'arrache le dictaphone des mains et réécoute alors la bande quelques minutes, à demi satisfait. Nous sortons du bistrot et nous nous rendons ensemble aux Quatre-Mille où je dois visiter le studio H.L.M. qui vient de m'être attribué. « Tu m'inviteras chez toi, *Vid'da* ? Tu m'inviteras, hein ? » Nous nous quittons à l'entrée de l'immeuble. Je le retrouve après la visite, qui traîne dans la cité avec un des frères T... Samir recommence ses provocations : « Regarde-le bien, lui, c'est un *feupro* [prof], quand tu le vois, il faut le savater », etc. Le soir, je retrouve Samir qui m'attend à l'entrée du centre sportif Langevin-Wallon avec un autre copain. Nous échangeons quelques « vannes ». Je le sens tendu et agressif. Il fait mine de vouloir se battre, puis me touche le visage avec sa main et éclate de rire : « Je lui ai mis une baffe ! Mor-

tel ! Je t'ai mis une baffe, *feupro* ! » Je le repousse sèchement, puis rentre au vestiaire en les priant de me foutre
la paix. L'entraînement commence. Samir et son « pote »
ont fait le tour et font leur « cirque » derrière les baies
vitrées du *dojo* qui donnent sur la rue. Samir multiplie les
provocations. Faras, l'entraîneur, qui les connaît pour les
avoir initiés au judo, les tance vertement à travers les
vitres, puis, devant son insuccès, ordonne à un élève d'aller fermer les rideaux. Ils partent finalement et j'entends
au loin, non pas de sa bouche, mais de celle de son complice, mon nom suivi d'un « nique ta mère » tonitruant. Je
suis dans mes petits souliers... Le lendemain, au collège,
Samir m'interpelle dans un couloir. Je refuse de lui adresser la parole. Dans les jours qui suivent, nos relations se
normalisent à nouveau. Quelques semaines plus tard, il
me redemande de l'interviewer. J'ai décidé d'arrêter là
mon travail avec lui, au moins provisoirement. Pendant
les mois qui suivent, une distance raisonnable s'établit
entre nous. Il me dit bonjour chaque fois qu'il me voit en
me claquant la main : « Ça va, *Vid'da* ? » ; je réponds sans
rechercher l'échange ; nous ne nous parlons en fait presque pas.

[Mars 1992] À la fin du mois de février, je m'installe
aux Quatre-Mille dans mon nouveau studio. Le hasard a
voulu que mon balcon donne directement sur ses fenêtres, quatre étages plus bas dans l'immeuble d'en face.
Le lendemain même de mon déménagement, je croise
Samir dans un couloir du collège, qui ne me dit pas bonjour. Pendant plusieurs jours, il me défie du regard. Un
soir, alors que je suis en train de poser des rideaux à ma
fenêtre, j'entends siffler dehors. Je baisse les yeux vers
la rue et vois Samir à la fenêtre de sa chambre. Je sors
alors sur le balcon et lui dis bonjour. Il est hilare, content
que je l'aie entendu et ravi de m'avoir sifflé : « Tu m'as
entendu ? — Ben ouais, puisque je te parle ! — Tu
réponds alors, si je te siffle ? — Je crois pas, non. Ça
dépendra sur quel ton tu siffles ! » Le lendemain, il vient

me rendre visite — non sans m'avoir auparavant dérangé trois fois en me faisant le coup de la sonnette. Il reste une demi-heure chez moi, un peu gêné et déboussolé, mais très excité et plutôt agressif, posant questions sur questions, me faisant toutes sortes de réflexions. Il me prévient que quelqu'un a écrit des graffitis d'insultes me concernant dans l'ascenseur — ce que je vérifierai effectivement un peu plus tard, mais dont il n'est manifestement pas l'auteur. Il finit par me « taper » dix francs et une cassette vierge qui traîne sur ma table, puis s'en va. Dans les jours qui suivent, il me siffle ou bien crie mon nom de la rue à maintes reprises, vient cogner à ma porte, s'enfuit, revient frapper, repart en courant... Je ne réponds pas, n'ouvre pas, fais le sourd.

[Avril 1992] Chaque fois qu'il me rencontre, Samir a pris l'habitude de me saluer ironiquement, l'air faussement ahuri, par une question rituelle : « T'habites aux Quatre-Mille, David ? — Ben ouais, tu vois... — Noooon ! » Plusieurs dizaines de fois, cette scène s'est répétée, invariablement, inlassablement. Parfois, une deuxième question tout aussi sarcastique — qu'il n'est d'ailleurs pas le seul à me poser — vient s'ajouter à la première : « T'es une *caillera* [racaille] *Vid'da ?* — Non ! Je suis pas une *caillera*, non ! — Si, t'es une *caillera* ! »

[Mai 1992] Au bout de quelques semaines, il finit par abandonner sa question rituelle et me serre la main normalement. Je suis peu à peu rentré dans son univers familier, ma présence dans la cité ne le gêne plus, voire lui est devenue sympathique. Nos relations deviennent détendues, parfois tout à fait amicales. Il me rend fréquemment visite. Il est venu une fois me demander mon aide pour un dossier qu'il devait faire pour le collège. Il m'emprunte des disques. Nous avons été courir un après-midi ensemble au parc de La Courneuve. Il ne manque cependant pas une occasion de me mettre en boîte. Un samedi après-midi, je m'arrête place Alfred-de-Musset pour « discuter le coup » avec son cousin Khaled, que je connais du judo et qui est en train de refaire une aile de sa voiture. Quelques minutes plus tard, Samir sort de son bâtiment avec sa mère, puis, m'ayant aperçu de loin, s'approche de nous : « Qu'est-ce tu fais là, *Vid'da* ? » Je lui réponds tranquillement : « Ben tu vois, je tape la causette avec ton cousin ! » Il cherche alors la faille et la trouve rapidement : « Comment t'es adossé à l'arbre ! Tu prends la confiance ici, toi ? » Se tournant alors vers son cousin, il lance crânement : « T'as vu comme j' le mets à la *deman* [à l'amende], le prof, hein ? » Un soir, en visite chez moi, il regarde mes disques et découvre avec surprise des disques de NTM, de MC Solaar, de Public Enemy, etc. : « T'écoutes du rap, toi ? — Ouais, j'écoute du rap ! — À ton âge, t'écoutes du rap ? — Eh ben ouais, comme tu vois ! — Aïïïe ! C'te fausse génération ! »

[Juin 1992] Samir s'est fait exclure une semaine du collège à la fin du mois de mai. Il n'en a rien dit à ses parents et en profite pour se mettre en vacances jusqu'à la fin de l'année scolaire. De toute façon, il achève sa troisième et quitte l'établissement définitivement cette année.

[Juillet 1992] Au début du mois, Samir part en vacances au *deublé* [bled], c'est-à-dire en Algérie, avec une partie de sa famille, comme presque chaque été. Nous ne nous reverrons qu'à la rentrée prochaine, dans la cité.

Ce texte, dont la rédaction fut retravaillée et même, pour certaines des notes, intégralement effectuée à partir de souvenirs, au cours de l'été 1992, constitua en fait un premier retour réflexif sur notre expérience de terrain, condition nécessaire à la construction de l'objet ethnologique proprement dit. On peut y percevoir, autant dans les faits évoqués que dans la façon même de les présenter, combien l'ethnographe s'est trouvé par moments malmené et manipulé, dans une relation qu'il ne maîtrisait pas, avec cet adolescent parmi d'autres, dont les logiques s'imposaient à lui avec force, tout en lui échappant presque en totalité.

Pourtant, bon nombre de thèmes de l'étude qui va être exposée dans cet ouvrage sont bel et bien présents dans ce texte : la sociabilité de voisinage, l'enracinement territorial, les formes de langage adolescent, les codes de la violence, etc. Surtout, le ressort principal des conduites et des comportements adolescents est profondément inscrit dans la relation qui est ici décrite, puisque c'est le sentiment de gêne, de malaise et, pourquoi ne pas le dire, de honte éprouvé dans certains moments qui a fait naître la réflexion sur la problématique de l'honneur, concept qui donne sa cohérence au système culturel des adolescents.

2. Sociologie et ethnologie de la jeunesse des banlieues

Si la jeunesse des banlieues a fait couler beaucoup d'encre depuis une quinzaine d'années, les ouvrages et articles de sciences humaines qui lui ont été consacrés ne sont pourtant pas si nombreux que l'on pourrait le croire, à tel point qu'un sociologue comme Bachmann peut parler en la matière d'un véritable déficit scientifique[1], explicable selon lui par les effets pervers de domination sociale qu'instaurent les enquêtes de terrain dans les banlieues et par la difficulté qu'il y aurait par conséquent à travailler sur un tel « champ d'investigation miné ». Par-delà les faits étudiés et les thèmes traités dans les recherches, la séparation entre travaux sociologiques et ethnologiques semble pertinente pour la présentation du point de vue mis en œuvre dans notre recherche.

La sociologie américaine, avec l'école de Chicago, a consacré plusieurs études demeurées classiques aux

---

1. Christian Bachmann, « Jeunes et banlieues », p. 128-154, *in Intégration et exclusion dans la société française contemporaine*, sous la dir. de Gilles Ferréol, Lille : Presses universitaires de Lille, 1992.

sous-cultures juvéniles, études dans lesquelles ont été en particulier analysées les différences de mode de socialisation des adolescents selon l'appartenance sociale, ainsi que les contradictions entre les différents modes d'intégration des normes, en partie responsables de l'apparition des sous-cultures délinquantes[1]. En France, la sociologie de la jeunesse, qui accusait un certain retard dû à la mainmise de la psychologie sur les études concernant cet âge de la vie, fut d'abord marquée par le débat autour des thèses culturalistes inspirées des Américains[2]. Elle s'orienta ensuite, dans un esprit un peu différent, vers l'étude des contre-cultures[3] et surtout celle des mouvements sociaux[4]. Dès la fin des années 1970, toutefois, cette problématique des sous-cultures juvéniles fut largement supplantée par la question de l'insertion socioéconomique des jeunes, devenue plus urgente du fait de la crise économique et de la montée du chômage. Le sousemploi et ses corollaires, le déclassement et l'exclusion, ainsi que les problèmes spécifiques des institutions de socialisation, sont ainsi au centre d'un certain nombre

1. Voir notamment Albert K. Cohen, *Delinquant Boys*, New York : Free Press, 1955 ; William F. Whyte, *Street Corner Society, the Social Structure of an Italian Slum*, Chicago : University of Chicago Press, 1943 ; Richard A. Cloward, Lloyd E. Ohlin, *Deliquancy and Opportunity : a Theory of Delinquent Gangs*, London : Routledge and Kegan Paul, 1961 ; Frederic M. Trasher, *The Gang*, Chicago : University of Chicago Press, 1963.

2. Voir Edgar Morin, « Jeunesse », p. 1-16, *in L'Esprit du temps*, Paris : Grasset, 1962 ; Jean-Claude Chamboredon, « La société française et sa jeunesse », p. 155-177, *in Le Partage des bénéfices : expansion et inégalités en France*, Actes du colloque du cercle Noroit, Arras, 12-13 juin 1965, Paris : Minuit, 1966.

3. Voir Gérard Mauger, Claude Fosse-Poliak, *La Vie buissonnière. Marginalité petite-bourgeoise et marginalité populaire*, Paris : Maspero, 1977 ; ainsi que « Les loubards », Actes de la recherche en sciences sociales, 50, 1983, p. 49-67.

4. Alain Touraine, *Le Communisme utopique*, Paris : Le Seuil, 1968.

d'études[1]. Dans la lignée des recherches sur la délinquance juvénile, d'autres sociologues ont également produit des recherches sur l'économie illégale, sur les bandes, ou encore sur les nouvelles émeutes urbaines[2].

Nombreux sont les travaux de sociologie qui sont plus ou moins marqués, comme on le voit, par la problématique sous-jacente du désordre et de la désorganisation sociale.

Il convient de réserver ici une place de choix au travail effectué par Dubet sur la « galère », concept issu du langage des rues et qui est devenu aujourd'hui emblématique de la situation socio-économique d'une partie de la jeunesse des grands ensembles[3]. À l'issue d'investigations menées par son équipe, dans huit villes différentes, selon la méthode de l'« intervention sociologique », c'est-

1. Claude Dubar *et al.*, *L'Autre Jeunesse. Des jeunes sans diplôme dans un dispositif de socialisation*, Paris : Presses universitaires de Lille, 1987 ; Jean-Marie Renouard, « Vers de nouveaux dispositifs de gestion de l'exclusion ? », p. 249-258, *in Problèmes de la jeunesse, marginalité et délinquance juvéniles, interventions sociales au milieu des années 1980*, Actes des cinquièmes journées internationales de Vaucresson, mai 1985, Vaucresson : C.R.I.V., 1986 ; Claudine Dannequin, *L'Enfant, l'École et le Quartier, les actions locales d'entraide scolaire*, Paris : L'Harmattan, 1992 ; Gérard Chauveau, Lucile Duro-Courdesses, *Écoles et quartiers. Des dynamiques éducatives locales*, Paris : L'Harmattan, 1989 ; Jean-Noël Chopart, « Crise du travail social », *MIRE info*, 23, juin 1991, p. 3-10 ; Daniel Duprez, « L'émergence du "jeune leader" dans les cités populaires et les nouvelles vocations à l'animation », p. 259-267, *in Problèmes de la jeunesse...*, *op. cit.*

2. Christian Bachmann, Anne Copel, *Le Dragon domestique*, Paris : Albin Michel, 1989 ; Patricia Bouhnik, « La drogue au quotidien », *Esprit*, 110, octobre 1990, p. 54-71 ; Michel Fize, *Les Bandes : l'« entre-soi » adolescent*, Paris : Desclée de Brouwer, 1993 ; Roland Eckert, Helmut Willems, « Youth Protest in Europe », p. 89-104, *in Problèmes de la jeunesse...*, *op. cit*

3. François Dubet, *La Galère : jeunes en survie*, Paris : Fayard, 1987.

à-dire à partir des paroles recueillies au sein de groupes d'acteurs sociaux constitués[1], Dubet a dégagé une logique d'action de la « galère », qui découle des trois principes de la désorganisation, de l'exclusion et de la rage. L'explication réside selon lui dans la décomposition du système d'action de la société industrielle et dans l'épuisement du mouvement ouvrier. Pour autant, la « galère » n'est pas vide de perspectives, puisqu'elle porterait en elle des potentialités d'action nouvelle et, par conséquent, l'esquisse de mouvements sociaux à venir, comme pour les « classes dangereuses » du XIXe siècle, qui furent à l'origine du mouvement ouvrier.

Dans l'introduction de son ouvrage, Dubet expose les premiers moments de son enquête et raconte les doutes du chercheur errant dans les cités H.L.M. à la recherche de faits tangibles. L'expérience de la « galère » se caractérisant par l'incertitude, le flottement, la formation de réseaux fragiles, la délinquance peu spectaculaire, la dilution des rapports sociaux, la violence sans objet, etc., Dubet justifie la méthode de l'intervention sociologique par l'impossibilité de recueillir par d'autres moyens un matériau consistant et solide, offrant des possibilités d'analyse sérieuses. Il est vrai que le choix d'une méthode dépend de la nature des questions posées, et l'hypothèse centrale de la « galère » comme « action de classe dangereuse » s'inscrivait précisément dans l'optique de la sociologie de l'action dont l'un des objectifs affichés est de favoriser la prise de conscience des

1. La méthode mise en œuvre dans l'« intervention sociologique » est exposée de manière précise dans le chapitre de présentation de *La Galère*. Pour une présentation complète de ce type d'approche, voir Alain Touraine, *Pour la sociologie*, Paris : Le Seuil, 1974. Pour une critique de cette méthode, voir Michel Amiot, « L'intervention sociologique, la science et la prophétie », *Sociologie du travail*, 4 (80), 1980, p. 415-424.

acteurs et, partant, d'aider à la genèse des mouvements sociaux.

À objectifs différents, méthodes différentes et résultats différents. L'ethnographe s'intéressant aux relations sociales adolescentes dans un grand ensemble de banlieue s'attache à découvrir dans les faits une dimension culturelle, c'est-à-dire un code de relations, un système de valeurs et des représentations formant un ensemble cohérent. L'observation participante permet ici d'accéder à des logiques autres que celles qui ressortent des analyses issues des travaux des groupes de recherche de l'intervention sociologique. La différence réside certainement dans le type de groupe étudié. Tandis que le sociologue de l'action observe un peu comme en laboratoire des groupes artificiellement constitués, l'ethnographe porte au contraire un intérêt privilégié aux groupes naturels, *in situ*.

Partis à la recherche des règles sous-jacentes et du sens caché de la violence, nous avons trouvé, au pôle exactement opposé de la violence anomique décrite par Dubet, une violence signifiante, codifiée, contrôlée et mise en forme, en somme une violence cultivée. Bien sûr, l'ethnographe rencontre aussi sur ce terrain la désorganisation, l'exclusion et la rage. Mais l'expérience de la galère n'épuise pas le vécu des adolescents. Pour le dire autrement, il n'existe pas de groupes humains, si désorganisés soient-ils, sans une idéologie, une vision du monde, un système unifié d'attitudes personnelles, bref une culture.

Or, justement, si culture il y a, celle-ci aurait dû retenir l'attention des ethnologues. Il n'en est rien ou presque, et le déficit scientifique semble en ce domaine sans doute encore plus marquant que celui de la sociologie. Si l'école de Chicago avait fait siennes il y a déjà longtemps les méthodes ethnographiques — un chercheur comme Whyte ayant par exemple longuement partagé la vie de ses *corner boys* pour effectuer sa recherche[1] —, dans le domaine français, bien rares sont les études ethnologiques qui portent sur les adolescents et en particulier sur ceux des grands ensembles de banlieues. Les formes de sociabilité et d'interactions liées à l'interconnaissance, ou encore le langage, ont bien donné lieu à quelques recherches[2]. Mais la plupart des autres travaux dont nous disposons se sont principalement intéressés à la découverte et à la valorisation des formes cultivées ou déjà plus ou moins reconnues de la culture, c'est-à-dire aux formes d'expression artistique telles que les graffitis, la danse et la musique rap du mouvement hip hop[3], ou encore à certaines pratiques sportives spécifiques comme la boxe thaïe[4]. Aucune recherche ne s'est attachée véritablement à interpréter les faits sociaux et les discours en fonction de leurs références à des univers de représentation particuliers.

L'explication de ce manque réside peut-être dans l'ambiguïté de la position de l'ethnologue, du fait des implica-

1. Voir, à ce sujet, la postface à l'édition de 1955, où l'auteur expose en détail son enquête de terrain. (Traduction française *Street Corner Society : la structure sociale d'un quartier italo-américain*, Paris : La Découverte, 1996.)

2. Maryse Esterle, « Y a pas, la Z.U.P., c'est mon village. Jeunes dans la rue, banlieue est de Paris », p. 132-144, *in Le Social dans tous ses états*, sous la dir. de Sylvie Joubert et Éric Marchandet, Paris : L'Harmattan, 1990 ; Claire Calogirou, *Sauver son honneur : rapports sociaux en milieu urbain défavorisé*, Paris : L'Harmattan, 1989 ; Christian Bachmann, Luc Basier, « Le *verlan* : argot d'école ou langue des Keums », *Mots*, 8, mars 1984, p. 169-185.

3. Alain Vulbeau, *Du tag au tag*, Paris : Desclée de Brouwer, 1992 ; Christian Bachmann, Luc Basier, « Junior s'entraîne très fort ou le *smurf* comme mobilisation symbolique », *Langage et société*, 34, décembre 1985, p. 57-68 ; Georges Lapassade et Philippe Rousselot, *Le Rap ou la fureur de dire*, Paris : Loris Talmart, 1990.

4. Catherine Choron-Baix, *Le Choc des mondes : les amateurs de boxe thaïlandaise en France*, Paris : Kimé, 1995.

tions politiques et sociales des analyses culturelles qu'il produit. « Les chercheurs qui étudient les cultures populaires, confie Bachmann, sont soumis à un dilemme permanent : osciller entre le misérabilisme, qui met l'accent sur les relations à la culture légitime et qui disqualifie le peuple au nom de ses manques, et le populisme, qui prophétise et voit en lui les germes d'un monde nouveau (...). La tentation est grande, pour le sociologue, de se transformer en thuriféraire d'une "culture jeune", conçue comme pôle de diffusion culturelle et de ressourcement social[1]. »

Pour éviter ce piège, l'approche ethnologique de la jeunesse dans les grands ensembles doit en fait pouvoir prendre en compte l'ensemble des pratiques et des comportements adolescents et non pas seulement ceux qui se rapportent à des formes d'expression positives et plus ou moins légitimées. L'intérêt d'une telle approche réside, d'une part, dans la saisie et dans la compréhension des univers symboliques, mais, également et surtout, dans la perception de l'intelligibilité sociologique des conduites. En d'autres termes, l'analyse culturelle n'a ici de sens que si la culture est saisie dans sa mise en œuvre dans les rapports sociaux. C'est sans doute la seule manière possible de pouvoir « dépasser aussi bien les visions propres à l'ethnocentrisme de classe qu'une conception romantique des cultures juvéniles[2] ».

1. Christian Bachmann, « Jeunes et banlieues », *op. cit.*, p. 149 ; sur cette question, voir l'ouvrage de Claude Grignon et Jean-Claude Passeron, *Le Savant et le Populaire, misérabilisme et populisme en sociologie et en littérature*, Paris : Gallimard-Le Seuil, 1991.
2. Fernando Alvarez-Uria, Julia Varela, « Le syndrome d'Oliver Twist : sociologie, école et délinquance juvénile », *Critique sociale*, 3-4, 1992, p. 129-135.

3. La culture des rues

Initialement, notre enquête portait exclusivement sur les échanges de violence entre adolescents. Même si notre intention était d'étudier cette violence en dehors du champ de la déviance proprement dit, on voit à quel point le choix du sujet était d'emblée influencé par les problématiques classiques de la sociologie de la jeunesse des classes populaires. Rapidement, pourtant, l'objet de la recherche s'est trouvé élargi, sur la base d'observations portant sur d'autres types de faits, qui se sont imposés d'eux-mêmes au regard, à force de côtoyer les adolescents.

La pertinence sociale de l'espace du grand ensemble, liée à la force de l'attachement résidentiel, la spécificité des relations d'interethnicité, la densité des réseaux d'interconnaissance, ainsi que les formes particulières d'agrégation juvénile constituent ainsi le cadre général d'une sociabilité adolescente qui tire sa spécificité du contexte urbanistique, social, ethnique et démographique du grand ensemble de banlieue. En deuxième lieu, ce sont les caractères originaux des interactions verbales, liés à la forte valorisation de la parole et à la croyance profonde en son efficacité symbolique qui ont retenu l'attention. Nous avons cherché à définir les contours, si ce n'est d'une langue, du moins d'un langage culturellement identifiable. Les échanges de violence physique, étroitement associés au système de vengeance, ainsi que les formes ludiques et sportives des pratiques agonistiques constituent un autre ensemble de traits remarquables et cohérents entre eux. Enfin, l'étude du système des valeurs centré sur l'honneur et la réputation donnera une vision synthétique de l'ensemble des comportements et des interactions sociales observables au sein des groupes d'adolescents.

Progressivement s'est donc fait jour un ensemble ordonné de pratiques, un système unifié d'attitudes personnelles et de relations, bref un système culturel que nous appellerons simplement « culture des rues [1] » et dont l'unité puise sa source, d'une part, dans la conscience de groupe exprimée par ses membres et, d'autre part, dans les lieux où cette culture trouve son autonomie de développement, à savoir les espaces publics extérieurs.

La « culture des rues » telle que nous l'avons décrite dans cet ouvrage concerne dans l'ensemble une population d'adolescents assez jeunes, c'est-à-dire notablement moins âgés que ceux qui font l'objet de la plupart des études sociologiques ou des reportages de journaux ou de télévision habituels. Il s'agit des préadolescents et adolescents de la tranche d'âge dix/seize ans, qui sont pour la majorité, dans notre contexte, scolarisés dans les collèges. La limite d'âge inférieure correspond au passage conscient et couramment revendiqué de l'enfance à l'adolescence, passage qui se traduit au plan social par un gain d'autonomie et de liberté — spécialement pour les garçons — lié notamment à la fréquentation du collège et aux allées et venues dans les espaces publics qu'elle occasionne, ainsi qu'au développement de la sociabilité des groupes de pairs. La limite d'âge supérieure marque, à l'autre extrémité, ce que Galland appelle « l'entrée dans

1. Il peut paraître insensé de désigner par « culture des rues » un système culturel qui appartient à un cadre urbain dont on sait qu'il est justement dépourvu de ce qu'on appelle les rues (sur ce point, voir *infra*). Seulement, d'une part, il n'y a pas de terme spécifique pour désigner les vastes espaces goudronnés ou gazonnés qui séparent les barres et les tours dans les grands ensembles et d'autre part, et c'est là le plus important, c'est bel et bien le mot « rue », pris dans son acception large d'espace public de la ville — voire dans une acception encore plus étendue, de symbole de la vie urbaine — qui sert de référence évidente et naturelle aux adolescents et plus généralement aux habitants de la cité. Voici, par exemple, la réponse — très courante — que me donna la mère d'un adolescent à qui je téléphonai un soir, depuis mon studio des Quatre-Mille : « Ousmane ? Il est en bas dans la rue, vous le trouverez facilement » [note du 7 mai 1992].

la vie adulte[1] » et qui correspond — que celle-ci soit caractérisée par des échecs ou des réussites — à une projection de soi dans un avenir social et professionnel intégré et par conséquent à une ouverture sur la société globale relativement incompatible avec l'ancrage local très fort de la culture des rues[2].

Si les activités délictueuses et criminelles, l'économie illégale, le marché de la drogue ou le milieu du banditisme, dont on parle tant depuis quelques années à propos des cités, sont, comme on va le voir, pratiquement absents des descriptions qui vont suivre, ce n'est donc pas seulement à cause du point de vue ethnologique et culturel que nous avons adopté pour analyser les pratiques et les comportements, mais également du fait de la tranche d'âge très jeune qui fait l'objet de notre étude et qui correspond selon nous aux manifestations les plus intégrées de la culture des rues. Pour prendre l'exemple des stupéfiants, thème rebattu — sans doute à raison — des discours les plus alarmistes, très rares sont en réalité les adolescents de la tranche d'âge considérée qui sont directement concernés. Dans le collège Clemenceau où sont scolarisés la plupart des adolescents que nous avons fréquentés, et qui comprend quelque sept cents élèves, à notre connaissance, aucun adolescent, à l'exception de quelques cas rares et atypiques, ne consomme de drogue, ni régulièrement ni même occasionnellement. Si nombre d'entre eux ont des contacts épisodiques, dans les rues du grand ensemble, avec les « drogués de la cité » ou les « dealers du bâtiment », si certains ont même parfois vu de leurs propres yeux quelque « barrette » ou « savonnette » de cannabis, ils restent avant seize ou dix-sept ans étonnamment réfractaires à toute idée de consommation

---

1. Olivier Galland, *Sociologie de la jeunesse*, Paris : Armand Colin, 1991 ; voir aussi, du même auteur, « Précarité et entrée dans la vie », *Revue française de sociologie*, 1, 1984, p. 49-66.

2. Voir *infra*, en conclusion.

personnelle, laquelle leur apparaît soit comme un attribut exclusif des pairs plus âgés, ceux qu'ils appellent les « grands », soit, au moins pour ce qui concerne les drogues dures, comme un signe général de déchéance physique, mentale et sociale. Il en va de même pour les activités criminelles. Nous verrons que si beaucoup d'adolescents font l'expérience courante des rixes, du vol à l'étalage, voire pour certains du vol « à la roulotte », très rares sont ceux qui se lancent vraiment dans des actions relevant du crime proprement dit.

Pourquoi, en l'occurrence, la tranche d'âge supérieure, celle des seize/vingt-cinq ans, n'apparaît-elle pratiquement pas dans notre étude ? La première raison est que le passage dans cette tranche d'âge correspond, pour la majeure partie des jeunes, à un abandon très marqué de la culture des rues et au développement corrélatif de modes de sociabilité très différents, plus conformes à ceux des classes moyenne et dominante[1]. Tandis que pour la minorité restante, celle qui correspond à la population décrite dans *La Galère* — et qui est celle dont on parle le plus souvent dans les médias —, nous exprimons l'hypothèse que, si la culture des rues se perpétue, c'est dans une forme socialement moins intégrée ou du moins plus proche des sous-cultures délinquantes décrites par la sociologie américaine. Ce n'est qu'une hypothèse, car, et c'est la deuxième raison de cette absence, nous n'avons pas pu et pas voulu, du fait de notre position sur le terrain — celle d'un enseignant résidant dans la cité —, prendre le risque énorme et préjudiciable à l'enquête de fréquenter ouvertement et de manière approfondie des groupes de personnes reconnues par tous les habitants du grand ensemble comme des délinquants notoires.

L'univers de la culture des rues adolescente ne peut se comprendre en dehors du contexte écologique et social de son environnement urbain. Cette sous-culture jeune et

---

1. Voir *infra*, en conclusion.

populaire, spécifiquement française par certains côtés, est intimement liée au cadre des grands ensembles de banlieue, qui ont été construits à la périphérie des grandes villes voici maintenant une trentaine d'années. On sait que la « clientèle » de ces grandes cités H.L.M., très diversifiée et relativement hétérogène socialement à l'origine, s'est plus ou moins homogénéisée depuis, tout en se paupérisant[1]. La proportion de population étrangère ou d'origine étrangère de ces grands ensembles a fortement augmenté durant les deux dernières décennies, au point que certaines de ces cités apparaissent aujourd'hui, si ce n'est comme des ghettos, du moins comme des espaces de relégation pour ménages immigrés. Enfin, la structure démographique par classe d'âge présente en règle générale une surreprésentation très forte des enfants et des adolescents, du fait de la jeunesse des ménages qui y résident et du taux élevé de la natalité dans cette population.

Le grand ensemble des Quatre-Mille, dans lequel nous avons effectué notre enquête, répond parfaitement aux différents critères qui viennent d'être énoncés. Si aucune étude disponible ne permet aujourd'hui d'en connaître avec précision la composition sociale, ethnique et démographique, les indicateurs du recensement 1990, pour la commune et pour le quartier, nous en donnent néanmoins une certaine idée. Sur l'ensemble de la commune, on compte 80 % de familles ayant des ressources annuelles nettes imposables inférieures à 100 000 francs ; et même 44 % disposant de moins de 50 000 francs. Dans le grand

---

1. Sur ce point, voir Jean-Claude Chamboredon, « Construction sociale des populations », p. 442-471, *in Histoire de la France urbaine* : 5. La ville aujourd'hui, sous la dir. de Georges Duby, Paris : Le Seuil, 1985. Pour une analyse plus ancienne sur l'hétérogénéité sociale des grands ensembles, voir Jean-Claude Chamboredon, Madeleine Lemaire, « Proximité spatiale et distance sociale. Les grands ensembles et leur peuplement », *Revue française de sociologie*, 1 (9), 1970, p. 3-33.

ensemble, qui regroupe près de 15 000 habitants, soit 42 % de la population courneuvienne, la proportion d'actifs ouvriers et employés s'élève à 82,4 %. Quant à la population étrangère *stricto sensu*, elle représente 28,1 % du total[1]. Enfin, ce ne sont pas moins de 5 500 jeunes de moins de vingt ans qui habitent dans la cité, soit 38 % de la population totale[2].

Dans un tel contexte, où des adolescents très nombreux, de milieux populaires et pour une bonne part d'entre eux d'origine immigrée maghrébine ou africaine, se retrouvent ensemble, fréquentant quotidiennement des espaces publics urbains qui font office pour eux de lieux de sociabilité privilégiés, il semble logique et même inévitable que se soit développée une sous-culture de classe d'âge relativement autonome et originale, qui échappe en grande partie au contrôle et même à la connaissance des adultes et des institutions locales. Pour autant, la culture des rues ne peut pas et ne doit en aucun cas être considé-

1. Sur ce point, voir *infra*.

2. Source : I.N.S.E.E. 1990. Concernant le niveau de revenu des habitants, on peut ajouter que le taux de chômage s'élevait lors du recensement à 26 % et qu'il a constamment augmenté depuis, que la commune comptait 913 foyers RMistes en 1992, sur un total de 3 873 familles (source : mairie de La Courneuve) et que 48 % des ménages du grand ensemble ne possèdent pas de voiture. La pauvreté de certains ménages est attestée par une enquête non publiée de Suzanne Rosenberg sur la poste des Quatre-Mille, dans laquelle elle rapporte que « le livret de caisse d'épargne devient le produit le plus utilisé pour la trésorerie quotidienne. On s'en sert comme d'un porte-monnaie. Le matin, certains clients retirent 100 francs ; s'ils n'en dépensent que 75, ils rendent les 25 francs qui restent dans l'après-midi », ou bien que « les timbres-poste sont souvent achetés à l'unité » (*Une poste à La Courneuve : enquête-action pour une mise en œuvre des projets de services publics de quartier*, Paris : 1992, Préfecture de la région Ile-de-France, Mission Ville). Concernant la proportion de population étrangère du grand ensemble et les problèmes posés par le dénombrement officiel des étrangers, voir ici même *infra*, au chapitre 2.

rée — et ne sera pas analysée ici — comme un système fermé. L'espace du grand ensemble, aussi signifiant soit-il dans la conscience de ceux qui y résident, reste un quartier parmi d'autres quartiers de la ville et même de l'ensemble de l'agglomération urbaine, quartiers avec lesquels il se trouve en interactions multiples et permanentes. La population adolescente qui fait l'objet de notre étude ne forme ni une minorité consciente et active ni une communauté à part. Les jeunes qui participent à la culture des rues ont une vie privée dans le cadre familial, vont à l'école de la République, regardent la télévision française et consomment — ou rêvent de consommer... — les biens et les loisirs offerts par la société marchande. Ils font ainsi partie intégrante de la société française, dont ils constituent en l'occurrence, statistiquement parlant, un sous-ensemble non négligeable[1]. La culture des rues fait bel et bien partie de la culture française contemporaine, dont elle forme une composante marquante et même, comme nous le verrons, un pôle de diffusion de plus en plus affirmé[2]. Nous étudierons donc cette sous-culture à la fois dans son autonomie propre, à travers les relations sociales du groupe considéré, et dans ses rapports d'opposition distinctive à la culture adulte et dominante, à travers les relations que les membres de ce groupe social entretiennent avec les adultes qui les encadrent, les éduquent ou tout simplement les côtoient.

---

1. Si l'on reprend les critères de définition des « quartiers difficiles » retenus par l'I.N.S.E.E., la population totale vivant dans ces quartiers était évaluée en 1992 à quelque 3 millions de personnes. Compte tenu de la proportion élevée de la population jeune dans ces quartiers, plusieurs centaines de milliers d'adolescents sont donc concernés. (Source *I.N.S.E.E. Première*, 234, décembre 1992, p. 1.)

2. Sur ce point, voir *infra*.

Première partie

Formes et cadres de sociabilité

Il a été montré, il y a déjà longtemps, par des ethnologues, relayés ensuite par les architectes et les urbanistes, que le mal-vivre social des grands ensembles s'expliquait, entre autres, par l'incapacité des espaces bâtis à « produire » une sociabilité des lieux publics, c'est-à-dire une sociabilité de niveau intermédiaire, à mi-chemin entre les relations privées intrafamiliales et celles, anonymes ou secondaires, qui sont censées caractériser le « mode de vie urbain ». Pourtant, il semble bien que dans une large mesure la jeunesse des cités, ignorant les barrières architecturales et urbanistiques, ait toujours échappé et échappe encore aujourd'hui à ce genre de carence en matière de relations intermédiaires. La vie sociale des adolescents résidant dans les grands ensembles apparaît au contraire, de ce strict point de vue, tout à fait comblée. La sociabilité amicale, qui tient comme on le sait une place essentielle à cet âge de la vie, y est généralement fort développée.

Or, les sociologues qui travaillent sur les banlieues — et les hommes politiques qui s'en font volontiers l'écho — s'accordent à dresser, sur fond d'exclusion, d'échec scolaire, de chômage, de délinquance, de drogue, de violence..., un constat en termes de crise, voire d'échec de la socialisation. La perte des repères serait si manifeste dans certains cas que l'on entend même parler de « désocialisation ». Sans vouloir nier en aucune façon l'importance croissante des problèmes rencontrés par une grande partie de cette jeunesse, il semble que l'on devrait aujourd'hui, pour compléter avantageusement l'analyse, prendre en compte d'autres modes de socialisation et notamment ceux qui échappent au contrôle des institutions.

Car il existe, à n'en pas douter, en dehors de la famille, de l'école et des différentes institutions locales, tout un univers de pratiques spécifiquement adolescentes et parfaitement autonomes qui participent activement à la socialisation de la jeunesse de ces quartiers et qui, si elles ne sont pas totalement ignorées, restent largement méconnues et négligées par les chercheurs.

C'est l'étude de la sociabilité, « forme ludique de la socialisation [1] », ou plus précisément les cadres et les formes de cette sociabilité, dans le contexte de la sous-culture des rues, que l'on tentera de mener à bien dans cette première partie. La sociabilité de la rue se donne à voir dans le cadre physique du grand ensemble. On verra que l'espace de la cité est largement investi et approprié par les adolescents. Les relations entre jeunes prennent, dans ce contexte, une dimension particulière du fait de la cohabitation de populations issues des différentes immigrations. Nous essaierons de prendre également en compte cette « interethnicité » et d'en mesurer les conséquences en termes de relations sociales. Les liens de voisinage tiennent une place essentielle dans la vie sociale des adolescents du grand ensemble. Il nous faudra donc aussi examiner les formes d'expression de l'interconnaissance et de la reconnaissance. Enfin, c'est au sein des groupes de pairs que se développent les relations les plus caractéristiques de cet âge de la vie. Nous chercherons à définir précisément les formes d'agrégation juvénile observées et nous tenterons de comprendre le mode de fonctionnement des groupes.

---

1. Georges Simmel, *Sociologie et épistémologie*, Paris : P.U.F., 1981.

Chapitre 1

LES MODES D'APPROPRIATION DE L'ESPACE

Depuis le début des années 1970, c'est-à-dire pratiquement depuis qu'ils existent, les grands ensembles de banlieue ont toujours fait l'objet des critiques les plus virulentes de la part des sociologues, puis des hommes politiques, et, pour finir, des urbanistes et des architectes eux-mêmes. Bien souvent considérés par l'opinion publique, même encore aujourd'hui, comme des cités-dortoirs, c'est-à-dire comme des sortes de non-lieux où résideraient des non-personnes, ils sont devenus la cible de tous les discours stigmatisants, y compris les discours d'éradication les plus violents[1]. Ils font l'objet, depuis quelque temps, de politiques de réhabilitation qui comprennent au besoin des destructions partielles ou totales. Pourtant, et malgré tous les problèmes réels qu'ils traversent, ces quartiers urbains, occupés maintenant depuis plus de trente ans par une population qui s'est, certes, beaucoup renouvelée, mais dont une partie significative s'y est établie durablement, semblent avoir acquis, aux yeux des gens qui y résident, le statut de véritables « espaces habités », au sens où l'entendait

1. Tout récemment encore, Jean-Claude Gaudin, nouvellement intronisé ministre de la Ville, ne proposait-il pas, lors de sa première conférence de presse, de raser purement et simplement la plus grande partie des grands ensembles français ?

Pétonnet[1], c'est-à-dire appropriés, investis et socialement valorisés. C'est du moins de cette manière que l'on peut interpréter, d'une part, les stratégies adolescentes de gestion de l'image des lieux et, d'autre part, leurs représentations très construites autour de ce qu'on pourrait appeler un « imaginaire » des grands ensembles.

L'espace stigmatisé

La cité des Quatre-Mille, comme beaucoup d'autres dans son genre, souffre depuis longtemps d'une fort mauvaise image[2]. « On ne se bat pas pour habiter les Quatre-Mille », telle fut la réponse que m'assena ironiquement l'hôtesse d'accueil de l'O.P.H.L.M., lorsque je lui demandai si ma candidature pour un logement avait des chances d'être retenue[3]. De nombreux auteurs ont souligné cette « mauvaise réputation des cités qui exclut bien plus que la misère[4] » et analysé les « effets de lieu[5] » et autres phénomènes de « victimisation » qui affectent certains

1. Colette Pétonnet, *Espaces habités. Ethnologie des banlieues*, Paris : Galilée, 1982.

2. En 1984, on ne comptait pas moins de 800 logements inoccupés dans le grand ensemble, soit près de 20 % du total. Depuis, par le fait de la réhabilitation et grâce aux efforts menés par l'O.P.H.L.M., ce nombre a été réduit à une centaine.

3. Même genre de remarque d'un député de la Seine-Saint-Denis, à propos d'un autre grand ensemble de la banlieue nord : « Quand je leur propose ce quartier, les familles qui me demandent un logement prennent cela pour une insulte » (cité par Jean-Marie Delarue, *Banlieues en difficultés : la relégation*, Paris : Syros Alternatives, 1992).

4. François Dubet, *La Galère...*, *op. cit.*, p. 13.

5. Pierre Bourdieu, « Effets de lieu », p. 159-167, *in La Misère du monde* (ouvrage collectif), sous la dir. de Pierre Bourdieu, Paris : Le Seuil, 1993.

quartiers urbains[1]. Il se trouve que le grand ensemble des Quatre-Mille a lui-même fait l'objet d'une étude sociologique approfondie portant sur cette stigmatisation spatiale[2]. Les auteurs ont revisité l'histoire événementielle de La Courneuve et des Quatre-Mille de ces trente dernières années à travers sa couverture de presse, et ont mis en lumière le « poids des imageries » véhiculées par les médias et les effets produits au niveau de la population locale. Comme nous allons le voir, la gestion adolescente de cette image des lieux trouve sa spécificité à la fois dans une exacerbation des sentiments et dans la violence symbolique de certaines pratiques.

La cité des Quatre-Mille. © France Soir/J.-P. Masset.

1. Gérard Althabe *et al.*, *Urbanisme et réhabilitation symbolique...*, *op. cit.*
2. Christian Bachmann, Luc Basier, *Mise en images d'une banlieue ordinaire*, Paris : Syros, 1989.

Un habitat honni et dégradé

Située à La Courneuve, dans la Petite Couronne nord de la banlieue parisienne, la cité des Quatre-Mille a été construite au début des années 1960, pour répondre, à l'instar de tous les grands ensembles construits à cette époque, à la forte crise du logement de la période des Trente Glorieuses. Comprenant à l'origine 4 100 logements d'habitation H.L.M., le parc a été ramené depuis à 3 600 logements par le fait des différentes opérations de réhabilitation en cours. Le nombre d'habitants a parallèlement diminué, passant de 17 500 à 14 500 personnes en trente ans. Les Quatre-Mille figurent néanmoins toujours parmi les grands des grands ensembles, comme beaucoup de ceux qui ont été conçus et construits dans ces années-là, c'est-à-dire avant que la politique gouvernementale en matière de logement ne s'infléchisse et que la circulaire du ministre Guichard ne vienne mettre un terme en 1973 à ce type d'urbanisme [1].

Les Quatre-Mille ne font pas figure d'exception dans le décor urbain qui les entoure. Excepté quelques rues pavillonnaires isolées, cette partie de la banlieue nord est largement occupée par des ensembles d'immeubles de grande taille. Entre les cités dionysiennes des Francs-Moisins et des Cosmonautes, la résidence du Parc, la tour Montalev, la résidence du Moulin-Neuf et la cité Beaufils, on peut même dire qu'ils ne déparent pas le paysage environnant. Néanmoins, il faut admettre qu'ils en imposent

---

1. À titre de comparaison, le plus grand des grands ensembles français, le Val-Fouré de Mantes-la-Jolie, compte 27 566 habitants pour 7 582 logements. La moyenne en Ile-de-France se situe autour de 9 000 habitants. Sur l'histoire de la politique de la ville en France depuis la guerre, voir l'ouvrage très complet et bien documenté de Christian Bachmann et Nicole Leguennec, *Violences urbaines. Ascension et chute des classes moyennes à travers cinquante ans de politique de la ville*, Paris : Albin Michel, 1996.

par leurs caractères de démesure et d'uniformité. La cité accroche spécialement le regard du passager du R.E.R. B en direction de Roissy. Les grandes barres sombres et bleutées, parallélépipèdes monolithiques parfaits, qui donnent sous certains angles et du fait de leurs proportions une impression de quasi-fragilité, forment avec la tour Leclerc, au centre de la cité, un ensemble tout à fait remarquable, de par sa taille et sa grande densité de bâtiments[1].

Vu du centre-ville, pour peu que l'on prenne quelque hauteur, le grand ensemble ceinture l'horizon sur près de cinq cents mètres de largeur, du fait de l'illusion d'alignement des trois barres de la rue Maurice-Ravel, de l'avenue de Presov et de la rue Renoir. Au couchant, il offre même un spectacle non dépourvu de charme esthétique, les hautes barres donnant dans le contre-jour un certain relief à la platitude de La Plaine Saint-Denis.

La cité des Quatre-Mille est singulièrement impressionnante lorsqu'on y pénètre de nuit par la rue Langevin-Wallon qui longe le centre sportif du même nom et conduit jusqu'à la place Alfred-de-Musset, au cœur du grand ensemble. L'espace visuel se ferme rapidement et le regard est bientôt écrasé par les grands immeubles sombres : barre du mail Maurice-de-Fontenay sur la gauche, barre de Presov en face, extrémité sud de la barre Ravel à droite, qui entourent et dominent les barres R + 4 (rez-de-chaussée + quatre étages) de la place Alfred-de-Musset. Cette impression est rendue d'autant plus saisissante que l'endroit est seulement éclairé par des pro-

---

1. [Note du 15 juin 1992] Avant d'enseigner, puis de résider à La Courneuve, j'ai eu souvent l'occasion d'observer furtivement, d'un train ou d'une voiture, ce grand ensemble, ainsi que beaucoup d'autres comparables, également situés le long des voies de chemin de fer ou des autoroutes intra-urbaines ; ils m'apparaissaient alors comme de purs espaces de relégation, d'où nul ne pouvait désirer autre chose que de s'échapper.

jecteurs blancs disposés au sommet des bâtiments, c'est-à-dire à près de quarante mètres du sol et ne diffusant qu'une lumière insuffisante et blafarde.

Trente ans après sa construction, on peut dire que la cité des Quatre-Mille accuse à la fois la marque de son temps et la marque du temps. L'extrême uniformité architecturale des grands ensembles bâtis dans les années 1960 a été revue et corrigée depuis, les constructions plus récentes témoignant, si ce n'est de préoccupations artistiques, du moins d'un certain souci des formes. Les Quatre-Mille sont en ce sens la pure expression de l'architecture de leur époque, production de masse sans aucune recherche esthétique. La nudité des façades n'a d'égale que la monotonie de couleur des revêtements en céramique à l'origine du nom de « cité bleue » attribué au grand ensemble à ses débuts.

Les bâtiments, qui ont été construits dans l'urgence et dans l'économie, sont dans un état de dégradation avancée. Ici encore, le grand ensemble fait figure de symbole [1]. La dégradation est ancienne, datant pour ainsi dire de la construction de la cité [2]. Il faut faire aussi la part du

1. Un exemple parmi d'autres, recueilli dans la presse nationale, dans une interview de Bernard Kouchner, à propos de l'état de dégradation du ministère de la Santé : « Ce ministère, vous l'avez vu, entre nous, on l'appelle la cité des Quatre-Mille, tellement le lieu est sinistré... » (*Libération*, 28 mai 1992).

2. Dès 1971, le ministre du Logement, Albin Chalandon, avait visité les Quatre-Mille et constaté d'importants vices de construction. En 1975, Jack Ralite, député à l'Assemblée nationale, attirait l'attention du gouvernement sur « le grand ensemble [qui] prend l'aspect d'un bidonville de béton [et où] l'hygiène et la sécurité des habitants sont remises en cause ». Un rapport détaillé des services municipaux datant de 1976 faisait déjà état d'infiltrations d'eau importantes par temps de pluie, d'infiltrations d'air, de fissurations multiples, de chutes et de risques de chutes de matériaux à l'intérieur et à l'extérieur des bâtiments. Au cours des deux années que j'ai passées aux Quatre-Mille, le logement que j'occupais fut l'objet de trois dégâts des eaux — dont

vieillissement naturel des bâtiments, qui n'est nullement l'apanage des constructions H.L.M. et qui rend nécessaires, comme partout ailleurs, des travaux de réparation et d'entretien réguliers[1]. Sans céder aux métaphores faciles des descriptions dantesques maintes fois revues, il faut admettre que l'aspect extérieur du grand ensemble n'est pas, loin s'en faut, des plus souriants. Les façades des bâtiments sont passablement abîmées et noircies, les huisseries extérieures atteintes par la rouille, les cages d'escalier souvent salies et couvertes de graffitis, les vitres des halls d'entrée totalement disparues. Quant aux espaces verts, et ce malgré leur réfection complète en 1984 et l'entretien constant dont ils sont l'objet[2], ils font, si l'on ose dire, bien grise mine.

un dû à la pluie, un autre à une conduite collective de l'immeuble et un dernier à la plomberie de la salle de bains. La porte de l'ascenseur de l'étage est restée condamnée pendant plus d'un an. Les fenêtres du studio voisin sont restées ouvertes plusieurs mois après le départ du locataire. Celui de l'étage au-dessous, définitivement abandonné par son occupant et également ouvert à tous les vents, se trouvait dans un tel état de délabrement et de vétusté qu'il a finalement été muré en attendant la réhabilitation future du bâtiment.

1. On présente volontiers la réhabilitation des grands ensembles de banlieue comme le fruit d'une politique généreuse et novatrice. Mais qui s'étonne, dans les constructions haussmanniennes des villes centres, ou bien même dans les immeubles de standing récents, de voir les façades ravalées et les toits refaits tous les vingt ou trente ans, les cages d'escalier repeintes tous les quinze ans ?

2. Quarante personnes sont employées à plein temps pour les travaux d'horticulture, de nettoyage et d'entretien des espaces extérieurs de la cité. Aucune pelouse digne de ce nom ne pourrait cependant résister à la fréquentation peu policée des quelques milliers d'enfants et adolescents qui résident dans le grand ensemble. La réhabilitation en cours semble tenir compte de cette inadaptation des espaces à l'usage qui en est fait, puisque les abords des bâtiments, initialement gazonnés, ont été réaménagés et recouverts de revêtements carrelés en dur.

La réhabilitation : rénovation et ouverture

Le grand ensemble des Quatre-Mille fait l'objet d'une réhabilitation complète, étape par étape, depuis 1984, date de transfert du patrimoine immobilier des services parisiens à l'O.P.H.L.M. de La Courneuve. Ces travaux de grande ampleur, financés pour moitié par des subventions de l'État et de la ville, et pour le reste par des emprunts, seront normalement achevés dans la décennie en cours. La réhabilitation comprend, d'une part, des opérations de réfection portant à la fois sur les éléments de façade et de toiture (travaux d'étanchéité et d'isolation ther-mique, changement et renforcement des huisseries) et sur l'intérieur des logements (mise aux normes des installations de gaz et d'électricité, changement des appareils sanitaires) et, d'autre part, des opérations de restructuration du plan de masse et surtout des bâtiments (démolition de la barre Debussy, percement de grandes ouvertures dans la barre Balzac, transformations architecturales des barres de la place François-Villon et de la rue Joliot-Curie, transformation et réaménagement des rez-de-chaussée).

Le projet de réhabilitation, intitulé de manière significative « Pour que les Quatre-Mille habitent La Courneuve », vise donc, au-delà de la remise en état et de la rénovation des bâtiments, à transformer en profondeur l'ordre urbain du quartier. L'objectif est à la fois de rompre l'unité du grand ensemble, par les opérations de différenciation architecturale, et de l'ouvrir sur l'extérieur, par les démolitions, les percements et les réaménagements de voirie. En ce domaine, les concepteurs des grands ensembles récents semblent d'ailleurs avoir retenu certaines leçons du passé. C'est le cas, du moins, pour les immeubles H.L.M. du centre-ville de La Courneuve, construits au début des années 1980, et dont le plan de masse et l'architecture témoignent d'une autre conception de l'urbanisme. On notera ici le travail symbolique qui consiste à omettre volontairement d'attribuer un nom au grand ensemble. Ces immeubles ne sont officiellement désignés que par les rues et les places qui ont été aménagées en leur sein. Ceci n'empêche évidemment pas les adolescents de les appeler couramment cité

« Inter » [Intermarché], du nom de la grande surface installée en son centre.

Il n'y a pas lieu ici d'établir un diagnostic — que nous ne serions pas en mesure de produire — sur l'impact social de la réhabilitation. Que celle-ci soit absolument nécessaire, impérative et urgente, au vu de l'état des immeubles avant travaux, ne fait pas l'ombre d'un doute. Cependant, si les aspects extérieurs des bâtiments et de la cité dans son ensemble s'en trouvent indéniablement modifiés, il n'est pas évident que cela change grand-chose au niveau des formes d'appropriation adolescente de l'espace.

La gestion du stigmate spatial

La jeunesse faisant souvent figure de point de cristallisation des conflits et des problèmes du grand ensemble, ses membres se trouvent être les porteurs privilégiés du stigmate spatial. De plus, les adolescents sont profondément inscrits dans les lieux pour y avoir passé l'essentiel de leur existence ; il leur faut par conséquent assumer pleinement l'image de la cité.

Dans un premier cas, cette image est manifestement refusée ou déniée. Il en va ainsi, par exemple, de Samir, quand je l'emmène en « virée » à Paris un samedi, qui n'a de cesse de manifester son dégoût et son aversion pour l'architecture parisienne : « Qu'est-ce qu'il y a ? Qu'est-ce qu'il y a ici ? Y a rien d' beau, franchement ! — C'est plus beau, La Courneuve ? — Bien sûr, c'est plus beau, qu'est-ce que tu crois ? » [note du 14 mars 1991]. Un autre adolescent, Khaled, que j'aperçois un soir en rentrant avec mes courses devant les barres d'Alfred-Musset, vient à ma rencontre et examine narquoisement, dans mes sacs en plastique, le contenu de mes provisions. Prenant en quelque sorte la mesure de mon intégration, il me lance alors : « C'est classe, d'habiter ici, hein *Vid'da* ? » [note du 10 mai 1993]. Même genre de réflexion de la part de Nasser, frère aîné de Samir, avec qui je discute dans la rue, quelque temps après mon installation : « Alors, La Courneuve ? — Bien, bien ! — C'est pas ce qu'on dit, hein, c'est pas aussi affreux qu'on l'entend partout ! » [note du 11 juin 1993]. On notera au passage la valeur de test de cette question adressée au nouveau venu, professeur, étranger au milieu social du grand ensemble et représentant supposé des classes dominantes, celles-là mêmes qui, par l'intermédiaire des médias, imposent dans une certaine mesure la mauvaise image des lieux.

Dans un deuxième cas, le stigmate est neutralisé par le détachement, l'humour, l'ironie. Reprenant à leur compte la rhétorique journalistique négative, les adolescents inventent leurs propres expressions pour désigner les lieux : « La Courneuve-City-Pourrie », « Les Quatre-Mille-Poubelles », « Les *Quat'-Keu's* [sacs] » [Quatre-Mille].

Dans un troisième et dernier cas, plus rare, certains jeunes acceptent et même revendiquent l'image négative des lieux. C'est du moins de cette manière que l'on peut interpréter la façon dont certains adolescents offrent volontairement aux reporters de télévision les facettes les plus repoussantes de leur cité : « Voilà, même nous, si on veut, je peux ramener les caméras dans mon bâtiment, je lui montre mon étage le plus sale et je parle avec lui. Après, ils vont baratiner, ils vont dire : "Ouais, les Quatre-Mille, c'est chaud" et tout ça... » (Ahmed).

La souillure des lieux

C'est dans la même perspective qu'il faut tenter de comprendre les pratiques extrêmes de rejet dont font l'objet les espaces collectifs de la cité H.L.M. L'habitude qui consiste notamment à jeter des ordures et toutes sortes d'objets par les fenêtres, si elle n'est pas majoritaire, est du moins largement banalisée dans le grand ensemble et en particulier dans l'immeuble où nous résidions qui détient en la matière une solide réputation. En fin de week-end, après deux jours sans nettoyage, les abords du bâtiment sont toujours jonchés de détritus et d'immondices de tout genre. Au-delà des nuisances en termes d'odeur, de paysage visuel et d'image qui résultent de cette souillure des espaces publics, il faut compter ici avec le danger encouru par les personnes déambulant au pied des barres.

[Note du 25 avril 1993] Un soir, alors que je prends le soleil, assis sur un rebord de fenêtre du hall d'entrée de l'immeuble, je vois tomber à quelques mètres de mes pieds un sac-poubelle plein qui explose bruyamment sur le sol. Je jette un regard effrayé à Otmane, un de mes élèves qui est aussi mon voisin et qui se trouve à quelque distance de là, sur le terrain de boules : « C'est rien, me rassure-t-il, mi-figue, mi-raisin, avant ils jetaient des téléviseurs ! »

Les adolescents, en ce domaine, ne se privent pas plus que les autres, bien au contraire. Il faut faire la part, ici, du bonheur enfantin de jeter par les fenêtres, de balancer par-dessus bord, de faire l'expérience enchantée de la pesanteur et de la chute des corps.

Il est difficile de comprendre, pour quelqu'un d'étranger à cet univers urbain, ce genre de conduite. Pourtant, là où une morale petite-bourgeoise invoquerait immanquablement le manque d'éducation des classes populaires, il faut admettre que la fréquentation prolongée de cet habitat influence en profondeur les comportements et qu'il est difficile de ne pas céder soi-même au laisser-aller ambiant. Contrairement à ce que nous affirmait un jour le gardien de l'immeuble, ces agissements ne sont pas le seul fait de personnes désespérées, épuisées, « fatiguées par la vie », RMistes ou chômeurs en fin de droits, mais aussi de gens qui ont simplement cessé de se sentir concernés par l'hygiène des lieux qui leur sont socialement imposés. Cela ne les empêche nullement, à l'évidence, de tenir par ailleurs leur espace privé dans un état de propreté impeccable.

Il en va de même pour les pratiques de souillure des lieux publics, comprises, selon Goffman, dans les cas extrêmes d'« offenses territoriales[1] » — ici plus ou moins dirigées contre soi —, également observables dans le cadre du grand ensemble.

[Note du 22 février 1993] En ethnographe convaincu, je me suis rapidement habitué, après quelques semaines passées dans le grand ensemble, à l'odeur d'urine qui règne en permanence, et ce malgré un nettoyage quotidien, dans le hall d'entrée de mon immeuble, qui ne fait d'ailleurs nullement exception dans la cité. L'ascenseur fait également office d'urinoir nocturne et l'on y trouve parfois, au petit matin, des étrons qui n'ont rien de canin. Je me suis longtemps demandé quel genre de personnes pouvait être les auteurs de ces souillures. Sans me l'avouer ouvertement, je pensais qu'il ne pouvait s'agir que d'individus passablement marginaux et désocialisés. En sortant du judo, un soir, vers 22 heures, je propose à Nassim, Farid et Mohamed de venir « casser une dalle » à la maison. Invitation acceptée sur-le-champ. Nous nous dirigeons donc en bavardant vers la rue Renoir. Arrivés dans le hall, et alors que nous attendons l'ascenseur, Mohamed, qui a déménagé un an auparavant des Quatre-Mille pour un pavillon à Drancy, lance, rieur et l'air entendu : « Bon, ben... on va reprendre les habitudes de la cité, hein ! » Les deux autres opinent du menton. Chacun se dirige alors vers son mur et urine tranquillement, tout en continuant à bavarder. Les trois adolescents cités sont socialement parfaitement « intégrés », poursuivant leurs études secondaires, pratiquant la compétition sportive à haut niveau, nourrissant rêves et projets d'avenir, etc.

Si anomie ou désorganisation sociale il y a, c'est d'abord le fait d'un espace d'habitat non respectable, non

---

1. Erving Goffman, *La Mise en scène de la vie quotidienne : 2. Les Relations en public*, Paris : Minuit, 1973, p. 62. Voir aussi, pour des faits analogues, Albert K. Cohen : *Delinquant Boys, op. cit.*

respecté et honni. « Le quartier stigmatisé, souligne Bourdieu, dégrade symboliquement ceux qui l'habitent et qui, en retour, le dégradent symboliquement[1]. » La question n'est pas ici d'inculper ou de disculper ces pratiques et ces conduites, mais de les situer dans un ordre urbain spécifique, ce que les sociologues de Chicago appelaient un « ordre écologique ».

Il faut sans doute prendre en compte aussi le plaisir, s'exprimant largement par le rire, que procure la transgression, ou le spectacle de la transgression de normes sociales aussi évidentes.

[Note du 21 mai 1993] Un jour, alors que je discute, en milieu d'après-midi, avec Samir et Loïc, dans ce même hall d'entrée, nous entendons un bruit sonore de jet liquide sur le sol, devant l'ascenseur, qui attire notre regard. Quelqu'un se trouve manifestement en train de se soulager dans la cage d'escalier une dizaine d'étages plus haut ! Samir guette un instant ma réaction, puis éclate d'un rire homérique, aussitôt suivi par Loïc. D'abord interloqué, je ne peux à mon tour retenir un rire débridé et libérateur. « C'est une cité de *oufs* [fous], cette cité, hein *Vid'da* ! », conclut Samir.

L'espace territorialisé

L'ambivalence des attitudes et des sentiments des jeunes à l'égard de leur quartier a déjà été soulignée par plusieurs auteurs[2]. Quelle que soit l'image négative dont ces lieux sont affublés, et indépendamment des difficultés éprouvées et des stratégies mises en œuvre pour assumer cette image, les cités de banlieue sont également, si étonnant que cela puisse paraître, des lieux de naissance,

---

1. Pierre Bourdieu, « Effets de lieu », *op. cit.*
2. Voir Christian Bachmann, « Jeunes et banlieues », *op. cit.*

d'enfance et de souvenirs, objets de fantasmes et d'imaginaire pour beaucoup d'adolescents. Cet enracinement local, qui s'appuie sur une réalité spatiale à la fois objectivement définie et culturellement construite, trouve sa traduction sans doute la plus manifeste dans la perception du quartier comme un territoire.

L'attachement résidentiel

Cet attachement est spécialement ressenti par les adolescents. Nombre d'entre eux ont toujours vécu dans ces lieux. Ils sont présents dans la cité une grande partie de leur temps. De plus, il n'existe pas, à leur niveau, de clivage entre un espace résidentiel et un espace professionnel. Enfin, à la différence de certains adultes pour qui la cité H.L.M. est vécue soit comme une étape dans la trajectoire résidentielle, soit comme une contrainte insurmontable et détestable, ils pensent surtout au présent et engagent toute leur existence dans la tranche de vie qu'ils traversent.

Le quartier constitue par conséquent un support majeur de l'identité adolescente. « [La cité], c'est d'abord une patrie, aussi curieux que cela puisse paraître : une génération est née sur les dalles, comme autrefois on naissait en Auvergne, en Bretagne ou en Algérie[1]. » Cet aspect marquant de l'attachement adolescent nous a été révélé lors d'un premier voyage en Espagne organisé avec des élèves du collège. Loin de chez eux, ces derniers faisaient référence aux Quatre-Mille à tout moment et en toute occasion. Le point d'orgue fut donné au retour, lors d'un arrêt sur l'autoroute, quand une dizaine d'entre eux ont, en quelques minutes et au moyen de craies improvisées, constituées par les morceaux d'un souvenir en plâtre brisé, couvert l'aire de la station-service de graffitis

---

1. Christian Bachmann, « Jeunes et banlieues », *op. cit.*

et d'inscriptions se rapportant aux Quatre-Mille et à La Courneuve [note du 14 avril 1992].

L'enracinement ne concerne pas seulement la jeunesse. Dans ces cités que l'on sait majoritairement peuplées par des jeunes ménages, des enfants et des adolescents, on rencontre aussi des gens plus âgés, dont certains ont vécu la naissance et les débuts du grand ensemble et qui sont aujourd'hui, près de quarante années plus tard, porteurs d'une mémoire des lieux. Ces « anciens » sont à la fois producteurs et transmetteurs d'un discours sur le passé des Quatre-Mille — les temps heureux, l'âge d'or... —, discours auquel leurs descendants adolescents ne sont pas insensibles, puisqu'ils s'en font volontiers l'écho : « Ah ! c'était trop. Je me rappelle, c'était il y a très longtemps de ça, quand il y avait pas de voyous, quoi, il y en avait pas beaucoup. Il y avait des gens, des vieilles personnes. Il y avait mon père et tout ça, ils descendaient en bas, ils parlaient. Ils fumaient une cigarette, ils parlaient. Il y avait les petits. Je m'amusais en bas avec les petits, le soir, hein, vers 10 heures et demie ! C'était super, avant » (Abla).

L'attachement résidentiel s'exprime avec force intensité dans des circonstances exceptionnelles comme lors de la démolition de la barre Debussy, en 1986. Une étude menée auprès des habitants de cet immeuble avant et après cette opération a permis de recueillir des témoignages dont certains sont empreints d'une réelle nostalgie. Le terrain vague issu de la démolition fut par la suite et pendant longtemps le lieu d'étonnants pèlerinages, les mères et les enfants des familles expulsées — et relogées ailleurs — y revenant volontiers pique-niquer et passer des après-midi entiers[1].

---

1. Nathalie Weinstein, *La Démolition du bâtiment Claude-Debussy à La Courneuve : la promotion ou l'exclusion de ses habitants ?*, mémoire de maîtrise : Institut français d'urbanisme, 1988.

Clôture de l'espace et circonscription symbolique

L'enracinement adolescent s'établit essentiellement selon un principe territorial. Sans qu'on puisse parler en la matière d'une organisation élaborée, par exemple de type communautaire, la notion de territoire est sans doute celle qui peut le mieux rendre compte du rapport d'identification des jeunes à leur quartier.

Plusieurs facteurs contribuent en effet à donner au grand ensemble des frontières à la fois précises et facilement perceptibles. L'unité architecturale du grand ensemble établit un contraste très visible entre les Quatre-Mille et le reste de l'espace urbain [1]. Les limites de la cité sont nettement tracées par les larges voies adjacentes et par les lignes de chemin de fer de R.E.R. et de tramway. À l'intérieur du grand ensemble, l'impression de clôture est rendue très forte par le paysage des barres qui captent le regard et bouchent les horizons. Le fait que les transports en commun ne pénètrent pas dans les Quatre-Mille concourt aussi à en faire un espace fermé dans lequel on se déplace principalement à pied.

L'enclavement du grand ensemble fut d'ailleurs pendant longtemps une réalité administrative, puisque les Quatre-Mille étaient avant 1984 propriété de l'O.P.H.L.M. de Paris, gérés et administrés directement par les services de la capitale [2]. Les habitants avaient alors toutes les

1. Si, du point de vue urbanistique, tous les grands ensembles se ressemblent plus ou moins, il est vrai aussi que les différences de style architectural d'une cité à une autre se donnent généralement à voir de façon criante et même criarde. Il n'y a, en l'occurrence, aucune confusion possible entre les bâtiments des Quatre-Mille et ceux des cités voisines des Francs-Moisins et des Cosmonautes.

2. En 1984, le patrimoine foncier et immobilier de la cité fut intégralement et gratuitement transféré — à l'issue de longues et âpres négociations — à l'O.P.H.L.M. de La Courneuve (sur ces négociations, voir Émile Breton, *Rencontres à La Courneuve*, Paris : Messidor, 1983).

raisons de ne pas se sentir courneuviens et nombre d'entre eux disaient « aller à La Courneuve », quand ils sortaient de la cité pour faire leurs courses dans les commerces du centre-ville, ou pour effectuer des démarches administratives à la mairie[1].

Le phénomène de clôture a pour corollaire le sentiment d'enfermement spatial fréquemment exprimé par la jeunesse du quartier. La cité est perçue comme un espace de réclusion : « La plupart, ils ont leurs parents comme nous... Bon, les parents, ils ont vécu ici, ils ont fait leurs enfants ici, ils ont grandi ici, ils se sont mariés ici, ils ont leurs enfants ici, ils travaillent ici... Vas-y, tire-toi une balle dans la tête ! Moi je me casse d'ici... Non, moi, j'ai envie de partir, putain... » (Zahira) ; « Moi, plus tard, je pars loin d'ici... Là, je suis encore jeune, ça peut encore passer. Mais plus tard, si j'ai un travail et tout... Ah ! non ! j'élimine les Quatre-Mille, hein ! » (Nassera).

Le territoire est surtout culturellement inventé et construit. L'espace de la cité est approprié et investi mentalement par les adolescents. C'est un fait bien connu que la colonisation des espaces collectifs et publics par les groupes de jeunes dans les grands ensembles de banlieue. Aux Quatre-Mille comme ailleurs, les adolescents occupent de manière systématique les squares, le « mail », les aires de jeux pour enfants, les terrains de sport, les escaliers, les entrées, les paliers, les sous-sols, les caves, les terrasses... Chamboredon note que les conflits opposant les jeunes et les adultes dans les grands ensembles sont en partie dus au statut incertain et mal défini de ces espaces « interstitiels », entre le domaine public et le domaine privé[2].

---

1. Nathalie Weinstein, *La Démolition...*, *op. cit.*, p. 36.
2. On pourrait reprendre ici presque mot pour mot les descriptions de l'historienne Arlette Farge du Paris populaire au XVIIIe siècle : « Les enfants jouent beaucoup dans la rue, et partout, bien entendu. Dans l'escalier, sur le carré, près du puits, de la cour, dans l'allée, aux

La sociabilité caractéristique des halls d'entrée — sociabilité des seuils — n'est d'ailleurs pas le seul fait des adolescents. Le matin, les femmes qui reviennent de faire leurs courses s'attardent facilement quelques instants avant de remonter dans les étages. Quand le temps est clément, certains pères de famille descendent volontiers, le soir, au pied des barres. Il y a là un trait reconnaissable de culture à la fois populaire et méditerranéenne.

Le centre commercial de la Tour, avec ses nombreux passages et son parking, fait figure de point de rencontre pour tout le grand ensemble. Mais il y a d'autres points « chauds » occupés presque en permanence par des groupes de pairs : lieux stratégiques, lieux dont la configuration est simplement favorable aux réunions informelles, halls d'entrée fréquentés par des leaders... L'entrée A de l'immeuble Renoir, par exemple, est souvent déserte ou bien seulement fréquentée par des enfants en bas âge, tandis que l'allée B, voisine, est occupée presque tous les jours, de la fin de l'après-midi jusque tard dans la nuit, par un groupe de pairs plus ou moins constitué.

La connaissance, souvent poussée, des différents espaces collectifs et lieux publics de la cité se fait progressivement, dès le plus jeune âge, par découvertes et aventures successives et par un apprentissage souvent vécu comme une initiation.

[Note du 30 juin 1992] Samir, qui est venu m'emprunter des disques de rap à la maison, en profite pour me raconter les séances de *break dance* avec ses « potes »

portes des arrière-boutiques et au beau milieu de la ruelle. Ils jouent, transgressant les interdits, occupant pleinement l'espace et provoquant souvent la colère des piétons ou d'âpres disputes entre les parents. L'espace urbain est leur univers, ils l'utilisent à leur gré, le transforment ; moins encore que les adultes, ils ne séparent le public du privé » (Arlette Farge, *Vivre dans la rue à Paris au XVIIIe siècle*, Paris : Gallimard, 1979, p. 70).

dans les sous-sols de la cité. « Tu vas souvent rapper, toi ? — Bien sûr ! — C'est-à-dire, souvent ? — Ouais, ça m'arrive de temps en temps, quoi, mais pas en ce moment. — Et tu m'emmèneras voir ? » Il monte brusquement sur ses grands chevaux : « T'es *ouf* [fou] ! On s' connaît pas, je vais pas amener un prof dans les caves de ma cité comme ça ! » Il marque une pause, puis reprend : « Si... si, je t'amènerai voir, je t'amènerai à la rentrée, d'accord ! »

L'occupation des espaces varie en fonction des périodes, des saisons, des jours de la semaine, des heures de la journée. Les vacances, en grande partie passées dans la cité, sont propices aux réunions et aux différentes activités des groupes de pairs. Cela est surtout vrai pour les petites vacances scolaires. L'été, une majorité des adolescents partent en colonie, à la mer ou à la montagne, dans les centres municipaux. Certains passent les vacances « au bled », c'est-à-dire dans le pays d'origine de leurs parents (Algérie, Maroc, Portugal, Antilles). Le grand ensemble ne se vide pas pour autant de tous ses adolescents et de tous ses enfants, nombre d'entre eux restant au moins une partie du temps à La Courneuve. « Vous allez voir, quand l'été arrive, me lance Stéphane, que je rencontre un matin, en passant devant les bâtiments de la place François-Villon, vous allez voir comme c'est chaud ! — Et qu'est-ce que je vais voir ? — Ben vous verrez, y a les scooters qui tournent partout, tout le monde est là, ça bouge, vous verrez, m'sieur ! » [note du 18 avril 1992].

La circonscription symbolique du territoire est rituellement réalisée par les pratiques de circulation ludique maintes fois observées que sont les tours de cité effectués à vélomoteur, à scooter ou à moto — toujours à deux et sans casque —, voire, pour les plus âgés et les plus délinquants, dans des voitures volées.

[Note du 16 octobre 1992] Ce vendredi soir, l'ambiance est survoltée dans la rue Renoir. Le groupe du bâtiment B est réuni au complet dans le hall d'entrée, autour d'un radiocassette qui diffuse de la musique à fort volume. Plusieurs scooters « tournent » bruyamment dans la cité, repassant à intervalles réguliers sous les fenêtres de l'immeuble. Je finis par sortir sur le balcon. Six adolescents, montés sur trois engins, sont engagés dans une course effrénée, à grand renfort de cris et de coups de klaxon, empruntant systématiquement tous les espaces de circulation de la cité, de la rue Ravel aux allées couvertes du centre commercial, en passant par la rue Renoir, le « mail », les places Musset, Villon, etc. Au bout d'une heure, lassés, ils finissent par s'arrêter devant le terrain de foot pour souffler. L'interruption ne dure guère ; après une dizaine de minutes de discussion au cours de laquelle ils se sont visiblement inventé de nouvelles règles, ils repartent à nouveau et de plus belle pour une course-poursuite qui durera presque sans arrêt jusqu'à 3 heures du matin, investissant cette fois tous les terrains praticables — aires de jeux, plates-bandes et même sous-sols des immeubles. À aucun moment, cependant, ils ne quitteront l'espace du grand ensemble [1].

La défense du territoire

La constitution de l'espace du grand ensemble en territoire ne s'opère jamais de façon plus manifeste que dans les situations de conflit et de violence qui opposent épisodiquement les adolescents des Quatre-Mille à ceux d'au-

1. On peut faire entrer dans ce genre de pratiques — dans un contexte autrement médiatisé et politisé — les « rodéos de la colère » qui eurent lieu pour la première fois durant l'été 1981 dans la banlieue lyonnaise. Sont également à compter dans ces pratiques de circonscription territoriale, concernant cette fois l'ensemble de la population de la cité, et dans un registre également différent, les cortèges de mariage qui parcourent parfois la cité en klaxonnant à tout-va, les samedis après-midi, ou encore les défilés d'enfants lors des fêtes d'école primaire.

tres cités. Nous verrons que c'est principalement sur cette base que s'établit le sentiment communautaire au sein du groupe des pairs.

...ntermeil : les pompier[s] encore pris pour cible

Après les graves incidents du mois de novembre à la cité des Bosquets, les pompiers sont à nouveau victimes d'un guet-apens.

POLICIERS et pompiers dans le même sac. Les lanceurs de pierre ne font pas la différence. Pour ces voyous embusqués au coin des rues samedi à dimanche...

:nario qu...
rue Pablo-Picasso ...
h 30, le téléphone sonne à la ca...
.ompiers de Clichy : une voiture vient de prendre feu sur le parking de la cité.

éteinа...
celui-là, dans le qu...
Epinay avaient été reçus ...
.arres de fer et de battes de base-ball p...
... en furie. Deux soldats du

LA COURNEUVE

Bienvenue !

● Après les voitures de police ce sont celles de la direction départementale de l'équipement qui trinquent. L'une d'elles a reçu un parpaing sur son capot, du haut d'une des fenêtres du 4 Honoré-de-Balzac. Plus de peur que de mal.

LA COURNEUVE

Gazés au poste

Du gaz lacrymogène dans le poste de police. On aura tout vu ! La scène se passe dans la cité des 4 000 à la Courneuve. Il est 23 h 25, le policier de garde dans le poste va se faire relever par un collègue. Celui-ci vient de sonner à la porte d'entrée. La gâche électrique s'ouvre et le deuxième policier entre au poste. Mais, le temps que la porte met à se refermer, un jeune passe le bras et asperge les deux hommes de gaz lacrymogène. Un pol... aux yeux, mais l'autre, plus ...esseur. Malgré l'... .trois ans,

aller à Montfer...
.er, « Nous entrete-
.ns avec les habi-
poignée de bons à

J.-P. V.

Echaudés ...cheux, les ...mais se g... ...camionne... est noyé ...rage pub... rier la n...

us tôt, les policiers ...maient d'avoir ...n d'une

● Jets de pierre Mardi 8 octobre, un car de police a subi d'importants jets de pierre alors qu'il patrouillait dans le sec...ur de la rue Joliot-Curie. Si d'impor...dégâts matériels ont été constaté... .. heureusement aucun bless... .de cet acte de vandalism... ...pelés.

Et soudain une pluie de pierres contre les policiers

corps apparemment sans vie, allongé sur le macadam.
Mais les policiers ...
que le m...

...iers ... quelques mois déjà, les mauvaises plaisanteries se répétées. Au commissariat de La Courneuve, on s'inquiète.

UN coup de téléphone au commissa-riat : « Quelqu'un gît au mili... la rue Renoir. Venez vi... est 22 heures quand ... aperçoit effectiv...

● Mauvais caractère décidément la colè-re est bien mauvaise conseillère. Samedi soir, dans la rue Honoré-de-Balzac, un automobiliste a tout d'abord commencé par refuser de se soumettre à une vérifi-cation des papiers de son véhicule. Per-dant son sang froid il a ensuite, selon les forces de l'ordre, ameuté des amis à lu ...ant à proximité pour venir ...nt à proximité pour ... .rcellation. To...

Policiers agressés

Les policiers avaient été appelés rue Renoir. Arrivés sur place, ils voient un jeune homme étendu par terre. Alors qu'ils s'approchent de lui pour lui porter secours, celui-ci bondit et se sauve à tou... les jambes. Les policiers surpris, ont tout juste le temps de se mettre à l'abri d'une volée de pierre jetées par des complices (sans doute) du faux blessé. Mauvaise plaisanterie ? De tels actes, en tout cas ne ...

raconte un policier encore sous la sur-prise.
La veille, encore aux 4 000, d'autres véhi-cules du commissariat ont essuyé une volée de projectiles.
La semaine dernière, c'était un guet-Apens, cité des Francs-Moisins, à Saint-Denis, où des policiers avaient été enfer-més dans un garage à vélo, pend... leurs collègues, également appelés en ...vaient aussi pi... .30 le fai...

L'affirmation fanfaronne, couramment entendue, selon laquelle les jeunes des autres cités seraient interdits de séjour dans l'enceinte des Quatre-Mille ne correspond certes pas à la réalité. Les liens interpersonnels entre jeunes outrepassent sans difficulté les clivages d'apparte-nance résidentielle. En temps normal, les relations se nouent au quotidien dans l'espace du grand ensemble comme dans celui des autres cités voisines. Cependant, en cas de confrontation ouverte avec des groupes exté-rieurs, l'espace de la cité devient tout à la fois le lieu et l'enjeu du conflit. Susceptible d'incursions et d'attaques ennemies, de vols ou même de saccages, il devient véritable territoire et doit être activement défendu et protégé par les membres des groupes de pairs.

[Note du 15 mai 1992] On assiste parfois, dans les rues de la cité, à des courses-poursuites entre adolescents qui se terminent au besoin par des règlements de comptes plus ou moins violents. En sortant du supermarché Casino de la résidence du Parc, un soir, je vois passer sur le parking un jeune qui s'échappe en courant à toutes jambes de la cité des Cosmonautes. Il se fait rattraper un peu plus loin par ses poursuivants qui débouchent d'une rue adjacente. Ces derniers le projettent brutalement à terre et lui font subir sur-le-champ une séance de « savate » en bonne et due forme. Leur travail accompli, les membres de ce commando vengeur s'éloignent, l'air satisfait. L'un d'entre eux se retourne de loin et lance à la victime : « Et qu'on te revoie jamais dans la cité, ou t'es mort, hein ! »

Il découle de ces confrontations régulières vécues ou même seulement observées par les membres du groupe un sentiment d'appartenance et même de propriété territoriale, lequel peut s'exprimer à l'encontre de toutes les personnes non résidantes, et pas seulement des jeunes. Les adolescents exercent, individuellement ou en groupe, à différents degrés, une surveillance informelle des entrées dans le grand ensemble. « Monsieur, qu'est-ce que vous faites dans ma cité ? », m'a-t-on souvent demandé et sur un ton pas toujours aimable, lors de mes premières incursions aux Quatre-Mille. Les représentants d'institutions exerçant un pouvoir de domination sur les adolescents sont particulièrement exposés à ce genre de manifestations d'hostilité, qui peuvent à l'occasion prendre une tournure très violente. Les rondes et descentes de police, perçues comme des formes de violation territoriale, donnent aussi lieu, parfois, à des « caillassages » de véhicules, dont les médias — qui en font également les frais — rendent régulièrement compte depuis plusieurs années, aux Quatre-Mille comme dans beaucoup d'autres grands ensembles.

La conscience d'appartenance territoriale entraîne parallèlement un sentiment de sécurité qui est paradoxal et contradictoire, au vu de l'insécurité, réelle ou fantasmée, qui règne par ailleurs dans l'espace du grand ensemble. Le thème de la cité-refuge fait ici pendant à celui de la cité-prison. Au sein de leur quartier, les adolescents se sentent en terrain conquis et familier, à la fois protégés par leurs pairs des agressions physiques d'éventuels inconnus ou étrangers, et aussi et surtout à l'abri de la violence symbolique du monde extérieur.

L'espace symbolique et mythique

Le signe le plus manifeste de l'investissement mental dont le grand ensemble fait l'objet de la part de ses habitants, et notamment des adolescents, est sans doute l'existence de représentations spatiales mythiques très caractéristiques, à la fois en termes d'orientation cardinale et de centralité, et la toponymie locale originale, qui puise curieusement ses sources dans la conception urbanistique qui a présidé à la construction de ce type d'habitat.

Mythologie des quartiers nord

Le grand ensemble ne forme pas une cité réunie en un seul lieu géographique ; il est divisé en deux parties bien distinctes, distantes de près d'un kilomètre : les Quatre-Mille nord, en bordure de l'autoroute A1, qui les sépare du parc départemental, et les Quatre-Mille sud, situés aux confins ouest de La Courneuve, limitrophes de la commune de Saint-Denis.

L'orientation nord-sud fait ici l'objet d'une inversion étonnante — ce qui montre à quel point la représentation peut faire bien peu de cas de la réalité. Nombre d'adolescents sont en effet persuadés que les Quatre-Mille sud sont les Quatre-Mille nord et *vice versa*. Plus précisément, ce sont ceux qui résident aux Quatre-Mille sud qui font couramment cette confusion. Après avoir longuement cherché à comprendre, j'en ai finalement obtenu l'explication la plus plausible d'une judoka du J.C.C. (Judo-Club courneuvien) qui, avertie par mes soins de cette erreur, finit par me fournir cette réponse sans appel : « Mais nous, de toute façon, on préfère dire "Quatre-Mille nord" parce que les quartiers nord, c'est les plus réputés. Comme aux États-Unis, c'est pareil, les quartiers chauds, ils sont au nord. » Il se trouve en effet qu'en France les communes phares de la « révolte » des banlieues, d'une part, et de leur « renouveau » culturel, d'autre part, sont, pour les plus importantes, situées au nord de leur ville centre. C'est notamment le cas des banlieues de la Seine-Saint-Denis, en région parisienne, ou encore des bien nommés « quartiers nord » de Marseille. À Paris, cette polarisation est renforcée par la place qu'occupe, dans l'espace « régional » de la culture des rues, la gare du Nord (« Nord » ou « *Reuno* »), point de passage de toutes les sorties parisiennes adolescentes et haut lieu de fréquentation de certains groupes de pairs constitués. Il se trouve aussi qu'outre-Atlantique des villes comme New York présentent le même type de disposition spatiale, les ghettos noirs comme Harlem ou le Bronx se trouvant au nord de la ville centre. Nombre d'adolescents interrogés sont d'ailleurs persuadés que les ghettos de Los Angeles, qu'ils connaissent par la télévision ou par le cinéma, sont situés au nord, ce qui est faux, en revanche, puisque ces quartiers se trouvent soit au centre de leur agglomération (South Central), soit dans sa partie ouest (West Side).

Sans que l'on puisse établir de lien culturel direct, ce mythe du Nord renvoie peut-être au fort attrait qu'exercèrent pendant un temps les pays du nord de l'Europe sur le mouvement beatnik américain. On retrouve ce mythe dans le courant musical folksong, des années 1960-1970, qui l'a lui-même repris de chansons noires américaines du XIXᵉ siècle, telles que *Foolow the Drinking Gourd* (« La gourde à boire ») dans laquelle il était fait allusion à la fameuse route du Nord, chemin de la liberté et du bonheur retrouvé pour les esclaves de plantations du Sud[1]. Dans notre contexte culturel, la mythologie des quartiers nord s'exprime très largement dans les textes de musique rap française. Ainsi, les trois lettres nominatives du groupe Suprême NTM ne sont pas seulement les initiales de « Nique ta mère », mais aussi, de manière tout à fait ambivalente, celles de l'expression « le Nord transmet le message » (autrement dit, sert de guide pour la jeunesse). Ce groupe a aussi intitulé un de ses morceaux : *En direct du grand Nord*. De même, MC Solaar, dans *Quartier nord* : « Je viens du sud de la capitale qu'on appelle Villeneuve-Saint-Georges, quartier mond...[2]. »

D'une façon générale, toute opération de représentation de l'espace passe ainsi par des déformations ou des inversions du type de celle que nous avons notée. Chaque univers culturel détermine en fonction de ses nécessités logiques propres la nature exacte des transformations. Cette inversion montre ici comment la culture des rues s'inscrit d'emblée, au-delà de sa dimension locale, dans le cadre référentiel de la société globale et même dans celui de la société américaine. On mesure ici le rôle joué par la médiatisation du « mouvement social » des banlieues, depuis une quinzaine d'années, dans la construc-

---

1. Jacques Vassal, *Folksong : racines et branches de la musique folk aux États-Unis*, Paris : Albin Michel, 1984.

2. Suprême NTM, *En direct du grand Nord*, « J'appuie sur la gâchette », Sony Music, 1993 ; MC Solaar, *Quartier nord*, « Qui sème le vent récolte le tempo », Polydor, 1991 ; Assassin, *Le futur, que nous réserve-t-il ?*, vol. 1, Assassin Productions, 1992.

tion des représentations spatiales et des références et modèles de la culture des rues en général.

Centralité et périphérie du grand ensemble

La configuration séparée du grand ensemble donne également lieu à des dénominations spécifiquement adolescentes dans lesquelles s'exprime une certaine construction de l'espace en termes de centralité et de périphérie.

Les Quatre-Mille sud sont divisés en deux ensembles inégaux, séparés par une large avenue passante, l'avenue du Général-Leclerc (voir schémas, pages suivantes). L'ensemble, que nous appellerons « A », situé au nord-ouest de cette avenue, le plus important, comprend la plus haute tour du grand ensemble, la tour Leclerc, au pied et autour de laquelle s'étale le centre commercial de la cité. L'autre ensemble, que nous appellerons « B », au sud-est de l'avenue, est nettement moins étendu, surtout depuis qu'il a été amputé de la grande barre « Debussy », démolie en 1986. Du point de vue adolescent, la séparation physique entre Quatre-Mille nord, Quatre-Mille sud A et Quatre-Mille sud B est d'autant plus présente à l'esprit que les cartes scolaires du primaire et du premier cycle du secondaire recoupent exactement cette séparation. Les trois collèges de La Courneuve se partagent notamment le recrutement du grand ensemble selon ces strictes lignes de partage spatial.

Aucun toponyme reconnu par les cartes ou les plans de la ville ne s'applique à l'un ou à l'autre des ensembles A et B. Néanmoins, les adolescents qui résident dans l'ensemble A appellent l'ensemble B « deuxième cité ». Ceux qui résident dans l'ensemble B ne connaissent pas de nom particulier pour désigner l'ensemble A et confondent les ensembles A et B sous le nom « Quatre-Mille » ou encore, comme on l'a vu, en inversant, « Quatre-Mille nord ». Tous les adolescents des Quatre-Mille sud (ensemble A et B confondus) appellent les Quatre-Mille nord « Barbusse », cet ensemble étant situé le long et de part et d'autre de l'avenue Henri-Barbusse. Quant à ceux qui résident aux Quatre-Mille nord, ils nomment les ensembles A et B, sans distinction, « Quatre-Mille sud ».

Derrière ces manières de désigner les différentes parties de la cité se joue en réalité la définition spatiale légitime du grand ensemble. Cet enjeu de définition de l'espace ne présente bien entendu d'intérêt et de sens que pour les adolescents de la culture des rues, car ils sont, comme nous le verrons, les seuls habitants du grand ensemble à pouvoir retirer un quelconque profit symbolique de leur appartenance à ces lieux.

La définition varie en fait en fonction de la centralité du point de vue, étant entendu que les Quatre-Mille sud A constituent le centre, les Quatre-Mille sud B la première périphérie et les Quatre-Mille nord la seconde périphérie. (Dans l'esprit de nombreux Courneuviens non résidants des Quatre-Mille, le grand ensemble se réduit d'ailleurs aux seuls Quatre-Mille sud, voire, pour certains, au seul ensemble A.) Plus le point de vue est central, plus les appellations qui désignent les autres ensembles sont à la fois précises et discriminantes. L'appellation « deuxième cité » signifie ainsi clairement l'appartenance à la périphérie ; tandis que l'appellation « Barbusse » semble même dénier l'appartenance au grand ensemble. À l'inverse, au fur et à mesure que le point de vue se déplace du centre vers la périphérie, les appellations sont de moins en moins précises, et la définition du grand ensemble a tendance à s'élargir, jusqu'à recouvrir, pour les habitants des Quatre-Mille nord, sa réalité urbanistique originelle [1].

1. C'est aux Quatre-Mille sud A que nous avons résidé et effectué l'essentiel de notre travail ethnographique. La demande de logement avait été formulée de manière précise auprès de l'O.P.H.L.M., non pas

LE GRAND ENSEMBLE DES QUATRE-MILLE :
vision en perspective

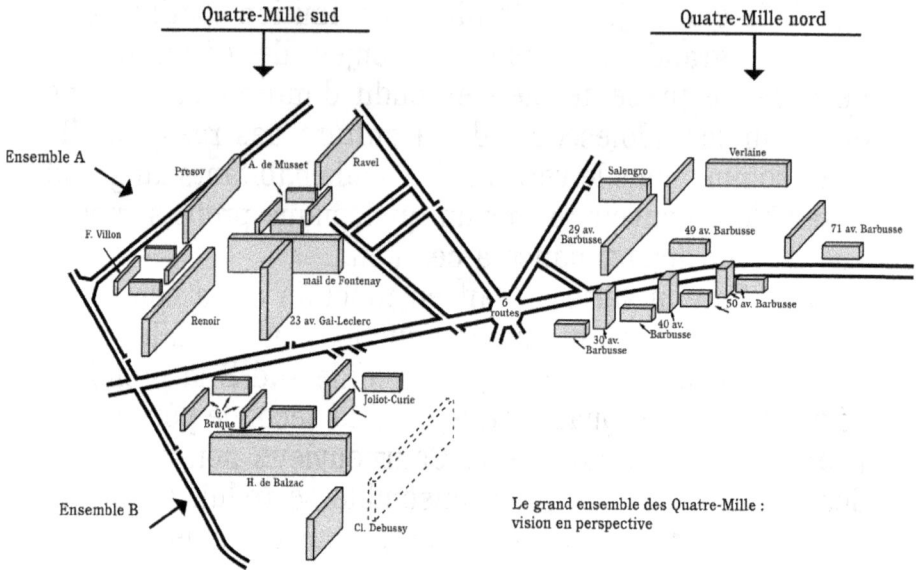

Quatre-Mille sud

Quatre-Mille nord

Ensemble A

Presov

A. de Musset

Ravel

Verlaine

Salengro

F. Villon

29 av. Barbusse

49 av. Barbusse

71 av. Barbusse

mail de Fontenay

6 routes

50 av. Barbusse

Renoir

23 av. Gal-Leclerc

30 av. Barbusse

40 av. Barbusse

Joliot-Curie

Braque

H. de Balzac

Ensemble B

Cl. Debussy

Le grand ensemble des Quatre-Mille :
vision en perspective

en fonction de ces considérations d'ordre spatial, dont nous ignorions tout à l'époque, mais parce que les élèves du collège où nous enseignons sont recrutés dans cette partie du grand ensemble. La plupart des descriptions, des observations et des analyses qui font la matière de cet ouvrage se rapportent exclusivement aux Quatre-Mille sud (A et B). En revanche, les chiffres et les données statistiques cités concernent généralement le grand ensemble tout entier.

LE GRAND ENSEMBLE DES QUATRE-MILLE :
variation des usages toponymiques
en fonction du point de vue

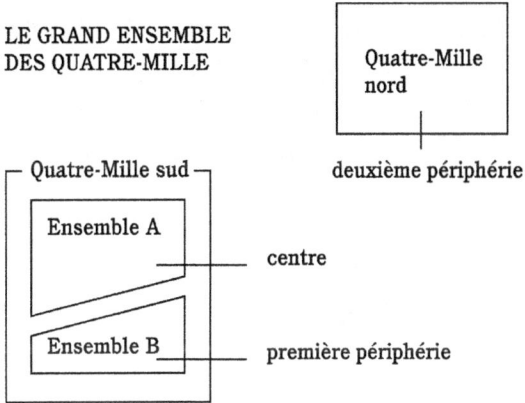

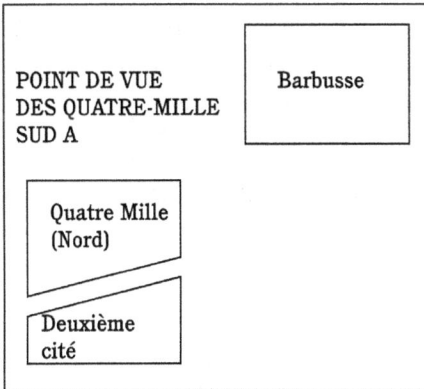

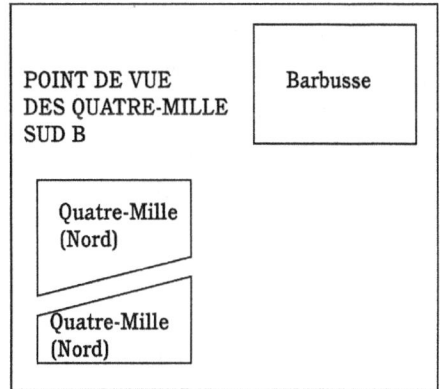

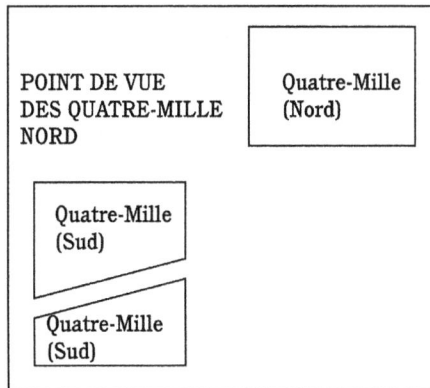

LE GRAND ENSEMBLE
DES QUATRE-MILLE

Quatre-Mille
nord

deuxième périphérie

Quatre-Mille sud

Ensemble A

centre

Ensemble B

première périphérie

POINT DE VUE
DES QUATRE-MILLE
SUD A

Barbusse

Quatre Mille
(Nord)

Deuxième
cité

POINT DE VUE
DES QUATRE-MILLE
SUD B

Barbusse

Quatre-Mille
(Nord)

Quatre-Mille
(Nord)

POINT DE VUE
DES QUATRE-MILLE
NORD

Quatre-Mille
(Nord)

Quatre-Mille
(Sud)

Quatre-Mille
(Sud)

Noms de rues, noms de lieux

Le grand ensemble est composé au total de trente-cinq bâtiments disposés en ordre orthogonal lâche, sans alignement de rues. Les vingt et un immeubles des Quatre-Mille sud sont répartis en six longues barres de quinze étages, une grande tour de vingt-quatre étages et dix-sept barres de quatre étages. Les aires ménagées entre ces bâtiments — « le parc dans la ville » cher à Le Corbusier — sont dévolues aux voies de circulation, aux parkings et aux espaces verts auxquels ont été adjoints, après la construction du grand ensemble, des terrains de jeux.

L'éclatement de l'espace urbain et la disparition de la rue, principes de base de l'urbanisme des grands ensembles, sont également perceptibles dans les usages toponymiques adolescents. Les noms de rue officiels du plan de ville ne servent plus en effet à désigner les voies mais, par glissement métonymique, les immeubles qui les bordent. Quant aux numéros et aux lettres, ils sont habituellement remplacés par les couleurs des halls d'entrée, plus facilement repérables.

[Note du 15 novembre 1992] Voici comment un adolescent de mon immeuble me répond si je le questionne sur son lieu de résidence : « T'habites où, toi, Otmane ? — Aux Quatre-Mille. — Où ça, aux Quatre-Mille ? — À Renoir. — Et quel bâtiment[1] à Renoir ? — Bâtiment jaune » [1, rue Auguste-Renoir, escalier A]. Les habitudes sont ici très tenaces : les adolescents du grand ensemble, habitués au repérage par les couleurs, ne sont pas toujours en mesure de donner le numéro de leur

---

1. Le terme « bâtiment » est couramment utilisé de manière erronée, prenant le sens d'entrée, allée ou escalier. La barre Renoir constitue en réalité un seul et même bâtiment. La question posée respecte l'usage en vigueur.

allée. À l'inverse, habitué aux numéros, je ne suis pratiquement jamais arrivé à retenir la couleur de mon « bâtiment ».

Les barres de quatre étages, généralement disposées en carré, sont, quant à elles, appelées par les noms des places qu'elles circonscrivent : « Alfred-de-Musset », « Braque » (Georges-Braque), « Villon » (François-Villon) pour les bâtiments des places du même nom. De façon plus curieuse, les barres de la rue Joliot-Curie sont désignées par opposition aux grandes barres de quinze étages qui les dominent, puisqu'on les appelle tout simplement « Quatre-Étages ». On dira ainsi « aller à Quatre-Étages », un « mec de Quatre-Étages », etc.

L'autre monde

Il faudrait bien se garder de considérer le grand ensemble comme un quartier isolé et sans rapport avec l'extérieur. La sous-culture des rues trouve aussi son développement hors de la cité, d'abord dans la ville qui l'entoure, ensuite et paradoxalement dans le cadre scolaire, et enfin au cœur de la ville centre, c'est-à-dire dans certains quartiers parisiens. Cela n'empêche pas que le grand ensemble, en dernière analyse, reste, dans l'esprit des membres de ce groupe social, une unité de référence spatiale fondamentale.

Les espaces urbains extérieurs

La cité des Quatre-Mille se trouve de fait en contact permanent avec l'espace urbain qui l'entoure, avec la ville de La Courneuve, avec la banlieue nord et avec l'agglomération parisienne en général. Une grande majorité des habitants travaille en dehors de la cité et participe ainsi aux migrations pendulaires de la région[1]. Les pratiques de consommation dépassent largement le cadre du grand ensemble. Les Courneuviens fréquentent régulièrement les grandes surfaces des communes avoisinantes, le marché et les commerces du centre historique de Saint-Denis et, plus épisodiquement, les boutiques parisiennes. Il en va de même pour les pratiques de loisirs et les sorties, qui conduisent les habitants des Quatre-Mille, comme les autres banlieusards, à se déplacer régulièrement — et pas seulement le samedi soir — vers les grands centres animés de la capitale.

Les adolescents ne traînent pas seulement, loin s'en faut, dans les seuls espaces de la cité H.L.M. La fréquentation du collège les oblige, dès l'âge de douze ou treize ans, à sortir du grand ensemble tous les jours, ce qui leur donne l'occasion de découvrir et de fréquenter d'autres endroits. Les grands ensembles alentour, les parvis et parkings des grandes surfaces commerciales, l'ensemble des rues de La Courneuve, voire, à l'occasion, les voies de chemin de fer du R.E.R. sont régulièrement visités et font partie de leur univers familier.

Le parc de La Courneuve[2], pourtant très proche, ne fait en revanche pas figure de centre d'attraction pour les

1. La Courneuve, comme de nombreuses communes de banlieue, a cessé depuis longtemps d'être un bassin d'emploi industriel. Suite à la crise qui dure depuis une vingtaine d'années, les entreprises ont massivement licencié, et nombreuses sont celles qui ont même fermé leurs portes.

2. Le parc départemental de La Courneuve occupe environ un tiers de la commune, soit 220 hectares. Sa construction, qui a nécessité une somme de travaux considérable d'aménagement du relief (édification de collines, creusement de lacs artificiels) et de plantations (futaies, prairies, parterres fleuris), a été entamée en 1956 et se trouve actuellement en cours d'achèvement. C'est un espace vert exceptionnel, qui contraste singulièrement avec la grisaille urbaine de la Seine-Saint-Denis. Il est largement fréquenté par les Courneuviens, mais aussi par les habitants de toutes les communes limitrophes (Stains,

groupes de pairs. Il est connu et fréquenté individuellement par la plupart des adolescents, mais il est plutôt
considéré comme un lieu de pratiques sportives (course
à pied, musculation, football...) ou bien comme un espace
de relations de flirt et non pas comme un endroit favorable à la sociabilité particulière des groupes d'adolescents
— à l'exception, peut-être, des moments de grandes
manifestations et notamment à l'occasion de la fête
annuelle de *l'Humanité*, temps durant lequel le parc s'ur-
banise, en quelque sorte. Sans doute l'appropriation symbolique du parc est-elle également rendue difficile par la
contrainte sociale exercée par une foule d'inconnus et par
les horaires d'ouverture qui en interdisent l'accès la nuit.
Même pour des activités dites « de plein air », comme le
jogging, dont on pourrait spontanément penser qu'il
trouve nécessairement sa place dans les espaces de « nature » constitués par le parc, l'attrait exercé par l'urbain
est parfois plus fort, comme pour cet adolescent, boxeur,
qui exprime sa nette préférence pour la ville et ses rues :
« Ouais, franchement, je préfère la ville parce qu'il y a
des voitures, tout ça, pour moi, c'est mieux, parce que je
vois du monde, quoi, alors qu'au parc j'ai l'impression
que je suis tout seul à courir, quoi, et je sais pas, je préfère courir dehors, quoi ! » (Ange).

L'appropriation de l'espace scolaire

En tant qu'institution exerçant une surveillance et un
contrôle disciplinaire sur les personnes qu'elle a charge
d'instruire, l'école a depuis longtemps intégré la clôture
et la fermeture dans son architecture[1]. C'est un espace

Garges-lès-Gonesse, Dugny, Le Bourget et Saint-Denis) et plus généralement par la population de toute la banlieue nord.
1. Voir Michel Foucault, *Surveiller et punir : naissance de la prison*,
Paris : Gallimard, 1975.

isolé, sans continuité avec le quartier qui l'entoure. À La Courneuve, comme dans la plupart des banlieues, cette extériorité de l'école se trouve renforcée par le fait que les établissements secondaires sont situés en dehors et même à bonne distance du grand ensemble des Quatre-Mille dans lequel s'opère pourtant le recrutement de la majorité des élèves.

Le statut spatial de l'école relève presque ici, dans le contexte des grands ensembles périphériques, de l'extra-territorialité, tant le personnel qui y enseigne fait figure d'étranger, à la fois socialement et géographiquement, pour les élèves qui la fréquentent. Les professeurs qui enseignent dans les établissements de Z.E.P. de banlieue ne résident que très rarement dans leur commune d'affec-tation — encore moins dans les grands ensembles H.L.M. où sont recrutés leurs élèves. Ils se déplacent générale-ment de la ville centre jusqu'en banlieue pour y effectuer leur service quotidien. Le collège Clemenceau, où j'ensei-gne, ne fait pas exception à cette règle. Sur les soixante collègues de l'établissement, un seul habite La Cour-neuve. La conseillère d'éducation, logée dans la cité « In-ter », à côté du collège, n'est restée qu'une année dans l'établissement. Le jour de mon déménagement dans le grand ensemble, Farid, un adolescent venu m'aider à transporter quelques cartons, exprima spontanément son étonnement : « Pour la première fois, un prof va habiter aux Quatre-Mille ! »

La culture scolaire s'oppose naturellement en tout point à la culture des rues. Les valeurs, les connaissances et le savoir enseignés par l'école sont, dans l'ensemble, très éloignés des préoccupations quotidiennes des membres des groupes de pairs adolescents. Les règle-ments intérieurs relativement stricts des établissements contrastent avec les libertés en vigueur dans les espaces publics extérieurs. La discontinuité spatiale et culturelle entre l'école et la rue est d'ailleurs fort bien perçue et reconnue par les adolescents, comme le montre cette remarque faussement naïve adressée par un adolescent au principal de l'établissement, qui se trouvait, un soir, sur le perron du collège, en train de surveiller la sortie des élèves, enjoignant les bagarreurs potentiels à « circuler » et à rentrer chez eux : « Mais, m'sieur, la rue elle est à nous quand même[1] ! »

Pourtant, cette école qui s'oppose à l'univers de la rue est aussi un espace privilégié de sociabilité pour les membres des groupes de pairs. Elle se trouve même être, paradoxalement, un des lieux cardinaux de la sous-culture des rues. Au sein des établissements scolaires, en marge des activités proprement éducatives prévues et encadrées par le personnel enseignant, il existe en effet tout un espace de pratiques et de relations sociales adolescentes autonomes, plus ou moins admises et plus ou moins secrètes, souvent déviantes par rapport aux normes édictées, parfois tout à fait délinquantes et clandestines, qui occupent une part non négligeable de la vie scolaire et qui ne diffèrent en rien des relations et des pratiques observables dans le cadre de la rue. Cette sociabilité, qui trouve largement sa place dans les espaces et les temps « interstitiels » ou récréatifs (cours, couloirs, perrons, récréations, interclasses, entrées et sorties d'école), échappe dans la plupart des cas au regard et au contrôle de l'institution scolaire — à moins qu'elle ne trouve même, face à la censure ou à la répression dont elle fait l'objet, l'occasion répétée de s'affirmer et de se renforcer[2].

---

1. « Qu'est-ce que vous n'aimez pas que les profs vous disent ? », demandait un sociologue à un élève de cinquième, dans le cadre d'une enquête sur la violence en milieu scolaire. « Quand il y a des histoires hors du collège, et eux ils viennent s'en mêler... » (Jean-Paul Payet, « Ce que disent les mauvais élèves : civilités, incivilités dans les collèges de banlieue », *Annales de la recherche urbaine*, 54, 1992, p. 85-94).

2. Une grande partie des observations de terrain qui font la matière de ce livre ont été faites, ainsi que le lecteur pourra facilement s'en apercevoir, dans le cadre scolaire. La position de professeur, hormis les problèmes particuliers qu'elle a posés par ailleurs dans le travail

La fréquentation des centres parisiens

La fréquentation occasionnelle des centres parisiens par des groupes d'adolescents des quartiers périphériques est un phénomène désormais bien connu, au point que certains de ces lieux sont reconnus et même réputés comme tels pour avoir défrayé plusieurs fois, au cours de ces dernières années, l'éternelle chronique journalistique de la « guerre des bandes ». De fait, le Forum des Halles, les Champs-Élysées, la Défense, Pigalle, la gare du Nord... sont aujourd'hui devenus des « hauts lieux » de la culture des rues, régulièrement fréquentés ou occupés par des groupes de pairs constitués dont les membres résident généralement dans les grands ensembles de banlieue. Ces bandes exercent là leur sociabilité propre et font de ces lieux leur terrain pour des activités plus ou moins délictueuses.

Plus banalement, ces quartiers centraux de la capitale, très commerçants, animés et offrant des possibilités de consommation et de loisirs diurnes ou nocturnes (vêtements, articles de sport, restauration rapide, cinémas, discothèques...) qui correspondent aux besoins et aux goûts des adolescents des classes populaires, sont largement fréquentés par la jeunesse des grands ensembles de

d'enquête, a ici indiscutablement donné un point de vue privilégié pour l'observation de la culture des rues. On notera également que la fréquentation de l'école répond, au-delà des nécessités reconnues de l'instruction et de l'éducation, aux besoins essentiels de sociabilité de cet âge de la vie. Elle entre ainsi pour une grande part dans le processus de socialisation des enfants et des adolescents. Si cette fonction socialisante de l'école est généralement reconnue, il faut noter qu'une part importante de la socialisation qui se réalise dans le cadre scolaire reste ignorée ou largement méconnue par ceux-là mêmes qui ont pour mission d'instruire, d'éduquer et aussi, dans une certaine mesure, de socialiser. (Voir à ce sujet Ana Vasquez, Isabelle Martinez, « Interaction élève-élève, un aspect non perçu de la socialisation », *Enfance*, 44, 3, 1990, p. 285-301.)

banlieue[1]. Les adolescents des Quatre-Mille, du moins ceux qui disposent de suffisamment de liberté et d'autonomie, se déplacent occasionnellement, dès l'âge de treize ou quatorze ans, isolément ou en groupe, à Saint-Denis et à Paris (« On est partis à *Ripa* »). Ils acquièrent ainsi, pour certains, une connaissance précoce et développée des grands centres de la capitale. Il faut préciser que, contrairement à d'autres grands ensembles périphériques, les Quatre-Mille se trouvent à faible distance de Paris et sont très bien desservis par les transports en commun[2].

Néanmoins, pour les préadolescents et les adolescents assez jeunes avec qui nous avons travaillé, Paris n'est pas et ne peut pas véritablement devenir un lieu de culture des rues. Des incursions épisodiques ou même régulières ne suffisent pas pour s'approprier des espaces urbains aussi vastes, aussi anonymes et portant d'une manière aussi facilement perceptible la marque architecturale de la différence et de la domination sociale. Un soir où je me fis déposer chez moi, à mon domicile parisien — avant que je ne réside aux Quatre-Mille —, au retour d'un match de football en compagnie d'un collègue et d'un élève supporter du P.S.G. que nous avions emmené avec nous, ce dernier eut cette remarque immédiate en

1. Vieillard-Baron a montré comment les représentations mentales de l'espace parisien des jeunes banlieusards s'organisent — du fait de leur expérience exclusivement empirique des quartiers de la capitale — selon une vision en points reliés par des lignes souterraines, sans rapport direct avec le plan ou la carte de la ville (Hervé Vieillard-Baron, « Centralité mythique et réalité morcelée [ou la capitale vue de la banlieue] », *Espace-temps*, 33, 1986, p. 41-46).

2. La gare R.E.R. Aubervilliers-La Courneuve, très proche du grand ensemble, est desservie à la fréquence de quatre trains par heure dans chaque sens, trains qui la relient à la station Châtelet-Les Halles, au cœur de la capitale, en moins de douze minutes. De plus, depuis 1992, un nouveau tramway périphérique, en cours d'extension, relie les communes de Saint-Denis, La Courneuve et Bobigny.

découvrant l'immeuble haussmannien dans lequel je logeais : « C'te quartier de *cheuri* [riches] ! » [note du 25 mai 1991].

Seuls ceux qui, plus âgés, connaissent l'expérience oisive du chômage et de la « galère » sont susceptibles — souvent dans le cadre des bandes constituées — d'élire comme terrains de sociabilité et d'activité favoris les quartiers centraux de la capitale. Dans le contexte de la sous-culture des rues des adolescents scolarisés et intégrés, la fréquentation assidue de la capitale correspond au contraire plutôt à une prise de distance et à une émancipation par rapport au grand ensemble et par rapport au groupe des pairs, c'est-à-dire, en fait, à l'abandon progressif des pratiques, de la sociabilité et de l'univers symbolique de la culture des rues.

Le grand ensemble comme unité de référence spatiale

Pour cette jeunesse, le lieu d'ancrage principal reste bel et bien le grand ensemble, autrement dit « la cité ». Omniprésente dans les discours, lieu « anthropologique[1] » par excellence, la cité ainsi conçue comme unité de vie et comme unité d'appartenance est en ce sens un cadre pertinent pour l'analyse ethnologique. Dans l'emboîtement des multiples références identitaires, la référence aux Quatre-Mille est constante et ne laisse place à aucune ambiguïté. Le grand ensemble est même la seule unité de vie concevable dans l'esprit des adolescents, pour qui l'espace urbain dans sa globalité n'est guère repérable autrement qu'en termes de « cités ».

[Note du 7 avril 1992] J'ai demandé à plusieurs reprises à des adolescents en visite chez moi de nommer les différents quartiers de La Courneuve visibles de la fenêtre

---

1. Marc Augé, *Non-Lieux : introduction à une anthropologie de la sur-modernité*, Paris : Le Seuil, 1992.

de mon studio. Voici les réponses de Zeinul à mes questions : « Qu'est-ce que c'est qu'on voit là-bas à gauche, ces bâtiments ? — Ça, c'est les Cosmonautes. — Et derrière ? — C'est la résidence. — Et encore derrière ? — Barbusse. — Et au fond ? — "Inter." — Et à droite, là-bas ? — Les bâtiments rouges. — Et tout à droite, au fond ? — Je sais pas, mais nous on l'appelle la cité de la Gare. — Et devant, là au-dessous ? — Quoi, au-dessous ? — Les pavillons qu'on voit là devant, comment ils s'appellent ? — Y' a pas ! — Mais vous les appelez comment ? — Non, c'est des pavillons, c'est rien, ça a pas de nom, c'est juste des pavillons[1]. »

[Note du 10 mars 1992] On me questionne souvent, depuis que je me suis installé dans le grand ensemble, sur mon précédent lieu de résidence : « T'habitais où, avant ? — À Paris. — Et t'habitais dans une cité à Paris ? — Non. — T'habitais où, alors ? — Dans une rue ! — Ah ouais, une rue ? — Ben ouais ! — Aïe ! c'est mortel, ça ! »

[Note du 28 février 1992] Les graffitis qui m'étaient adressés, quelques semaines après mon installation, dans l'ascenseur de l'immeuble, me renvoyaient à mes pénates d'origine dans des termes tout à fait comparables : « Lepoutre, retourne dans ta cité de merde. »

Il n'est pas jusqu'aux adolescents résidant en pavillons qui ne soient prêts à renier leur appartenance résidentielle au profit d'un ancrage de circonstance au grand ensemble : « Parce que, moi, j'y suis jamais dans mon pavillon. Je vais à [la cité] "Inter", alors je préfère dire

---

1. Il s'agit, respectivement, de la cité des Cosmonautes, de la résidence du Parc — résidence de standing, nommée par opposition aux cités H.L.M. —, des barres et des tours de l'avenue Henri-Barbusse, des immeubles du passage de la Croix-Blanche, autour de la grande surface Intermarché, des immeubles H.L.M. en brique, datant des années 1930, de la cité Beaufils, de la cité Charlie-Chaplin et enfin des pavillons de la rue Georges-Magnier et de la rue Lucienne qui jouxtent le grand ensemble.

que, ouais, je suis d'"Inter" que du pavillon. Je préfère dire ça, parce que "Je suis du pavillon", ça fait pas bien. Ça fait, ouais, bourgeois et tout, gros bouffon, voilà ! son petit pavillon, là ! » (Alain).

Chapitre 2

LES RELATIONS INTERETHNIQUES

Beaucoup de choses ont été écrites sur le déracinement des jeunes immigrés de deuxième génération, sur leurs problèmes de double appartenance culturelle, leurs difficultés d'assimilation, etc. Si la qualité des travaux sociologiques en ce domaine n'est pas à mettre en question — certaines études se révélant souvent tout à fait valables et utiles à la compréhension des faits —, en revanche le choix des problématiques est presque toujours établi du point de vue de la société d'accueil, c'est-à-dire à travers la grille de perception de la culture dominante. Il en découle logiquement des analyses en termes négatifs de difficulté, de crise, de manque, etc. L'objectivation des identités ethniques adolescentes suppose donc que l'on inverse le regard et que l'on prenne le point de vue du groupe social considéré. L'appréhension des faits *de l'intérieur* est en effet nécessaire à l'intelligence de comportements, d'attitudes et surtout de discours, qui apparaissent bien souvent contradictoires et irrationnels.

La composition ethnique

Dès lors qu'on fait intervenir les critères ethniques dans l'analyse sociologique, se posent immédiatement et de manière cruciale des problèmes de définitions et de chiffres. On sait qu'en France la définition moderne de l'« étranger » est relativement récente puisqu'elle n'a vu le jour qu'après la Révolution, c'est-à-dire à partir du moment où la société française s'est constituée sur une base nationale. Il en va de même pour la notion juridique d'« immigration », dont Gérard Noiriel a montré qu'elle était une « invention » de l'État républicain, à la fin du XIXe siècle [1]. Le comptage des populations étrangères résidant sur le territoire national est devenu depuis cette époque un enjeu politique important, ce qui en fait le sujet de discours virulents et de polémiques qui semblent renaître toujours de leurs cendres. Cela amène inévitablement le chercheur à définir de la manière la plus précise possible son objet et son approche des faits.

À l'instar de nombreuses communes de la banlieue nord de Paris, La Courneuve compte un nombre important et croissant d'immigrés. Le recensement de 1990 fait état d'une proportion de 25 % d'étrangers pour toute la ville et de 28 % dans le grand ensemble — proportion en augmentation constante depuis une trentaine d'années, puisqu'on comptait seulement 11 % d'étrangers au recensement de 1968. Dans l'absolu, cette population est très diversifiée, pas moins de soixante-dix nationalités étant représentées dans la commune. Cependant, la répartition est très inégale. La présence maghrébine est largement majoritaire (52 % d'Algériens, 4,2 % de Marocains et 3,7 % de Tunisiens). Les populations d'Europe du Sud arrivent au deuxième rang (16,3 % de Portugais, 6,9 % d'Espagnols, 5 % d'Italiens). Les 11 % restants comprennent principalement des Turcs, des ressortissants de pays d'Afrique noire comme le Mali, le Zaïre, le Sénégal, la

1. Gérard Noiriel, *Le Creuset français : histoire de l'immigration, XIXe-XXe siècle*, Paris : Le Seuil, 1988.

Côte-d'Ivoire, des Comoriens et des Asiatiques[1]. Ces chiffres indiquent clairement que la population courneuvienne, ainsi que celle des Quatre-Mille sont et restent, du strict point de vue juridique, en majorité françaises. C'est d'ailleurs le cas, sauf exception très localisée, dans tous les grands ensembles périphériques.

Il faut bien admettre pourtant que ce dénombrement officiel des étrangers ne rend que très mal compte de la réalité du phénomène ethnique dans le grand ensemble. D'une part, le statut juridico-administratif d'appartenance nationale, s'il a son importance, ne détermine qu'en partie les sentiments et les comportements identitaires des acteurs sociaux. D'autre part, les habitants de la cité subissent en toute conscience un regard extérieur qui se fonde sur la lisibilité primaire des différences et tend à faire rentrer dans la catégorie « étrangers » des personnes dont les appartenances et les statuts sont très divers. Pour prendre un exemple caractéristique, les populations antillaises résidant en métropole subissent, malgré leur appartenance multiséculaire à la nation française, le traumatisme du déracinement ; elles sont souvent perçues comme différentes du seul fait de leur couleur de peau ; et elles se trouvent généralement porteuses de revendications identitaires spécifiques.

Pour une approche plus rigoureuse de cette « question ethnique », il faudrait pouvoir distinguer et dénombrer précisément non seulement les différentes catégories d'étrangers, mais aussi les Français originaires des départements et territoires d'outre-mer, les Français rapatriés d'Afrique du Nord, les étrangers naturalisés, les Français de parents immigrés et enfin les Français dits

1. Il faut déplorer l'absence de changement des nomenclatures de l'I.N.S.E.E., qui empêche de saisir l'évolution significative de l'immigration depuis le dernier recensement et notamment les flux nouveaux en provenance des pays d'Afrique noire, dont les ressortissants sont toujours comptabilisés dans la classe « divers ».

« de souche ». Or les chiffres, en la matière, font cruellement défaut. La définition essentiellement contractuelle de la communauté nationale et le mythe unitaire de la nation française imposent sur toutes les formes de statistiques ethniques une censure et une interdiction presque absolue [1] — à la différence de pays comme les États-Unis où les nomenclatures statistiques officielles ont intégré depuis longtemps les critères d'origine ethnique. Est-il besoin de souligner qu'en France les classements ethniques ou raciaux rappellent aussi les heures les plus sombres de l'histoire contemporaine, comme on a pu le remarquer lors du récent scandale provoqué par l'exhumation tardive du fichier des Juifs du régime de Vichy ? L'ethnologue travaillant sur ces questions ne peut que redouter, d'ailleurs, une récupération déformée de ses propos chiffrés et de ses analyses par les partis politiques à tendances xénophobes.

On se contentera ici de donner quelques indications chiffrées établies à partir des sources accessibles à l'enseignant et au chercheur sur le terrain, à savoir, respectivement, les fichiers d'élèves du collège et nos propres questionnaires d'interconnaissance. Il ne s'agit en aucune façon de dresser un tableau quantitatif exhaustif de la composition ethnique des Quatre-Mille, mais seulement de montrer un aperçu de la réalité qui puisse contrebalancer l'image tout à fait décalée que présentent les chiffres de recensement.

Le « trombinoscope » du collège de l'année 1992-1993, recoupé par des réponses d'informateurs données lors d'entretiens, fait apparaître que, sur un échantillon de 692 élèves, le nombre d'adolescents étrangers, d'origine étrangère et originaires des D.O.M.-T.O.M. confondus,

---

1. Le tabou des origines ethniques a cependant été outrepassé, récemment, dans la remarquable enquête de Michèle Tribalat, *Faire France. Une enquête sur les immigrés et leurs enfants*, Paris : La Découverte, 1995.

s'élève à 590, soit une proportion de 85 %. La diversité ethnique du collège est grande dans l'absolu, trente-deux nationalités étant représentées. Mais ici aussi, cette diversité n'est qu'apparente, car la répartition est tout à fait inégale. Ainsi, le collège compte 322 élèves originaires du Maghreb, soit 46 %, 108 élèves originaires d'Afrique noire et des Comores, soit 16 %, 102 élèves français de souche, soit 15 %, 58 élèves originaires des D.O.M.-T.O.M., soit 8 %, 36 élèves originaires d'Asie du Sud-Est, soit 5 %, 34 élèves d'origine européenne soit 5 %, et 32 élèves originaires du sous-continent indien, soit 5 %.

Les enquêtes d'interconnaissance, au cours desquelles les adolescents interrogés étaient invités à préciser la nationalité d'origine ou l'ethnicité des personnes qu'ils citaient, fournissent des chiffres à peu près comparables. Dans la liste de 945 personnes résidantes des Quatre-Mille établie avec Otmane, ce dernier nous a cité 51 % d'« Arabes », 30 % de Noirs africains, antillais ou comoriens, 10 % de « Français », 5 % d'« Hindous » et 3 % de Portugais, Italiens et Yougoslaves confondus — les « Asiatiques » n'étant quasiment pas représentés dans le grand ensemble des Quatre-Mille.

Notons que les chiffres du collège, comme ceux des questionnaires d'interconnaissance, ont tendance à accentuer le phénomène ethnique, d'une part parce que les familles d'origine étrangère sont plus nombreuses et que leurs enfants sont par conséquent surreprésentés, et d'autre part parce que les collèges du quartier accusent une proportion non négligeable de « fuite » des enfants de familles franco-françaises, inscrits dans des établissements privés des communes avoisinantes[1]. La population française de souche représente évidemment plus que

---

1. Sur ces stratégies parentales de gestion de la carrière scolaire de leurs enfants, voir Alain Léger, Maryse Tripier, *Fuir ou construire l'école populaire*, Paris : Méridiens, 1986.

La question du ghetto

Si l'on retient, en suivant les spécialistes des questions de ségrégation urbaine, l'ethnicité comme l'un des critères pertinents de distinction du ghetto, il semble bien que, sur ce plan-là, les Quatre-Mille répondent à la définition requise, puisque les pourcentages qui servent d'arguments aux chercheurs critiquant avec virulence l'application de cette notion aux grands ensembles français ne reflètent pas du tout la réalité ethnique (voir notamment les articles de Loïc Wacquant, « Pour en finir avec le mythe des "cités-ghettos" », *Annales de la recherche urbaine*, 54, 1992, p. 21-30 ; et « Banlieues françaises et ghetto noir américain : de l'amalgame à la comparaison », *Comparatives Studies*, vol. 10, 4, 1992, p. 81-103. L'auteur, qui a pris les Quatre-Mille comme point de comparaison français, se contente qui plus est d'utiliser les chiffres du recensement de 1982 portant sur l'ensemble de la commune).

Si l'on ne peut parler ici, comme dans les quartiers noirs des métropoles étatsuniennes, généralement composés de plus de 90 % d'Afro-Américains, d'« hyperségrégation » raciale, ni même de véritable homogénéité culturelle, puisque des populations d'origines très différentes cohabitent dans le grand ensemble, du moins la forte proportion de population d'origine étrangère d'une part, la nette domination arabe et plus largement musulmane d'autre part, donnent au quartier une indéniable dimension ethnique et religieuse et, partant, un caractère marqué de ghetto contemporain.

Au demeurant, « la vraie question n'est pas de reconnaître les ghettos et d'en faire la cartographie », comme le remarque Vieillard-Baron, pour qui « l'essentiel est de relever tous les jalons qui mènent à l'exclusion de populations aux ressources limitées, et dont la conjonction pourrait produire à terme le "ghetto" » (Hervé Vieillard-Baron, « De l'exil aux logiques d'enracinement : l'exemple de Sarcelles », p. 105-128 *in Intégration et exclusion dans la société française contemporaine*, *op. cit.* Pour une mise au point documentée, claire et précise sur l'histoire et la destinée fulgurante de ce concept, voir, de ce même auteur « Le ghetto, un lieu commun impropre et banal : approches conceptuelles et représentations », *Annales de la recherche urbaine*, 49, 1990, p. 13-22).

Si le terme a connu depuis une quinzaine d'années, avec la crise des grands ensembles de banlieue, une promotion étonnante dans la presse, voire dans certains écrits scientifiques, il n'apparaît en fait qu'assez rarement dans les discours adolescents et plus souvent, par inversion symbolique, comme faire-valoir d'une identité marginale valorisée : « Moi, j'habite aux Quatre-Mille et je suis fière. Ma mère, elle est pas fière, mais moi, j' suis fière — Pourquoi t'es fière ? — Ça s'explique pas, c'est la fierté, c'est les ghettos, c'est la fierté, c'est là qu'on a été élevés... » (Nawel). Vieillard-Baron toujours, qui a mené une enquête par questionnaire auprès de lycéens de Sarcelles, en 1981 et en 1989, sur les représentations des grands ensembles, notait également que « la coïncidence entre l'image des H.L.M. et l'image du ghetto est beaucoup plus ténue que ce que l'on entend dire à tout propos » (Hervé Vieillard-Baron, *ibid.*, p. 20).

10 % du total, même aux Quatre-Mille sud où les concentrations de familles étrangères sont les plus fortes.

Quoi qu'il en soit, du point de vue adolescent, et c'est celui qui nous intéresse, force est de constater que la proportion de population considérée comme « étrangère » s'avère écrasante. On ne saurait invoquer ici un quelconque décalage entre perception et réalité, puisque la réalité se trouve bien au-delà de toutes les visions de type fantasmatique. Cette forte présence « étrangère » est de fait perçue comme telle par l'ensemble des membres du groupe des pairs, toutes origines confondues, qui l'évoquent sans états d'âme et avec une évidence toute naturelle : « Ceux qui sont les plus nombreux, c'est les Arabes et les Noirs... Les Quatre-Mille, c'est les Noirs et les Arabes. — Plus que des Français ? — Oh ! les Français... Vous enlevez tous les Arabes et tous les Noirs, tous les étrangers, il doit rester trois, quatre familles françaises. Il y a presque pas de Français. Les seuls Fran-

çais qu'il y a, ils sont toujours d'origine espagnole, etc. »
(Zahira).

Identité et ethnicité

La présence de populations d'origines culturelles et
sociales différentes dans le grand ensemble se traduit
logiquement, au sein du groupe des pairs, par une grande
variété personnelle de milieux familiaux. Les expériences
de vie domestique sont extrêmement différentes, tant au
plan linguistique, alimentaire, vestimentaire qu'au plan
moral, religieux, etc. Les différences sont même tout à
fait sensibles et notables, contrairement à ce qu'on laisse
trop souvent penser, d'une nationalité à l'autre au sein
d'un même ensemble géographique et culturel, notamment entre familles marocaines, algériennes et tunisien-
nes et même parfois d'une ethnie à l'autre au sein d'une
même nationalité.

Nonobstant ces différences familiales marquées, l'assimilation culturelle des enfants d'immigrés apparaît en
fait largement accomplie, et ce, quelle que soit la nationalité ou la culture d'origine. Nés ou ayant vécu en France,
scolarisés et socialisés par les institutions françaises,
acculturés par les médias et surtout par la télévision, ils
ont acquis, ni plus ni moins que toutes les personnes de
leur âge, les façons de penser et les manières de vivre de
la culture dominante du pays d'accueil[1].

Pourtant, nombreux sont les adolescents qui affirment
avec plus ou moins de prégnance leur appartenance ethnique d'origine : « Je me sens française parce que bon, je

---

1. Même au sein des familles traditionnelles, le rapport des parents
à la culture d'origine est souvent beaucoup moins monolithique qu'on
ne peut le penser. (Voir, à ce sujet, Carmen Camilleri, « Images de
l'identité et ajustements culturels au Maghreb », *Peuples méditerranéens*, 24, 1983, p. 127-152.)

suis née ici, mais moi, pour moi, je suis une pure Arabe. Moi je me sentirais plus arabe que française. Je suis une Arabe ! *[rire]* Par rapport à mes origines, par rapport à mes grands-parents, moi je serai toujours arabe » (Nassera). Cette affirmation posée et réfléchie, recueillie dans le cadre d'un entretien, est d'ailleurs moins représentative que celles, plus fanfaronnes et provocatrices, exprimées au quotidien dans le cadre scolaire — plus souvent par des garçons — à l'intention des représentants de la culture française par excellence que sont les enseignants. L'autodésignation ethnique peut aussi s'affirmer à l'écrit, par exemple dans les fiches d'inscription annuelles du collège dans lesquelles bon nombre d'élèves d'origine immigrée se déclarent de nationalité étrangère alors qu'ils sont français de droit[1].

La conscience identitaire marquée par cette autodésignation ne s'appuie sur aucune pratique ni aucun trait culturel traditionnel de type communautaire. Au contraire, les jeunes issus de l'immigration se trouvent souvent en rupture plus ou moins complète avec les modèles culturels de leurs parents, dont ils moquent volontiers — par exemple en les désignant ironiquement comme « typiques » *(piqueti)* — les attitudes et les conduites importées du pays d'origine.

[Note du 20 octobre 1992] Zahir, un adolescent fraîchement immigré, qui porte sur lui et dans ses manières d'être les signes évidents de son arrivée récente en France, est ainsi connu dans la cité sous le nom de « Zahir du bled ».

Rien ne témoigne mieux de cette coupure avec la culture d'origine que l'ignorance de la langue des parents. Les adolescents la comprennent plus ou moins

---

1. Cela explique que les statistiques du collège accusent fortement la proportion d'élèves étrangers au sens strict. Le fichier de l'année scolaire 1992-1993 comptait ainsi 382 élèves non nationaux, soit une proportion de 54 %, bien supérieure à la réalité.

et en font à l'occasion un usage symbolique, mais ne la pratiquent jamais dans les échanges verbaux du quotidien.

L'identité se fonde en réalité sur une ethnicité inventée ou reconstruite, c'est-à-dire bricolée à partir d'éléments empruntés à la modernité du pays d'accueil et au passé mythique et fantasmé des origines[1]. Certains jeunes Noirs entretiennent par exemple — se faisant ici l'écho d'un discours familial récurrent — la mémoire ardente du passé héroïque du peuple esclave, dont ils se font à l'occasion les chantres révoltés : « Si les *Reunois* [Noirs] ils s'étaient pas battus contre les Blancs, moi et Jalel, on serait pas là en jean et en baskets Reebok, on serait encore dans les champs de coton, à l'heure qu'il est, hein Jalel[2] ! » (Patrice).

Cette ethnicité, qui est à la base d'une sous-culture de l'exclusion, liée à la prise de conscience du stigmate imposé de l'extérieur, concerne principalement les adolescents noirs et maghrébins, qui seuls nourrissent un véritable discours d'appartenance ethnique et construisent leur identité personnelle autour de ce principe. Celle-ci est d'ailleurs d'autant plus affirmée que les individus se situent en marge des normes scolaires et dominantes et adhèrent aux valeurs de la culture des rues. On peut dire qu'elle fonctionne en ce sens comme un marqueur de classe d'âge. Avant l'adolescence, la définition de soi et

1. Olivier Roy, « Ethnicité, bandes et communautarisme », *Esprit*, 169, février 1991, p. 37-47. Sur l'ethnicité en général, voir Albert K. Cohen (sous la dir. de) *Urban Ethnicity*, Londres : Tavistock, 1974 ; Leo A. Despres (sous la dir. de), *Ethnicity and Ressource Competition in Plural Societies*, Paris-La Haye : Mouton, 1975.
2. On retrouve cette thématique dans certaines paroles de la musique rap française, spécialement chez les chanteurs noirs. Voir notamment les chansons *Peuples du monde* de Tonton David (« Rapattitudes », Labelle noir, 1990) et *Lucy* du groupe B Love (« Rapattitudes 2 », Labelle noir, 1992).

les relations interpersonnelles des enfants semblent reposer sur d'autres principes[1]. Après l'entrée dans l'âge adulte, les stratégies identitaires se transforment, et l'affirmation ethnique a tendance à disparaître au profit d'une volonté — consciente ou inconsciente — d'intégration sociale et nationale[2].

Chaque groupe ethnique, reconstitué à partir de l'invention ou de la recréation d'un passé commun et d'une identité commune, réunit des personnes d'origines culturelles souvent très différentes, que ce soient les Arabes d'origine algérienne (kabyle ou arabe), marocaine, tunisienne..., ou les Noirs d'origine malienne, zaïroise, sénégalaise, comorienne, guadeloupéenne, martiniquaise... Peu importe, en somme, les écarts et les différences, puisque l'essentiel de la sous-culture ethnique est « recomposé[3] ».

L'ethnicité s'exprime d'abord par des conduites ostentatoires, surtout au plan religieux. La soumission aux

1. Xavier De Brito, Ana Vasquez, « La perception de l'étranger par les enfants d'une école primaire : étude ethnographique d'un groupe-classe au quotidien », *Migrants-formation*, 96, 1994, p. 57-72.

2. Dans un tel contexte, on ne peut que déplorer le brouillage supplémentaire des repères opéré par les dispositions récentes du code de la nationalité qui obligent désormais les enfants de parents étrangers à effectuer une demande officielle (« manifestation de volonté ») de nationalité française à leur majorité. On en veut pour preuve de la confusion régnante l'exemple de cette adolescente antillaise qui demandait en toute bonne foi à un représentant du ministère venu animer une exposition sur la justice au collège si elle aurait le droit de refuser la nationalité française quand elle aurait dix-huit ans ! [note du 14 mars 1994].

3. Le terme est de Gutwirth qui entend par là « la composition d'une identité religieuse, [...] l'établissement de relations sociales, [...] la création d'une culture au sein d'un groupe de gens qui proviennent de religions, milieux sociaux et cultures différents » (Jacques Gutwirth, « Tradition et innovation religieuse », p. 13-33, *in Les Chemins de la ville*, Paris : C.T.H.S., 1987).

interdits alimentaires et au jeûne annuel du ramadan, qui ne demande aucun apprentissage particulier et permet d'afficher de manière simple son appartenance ethnique, est très courante chez les adolescents de famille musulmane. Cet « Islam imaginaire [1] » a pour nombre d'adolescents une valeur bien plus symbolique et démonstrative que proprement spirituelle. Dans certains cas — exceptionnels mais significatifs —, le pouvoir d'affirmation et de provocation de l'Islam conduit même des jeunes d'origine non musulmane à se convertir officiellement à cette religion.

L'ethnicité se traduit ensuite par l'identification, dans les limites de la conscience adolescente, aux différents nationalismes. Ainsi, même s'ils en ignorent l'historique précis, les jeunes Noirs sont sensibles aux destinées des mouvements noirs en Afrique du Sud et aux États-Unis (beaucoup ont vu les films de Spike Lee, se coiffent comme Malcolm X et portent des casquettes et des tee-shirts à son effigie). De leur côté, les jeunes Maghrébins sont plus ou moins réceptifs aux valeurs du nationalisme arabe (intérêt pour l'histoire de la guerre d'Algérie, soutien à Saddam Hussein pendant la guerre du Golfe, fascination exercée en son temps par l'*Intifada* palestinienne voire, aujourd'hui, par les attentats du Groupe islamique armé).

[Note du 30 juin 1994] Les écrits scolaires révèlent parfois de façon frappante les états de la conscience adolescente. Ainsi, aux épreuves d'histoire-géographie du brevet des collèges de 1994, où il était demandé aux élèves de placer huit événements du xxe siècle sur un axe chronologique, les dates de la guerre d'Algérie, qui n'étaient pourtant pas demandées, figuraient sur de nombreuses copies, parfois même à l'exclusion de toute autre date.

---

1. Olivier Roy, « Ethnicité... », *op. cit.*

Au quotidien, l'ethnicité se donne encore à voir dans l'adoption personnalisée des différents *looks* à composante ethnique de la culture des rues, étroitement dépendants des mouvements composites et à évolution rapide de la mode urbaine contemporaine[1], mais qui puisent aussi au besoin leurs sources dans la tradition culturelle du pays d'origine, comme en attestent par exemple les coiffures sophistiquées des adolescentes noires, largement inspirées par la mode capillaire africaine traditionnelle et contemporaine.

[Note du 19 mai 1992] La découverte ethnologique de l'altérité culturelle passe parfois par des surprises aussi banales qu'insolites. J'ai ainsi pris véritablement conscience de l'importance accordée par les adolescentes noires à la tenue et à l'entretien de leurs coiffures un soir où je rendais visite aux parents d'une élève, Leslie. Le but premier de ma visite était de lui demander des excuses pour l'insulte qu'elle m'avait adressée le matin même en sortant de la classe — façon habituelle et jusqu'ici efficace que j'ai adoptée... non sans intérêt ethnographique, pour régler ce genre de problèmes. Après les explications et les réprimandes familiales de circonstance, Leslie finit par s'excuser en bonne et due forme. L'ambiance se détend, la conversation va bon train. Sa mère lui lance pour conclure : « Leslie, tu seras privée de dessert et de sortie ! » [Éclat de rire]. Une de ses grandes sœurs s'empresse alors de rajouter : « Et privée de défrisage ! » [Éclat de rire généralisé]. Au collège, les rares adolescentes noires qui laissent leurs cheveux crépus sans tressage ou défrisage se font traiter par leurs pairs de « cheveux de cartons », « gros casque », etc.

---

1. « Ces *looks* qui prolifèrent dans la ville relèvent aujourd'hui d'une socialité de rues qui fait partie du paysage » (Jean-Yves Barreyre, *Les Loubards : une approche anthropologique*, Paris : L'Harmattan, 1992, p. 9).

École et interethnicité

Le caractère pluriethnique du recrutement scolaire n'est pas sans poser certains problèmes très concrets et parfois insoupçonnés à l'administration et aux enseignants des établissements : adaptation des menus de demi-pension aux interdits alimentaires, tolérance obligée des absences d'élèves lors des fêtes religieuses, composition de classes ethniquement équilibrée, etc.

[Note du 27 mai 1992] Il y a quelques années, le principal-adjoint du collège avait négligé la répartition ethnique au sein des classes, si bien qu'à la rentrée une des quatrièmes se trouva par l'effet du hasard exclusivement composée d'adolescents d'origine maghrébine. Il ne fallut pas longtemps pour que cette classe fût connue et identifiée par l'ensemble des élèves de l'établissement, y compris par les élèves concernés, comme la « classe des Arabes », déno-mination qu'elle garda, au grand dam de l'administration et des professeurs, jusqu'à la fin de l'année scolaire.

Dans un contexte ethnique sensiblement différent, Vieillard-Baron observe des situations du même type, à Sarcelles où « certaines classes des écoles maternelles du bas et du lycée professionnel apparaissent au premier abord comme des "classes de Noirs" » (Hervé Vieillard-Baron, « De l'exil... », *op. cit.*, p. 110).

On peut d'ailleurs se demander s'il reste possible aux enseignants des établissements qui recrutent dans certains grands ensembles périphériques de garder une approche délibérément non ethnique de classes aussi majoritairement composées d'élèves d'origine non métropolitaine. L'occultation de la question ethnique des quartiers sensibles empêche ici toute forme de réflexion sur ces problèmes.

Ces *looks* distingués — au sens que Bourdieu donne à la distinction — s'opposent entre eux comme ils s'opposent à la mode jeune des classes moyennes qu'ils influencent d'ailleurs paradoxalement. Il est difficile de donner un descriptif fiable de ces tenues, pour la raison qu'elles diffèrent selon les âges et qu'elles changent rapidement avec le temps. L'extrait suivant d'entretien avec Ahmed, Kamel et Victor montre du moins le caractère à la fois dynamique et distinctif de la construction des apparences. Amhed est vêtu d'un pantalon de velours, d'un blouson en coton beige et porte des baskets noires en daim. Les deux autres sont en jean, polo Lacoste et tennis Adidas et Reebok. Aucun d'entre eux ne porte de casquette ni d'autres attributs ostentatoires : « Nous, on s'habille cité. [— C'est quoi le *look* "cité" ?] — C'est comme nous, avec des baskets, c'est tout ! — [Et le *look* zoulou[1], c'est quoi ?] — C'est grosses pompes de la lune, là, des Lager. — Reebok, Nike, Adidas, ça c'est pas zoulou, mais là, eux ils mettent des grosses pompes, ils serrent pas ; au contraire, ils les écartent. — Et pantalon large. — [Pantalon large en quoi ?] — Pantalon noir. — En jean ou en "survêt". — En tout. — Quelquefois, y en a ils ont des lunettes comme des carreaux... »

Altérité et classements

Un discours largement répandu affirme facilement l'absence de racisme des jeunes entre eux dans les banlieues « pluriethniques », que ce soit dans les cours d'école ou bien dans les rues des cités H.L.M. Cette vision des choses par trop candide et marquée du point de vue idéologique est amplement partagée par les personnels de l'Éducation nationale, les organisations antiracistes, une partie de la classe politique, voire les sociologues eux-

---

1. Mot dérivé du terme « zulu », qui désignait à l'origine les membres de la *Zulu Nation*, association créée à la fin des années 1970 par le rappeur noir américain Afrika Bambaata pour la promotion du courant artistique dans lequel figurent le rap, la *break dance*, les tags et les grafs, aux États-Unis et en Europe, et qui sert dans le cas présent à désigner les adolescents noirs.

mêmes[1]. Elle semble par certains côtés aller chercher une vérité « dans la bouche des enfants[2] » et ne correspond pas à la réalité qui est, comme toujours, plus complexe. Sans qu'il s'agisse d'aller traquer le racisme, au sens large de haine raciale, là où il ne se trouve pas forcément, une analyse de ce qu'on pourra appeler, en suivant Augé, les « anthropologies », autrement dit « les systèmes de représentation dans lesquels sont mises en forme les catégories de l'identité et de l'altérité[3] », donnera sans doute une image plus concrète et plus conforme au contenu réel des relations entre jeunes dans les quartiers « multicolores ». On verra aussi comment les usages populaires induisent ici des formes de plaisanteries verbales prenant volontiers l'ethnicité pour support.

Les « anthropologies »

Les adolescents opèrent entre eux et sans fausse pudeur des distinctions marquées qui sont à la fois raciales, nationales et ethniques. Une première classification, de loin la plus usitée, sépare les individus en six grandes catégories : les *Reubeux* [Arabes], les *Reunois* [Noirs], les

---

1. Bourdieu, par exemple, dans la présentation d'un entretien qu'il a réalisé avec deux jeunes, Ali et François, dans une banlieue du nord de la France, affirme que les origines ethniques s'effacent totalement derrière le vécu commun et les difficultés partagées. Il donne là sans doute, volontairement peut-être, une image trop idéalisée des relations sociales (Pierre Bourdieu, « L'ordre des choses », *Actes de la recherche en sciences sociales*, 90, déc. 1991, p. 7-19).

2. N'a-t-on pas d'ailleurs été chercher la vérité exactement inverse dans la même « bouche des enfants », aux heures les plus sombres du racisme, quand on leur prêtait, dans certains films de propagande nazie, une capacité innée à reconnaître au premier coup d'œil les individus de race juive ainsi qu'une répulsion « naturelle » pour ces mêmes personnes ?

3. Marc Augé, *Non-Lieux...*, *op. cit.*, p. 52.

Céfrans [Français] parfois désignés comme « Gaulois », les Hindous, les *Noiches* [Chinois] et les *Feujs* [Juifs]. Il faut noter que le *verlan* est presque systématiquement employé pour ces termes de classification ethnique. Ce phénomène est également attesté par Bachmann et Basier[1], qui y voient une nouvelle définition des identités sociales, ainsi que par Zehraoui[2]. Le *verlan* peut d'ailleurs servir, en enrichissant le lexique, à distinguer les générations de l'immigration. Ainsi, le terme « *beur* », *verlan* d'« arabe », qui servait dans les années 1980 pour désigner les enfants d'immigrés maghrébins, a été aujourd'hui remplacé par le terme « *reubeu* », *verlan* de « *beur* » — *verlan* du *verlan* —, qui désigne désormais la troisième génération maghrébine ou qui confond simplement toutes les personnes d'origine arabe. Une seconde classification départage parfois ces classes en sous-classes. Les Arabes sont divisés par pays d'origine (Algériens, Marocains, Tunisiens, Turcs...) ou distingués selon l'ethnie (Arabes, Kabyles). Les Noirs sont également séparés par pays (Maliens, Ivoiriens, Zaïrois, Comoriens) ou par D.O.M.-T.O.M. d'origine (Réunionnais, Antillais)[3]. En revanche, ni les « Hindous » ni les « Chinois » ne sont divisés en sous-classes. On peut faire rentrer dans ces sous-classifications les nationalités européennes peu représentées : Portugais, Italiens, Espagnols, Yougoslaves...

---

1. Christian Bachmann, Luc Basier, « Le *verlan...* », *op. cit.*

2. Ahsène Zehraoui, « Enfants de Maghrébins au carrefour des cultures », *POUR*, 86, nov.-déc. 1982, p. 93.

3. Les adolescents antillais se considèrent d'abord et sont d'abord considérés par leurs pairs adolescents comme Noirs, ensuite comme Antillais, enfin et en dernier ressort comme Français. Cela est sans doute vrai à l'échelle de la société française tout entière. Marie-José Pérec, la championne olympique, faisait remarquer, lors d'une de ses interviews, qu'elle était habituellement considérée, par les journalistes, comme Antillaise quand elle perdait ses compétitions et comme Française quand elle les gagnait.

Ces classifications sont évidemment simplificatrices, comme l'indique cette affirmation péremptoire d'une adolescente justifiant le terme « Chinois » appliqué aux Cambodgiens et Thaïlandais : « C'est des bols de riz... Ils ont les yeux bridés, nous, on cherche pas à comprendre... Cambodgiens, Laotiens, Thaïlandais, Vietnamiens, Chinois, Japonais... Tous des Chinois... Nous, on a tendance à dire Chinois ! » La fonction de ces classifications est surtout pratique. Elles servent notamment pour identifier physiquement et avec facilité toutes les personnes côtoyées. Il n'y a aucune honte à désigner quelqu'un par sa couleur (« Tu sais, le mec là, le grand *Reunoi* [Noir] qui traîne toujours devant mon bâtiment... ») ni, au besoin, à inscrire l'appartenance ethnique dans la façon de nommer : « Rahim l'Hindou, tu le connais, toi ? » La toponymie propre aux adolescents porte aussi les marques des classifications ethniques. Le grand ensemble récent du centre-ville courneuvien (cité « Inter »), qui a accueilli dans les années 1980 de nombreuses familles du Sud-Est asiatique, est parfois appelé « Inter-le-Japon » ; de même, les immeubles de la place Alfred-de-Musset ou de la place François-Villon, qui logent principalement des familles nombreuses maghrébines parce qu'ils sont aménagés en appartements duplex, sont connus depuis longtemps comme les deux « cités-couscous » des Quatre-Mille ; ou encore, l'escalier C de la barre Renoir, qui loge une majorité de familles noires, est couramment désigné comme le « bâtiment des *mamadous* ».

Dans l'ensemble, les adolescents font montre d'une connaissance sans faille de l'ethnicité et de la nationalité d'origine de leurs pairs. Dans les enquêtes d'interconnaissance que nous avons effectuées, les informateurs étaient en mesure d'indiquer, y compris pour les pairs issus de couples mixtes, les origines précises de toutes les personnes qu'ils citaient — avec beaucoup plus de facilité, par exemple, que l'enseignant côtoyant au quotidien des élèves d'origine étrangère ou même que le chercheur travaillant sur ces questions.

[Note du 1er mai 1991] La reconnaissance ethnique ou raciale est spontanée et immédiate en toutes circonstances. Un samedi après-midi, en entrant dans le parc de La Courneuve avec Sajo et Hachim, deux élèves que je vais interviewer, nous croisons un de leurs « potes » à vélo, qui s'arrête et manifeste aussitôt son étonnement : « Un *Reubeu*, un *Reunoi*, un *Céfran* ! » Il vient ensuite nous serrer la main et demande ironiquement à mes acolytes ce qu'ils vont « faire au parc avec un *feupro* [prof] ».

Il ne s'agit pas d'un procédé de stigmatisation raciale, mais plus simplement d'un usage au quotidien de la visibilité ethnique qui se trouve inscrite sur chaque être, à la fois morphologiquement et culturellement. Cela permet à chacun, dans ce contexte pluriculturel, de reconnaître et d'identifier ses pairs et d'être reconnu soi-même en retour, bref de s'y retrouver.

[Note du 10 juin 1992] En fin d'année scolaire, les dernières heures de cours sont habituellement consacrées à des jeux divers, comme par exemple « Dessiner, c'est gagner ! » qui font intervenir les capacités de représentation picturale des élèves. Or les dessins témoignent toujours ici d'une connaissance fine et familière des traits physiques et culturels ethniques. Au tableau, en quelques coups de craie et sans se poser de questions, ils dressent le portrait et taillent le costume d'un Noir, d'un Arabe, d'un Hindou ou d'un Chinois, immédiatement reconnaissables et reconnus par l'ensemble des pairs — tandis que l'enseignant, étranger à cet univers social, devra, lui, faire un véritable effort de réflexion pour produire au demeurant un dessin de bien moindre qualité.

Ceux qui ne rentrent pas précisément dans l'une des catégories de l'ethnicité se trouvent nettement en porte à faux dans la définition quotidienne de leur identité : Arabes noirs d'origine tunisienne sans cesse amenés à rectifier les erreurs d'identification dont ils font l'objet,

Espagnols s'efforçant de ne pas être pris pour des Portugais, Vietnamiens ne se reconnaissant pas en « Chinois », sans parler des adolescents métis ou bien même des enfants adoptés, qui s'efforcent tant bien que mal d'imposer leurs propres repères.

[Note du 15 juin 1993] Je demande, perplexe, à Zeinul, originaire de Pondichéry, de m'expliquer pourquoi il a rempli sa fiche d'inscription annuelle du collège avec la mention « Algérien » : « Parce que, comme ça, pour rigoler ! — Comment ça, pour rigoler, t'as pourtant rien d'un Algérien ? — Parce que "Hindou", j'aime pas... J'aime pas qu'on m'appelle "Hindou", comme ça. — Tu veux dire, par rapport à la religion, tu veux dire que t'es pas de religion hindoue ? — Ouais, voilà ! Je préfère "Musulman", parce que je suis musulman, t'as qu'à mettre [sur ton livre] "Musulman", pas "Hindou", "Musulman" ! »

L'usage populaire des différences

Dans les échanges d'insultes rituelles que pratiquent les adolescents [1], le contenu des énoncés fait souvent référence à l'appartenance et aux traits physiques ethniques et raciaux. Les locuteurs reprennent à leur compte les insultes du racisme ordinaire ou créent leurs propres expressions originales : « raton », « bronzé », « frisé », « sale Arabe du bled », « tutu » (tunisien) « bougnoule », « sale Nègre », « sale Noir », « négro », « con d'Neg' », « carlouche », « mamadou », « bamboula », « grosses lèvres », « lèvres décapotables », « sale Hindou à lunettes », « bol de riz »... Le contenu des insultes peut aussi renvoyer à la notion de race en général (« la putain de ta race », « enculé de ta race », « je vais te massacrer ta race »...) ou bien, à l'inverse, fustiger la perte ou l'absence d'identité raciale (« bâtard »). Nombre de « vannes »

---

1. Sur ce sujet, voir ici même, *infra*.

sont échangées entre soi, c'est-à-dire entre pairs de même origine ou de même couleur, ce qui constitue une manière de créer un lien social entre individus stigmatisés et par là même d'annuler ou de neutraliser le stigmate[1]. Dans le même registre, on peut compter les histoires drôles, les blagues stéréotypées et toutes formes de plaisanteries diverses qui s'échangent à l'intérieur du groupe, en de maintes occasions.

[Note du 16 avril 1993] Dans les premières heures du voyage en Espagne, je m'aperçois, fait rare dans ce contexte, qu'il n'y a pas un seul adolescent maghrébin dans le car. Tout en me dirigeant vers le groupe du fond, je pose la question tout haut, presque malgré moi : « Comment ça se fait qu'il n'y a pas un seul *Reubeu* dans le voyage, cette année ? » Les élèves, qui se sont aperçus de la chose bien avant moi, ont déjà formulé une réponse d'une ironie implacable et me la donnent en chœur, avec une juvénile gaieté : « TROP CHER ! »

Les insultes réelles entre pairs font appel, à l'occasion, au même registre racial et ethnique. Cependant, leur usage est rare dans les altercations quotidiennes, car, perçues comme graves, elles sont susceptibles de provoquer un affrontement physique et sont donc réservées aux conflits interpersonnels les plus durs. La frontière entre insultes rituelles et insultes réelles est parfois fragile, et rien n'empêche que les échanges débouchent sur des bagarres, mais, dans l'ensemble, la confusion entre les deux niveaux de langage est rare ; ce « racisme » au deuxième degré fonctionne plutôt comme un moyen d'annuler les tensions.

---

1. « Fais pas chier le bougnoule ! », répond Madjid à sa mère qui lui demande un service domestique, dans le roman de Mehdi Charef, *Le Thé au harem d'Archi Ahmed*, Paris : Gallimard, 1986. Ces procédés de neutralisation sont tout aussi courants dans la jeunesse des ghettos noirs américains, comme on peut en voir des illustrations très frappantes dans le film *Menace II Society*, de Allen et Albert Hughes.

Il y a dans cet usage des différences passant par une classification triviale mais efficace, un ethnocentrisme ou un « raciocentrisme », dont on sait qu'ils sont anthropologiques, mais qui relèvent également ici d'un mode de relation typiquement populaire, d'une sociabilité qui valorise le « franc-parler », le style « direct », qui ne s'embarrasse pas de « droit à la différence » ou de « droit à la ressemblance » et qui cultive un certain « art [populaire] de moquer les autres [1] ».

Affinités et rivalités

Les relations de sociabilité entre adolescents ne sont pas principalement déterminées par l'appartenance ethnique d'origine. Les amitiés franchissent facilement les barrières culturelles, ici d'autant plus que celles-ci sont largement effacées derrière l'expérience sociale et culturelle commune due au partage, depuis la petite enfance, du même type d'existence et des mêmes conditions de vie dans la cité H.L.M.

Cependant, on ne peut pas ne pas remarquer, contrairement à ce qui est parfois un peu rapidement affirmé par les chercheurs [2], que le facteur ethnique joue un rôle dans les affinités et les sympathies interpersonnelles. Cela est vrai pour les relations de camaraderie masculine

---

1. « Art de moquer les autres sans les fâcher, par des railleries ou des injures rituelles qui sont neutralisées par leur excès même et qui, supposant une grande familiarité, tant par l'information qu'elles utilisent que par la liberté même dont elles témoignent, sont en fait des témoignages d'attention ou d'affection, des manières de faire valoir sous apparence de débiner, d'assumer sous apparence de condamner... » (Pierre Bourdieu, *La Distinction : critique sociale du jugement*, Paris : Minuit, 1979, p. 204).

2. Voir par exemple Adil Jazouli, *Les Années banlieues*, Paris : Le Seuil, 1992.

École et antiracisme

À l'ethnocentrisme à tonalité raciste des adolescents de la culture des rues s'oppose très nettement l'antiracisme des classes moyennes ou bourgeoises à teneur humaniste tel qu'il est conçu, pensé et parfois professé dans le cadre scolaire par les enseignants. Sur fond de tolérance envers les autres, de respect des différences et de droits de l'homme, cet antiracisme, qui a parfois du mal à évacuer un vieux fond de culpabilité post-colonialiste, se traduit principalement par des procédures de censure et d'euphémisation langagières.

Les plaisanteries et l'humour racistes sont ainsi plus ou moins formellement proscrits, car « on ne sait jamais où s'arrête la plaisanterie » ou encore parce que « toute plaisanterie cache un fond de vérité ».

Les qualificatifs ethniques ou raciaux trop connotés historiquement (« arabe », « noir »...) sont plus ou moins bannis du langage courant et remplacés soit par des désignations plus neutres faisant référence à l'origine géographique (« maghrébin », « asiatique », « africain ») ou à l'appartenance religieuse (« musulman »), soit, plus rarement, par des euphémismes (« personne de couleur »), soit encore par des qualificatifs ayant acquis une connotation positive du fait de leur emploi récupéré par les membres des communautés concernées (« beur », « black »). On notera ici que la neutralisation est opérée soit par la verlanisation (« beur »), soit par anglicisation (« black »).

Les principes comme le langage « antiracistes » des classes moyennes ou bourgeoises vont bien souvent de pair, il faut le souligner, avec une méconnaissance assez générale des traits sociaux et culturels des différentes communautés d'immigrés et se traduisent de fait par une négation plus ou moins ouverte des différences et de l'altérité, négation qui s'inscrit parfaitement dans la logique d'assimilation et d'intégration qui semble avoir acquis la grande majorité de l'opinion française actuelle.

Cet antiracisme peut parfois et de façon assez extraordinaire devenir une sorte d'emblème d'appartenance à la classe moyenne, y compris chez ceux qui sont les victimes toutes désignées du racisme ambiant. C'est du moins de cette manière qu'on peut peut-être interpréter les justifications de cette femme algérienne, mère d'élève, résidant dans un immeuble en copropriété jouxtant la cité des Quatre-Mille, qui m'expliquait, quelque peu gênée, pourquoi elle craignait que sa fille Naïma sorte faire les courses au centre commercial de la Tour : « Avec ce qui se passe dans cette cité, on ne peut pas être tranquille. Jamais nous ne sommes tranquilles ! Parce qu'il y a trop de voyous, vous savez ! Pourtant, je vous assure, comment dire ?... On n'est pas racistes, hein !... » [note du 9 juin 1992].

ou féminine, parce que les complicités sont plus immédiates. C'est vrai également pour la constitution de certains groupes de rue dont le recrutement s'opère par une forme de ségrégation spontanée — les principaux groupes ethniquement composés étant à prédominance maghrébine ou noire[1]. Les affinités ethniques jouent encore un rôle dans les rapports de flirt, les relations entre garçons et filles de couleur différente n'allant pas d'emblée de soi.

[Note du 19 avril 1993] Dans les quelques discussions de complicité masculines que j'ai eues avec Samir au sujet des *meufs* [femmes], je n'ai jamais réussi à lui faire trouver séduisantes — ou, comme il le dit si bien, « bonnes » ! — des adolescentes ou femmes noires. Quant à Mango, Noir haïtien d'origine, il confesse de son côté et sans aucune gêne son peu d'attirance pour les Blanches : « Ouais, les *babtous* [toubabs], ça me branche pas trop, hein ! » [note du 8 janvier 1992].

Dans le film *Hexagone*, de Malik Chibane, une discussion sur la question de l'amour interracial oppose trois jeunes filles issues de l'immigration algérienne. « C'est déjà assez dur comme ça avec les *Rolotos* [Arabes],

1. Les bandes de l'agglomération parisienne — dont plusieurs auteurs journalistes ou sociologues ont signalé la réapparition depuis le milieu des années 1980 — sont pour bon nombre d'entre elles des bandes ethniques à recrutement noir-africain et antillais.

confesse l'une d'entre elles, alors si on s'amuse à se coltiner une autre race... »

Aucun discours d'affirmation identitaire, ethnique ou racial n'accompagne cependant ces relations privilégiées qui sont vécues comme naturelles par les individus de chaque groupe concerné. Il n'y a en la matière aucune exclusivité relationnelle ; pas plus qu'il n'y a, au sein du groupe des pairs, d'exclusion individuelle spécialement motivée par l'appartenance ethnique ou nationale [1].

C'est entre adolescents d'origine maghrébine et adolescents noirs que prennent corps les rares conflits à tonalité ethnique ou raciale. La virulence des propos tenus semble parfois témoigner d'une antipathie profonde : « Moi, les Antillais et les Italiens, c'est les races que je hais le plus, je sais pas pourquoi... Ils flambent trop ! » Certaines bagarres violentes éclatent de temps à autre, au collège ou dans la cité, dont les causes sont attribuées après coup au racisme de l'un ou l'autre des protagonistes. Cependant, une perception des faits trop extérieure, ignorante des réalités du « marché de l'identité jeune [2] », risquerait de fausser les données du problème [3].

1. On donnera pour exemple frappant de la façon originale dont se nouent les relations au sein des groupes et de l'ajustement complexe des identités dans ce contexte pluriethnique cette réflexion d'un adolescent noir, cité par la journaliste Giudicelli dans son ouvrage sur les bandes : « Je traînais vachement avec les Reubeux. Parce que je n'avais pas un délire *reunoi* dans la tête. J'étais vraiment un *Reubeu*, un *Reunoi* qui traînait avec les *Reubeux*. Les *Reunois*, je ne pouvais même pas les voir : style les Congolais, les sapeurs, *zaâma*, j'aimais pas ! Même quand moi, je me suis bien sapé, j'ai mis mon style *caillera*, *Reubeu* dedans » (Anne Giudicelli, *La Caillera*, *op. cit.*, p. 32). Le terme « sapeur » désigne ici une catégorie d'adolescents noirs, particulièrement frimeurs, accordant une grande importance aux vêtements, aux attributs, au *look* en général.
2. Christian Bachmann, « Jeunes et banlieues », *op. cit.*
3. « Il faut être prudent dans l'utilisation du terme de racisme qu'on affadit sans doute en en faisant un simple synonyme d'exclusion de

En réalité, la coupure quelquefois perceptible entre adolescents maghrébins et adolescents noirs recoupe ici précisément la frontière entre les deux principales formes de sous-culture jeune représentées dans le cadre du grand ensemble — et dans le cadre des « banlieues » en général. Ces deux versions de la culture des rues, qui se définissent par des pratiques, des valeurs et des styles différents, ont acquis une visibilité nationale dans la dernière décennie : il s'agit, pour la première, de la culture ayant pris racine dans le contexte des grands ensembles et puisant ses sources dans la culture « loubard[1] » de la décennie précédente et dans la culture arabe dont sont issus la plupart de ses membres ; et, pour la seconde, de la culture issue du mouvement *hip hop* des ghettos noirs américains qui a donné naissance aux créations artistiques du rap, de la *break dance*, des tags et des grafs. Les membres de la première tendance sont identifiés dans le langage indigène comme *Reubeux* [Arabes] ou *caillera* [racailles], ceux de la seconde comme *Reunois* [Noirs] ou *zoulous*.

Les antagonismes et les rivalités qui se font jour entre adolescents membres des deux groupes « ethniques » maghrébins et noirs sont essentiellement liés à une sorte de concurrence sur le marché de ces sous-cultures jeunes. Voici, par exemple, ce que dit avec acrimonie Khaled sur un de ses pairs, noir, versé dans la culture rap et

---

l'autre... » (Olivier Roy, « Ethnicité... », *op. cit.*, p. 41). Paradoxalement, ce sont souvent les personnes les plus proches de ce groupe social — éducateurs de jeunesse ou adolescents plus âgés qui ont quitté récemment l'univers de la rue — qui sont les plus enclines à déceler une évolution raciste des rapports entre adolescents dans les grands ensembles d'aujourd'hui, sans doute parce que leur position sociale les conduit à rejeter en bloc les valeurs et les codes de conduite de la rue et donc à ignorer le caractère complexe et subtil des relations interpersonnelles.

1. Voir sur ce sujet Gérard Mauger, Claude Fosse-Poliak, « Les loubards », *Actes de la recherche en sciences sociales*, 50, 1983, p. 49-67.

lui-même fondateur d'un groupe : « Michael, il veut faire l'Américain. Tu l'as vu, sa coupe, là ? Qu'est-ce que ça veut dire ? L'autre jour, j'étais à côté d'eux dans la cour, je lui dis "Tu joues l'Américain" ! »

Il convient de noter, pour finir, que la culture adolescente « petit Blanc », de type « skinhead », qui prône notam-

LA BAMBOULA

La Bamboula est une dame à moitié folle
Chaque semaine, un médecin vient lui
faire des piqûres
Dans sa cuisine.
Je peux tout voir, car elle n'a pas de rideaux.
Quand il pleut,
Elle danse sur son balcon
En chantant dans sa langue africaine.
Elle crie après tout le monde.
Mais quand elle sort
Pour aller chercher ses deux enfants,
Elle est comme tout le monde.
                                    Séverine Couvignou

-La Bamboula-

LE NOIR ET LES ARABES

Pendant le cours de français
Samira et Farida
Se disputaient avec un Noir qui s'appelle
Ibrahim.
Samira avait dit à Ibrahim
— Espèce de Noir !
Ibrahim lui avait répondu
— Espèce de sale Arabe !
Ouaïba arriva en criant
Comme d'habitude :
— Espèce de chocolat, hurla-t-elle.
— Espèce de sale beur, cria Ibrahim.
Farida répliqua :
— On ne fait pas de chocolat sans beurre.
                    Samira Manser et Farida Hadjar

(Poèmes extraits de l'ouvrage collectif : Boris Seguin et les élèves du collège Jean-Jaurès de Pantin, Crame pas les blases, Paris, © Calmann-Lévy, 1994.)

ment les valeurs du nationalisme et du racisme, est presque totalement absente sur le terrain de notre recherche.

***

Les relations interethniques ne peuvent pas être comprises selon l'alternative simple de la violence raciste, d'un côté, et du respect mutuel des cultures, de l'autre. Cette alternative-là relève essentiellement de l'idéologie politique — sous-jacente dans la plupart des analyses journalistiques, mais aussi scientifiques, concernant la question, au détriment, bien souvent, de l'objectivité nécessaire pour appréhender de façon correcte ce type de rapports sociaux. Ce qu'il importe de comprendre ici, c'est combien cette cohabitation serrée et parfois intime de populations jeunes d'origines multiples et diverses peut être complexe, délicate, jamais totalement dépourvue de tensions, difficile à vivre parfois, voire dangereuse à l'occasion ; mais aussi combien elle induit des relations sociales originales, souvent pleines de surprises pour les individus, sollicitant de leur part des formes spécifiques d'intelligence, d'humour et même de courage.

[Note du 20 octobre 1992] Au cours d'une discussion sur les races et les couleurs avec Otmane (Guinéo-Sénégalais) et Zeinul (originaire de Pondichéry), je leur demande avec une naïveté feinte ce qui distingue physiquement un Noir africain d'un « Noir » hindou. Ils me regardent tous deux avec stupeur, puis Zeinul remonte subitement la manche de son pull : « Si, parce que, regarde... regarde bien... » Il invite Otmane à faire de même, qui se plie à sa demande et montre aussi son bras... Après un court instant de silence, pendant lequel ils se regardent mutuellement avec surprise, ils éclatent d'un rire communicatif. « On peut pas expliquer ! », conclut Zeinul.

Chapitre 3

LES RELATIONS D'INTERCONNAISSANCE

Le degré d'interconnaissance

Il y a déjà fort longtemps qu'on ne parle plus, à juste raison, de l'anonymat des grands ensembles ; ce point de vue consacré de la sociologie spontanée a vécu. Si, à l'origine, le regroupement ségrégué et arbitraire d'habitants d'origines diverses dans des ensembles de logements de conception entièrement nouvelle et sans aucun passé a pu constituer un obstacle de taille à l'établissement d'un réseau de relations sociales, aujourd'hui, le temps, l'enracinement, les équipements collectifs, les travailleurs sociaux et l'action politique ont fait leur œuvre, et la vie sociale s'est amplement développée, à l'échelle des cages d'escalier, comme à celle de la cité H.L.M. tout entière. Derrière des discours du sens commun qui se veulent souvent dramatisants (« Bonjour-bonsoir et chacun chez soi ! ») et en dépit des nombreux conflits qui émaillent la vie quotidienne[1], on trouve à tous les niveaux des pratiques de sociabilité multiples, des activités collectives et

---

1. Sur l'omniprésence et la permanence des conflits dans les ensembles de logements H.L.M., voir Jean-Claude Kaufmann, *La Vie H.L.M. : usages et conflits*, Paris : Éditions ouvrières, 1983.

un tissu associatif qui témoignent d'une réelle vie de voisinage et de quartier.

La vie de voisinage concerne tout particulièrement la jeunesse nombreuse du grand ensemble[1]. Les adolescents, réunis et mis en contact dès leur plus jeune âge au sein des établissements scolaires, plus fortement investis dans le présent que les adultes, moins sensibles qu'eux aux différences sociales, entretiennent des contacts quotidiens et multiformes au sein de l'espace résidentiel. Cette expérience prolongée et marquante se traduit par l'affirmation maintes fois répétée que « dans la cité, tout le monde se connaît ».

Cette interconnaissance affichée, qui est facilement perceptible au chercheur fréquentant quelque temps ce groupe social et ces lieux, nous avons voulu la mesurer ou, du moins, nous en faire une idée un peu plus précise.

[Note du 15 septembre 1992] Khaled, à qui je demande s'il veut bien établir avec moi la liste des gens qu'il connaît dans la cité, me regarde ébahi, puis lance un long sifflet descendant, tout en faisant claquer sa main de haut en bas : « Hou la laa ! » Il se rend compte à l'évidence mieux que moi de l'ampleur de la tâche. (En fait, cette forme d'entretien n'aura pas lieu avec lui.)

Les listes d'interconnaissance que nous avons établies par dépouillement systématique avec trois adolescents semblent indiquer un degré d'interconnaissance générale très élevé dans la jeunesse du grand ensemble[2]. Ainsi, la

---

1. « Les enfants sont les seuls vrais voisins proprement dits », écrivait le sociologue américain Zorbaugh dans son ouvrage sur les quartiers du « Lower North Side » de Chicago (cité par Hulf Hannerz, *Explorer la ville : éléments d'anthropologie urbaine*, Paris : Minuit, 1983).
2. Les informateurs étaient invités à citer, bâtiment par bâtiment, cage d'escalier par cage d'escalier, toutes les personnes qu'ils connaissaient, c'est-à-dire celles qu'ils étaient en mesure d'identifier soit par le nom, soit par le prénom, soit par affiliation familiale à une personne déjà citée (« frère de... », « père de... », etc.), dans la cité des Quatre-Mille, dans les grands ensembles avoisinants et même dans les

liste établie avec Otmane comprend au total 1 235 personnes, celle de Samir 1 368 personnes et celle de Mohamed 930 personnes, ce qui constitue — sans parler des
oublis, inévitables — des réseaux personnels assez considérables, compte tenu de l'âge qu'ont les informateurs.
Notons que, contrairement à ce qu'on pourrait supposer
ici, les deux premiers, qui ont respectivement quatorze et
quinze ans, ont fourni des listes plus nombreuses que le
troisième, qui a dix-huit ans. Sur les 1 235 personnes
citées par Otmane, 867 sont identifiées par leur nom de
famille (178 patronymes cités), 522 par leur prénom ou
surnom, 713 par affiliation, 330 par le nom de famille et
le prénom ou surnom. Samir, dont le réseau est le plus
important et qui a une très bonne mémoire, a cité 753 personnes au moins par leur prénom ou surnom.

La répartition géographique des personnes citées est,
de manière logique, fonction du lieu de résidence de l'informateur et surtout de l'aire de recrutement des établissements scolaires fréquentés[1]. Sur les 1 235 personnes
citées par Otmane, qui habite aux Quatre-Mille sud A, 946
résident dans cette même partie du grand ensemble et 227

communes environnantes. Chacune des trois listes a été établie avec
le concours de deux adolescents, ce qui devait permettre d'obtenir à
chaque entretien deux listes de réseau personnel complètes. En fait,
il s'est avéré rapidement, au cours des entretiens, que l'un des informateurs prenait le pas sur l'autre et que ce dernier ne servait bientôt
que d'aide-mémoire — ce qui n'était déjà pas si mal. Nous n'avons
finalement retenu que les personnes citées par l'informateur dominant
pour chaque liste. Il va de soi que les résultats chiffrés de ces entretiens — limités à trois parce que longs et fastidieux pour les adolescents comme pour le chercheur — présentent une valeur seulement
indicative et non pas statistique.

1. La carte scolaire du premier degré de l'enseignement secondaire
recoupe la division en trois parties du grand ensemble décrite dans le
premier chapitre. La carte scolaire du primaire recoupe, quant à elle,
la division de chaque quartier du grand ensemble par immeuble ou par
groupe d'immeubles.

dans la cité « Inter », à côté du collège Clemenceau qu'il fréquente, le reste se répartissant entre les deux autres parties des Quatre-Mille, les cités voisines de La Courneuve et de Saint-Denis et les communes environnantes. À l'intérieur des Quatre-Mille sud A, le nombre de personnes citées dans la barre Renoir, où il loge, est nettement plus important (205 personnes) que dans les barres voisines et de population comparable de Presov (124 personnes) et de Ravel (92 personnes). Le réseau de Mohamed, qui habite dans la barre Balzac, est, lui, principalement centré sur les Quatre-Mille sud B, sur la « cité de la gare », à côté du collège Jean-Vilar qu'il fréquentait, et sur l'aire de recrutement plus large du lycée Jacques-Brel où il poursuit maintenant son cursus scolaire.

Au sein de chaque réseau personnel, on peut distinguer assez facilement trois niveaux différents de connaissance. Le premier niveau, bien délimité, concerne le réseau de parenté qui peut être assez étendu à l'intérieur du grand ensemble. Au-delà des membres de la famille nucléaire, quelquefois très nombreuse, dont certains grands frères ou grandes sœurs ont pu quitter la résidence parentale et s'installer dans la cité même[1], le réseau peut comprendre également des parents alliés et consanguins (oncles, tantes et cousins), ou même des ascendants (grands-parents), également résidents du grand ensemble. Samir, pour donner un exemple, vit avec ses parents et trois de ses cinq frères et sœurs dans un appartement de la barre C de la place François-Villon. Dans l'appartement d'en

---

1. Ce choix de résidence « patrilocal » des enfants est plus fréquent qu'on ne le pense et témoigne d'un enracinement résidentiel familial insoupçonné dans le grand ensemble : « Une fois que j'aurai travaillé quelques mois, je vais me chercher un petit appart' pour m'installer ici. — Tu veux t'installer ici, aux Quatre-Mille ? — Bien sûr ! — Et pourquoi ici ? Pourquoi pas ailleurs ? — Parce que c'est calme et j'aurai mes parents à côté... J'irai même pas à la deuxième cité, je prendrai à Musset, Ravel, Presov, tout ça... » (Ahmed).

face, sur le même palier, habite un oncle maternel, qui a cinq enfants. Dans la barre B voisine vit un oncle paternel, qui a huit enfants. Une autre tante maternelle, qui a cinq enfants, vit dans la barre Renoir. Enfin, un autre oncle maternel, qui a six enfants, ainsi qu'une autre tante au deuxième degré, qui a trois enfants, vivent dans la barre Ravel. Le réseau de parenté de Samir, à l'intérieur du grand ensemble, qui ne constitue nullement un cas exceptionnel, est ainsi composé, en tout, de près de quarante personnes.

Le deuxième niveau de connaissance concerne les amis, les camarades, les « copains », c'est-à-dire les pairs avec lesquels chaque *ego* entretient des relations quotidiennes plus ou moins suivies et étroites. Ce groupe, forcément mal défini et mal délimité, fluctuant et variable, compte plusieurs dizaines, voire plusieurs centaines de personnes. Ce deuxième niveau est principalement déterminé par le lieu de résidence, par l'aire de recrutement scolaire et aussi par la tranche d'âge d'*ego*.

Un troisième niveau concerne enfin les personnes connues « de vue », sur lesquelles il n'est pas toujours possible de poser un nom, qui composent une majorité des personnes citées dans les listes d'interconnaissance et qui n'y figurent d'ailleurs pas toutes, puisque toutes ne peuvent pas être désignées. À la fin de l'entretien d'interconnaissance avec Mohamed, ce dernier, une fois sa liste achevée, prit soin de préciser : « Plus des dizaines de mecs à qui je serre la main tout le temps et je sais même pas qui c'est... »

La taille des réseaux varie fortement d'un individu à un autre, en fonction de la personnalité, de la sociabilité et aussi du degré d'intégration à la culture des rues. Samir, toujours au courant de tout ce qui se passe dans le grand ensemble, très porté vers les autres, passant l'essentiel de son temps libre dans la rue, a un réseau dont la taille se situe sans aucun doute au-dessus de la moyenne. Nous verrons concrètement comment ce capital social peut constituer pour les membres de la culture des rues un atout et même une nécessité de première importance. La taille du réseau personnel dépend également des possibilités de recoupement entre les différents niveaux de connaissance. La dimension du réseau familial à l'intérieur de la cité est ici un facteur déterminant : « Tous les gens de votre âge, vous les connaissez ? — Tous les âges, même les plus grands, depuis qu'on est petits, ils connaissent nos frères... Même s'ils connaissent pas personnellement, ils connaissent les frères et tout, la famille, les parents... » (Zahira).

Les rituels de reconnaissance

Comme dans tous les groupes sociaux, l'interconnaissance s'exprime concrètement par des formes codifiées de salutations orales et gestuelles. Entre garçons, c'est la poignée de main qui prévaut, accompagnée éventuellement d'un « salut » ou d'un « ça va ? » qui n'appelle pas expressément une réponse de l'interlocuteur, lequel se contente parfois, en guise d'acquiescement, d'un claquement de bouche sonore[1]. On observe, dans certains cas moins fréquents, une ethnicisation « à l'américaine » des salutations des adolescents noirs entre eux, qui marquent la rencontre par un claquement face à face du plat de la main, genre de paumée, suivi d'un contact poing à poing, le tout effectué avec une nonchalance caractéristique[2].

1. Ce claquement, effectué avec la langue sur le « coin » de la joue, est un signe affirmatif typique des cultures maghrébines. Il est assez courant chez les locuteurs adolescents, toutes origines confondues.

2. Cette manière de saluer noire, qui a pris forme aux États-Unis dans le contexte de la culture *hip hop*, fut un temps popularisée et folklorisée en France, dans une version développée à quatre séquences, durant la première vague rap du milieu des années 1980. À noter, d'ailleurs, la pratique adolescente très répandue de la « paumée », qui sert à sceller toutes sortes d'accords, paris, ententes, etc., ou même

Entre filles ou entre garçons et filles, c'est la « bise » sur la joue, deux bises sur chaque joue, qui est de mise, mais seulement à partir d'un certain âge, c'est-à-dire en fait assez rarement pour ce qui concerne les collégiens.

À noter l'absence habituelle de présentations de politesse lors des nouvelles rencontres. Par exemple, si *ego* croise dans la rue un de ses camarades qui se trouve accompagné d'une autre personne qui lui est inconnue, il serrera la main aux deux, sans que l'inconnu lui soit présenté et sans rien demander non plus. Cela explique notamment cette remarque de Mohamed sur les nombreux « inconnus » à qui il serre la main : « Il suffit que tu rencontres un groupe avec un mec dedans que tu connais pas, tu lui serres la main... Le lendemain, on se rencontre, on se serre la main. On va se serrer la main pendant des années sans savoir le nom, ni le prénom, ni que dalle. » Il ne s'agit nullement d'un défaut de courtoisie imputable à la jeunesse des membres de ce groupe social, mais d'un code de rencontre populaire que l'on retrouve, identique, chez les adultes en milieu ouvrier[1] — code duquel se distingue justement le code de présentation bourgeois[2].

à signifier par le geste une sorte de connivence complice, notamment dans le rire.

1. Arlette Farge évoque des modes de relations « anonymes » analogues dans les rues de Paris au XVIIIᵉ : « Lorsqu'ils s'abordent dans la rue, les habitants se reconnaissent d'emblée [...]. Savoir le nom de l'autre a moins d'importance que reconnaître en lui un compatriote [...]. Cette immédiateté est étonnante ; souvent, dans les archives, les témoins d'un incident parlent de ceux qu'ils connaissent bien, qu'ils voient tous les jours, et sont totalement incapables de dire leur nom. Il leur suffit de se reconnaître, de savoir où ils sont » (Arlette Farge, *Vivre dans la rue...*, *op. cit.*, p. 105).

2. On peut sans doute remarquer que ce code de présentation bourgeois joue un rôle important dans la construction et dans la « fructification » du capital social des individus.

Il faudrait théoriquement différencier les salutations de rencontre, ou « rituels d'accès[1] », effectuées lors d'une première rencontre quotidienne entre pairs, le matin par exemple, et les « salutations en passant », échangées lors des croisements multiples qui jalonnent les allées et venues journalières dans l'espace du grand ensemble, dans l'enceinte des bâtiments scolaires ou dans les rues de la ville. Les premières impliquent nécessairement une poignée de main, éventuellement accompagnée d'une adresse verbale, tandis que pour les secondes, un regard de connivence ou un simple signe du menton suffisent. En fait, dans ce contexte de voisinage étroit, la plupart des salutations de rencontre s'apparentent à des salutations en passant. Elles n'amorcent pas un véritable échange relationnel, mais marquent seulement la confirmation de l'interconnaissance.

[Note du 3 mars 1993] Un soir, alors que je m'apprête à sortir de ma voiture pour rentrer chez moi, j'aperçois à quelques mètres de l'entrée de l'immeuble un groupe de jeunes qui discutent. Les observant quelques instants, je vois arriver un autre adolescent qui se dirige vers l'entrée de l'immeuble. Identifiant soudain les membres du groupe, il change alors brusquement de direction, s'approche d'eux, serre successivement les quatre mains, retourne sur ses pas et rentre dans l'immeuble. L'échange de salutations s'est borné aux simples poignées de main et à un unique « salut » de sa part, sans aucune réponse audible des autres, qui n'ont en l'occurrence pratiquement pas interrompu le cours de leur conversation.

Dans les espaces publics du grand ensemble, aux moments d'affluence, tout déplacement est systématiquement ponctué par de nombreux échanges de salutations — au rythme d'une dizaine environ par déplacement. Comme le souligne un adolescent, « on peut pas faire un

---

1. Erving Goffman, *La Mise en scène...*, *op. cit.*, p. 88.

pas sans s' faire griller dans cette cité ». La fréquence des échanges dépend bien entendu du capital social et des dispositions de chacun. Samir, extrêmement sociable, affirme volontiers sa familiarité très poussée avec ses pairs, toutes catégories confondues : « J'arrête pas de serrer des mains... Moi, j'aime bien les petits, les petits Noirs et tout... »

Comme Florence Weber, on observe ici que la notion de première rencontre peut donner lieu à interprétation[1]. Doit-on saluer seulement lorsqu'on se rencontre une première fois dans la journée ou bien chaque fois qu'on se rencontre dans un endroit nouveau, c'est-à-dire sur une autre « scène sociale », par exemple au collège, puis dans la cité ? De Jean-Marc, un adolescent qui serre la main aux mêmes personnes plusieurs fois par jour, on se moque ainsi : « Il arrête pas de dire bonjour toute la journée, c'*keumé* [mec], il va avoir la main usée, à force ! »

Le code des salutations en vigueur impose normalement à chacun l'obligation de saluer ses pairs et, bien entendu, de répondre soi-même aux salutations d'autrui. Toute personne qui contrevient à cette règle s'expose aux jugements négatifs des pairs : « [Mango], une fois sur deux, il te calcule. Une fois, il marche, il te serre la main, une autre fois, il te dit "casse toi", tout ça. Moi, il me serre la main, je lui serre la main, il me serre pas la main, je le revois pas ! » (Ahmed).

Tout oubli et *a fortiori* tout refus de saluer (« faire une crampe ») s'apparentent à une offense, signe d'un conflit non réglé : « On ne se parle plus », « On se dit plus bonjour ». Plus simplement, ce refus peut aussi signifier l'antipathie ou même l'hostilité latente.

[Note du 4 juin 1992] En revenant du centre commercial avec Khaled, nous rencontrons Hachim, Salem et Didier qui prennent le soleil, assis sur un muret au pied

---

1. Florence Weber, *Le Travail à-côté : étude d'ethnographie ouvrière*, Paris : I.N.R.A.-E.H.E.S.S., 1989, p. 162.

de la barre du Mail. Je m'arrête pour leur serrer la main. Khaled reste en retrait, sans souffler mot. Nous reprenons notre chemin : « Tu ne leur dis jamais bonjour, à ceux-là ? — J'aime pas ce bâtiment, j'aime pas les *keumés* [mecs] d'ici. — Pourquoi tu ne les aimes pas ? — Je sais pas, je préfère mon bâtiment [Presov]. — Et Ravel, t'aimes mieux ? — Ouais, Ravel, Presov, ça va. — Et les mecs de Renoir ? — Renoir aussi, à la limite. Mais le Mail, j'aime pas... — Et eux, ils t'aiment pas non plus ? — J'en sais rien, on s'calcule pas, c'est tout. »

Le refus de salutation, qui marque le refus absolu de toute relation, prend à l'occasion des formes exacerbées dans le cadre des relations professeurs-élèves. En cas de conflit ouvert, c'est habituellement une forme d'expression consacrée de l'hostilité adolescente. Résidant dans le même quartier que la plupart de mes élèves et les côtoyant donc en dehors du collège, j'ai pu faire de nombreuses fois l'expérience, avec des adolescents ou des adolescentes qui m'ont ainsi manifesté leur antipathie et leur rancœur, des mois, voire une ou deux années durant, en me défiant systématiquement du regard, sans un mot, chaque fois que je les croisais dans le grand ensemble.

Il existe une version humoristique et ludique du refus de saluer (la « crampe ») qui consiste à tendre la main à un pair, puis à la retirer brusquement lorsque celui-ci avance la sienne, le laissant ainsi penaud, avec son bras en suspens, si possible bien sûr devant un public nombreux, toujours prêt à se gausser de la victime.

Au-delà de leur fonction sociale de mise en forme et de ritualisation des « relations en public » — analysée en détail par Goffman[1] — les échanges de salutations remplissent, dans le contexte de la culture des rues, le rôle important de marqueur des limites du groupe. De la part des adolescents les plus affirmés dans cet univers culturel, il y a souvent refus manifeste et ostensible de saluer

---

1. Erving Goffman, *La Mise en scène...*, *op. cit.*

et donc de reconnaître des personnes connues de fait, mais étrangères au groupe ou considérées comme telles. C'est le cas notamment des enseignants, envers qui toute forme de civilité est nécessairement évitée par leurs élèves.

[Note du 9 janvier 1992] En allant effectuer des démarches à l'O.P.H.L.M. pour mon futur studio, je croise Ahmed — un de mes élèves les plus « durs » — qui fait mine de ne pas me voir et passe à côté de moi en regardant ses pieds. Le lendemain, au collège, je le retrouve à la fin du cours, à côté du bureau, avec trois de ses camarades qui sont venus me demander quelque chose. Je saisis l'occasion : « Alors, Ahmed, tu sais pas dire bonjour, dans la rue ? » Il sourit un peu coincé : « Mais non... Mais m'sieur, vous faites pas partie de la cité, quoi ! »

Encore une fois, il ne s'agit pas ici d'un défaut de politesse, car les règles de bienséance sont bien connues par ces adolescents et même paradoxalement assez bien respectées vis-à-vis des adultes inconnus, mais d'une volonté délibérée et affichée de marquer la différence qui sépare les membres du groupe du reste des gens. Les enseignants ne sont pas les seuls à subir cette forme de rejet. Il en va de même pour les adolescents considérés comme n'appartenant pas au groupe, soit pour des raisons d'ordre résidentiel, soit pour leur absence d'intégration à la culture des rues : « Ces petits bouffons de la résidence [du Parc], je les calcule pas, je vais pas leur dire bonjour, hein ! » (Salem).

Le refus de civilité des élèves envers les professeurs n'est pas général, loin s'en faut. Certains adolescents recherchent même à l'inverse, à travers l'échange de poignées de main, un témoignage de reconnaissance des adultes qu'ils côtoient tous les jours. Ils se heurtent d'ailleurs au refus manifeste des enseignants, qui ont tendance à se protéger de toute relation trop amicale avec leurs élèves ou qui craignent simplement de se faire déborder.

Étant personnellement engagé, de par ma position d'enseignant ethnographe, dans une logique d'ouverture avec les adolescents, j'ai toujours répondu favorablement et sans réticence à ceux qui me tendaient la main dans l'enceinte du collège, comme à l'extérieur. En temps normal, je serre ainsi la main régulièrement à une trentaine d'élèves, dans la cour, dans les couloirs ou bien même en début de cours, quand les élèves rentrent dans la salle de classe. Aux Quatre-Mille, les échanges de salutations m'ont permis de m'intégrer plus facilement aux lieux et, qui plus est, de devenir rapidement une « tête connue ».

[Note du 28 janvier 1992] Quelques jours après mon installation, alors que je rentre chez moi, deux jeunes à scooter me doublent, ralentissent, m'observent avec insistance, puis finissent par s'arrêter et me posent la question habituelle : « Tu cherches quelqu'un ? » Sentant tout de suite venir l'« embrouille », je réponds par la négative et poursuis ma route, l'air tranquille. Ils redémarrent aussitôt et viennent cette fois s'arrêter à quelques mètres devant moi pour me barrer le passage. Juste à ce moment-là arrive sur le même trottoir un de mes élèves que je m'empresse de saluer : « Ça va, Rachid ? » Il me serre la main : « Ça va bien, m'sieur ? » Nous échangeons quelques mots. Les deux à scooter, apparemment fixés sur mon cas, décident de « m'oublier » et repartent à pleins gaz vers la place Musset, à mon grand soulagement.

La sociabilité de voisinage

Sans présumer de la structure globale des relations sociales à l'intérieur du quartier, on peut affirmer que, du point de vue adolescent, la cité des Quatre-Mille s'apparente assez bien à ce que Herbert Gans avait appelé en son temps un « village urbain [1] ». Les relations en vigueur au sein de la jeunesse du grand ensemble ne ressemblent guère, dans le contexte d'interconnaissance très forte que nous avons décrit, à celles, anonymes et « secondaires », qui caractérisent généralement les grands centres urbains [2]. Si la quantité d'informations dont disposent les individus les uns sur les autres est très variable, elle reste toujours suffisante pour que l'essentiel des interactions quotidiennes se déroule dans un environnement social très familier : « Vous vous connaissez tous ? — De vue, ouais ! — Tu croises jamais une tête que tu connais pas ? — Ouais, j'en ai déjà vu. Une fois, j'ai vu un mec pendant les vacances. J'ai fait : "Tiens, celui-là, c'est une nouvelle tête !" Après, j'ai été voir, ils me font : "Ouais, c'est un mec qui vient d'arriver, c'est un nouveau" » (Nassim).

Les habitants de ce « village urbain » n'en sont pas moins de véritables citadins, qui ont à cet égard l'occasion quotidienne de rencontrer de nombreux étrangers. D'une part, le grand ensemble est suffisamment vaste et intégré dans le cadre urbain qui l'entoure pour rendre possible le contact avec une foule d'inconnus. Il faut penser notamment aux commerces et aux différentes institutions installées dans l'« enceinte » des Quatre-Mille, qui drainent une partie de la population des quartiers avoisinants. D'autre part, « ce qui distingue les "villageois urbains" des véritables villageois, c'est que, tout autour de leur îlot relationnel [le quartier], ils peuvent constater, pour peu qu'ils circulent dans leur ville, qu'il existe un océan d'étrangers dans les rapports de trafic [3] ». Les ado-

---

1. Herbert J. Gans, *The Urban Villagers*, New York : Free Press, 1962.

2. Pour une critique détaillée de la théorie du « mode de vie urbain » de Wirth et de la dichotomie rural-urbain qui en est issue, voir la synthèse dans l'ouvrage de Ulf Hannerz, *Explorer la ville...*, *op. cit.*

3. Ulf Hannerz, *ibid.*, p. 147.

lescents font très tôt l'expérience de ces rapports de trafic, quand ils commencent à fréquenter les établissements secondaires, situés à plusieurs kilomètres de leur domicile.

À l'intérieur du grand ensemble, les principaux facteurs qui contribuent au développement des relations adolescentes de voisinage sont l'enracinement spatial et territorial [1], l'absence de véritable séparation entre l'espace relationnel résidentiel et l'espace relationnel « professionnel » — c'est-à-dire scolaire — et la relative homogénéité sociale de la population des Quatre-Mille. Cette sociabilité est également rendue possible par la fréquentation adolescente assidue des espaces publics de la cité.

Nul, sans doute, ne parle mieux de cette sociabilité de voisinage que ceux qui l'ont quittée par le fait d'un déménagement familial : « Quand je regarde les Quatre-Mille, franchement, ça me fait un peu mal au cœur d'être parti. — Tu regrettes ? — Ouais, la vie en pavillon, ça a rien à voir avec la vie en cité. À Dugny, tu vois, on est dans une rue, les gens, ils se parlent même pas, c'est chacun pour soi. C'est que des bouffons ou alors des vieux. Aux Quatre-Mille, c'était parfois dur, mais il y avait les copains en bas. Tu descendais à n'importe quelle heure, tu étais sûr de les trouver » (Mohamed).

Il faut, bien entendu, faire la part ici de la rupture affective occasionnée par tout changement résidentiel au cours de l'enfance ou de l'adolescence : « Mais moi, au début, j'étais pas contente de partir des Quatre-Mille. Y avait toutes mes copines là-bas. J'étais pas contente, j'en

---

1. « Le sens du voisinage apparaît plus facilement quand le cadre de vie offre une unité suffisante pour différencier le voisinage de l'agglomération dans son ensemble » (Roderick Mac Kenzie, « Le voisinage, une étude de la vie locale à Columbus, Ohio », p. 213-254, *in L'École de Chicago : naissance de l'écologie urbaine*, sous la dir. de Y. Grafmeyer et I. Joseph, Paris : Aubier, 1984).

avais marre, je grognais. Bon, de partir, on est contents, mais quand on habite là ! Puis, il y a personne et tout. Ça devenait *relou* [lourd]. — Et maintenant, tu es contente, ou tu voudrais retourner aux Quatre-Mille ? — Non... Moi, mon père, il a dit "Vous allez vous habituer", tout ça et j'étais pas contente, je fais : "Ouais, y' avait mes copines là-bas et tout" » (Abla).

L'exubérance et l'intensité apparente des relations adolescentes de voisinage contribuent à donner au quartier un caractère animé et vivant qui contraste singulièrement avec les descriptions misérabilistes sur fond d'ennui et de jeunesse désœuvrée auxquelles nous a habitués la rhétorique journalistique, depuis une quinzaine d'années. On peut même supposer que le besoin d'être ensemble et de partager les expériences de l'existence quotidienne, qui semble si permanent et si insatiable à cet âge de la vie, trouve dans ce contexte résidentiel matière à satisfaction plus que partout ailleurs.

En ce sens, la solitude par trop visible de l'ethnologue sur le terrain ne manque pas d'apparaître aux membres de cet univers social comme une sorte d'ineptie existentielle. Samir, me rendant visite dans mon studio, peu après mon installation, me posait une question dont il connaissait bien évidemment la réponse, mais dont il voulait obtenir explication : « T'habites seul, *Vid'da* ? — Comme tu vois ! — C'est vraiment affreux de vivre seul comme ça... En plus, t'as même pas de télé ! » Même type de réaction spontanée de Salem que je croise un soir dans la rue en rentrant du centre commercial : « Tu vas manger ? — Ouais ! — Tout seul ? — Eh ouais ! — Tu dois t'ennuyer ! »

Interconnaissance et appartenance

L'importance du lien de localité et la nature des relations sociales au sein de la jeunesse du grand ensemble ont pour corollaire une forte conscience de groupe sans doute assimilable, du point de vue psychosociologique, à un sentiment communautaire. De la distinction très nette établie par chacun des membres du groupe entre « nous » et les autres, il découle une logique de fermeture facilement perceptible à toute personne qui est amenée à occuper une position dans cet « espace » social. L'expression du rejet ou de l'exclusion prend ici des formes particulièrement détestables pour quiconque est habitué aux codes de politesse dominants. Dans les premières semaines qui ont suivi mon installation aux Quatre-Mille, il m'est arrivé de prendre l'initiative de « saluer en passant » des adolescents que je croisais régulièrement dans l'espace du grand ensemble. Je fus rapidement guéri de mon naïf désir d'urbanité, car, à plusieurs reprises, on m'opposa brutalement cette fin de non-recevoir adressée avec un regard de profonde défiance : « On s'connaît ? »

Pourtant, dans ce contexte urbain, le passage d'une position « extérieure » à une position « intérieure » est beaucoup moins long et difficile qu'on ne pourrait le penser. La fermeture communautaire n'est ici nullement comparable à celle, bien connue des ethnologues, qui caractérise certaines sociétés rurales. Je fus surpris de constater qu'aux yeux des adolescents que je fréquentais, mon « intégration » aux Quatre-Mille était considérée comme achevée au bout de seulement quelques mois de résidence. Samir, à qui je faisais remarquer un jour que « c'est pas parce que j'habite aux Quatre-Mille que je suis des Quatre-Mille », me contredit aussitôt, de façon péremptoire : « T'habites aux Quatre-Mille et tu connais tout le monde ici, t'es un mec des Quatre-Mille, *basta* ! »

L'appartenance locale ne peut pas, dans ce contexte, avoir pour origine une présence familiale séculaire ou une assise patrimoniale ou foncière. Elle ne peut se fonder que sur le statut de résident et sur le développement du réseau d'interconnaissance. D'où cette conscience formulée de l'atout que constitue pour les individus un capital de relations suffisant.

[Note du 10 avril 1992] De retour du judo vers 22 heures avec Nassim, nous nous attardons quelques instants au pied de la barre du Mail, profitant de la grande douceur de l'air, inaccoutumée en cette période de l'année. Je lui fais part de mon adaptation au cadre et à l'ambiance de la cité et du plaisir sincère que j'éprouve à découvrir ce quartier et les gens qui l'habitent. La raison lui en semble évidente : « Parce qu'il faut connaître et puis être un peu connu, c'est tout ! [...] Quand on connaît, comme ça, on est moins timide. Même pas besoin de réputation, il faut juste connaître un peu tout le monde ; comme moi, je connais pratiquement tout le monde aux Quatre-Mille. » Je lui explique la manière dont je me suis fait interpeller plusieurs fois, au début, par des jeunes pas toujours très accueillants. « Ouais, ils te voient arriver, ils te connaissent pas, c'est ça... Ils aiment pas trop les nouvelles têtes... »

On saisit bien aussi, à travers cette citation et en replaçant les choses dans le contexte d'insécurité, en quoi le réseau de relations peut être garant de la sécurité des personnes, ce que traduisait bien un autre élève du collège, Patrice, qui interprétait à sa manière l'installation d'un professeur dans le grand ensemble : « Monsieur, c'est vrai que vous allez habiter les Quatre-Mille ? — Oui, pourquoi ? — Moi, je sais pourquoi vous voulez habiter les Quatre-Mille, j'ai bien compris. — Ah ouais ? — Vous allez habiter là-bas parce que, comme vous voulez rester longtemps ici à La Courneuve et que vous avez peur que les mecs des Quatre-Mille, ils vous sautent dessus, comme ça si vous êtes à la cité, on pourra plus rien faire contre vous, parce que vous connaîtrez tout le monde. — Tu crois que je vais déménager pour ça ? — Ouais, comme ça, pour faire style "mec des Quatre-Mille" ! »

Ce n'est d'ailleurs pas seulement par esprit d'ouverture et de curiosité ethnographique que j'ai joué au maximum le jeu de l'inter-connaissance et des relations de voisinage, mais aussi par intérêt bien compris pour ma sécurité et ma tranquillité dans l'espace du grand ensemble. Dans les premières semaines qui ont suivi mon installation, j'ai ainsi passé beaucoup de temps à circuler ostensiblement dans les rues de la cité, sac de provisions et baguette sous le bras, serrant le plus de mains possible, afin que ma tête devînt rapidement familière. Dès que l'occasion s'en est présentée, j'ai également pu me faire connaître des principaux membres du groupe de pairs qui occupait l'allée voisine de la mienne, où j'allais chercher mon courrier.

Chapitre 4

LA SOCIABILITÉ DES GROUPES DE PAIRS

Les formes d'agrégation juvénile

Depuis plusieurs années, les médias et les journaux alimentent régulièrement leurs colonnes de méfaits, de délits et de crimes prétendument commis par des bandes d'adolescents issus des quartiers de banlieues défavorisées. Ces groupements structurés et organisés, portant des dénominations à caractère ethnique ou guerrier (« Requins vicieux », « Black Dragoons », « Mendy Force »...), arpenteraient les quartiers centraux de la capitale et des grandes villes françaises, le samedi soir, à la recherche de bandes rivales à affronter, toujours prêts, quand l'occasion se présente, à semer la terreur partout où ils passent.

Il faut faire la part de l'imaginaire social qui s'exprime dans les descriptions inquiétantes de ces reportages où l'exotisme le dispute souvent au sensationnel. Ce traitement journalistique des faits participe d'une représentation de la jeunesse dangereuse qui est fort ancienne[1] et

---

1. Pour ne prendre qu'un exemple dans le passé récent, voici comment Serge Lebovici préfaçait, il y a vingt ans, la traduction d'un ouvrage américain sur les bandes : « Au cours de l'été 1959, l'attention du public fut attirée par l'activité de certaines bandes d'adolescents qu'on a pris rapidement l'habitude d'appeler les "blousons noirs". Les

qui permet notamment de fixer les images et les peurs d'une population largement désorientée par les conduites juvéniles marginales contemporaines[1]. Les journalistes ne sont d'ailleurs pas spécialement en cause, mais c'est plutôt la logique spécifique de leur champ professionnel qui détermine dans une large mesure la forme et le contenu des reportages[2]. La recherche, pour sa part, n'est pas exempte d'une fascination pour ces formes modernes de regroupement juvénile, comme en atteste la fréquence de cette thématique d'approche dans les études sur la jeunesse[3].

Le phénomène des bandes de jeunes lui-même n'est pas nouveau en France, puisque la littérature sociologique en fait classiquement remonter l'histoire au début

journaux et les hebdomadaires se sont emparés de cette question et lui ont donné une large publicité, d'ailleurs tout à fait indésirable. On a même vu des reporters demander à ces apprentis gangsters de se faire photographier au cours d'une bataille reconstituée avec leur arme préférée, la chaîne à bicyclette. Ainsi le grand public est-il amené à connaître ces adolescents et à s'inquiéter de l'attitude actuelle des jeunes générations » (Herbert Bloch, Arthur Niederhoffer, *Les Bandes d'adolescents*, Paris : Payot, 1974, p. 5).

1. François Dubet, « Les bandes, de quoi parle-t-on ? », p. 9-18, *in L'Actualité des bandes*, Vaucresson : C.R.I.V., 1991.

2. Sur les contraintes techniques, les enjeux professionnels et les intérêts commerciaux auxquels sont soumis les journalistes qui travaillent sur ces questions dans le contexte américain, voir Martin Sànchez-Jankowski, « Les gangs et la presse : la production d'un mythe national », *Actes de la recherche en sciences sociales*, 101-102, 1994, p. 101-117.

3. Aux États-Unis et à une tout autre échelle, le « mythe national des gangs » nourrit depuis des décennies une littérature scientifique et journalistique pléthorique. Sur le paysage « aussi vaste que bigarré » de cette littérature, voir Loïc Wacquant, « Le gang comme prédateur collectif », *Actes de la recherche en sciences sociales*, 101-102, 1994, p. 88-100.

du siècle[1]. Des « Apaches » de la Belle Époque jusqu'aux « *cailleras* » et aux « zoulous » d'aujourd'hui, en passant par les « blousons noirs », les « loubards », les « skinheads », chaque époque a eu ses bandes, qui reflétaient à leur manière les styles et les mentalités du temps. Plus exactement, il semble y avoir eu des périodes avec bandes et des périodes sans. Dans les années 1960, Monod signalait leur disparition[2] ; il en allait de même il y a dix ans dans le contexte de la « galère », dont Dubet affirmait en 1985 qu'elle interdisait la formation de bandes.

Aujourd'hui, les sociologues qui travaillent sur ces questions s'accordent à reconnaître un retour des bandes[3]. Dans la région parisienne, des groupements de jeunes Noirs se sont sans doute constitués ces dernières années dans la mouvance *zulu* de la culture *hip hop* et ont été inspirés par les modèles cinématographiques et médiatiques des gangs noirs américains[4]. Ces « bandes de mouvement[5] » ou « bandes spectaculaires[6] » se sont illustrées par quelques actions d'éclat et quelques dra-

1. Michèle Perot, « Dans la France de la Belle Époque, les "Apaches", premières bandes de jeunes », p. 387-407, *in Les Marginaux et les Exclus dans l'histoire*, Paris : U.G.E., 1979.

2. Jean Monod, *Les Barjots : essai d'ethnologie des bandes de jeunes*, Paris : Julliard, 1968.

3. Voir notamment les actes du colloque *L'Actualité des bandes*, *op. cit.*

4. On peut citer, principalement : *Warriors*, de Walter Hill (1979) ; *Boyz'n the Hood*, de John Singleton (1980) ; *New Jack Cicy*, de Mario Van Peebles (1980) ; *Colors*, de Dennis Hopper (1988) ; *Do the Right Thing*, de Spike Lee (1989) ; *Menace II Society*, de Allen et Albert Hughes (1993). Le seul film français sur les bandes est *Taggers*, de Cyril Collard (1988).

5. Patrick Louis, Laurent Prinaz, *Skinheads, taggers, Zulus and co...*, Paris : La Table ronde, 1990.

6. Georges Lapassade, « Le *hip hop*, "la nation zulu", les bandes "zoulous" et l'insertion des jeunes Noirs de la deuxième génération », p. 42-46, *in L'Actualité des bandes*, *op. cit.*

mes dans des concerts rap, lors de sorties de boîtes de nuit, sur le parvis de la Défense, etc.

Force est de constater que l'on ignore tout ou presque de ce phénomène, aussi bien de son ampleur que de sa réalité concrète. Si quelques journalistes se sont aventurés, non sans courage, sur ce terrain délicat, on ne dispose à l'heure actuelle d'aucune monographie sérieuse sur la forme et le fonctionnement des bandes. Le caractère fluctuant et éphémère des groupes, ainsi que les nombreux problèmes posés par leur approche rendent difficile un travail de terrain approfondi. Les seules sources d'information sont donc adolescentes, policières ou médiatiques, ce qui contribue souvent à produire un effet de rumeur peu propice à la connaissance des faits.

Si l'on s'en tient à une définition minimaliste des bandes, à savoir, selon Dubet, « qu'il y a une bande lorsque les acteurs du groupe en question se définissent comme appartenant à une bande[1] », il ne semble y avoir aucune bande constituée au sein du grand ensemble des Quatre-Mille. Un seul des informateurs avec qui nous avons travaillé, Mango, nous a affirmé au cours d'un entretien faire partie d'une bande, les « Black-Power-Junior », dont le recrutement était plurilocal et qui n'avait donc aucun ancrage territorial particulier, ni aux Quatre-Mille ni ailleurs (« On bouge quoi ! »). Ce même Mango, évoquant le passé récent du grand ensemble, signalait par ailleurs l'existence d'une bande locale, les « Tribunal MC ». Dans les deux cas, en réalité, ces groupements sont essentiellement liés à la pratique de la musique et s'apparentent

---

1. François Dubet, « Les bandes... », *op. cit.*, p. 9. Notons que la plupart du temps le qualificatif « bande » est attribué de l'extérieur, comme le montre cette réflexion d'un adolescent cité par Jazouli : « Mais quand t'es dedans, t'as pas vraiment l'impression d'appartenir à une bande, c'est pas ça, tu fais partie d'un groupe et tu peux partir quand tu veux, et revenir si ça te dit... » (Adil Jazouli, *Les Années banlieues*, *op. cit.*, p. 30).

donc à ce que les acteurs du mouvement *hip hop* appellent un *posse*, c'est-à-dire l'ensemble fluctuant des adolescents qui gravitent autour des membres d'un groupe de rap.

De manière beaucoup plus banale, la sociabilité adolescente de la culture des rues s'épanouit dans le cadre de groupes informels, sans hiérarchie ritualisée ni dénomination particulière, forme d'agrégation juvénile que l'on retrouve dans de nombreuses sociétés et qu'on appellera ici les « groupes de pairs ». Le groupe de pairs, c'est simplement la « bande de copains » qui ont l'habitude de traîner ensemble, qui ont tissé des liens au fil du temps, en bas des cages d'escalier, dans les rues de la cité, dans les classes d'école, sur les terrains de foot, dans les salles de sport, en colonies de vacances, dans les centres de loisirs...

L'ancrage local est ici très marqué, le quartier faisant figure de support d'identité essentiel. À l'échelle du groupe de pairs, cet ancrage peut être réduit à un microterritoire, ce qui peut faire parler de « nationalisme » de cage d'escalier. Le cadre de référence principal reste cependant celui du grand ensemble.

Les affinités ethniques jouent parfois, comme on l'a vu, mais ne conditionnent pas de façon décisive le recrutement des groupes. L'âge et les affinités de personnes sont plus souvent déterminants. L'effectif des groupes, qui peut atteindre au grand maximum une dizaine de personnes, est variable selon les jours, et sa composition n'est pas fixée une fois pour toutes, les entrées et les sorties étant toujours possibles. Durant les deux années passées dans la cité, nous avons ainsi observé des groupes se faire et se défaire, d'autres évoluer, d'autres rester stables... Certains adolescents, pourtant fort bien intégrés dans la culture des rues, ne semblent d'ailleurs appartenir à aucun groupe en particulier, fréquentant indifféremment des personnes de multiples appartenances, se déplaçant sans cesse d'une « bande » à une autre.

Beaucoup d'hypothèses ont été formulées sur les fonctions sociales de ces groupes d'âge, à l'intérieur des grands cadres théoriques de la sociologie de la désorganisation, de la sociologie de la déviance et de la délinquance, de la sociologie marxiste... Retenons, pour ce qui nous intéresse, que les groupes de pairs constituent un mode de structuration logique dans le contexte de transition de l'adolescence d'une part et, compte tenu des formes de sociabilité en vigueur, dans le groupe social considéré d'autre part.

L'échelle du groupe de pairs n'est pas la seule échelle de référence, et rien n'indique même qu'elle soit la plus pertinente. Du point de vue adolescent, le groupe au sens large, que nous appellerons ici « groupe des pairs », qui comprend tous les pairs identifiables, c'est-à-dire tous les adolescents appartenant au réseau d'interconnaissance ou même tous les jeunes du grand ensemble, constitue un niveau d'appartenance tout aussi essentiel. La conscience du groupe s'exprime de manière très claire et unanime dans un « nous » se rapportant généralement au grand ensemble : « Nous, les mecs des Quatre-Mille », « on est ensemble », « nous, à la cité »...

La perception exacerbée des classes d'âge, propre à cette période de la vie, se traduit par une manière très simple de classer les membres du groupe en « petits » et « grands », étant entendu que la définition de chaque classe dépend de l'âge de l'*ego* de référence : « Nous, on est des moyens, mais les grands, ils nous considèrent comme petits. Même nous, par exemple, quand on aura dix-huit ans, y aura les petits qui ont douze ans, ils auront quinze ans, ils auront notre âge de maintenant, nous, on les considérera comme des petits ! »

Si l'âge est un facteur de regroupement affinitaire, il ne constitue pas pour autant une barrière relationnelle. Au sein du groupe des pairs, les rapports entre membres des différentes classes d'âge sont fréquents et multiformes. Les « petits » n'ignorent jamais les « grands » —

« grands frères » —, qu'ils admirent, respectent, défient parfois, subissent à l'occasion. De leur côté, les « grands » ne méprisent pas forcément les « petits », qu'ils initient, protègent, dominent et dont ils se servent au besoin[1].

La plupart des groupes de rue sont des groupes de garçons, mais il existe aussi quelques groupes de filles. Même si la culture des rues est caractérisée par une nette prédominance masculine, les filles occupent une place certaine dans le groupe des pairs au sens large. Moins présentes que les garçons dans la rue, elles n'en participent pas moins à toutes les interactions verbales et même physiques qui sont propres à cet univers culturel. Il n'existe, en revanche, aucun groupe mixte.

Les activités des groupes de pairs

Les activités des groupes de pairs prennent place dans les différentes plages de temps libre : temps scolaire interstitiel, trajets, soirées, après-midi et journées de congés, petites et grandes vacances[2]... Les occupations consistent principalement — avec des variations impor-

1. Le sociologue Duret, qui a mené une longue enquête ethnographique sur la question, a montré concrètement le rôle majeur des « grands frères », figures emblématiques devenues aujourd'hui personnages clefs des grands ensembles de banlieue, à la fois modèles — positifs ou négatifs — pour les plus jeunes, relais des familles et surtout des parents déficients ou dépassés et médiateurs dans les conflits qui opposent les jeunes à des institutions extérieures (Pascal Duret, *Anthropologie de la fraternité dans les cités*, Paris : PUF, 1996).

2. Si des enquêtes sociologiques ont pu montrer à quel point les occupations, scolaires, parascolaires et familiales, laissent peu de disponibilité aux adolescents des classes moyennes (Olivier Galland, *Sociologie de la jeunesse, op. cit.*, p. 207), il n'en va pas de même dans le contexte social du grand ensemble, où les jeunes sont pour beaucoup livrés à eux-mêmes et très autonomes durant une grande partie du temps.

Une sortie à la base de loisirs

L'apprentissage de la liberté et de l'autonomie, dimensions essentielles de la socialisation, passe par l'expérience des déconvenues et des échecs de l'existence collective, comme le montre cet épisode banal de la vie d'un groupe de pairs relaté par une ethnologue des bandes de jeunes.

« Les jeunes s'étant donné rendez-vous au pied d'une tour à 14 heures, beaucoup manquaient à l'appel ; cependant, les autres voulaient les attendre, trouvant impensable de partir sans que tout le monde soit là ; certains allèrent chercher les manquants, lesquels arrivaient entre-temps par un autre chemin, et commencèrent d'attendre ceux qui étaient partis à leur recherche. Les jeunes s'invectivaient les uns les autres, se reprochant leurs retards mutuels ou expliquant longuement les raisons des contretemps ; quand l'ensemble du groupe fut à peu près réuni, plusieurs s'aperçurent qu'ils n'avaient ni maillot de bain ni serviette et repartirent les chercher ; de fil en aiguille, il était beaucoup trop tard pour aller à la base de loisirs et les jeunes se rabattirent sur la piscine du centre commercial, distante de 500 mètres. Au long du chemin qui y menait s'égrenait une colonne clairsemée et bruyante, les uns et les autres reprenant les explications sans fin sur les raisons de leurs retards respectifs et l'impossibilité de remplir le but prévu : "De toute façon, on aurait dû partir à 11 heures, ça vaut pas le coup d'y aller que l'après-midi..." »

(*Maryse Esterle*, « Les bandes de jeunes », D.E.A. : *anthropologie sociale*, Paris V-Sorbonne : 1989, p. 45.)

tantes selon les groupes, les personnes et les âges — à traîner, le plus souvent à pied, dans les rues de la cité, dans les allées d'immeubles, dans les couloirs du centre commercial, à fréquenter de façon nonchalante le centre culturel, les clubs de jeunes, le centre informatique[1], à

1. Aux Quatre-Mille sud, trois institutions, le club Beaufils, le club Braque et l'espace John-Lennon — qui comprend une bibliothèque, une discothèque, une maison de quartier et un studio d'enregistre-

taper le ballon de football dans la rue ou sur le terrain, à jouer au basket ou au tennis contre les murs des bâtiments, à faire des prouesses à vélo, à vélomoteur, à moto, à lancer des pétards[1], à écouter de la musique, à danser le rap, à voler dans les magasins ou dans les voitures, à se battre contre les groupes des cités voisines.

Il faut souligner la place particulière tenue par le football dans l'espace des pratiques ludiques et sportives de la culture des rues, et ce malgré l'engouement nouveau pour d'autres pratiques à la mode comme le tennis (balle au mur) ou le basket (streetball). Des plus petits aux plus grands, il n'en est guère qui échappent à l'attrait temporaire ou permanent du ballon rond. Pratiqué sous toutes ses formes, sur le terrain ou dans les rues de la cité, individuellement ou en équipe, selon toutes sortes de règles établies d'un commun accord, toujours auto-arbitré, ce « football » au sens large occupe une part importante du temps de loisirs[2]. Le terrain en « stabilisé » de

ment —, se partagent l'accueil des adolescents. Une enquête menée dans le cadre du grand ensemble a montré la très bonne connaissance qu'ont les adolescents de ces structures, même si l'usage qu'ils en font ne correspond pas toujours aux critères d'utilisation définis par ces institutions (Philippe Milburn, *Les Problèmes des jeunes dans le grand ensemble de La Courneuve*, Saint-Denis : Conseil général de Seine-Saint-Denis/Aide sociale à l'enfance/Association Resscom, 1992).

1. Durant toute la période estivale, la pétarade est quotidienne, incessante et nourrie, jusque très tard dans les soirées. La nuit du 14-Juillet, aux Quatre-Mille, commence pour ainsi dire à la mi-juin et s'achève au début du mois de septembre... C'est à la suite de l'explosion d'un pétard que le grand ensemble est devenu tristement célèbre, en 1982, quand un locataire, rendu fou furieux par ce bruit assommant, a tiré à la carabine d'une fenêtre de la barre Renoir, blessant mortellement le jeune Toufik Ouane.

2. Nombreux sont les adolescents qui pratiquent à titre individuel dans des clubs locaux ou régionaux. Certains d'entre eux se présentent dans des clubs prestigieux pour des « détections » et nourrissent des espoirs de réussite et de carrière sportive dans le football. Comme chacun sait, c'est dans les classes populaires — et notamment dans

Ravel, construit en 1975 à l'usage exclusif du grand ensemble, fait ici figure d'équipement aussi utile qu'indispensable. En dehors du temps scolaire, son occupation est quasi permanente, en journée comme en soirée et à toutes les saisons. Plusieurs matchs y ont lieu chaque semaine, soit de manière improvisée, soit de façon régulière, avec des équipes constituées, parfois même recrutées, sur une base ethnique ou nationale.

Dans un registre d'activités comparable, bien que située en dehors du champ sportif proprement dit, la pratique du deux-roues motorisé (vélomoteur, scooter, moto...) est également à compter parmi les occupations qui exercent un fort pouvoir d'attraction sur les membres de la culture des rues. Si, au sein du groupe des pairs, les propriétaires ou possesseurs d'engins sont en réalité peu nombreux — rares étant ceux dont les parents ont les moyens de leur offrir un engin aussi coûteux[1], ce qui implique donc un investissement personnel en termes de travail rémunéré pour se l'acheter ou, plus souvent, en termes de prise de risque pour en voler un —, l'usage qui en est fait à l'intérieur du grand ensemble, directement lié au mode d'acquisition illicite et au caractère éphémère de la possession, est essentiellement ludique, spectaculaire, bruyant et festif, ce qui lui donne une dimension proprement collective.

---

la fraction de population d'origine immigrée — qu'est recrutée par la suite la majeure partie des membres des équipes professionnelles. (Sur cet aspect du recrutement footballistique, voir Stéphane Beau, Gérard Noiriel, « L'immigration dans le football », xxe siècle, 26, 1990, p. 83-96.)

1. Rappelons que 48 % des ménages du grand ensemble ne possèdent pas de voiture (source : I.N.S.E.E., 1989).

« La place particulière tenue par le football... » © *Stéphane Kovalsky.*

La passion du football

« Tu vois, quand j'étais gamin, ma seule distraction, le seul jeu, c'était le football, pour la simple raison que tu peux jouer absolument n'importe où... T'as pas besoin de piste, rien, tu peux jouer dans l'herbe, dans la rue, sur le trottoir, dans une cour, n'importe où !... En plus, tu as un jouet pour quinze gosses, tu vois ?... Alors qu'un vélo, il en faut un pour chacun. Un ballon, t'en as besoin, t'en as un pour dix. C'est pour ça que les gamins, ils jouent au foot, c'est pas plus compliqué !... En plus, ça leur permet d'avoir une communication que t'as pas quand tu as un vélo ou des patins à roulettes. Prends n'importe quel loubard, donne-lui un ballon, tu vas voir, il sait s'en servir. L'autre fois, c'était place des Vosges, il y a deux rockys qui arrivent, vraiment des rockys, habillés tout en noir, foulard noir, les santiags hyper-pointues avec le bout de ferraille au bout... Gene Vincent... Enfin vraiment "les loubs rockys", des rivets dans le dos, des aigles avec des yeux brillants... Ils sont arrivés... Ils en pouvaient plus, les mecs !... Ils roulaient leur caisse, ils étaient très grands, très secs, vraiment le type même du loubard, tu vois ?... Et il y avait des mecs qui jouaient au ballon, ils les connaissaient. Eh bien, les mecs, ils ont quitté leur blouson, leur petit foulard et ils ont tapé dans le ballon pendant une heure... Moi, je sais que je ne peux pas résister à un ballon. Quand je vois un ballon, il faut que je joue avec ! »

(*Cité par Gérard Mauger, Claude Fosse-Poliak*, « *Les loubards* », Actes de la recherche en sciences sociales, 50, 1983, p. 49-67.)

[Note du 3 mars 1992] L'ambiance est à la fête aux abords des collines du mail Maurice-de-Fontenay. Hachim, un membre du groupe des pairs qui change de moto très fréquemment, fait l'essai de sa dernière acquisition pétaradante sur les reliefs (dé)gazonnés du terrain de jeu. Prenant l'une des buttes pour tremplin, il effectue des passages répétés avec sauts, en essayant chaque fois d'améliorer la performance. Autour de l'aire de réception improvisée de l'engin, une cinquantaine d'enfants et d'adolescents sont réunis, qui ovationnent le pilote à chaque passage, enthousiasmés par ce rodéo.

Tous les groupes et tous les membres des différents groupes ne participent pas de façon égale aux différentes activités « sportives » et de « loisir ». L'expression des choix et des passions individuelles, qui participe de la définition des identités personnelles, trouve ici un terrain favorable à son épanouissement.

Les écarts de comportement et de pratique entre personnes et entre groupes sont évidemment encore beaucoup plus sensibles en ce qui concerne les activités délinquantes qui supposent, en plus de l'énergie mobilisée, le choix beaucoup plus conscient qu'on ne le dit parfois de la transgression de la règle et de la loi. Une grande majorité des adolescents qui ont fait l'objet de nos observations a, à des degrés divers, l'expérience du chapardage, des larcins, de la « fauche », de la « tchoure », c'est-à-dire du « vol à l'étalage », dans les épiceries, les magasins et les grandes surfaces du quartier, lesquels sont d'ailleurs systématiquement gardés par des vigiles. À un niveau de déviance supérieur, certains pratiquent le vol d'autoradios dans les voitures (« vol à la roulotte »), le recel d'objets divers, voire, pour les plus audacieux, le vol de véhicules ou le cambriolage (« vols avec effraction »), et même, pour les plus durs, le « racket » et la « dépouille » (« vol à la tire », « vol à l'arrachée », « vol avec agression[1] »). Quant à la consommation et au trafic de drogue, très présents dans le grand ensemble qui

---

1. La distinction juridique entre « infractions contre les biens » et « infractions contre les personnes » est inopérante dans le contexte de la culture des rues, du fait du caractère globalement violent des relations entre adolescents. La barrière décisive dans l'échelle de gravité perçue se situe plutôt entre les vols à l'étalage et dans les vols avec effraction ou agression.

détient en ce domaine une forte réputation, ils ne concernent qu'exceptionnellement les adolescents des classes d'âge qui nous intéressent.

En ce qui concerne les affrontements divers, les duels, les batailles rangées, c'est-à-dire les « rixes », il y a des groupes plus belliqueux que d'autres et, dans les groupes, des individus plus ou moins bagarreurs, même si, comme nous le verrons, tous les adolescents participent d'une manière ou d'une autre, consentants ou contraints, aux échanges de violences.

Parmi les nombreuses théories convoquées à l'analyse de la délinquance juvénile, le concept de « carrière déviante », formulé par Becker, reste essentiel pour comprendre les différences individuelles, non pas en termes classiques de facteurs psychologiques ou sociologiques, mais en termes de processus et de construction, par étapes successives, d'une identité et d'une sous-culture délinquantes. En ce sens, il ne faut pas « s'intéresser uniquement aux individus qui suivent une carrière débouchant sur une déviance de plus en plus affirmée et qui finissent par adopter une identité et un genre de vie radicalement déviants. Il [faut] aussi prendre en compte ceux qui entretiennent avec la déviance des rapports plus éphémères et que leur carrière éloigne ultérieurement de celle-ci pour les rapprocher d'un genre de vie conventionnel[1] ». Cela est d'autant plus nécessaire que la majorité des adolescents de la culture des rues appartient à la seconde

1. Howard S. Becker, *Outsiders : études de sociologie de la déviance*, Paris : Métailié, 1985, p. 47. Giudicelli cite dans son ouvrage un adolescent qui s'explique à sa manière sur sa carrière délinquante : « Ce qui m'énerve, c'est que ce milieu, je ne l'aime pas, mais je suis dedans. C'est pour ça aussi que j'ai du mal à casser. Dans ce milieu, tu es ouvert sur tout. Ouvert à tous les vices. C'est un milieu de vicieux. Avant, j'étais vachement moral comme garçon. Pour moi, ce n'était pas normal que tu frappes quelqu'un qui n'a rien fait. Et puis petit à petit... » (Anne Giudicelli, *La Caillera, op. cit.*, p. 36).

catégorie de déviants. Nous verrons, d'un point de vue strictement culturel, en quoi les conduites transgressives relèvent aussi d'une logique du défi et de l'honneur personnel.

Dans l'ensemble, il faut ici remarquer que les groupes de pairs sont relativement inactifs et désœuvrés. Une grande partie du temps est passée en réunions informelles au pied des barres, en discussions et parties de rigolade, en déambulations nonchalantes, d'une allée à une autre, du terrain de foot au centre commercial, des Quatre-Mille au centre-ville, autant de passe-temps qui n'ont pour but que l'exercice propre de la sociabilité et qui constituent aussi une manière d'apprendre le monde social, en l'observant, en se montrant et en s'y frottant à l'occasion.

La présence physique dans les rues du grand ensemble est d'ailleurs une condition nécessaire à l'intégration au groupe des pairs. Recevoir chez soi n'étant pas une pratique très répandue dans ce contexte social, l'essentiel des relations se noue dans la sphère publique, c'est-à-dire dehors, dans les rues [1].

Cette sociabilité d'espace public donne à la cité H.L.M. son caractère d'ambiance spécifique. Dans l'espace du grand ensemble, on entend, à longueur de journée, les appels fréquents, nominatifs ou par coups de sifflet, lancés par des adolescents, du pied des barres, enjoignant Untel à descendre dans la rue.

[Note du 27 février 1992] Quand Samir apprit que j'allais m'installer aux Quatre-Mille, il me questionna aussitôt sur mon futur mode de vie : « Quand t'habiteras à la

---

1. Le mot « voyou » ne vient-il pas lui-même de « voie » ? Il en va de même pour l'américanisme « *home boy* » (« garçon du quartier »), utilisé et mis au goût du jour en France par les membres de la culture *hip hop*. Dans le domaine linguistique anglo-saxon, on peut encore citer « *corner boy* » (« garçon du coin »), terme qui a inspiré le titre de l'ouvrage de William F. Whyte, *Street Corner Society*, *op. cit.*

cité, tu vas descendre ? — Comment ça ? — Ben, dans la rue !.. Tu descendras dans la rue ? »

Ceux qui ne « traînent » pas suffisamment dans les rues du grand ensemble se font, à terme, mal voir et plus ou moins exclure du groupe. Mango, qui mène désormais la plupart de ses activités en dehors du grand ensemble, s'attire ainsi l'hostilité virulente de quelques-uns de ses pairs : « Lui, le jour où il va répondre mal à quelqu'un de la cité, ça va aller mal. — Mais il est de la cité, Mango... — Non, mais y a pas de pitié pour lui. Tout le monde le déteste, lui. — Mais il est pourtant bien de la cité, Mango, non ? — Mais, vous comprenez pas. Nous on le considère pas comme de la cité. — Il est de la cité seulement à l'école. — Parce que lui, il nous considère comme des petits, il se prend pour un grand. La façon dont il marche... C'est vrai, il est grand. Mais nous, on s'en bat les couilles, c'est lui, c'est pas nous ! — Pour nous, les gens de la cité, c'est ceux qui restent dans la cité » (Ahmed, Victor et Kamel).

La rupture avec la culture des rues, qui accompagne dans la plupart des cas le passage à la classe d'âge supérieure, celle des lycéens, se traduit d'ailleurs logiquement par l'abandon conscient et déclaré des pratiques de sociabilité de la rue : « Je traîne plus trop dans la cité, je vais ailleurs maintenant, je sors plutôt à Paris ou ailleurs, quoi ! », « Je vois plus personne ici, plus jamais ! » — cela n'empêchant pas, dans les faits, que les contacts, les relations et surtout les amitiés perdurent sous d'autres formes.

Membres et « bouffons »

Au sein des enfants et des adolescents du grand ensemble, il en existe un certain nombre qui grandissent et passent leur jeunesse à l'écart de la culture des rues, soit par le fait d'une éducation familiale plus bourgeoise et contraignante, soit par choix personnel et par adhésion précoce aux valeurs scolaires, soit encore par incapacité mentale ou physique à participer aux activités de la rue, soit, enfin, du fait des origines, par manque d'affinité culturelle avec l'univers des groupes de pairs. Ces adolescents, que le langage adolescent désigne comme « bouffons », restent à l'extérieur du groupe central, ne participent pas à sa culture et ignorent ou connaissent mal ses codes relationnels. Ils ne sortent pas, ne traînent pas, ne jouent pas au foot, ne se battent pas, ne volent pas, etc.

Une partie de ces adolescents obtiennent à l'école, du fait de leur travail ou de leur intelligence, des résultats nettement supérieurs à la moyenne des classes et sont ce qu'on appelle de « bons élèves ». Comparés aux autres, ils ont de plus grandes chances de réussite future dans leurs études et ils sont promis à un meilleur avenir professionnel et social. Pourtant, dans le contexte ici décrit, ce sont eux les dominés du moment. Le terme « bouffon » indique d'ailleurs bien la caractérisation négative et le mépris systématique dont ils font l'objet. Souvent incapables de se défendre, aussi bien verbalement que physiquement, non intégrés dans les réseaux relationnels de solidarité agonistique, ils subissent, sous différentes formes et parfois de façon dramatique, la violence qui s'exerce entre adolescents, notamment dans le cadre de l'école.

C'est la présence dans les rues du grand ensemble qui est le critère principal de distinction entre membres et « bouffons ». Le jugement adolescent s'exprime ici de manière très claire.

[Note du 16 avril 1992] Je me rends chez les Dialo pour régler un problème d'orientation d'un de leurs fils, Fabien. Arrivé sur la place Villon où ils résident et n'ayant pas pris soin de noter le numéro, je demande à une bande d'adolescents qui traînent dans les aires de jeu s'ils connaissent l'adresse exacte des Dialo en question :

« Dialo ?... Qui c'est ça ? J' connais pas... », me répond l'un d'entre eux. Son voisin rectifie aussitôt : « Mais si, c'est les petits bouffons, là, qui sortent jamais, tu sais bien... — Ah ouaaais ! Ouais, ils habitent là-bas, l'escalier en face... » Les parents Dialo — Guadeloupéens, le père est aide-soignant, la mère sans profession — élèvent leurs huit enfants, comme je l'apprendrai par la suite, en réduisant au strict minimum leurs contacts avec les autres adolescents du grand ensemble. Toutes leurs activités extérieures ont lieu en dehors des Quatre-Mille (cinq d'entre eux pratiquent la musique classique au conservatoire de La Courneuve). Ils ne sortent dans les rues du quartier que pour les nécessités de déplacement. Ils ont même, pour certains, des itinéraires stratégiques pour revenir de l'école en croisant le moins de monde possible.

Les différences d'éducation sont en ce domaine très marquées d'une famille à l'autre. Certains parents laissent à leurs enfants une grande liberté, tandis que d'autres imposent des contraintes strictes. Ces différences recoupent les différences sociales et même parfois ethniques. Les différences d'éducation sont également marquées, au sein d'une même famille, dans la façon d'éduquer les filles et les garçons, comme nous le verrons ultérieurement.

Dans la conscience adolescente, les « bouffons » sont associés aux quartiers pavillonnaires ou aux immeubles de standing. La résidence du Parc, voisine des Quatre-Mille, dans laquelle résident les élèves de catégories sociales plus élevées, est considérée de l'avis général comme une « cité de bouffons », ainsi qu'en témoigne ce dialogue croisé entre Marc, fils d'architecte qui y réside, et Nassim et Farid, habitants des Quatre-Mille : « Tu sais, moi je traîne pas souvent là-bas, moi. [— T'es toujours ici, aux Quatre-Mille ?] — Ouais, non, mais j'aime pas rester là-bas. — C'est une cité de bouffons. Faut le dire, hein ! [— Y a pas d'ambiance ?] — Non, y a rien. C'est que des cons là-bas. — C'est des petits riches. — C'est

une cité qui a rien à voir... Ils sont pas à La Courneuve. »
Rien ne définit mieux ces espaces que l'opposition qui les
sépare des grands ensembles défavorisés : « Une cité de
bouffons, c'est une cité où y a pas de casse, pas de
voleurs, pas de drogue ; c'est tout le contraire des cités
dégradées. C'est *donbi* [bidon] ! »

De manière analogue, au collège, les classes portant le
numéro 1, de la sixième à la troisième, qui regroupent
principalement les bons élèves, sont définies comme des
« classes de bouffons » par les adolescents intégrés à la
culture des rues [1].

Au pôle opposé du « bouffon », sur l'axe des positions
par rapport à la culture des rues, se trouve le personnage
emblématique de la *caillera* [racaille]. Ce terme désigne
dans la rhétorique adolescente les délinquants affirmés,
les voyous notoires ou, d'une manière plus générale, tous
les membres intégrés de la culture des rues.

[Note du 19 avril 1992] Dans le car qui nous ramène
d'Espagne, je demande à Brahim la signification de « *caillera* ». Il réfléchit quelques secondes, surpris par la question, puis bombe le torse et me répond à voix forte, afin
que tout le monde l'entende bien : « Une *caillera*, c'est un
keumé [mec] comme moi *[se frappant la poitrine avec le
poing]* qui habite la cité, qui traîne en bas des bâtiments,
avec ses potes. »

---

1. Les classes sixième 1, cinquième 1, quatrième 1 et troisième
1 forment la « cohorte » des germanistes première langue, puis des
latinistes. Elles regroupent de fait les meilleurs élèves de chaque promotion. Quand les parents viennent inscrire leur enfant en classe de
sixième au collège, les chefs d'établissement qui les reçoivent conseil-
lent généralement à ceux dont les enfants sont les plus brillants de
leur faire « choisir » l'allemand en première langue, afin « qu'ils se
retrouvent dans une bonne classe » ; d'où une différence de niveau
importante entre la première sixième et les autres, différence de
niveau qui perdure dans les classes supérieures. Ces stratégies souterraines d'orientation et de sélection ont été soulignées par plusieurs
auteurs.

Il n'est pas très courant, en réalité, que les adolescents s'autodésignent comme *cailleras*. Ce terme, malgré sa réappropriation positive, conserve une connotation fortement péjorative. Dans les discours, la *caillera*, c'est plus souvent l'autre, le plus délinquant que soi, le plus bagarreur ou simplement le plus grand que soi, qui fascine et éventuellement que l'on craint, mais aussi que l'on désapprouve par certains côtés. Otmane, à qui je demandais un jour s'il se considérait comme une *caillera*, se dénia ainsi vigoureusement : « Non, non, moi je suis normal, moi ! » Durant mes premiers mois aux Quatre-Mille, on a vu que Samir me demandait rituellement, chaque fois que l'on se rencontrait : « T'es une *caillera*, *Vid'da* ? », question qui était pour lui une manière de chercher à savoir à la fois pour qui je me prenais et comment je me définissais par rapport à l'ambiguïté de mon statut d'enseignant résidant au grand ensemble des Quatre-Mille [note du 25 avril 1992].

L'opposition entre *cailleras* et « bouffons » rappelle, dans des contextes culturels différents, celle qui existait entre *rockers* et *mod's* dans l'Angleterre des années 1960, ou entre *corner boys* et *college boys* décrite par Whyte aux États-Unis[1], ou encore entre les *hip* [« dans le coup »] et les *lames* [« paumés »] des ghettos noirs étudiés par Labov[2] — à cette différence près que l'opposition entre membres et « bouffons » est ici structurelle et ne se traduit par aucun conflit ouvert et permanent entre adolescents des deux « parties ». Les membres des deux groupes ne font d'ailleurs preuve d'aucun sectarisme les uns envers les autres ; les relations interpersonnelles outrepassent facilement ces clivages. Qui plus est, les adolescents de la culture des rues sont inévitablement influencés par les codes et les valeurs de la culture dominante, et ceux qu'on appelle les « bouffons » ne sont, eux,

1. William F. Whyte, *Street Corner Society*, op. cit.
2. William Labov, *Le Parler ordinaire...*, op. cit.

ni insensibles ni systématiquement hostiles à l'univers d'activité des *cailleras* ou des voyous qu'ils fréquentent au quotidien.

***

On peut déjà saisir, à travers la description des cadres et des formes de sociabilité qui vient d'être faite dans ces quatre premiers chapitres, une part de la spécificité de la sous-culture adolescente. Celle-ci s'inscrit dans un contexte urbain, social, culturel, qui se trouve sans doute comparable, par certains aspects, à celui de quartiers populaires de nombreuses villes et, en particulier, pour prendre une référence connue en sciences humaines, à celui du Chicago décrit par les sociologues américains de l'école du même nom, puisque cette métropole, qui fut constituée au début du XXe siècle par des migrants d'origines diverses et, pour beaucoup, de classes populaires, avait aussi ses villages urbains à la jeunesse populeuse, élevée en partie à l'école de la rue et formant des groupes ou des bandes plus ou moins formelles, notamment les fameux gangs qui furent l'objet de nombreuses études. Notre culture des rues trouve pourtant sa spécificité historique et son caractère original dans le contexte des grands ensembles français qui, contrairement aux quartiers de Chicago, extrêmement ségrégués ethniquement, mettent en présence des jeunes d'origines diverses, la plupart du temps mélangés. Elle trouve également sa particularité dans ses influences culturelles méditerranéennes, dont on va voir qu'elles orientent les formes d'interactions les plus caractéristiques.

Deuxième partie

Le langage
de la culture des rues

L'apprentissage de la langue standard étant l'une des principales fonctions de l'école et la transmission de tout le savoir scolaire s'effectuant à travers cette même langue standard, l'école se trouve être inévitablement le lieu privilégié d'une lutte permanente d'imposition des normes linguistiques. Face à ceux qui s'écartent, par ignorance ou par méconnaissance, des règles de la langue autorisée et surtout contre ceux qui usent d'un type de langage non reconnu, tels les dialectes, langues vernaculaires, argots..., les transmetteurs de savoir que sont les enseignants ont pour rôle à la fois affiché et implicite de censurer, corriger et redresser systématiquement les écarts. On sait combien fut âpre la bataille d'unification de la langue menée à travers l'école par l'État républicain depuis la fin du XIXe siècle contre tous les patois et toutes les langues régionales de France. On connaît sans doute beaucoup moins les aspects concrets de cette lutte de tous les jours dans les écoles des grands ensembles périphériques français contemporains.

Parmi les difficultés rencontrées par les enseignants travaillant dans des établissements de banlieue, la violence verbale à laquelle ils se trouvent confrontés dans leurs contacts avec les élèves en est une et non des moindres. Pour celui qui se trouve, jeune diplômé nommé, en premier poste — comme cela arrive souvent — dans un établissement de Z.E.P.[1], il faut reconnaître que l'exercice du métier peut s'avérer éprouvant, voire difficilement supportable, à tel point que, dans ces établissements, les demandes de mutations sont nombreuses dès la première année, et le taux de roulement généralement élevé. Il peut être très légitimement choquant, faut-il le souligner, d'entendre à longueur de journée des adolescents qui parlent entre eux « comme des cochons », s'insultent à tout bout de champ et ne se gênent pas, à l'occasion, pour adresser à leurs maîtres les pires injures.

Derrière cette confrontation violente, dont les conséquences humaines ne sont certainement pas à prendre à la légère, se cache pourtant un conflit d'une tout autre nature. L'institution scolaire ne se heurte pas seulement ici à des « élèves difficiles », à des « cas sociaux », à des « personnalités déviantes », mais également aux membres d'un univers social et culturel qui lui est relativement étranger et inconnu. Ce langage adolescent, si violent et si détestable soit-il dans cette confrontation élève-professeur, mérite, en tant que langage de groupe, l'intérêt du sociologue et de l'ethnologue. À y regarder de plus près et en même temps de manière plus distanciée, il traduit en effet une expérience et des pratiques originales ; il sert de support à des relations sociales spécifiques,

1. Sigle de « zone d'éducation prioritaire ». Les Z.E.P. correspondent le plus fréquemment à ce qu'on appelle euphémiquement les « quartiers difficiles » de banlieue. Les établissements scolaires de Z.E.P. disposent de moyens supplémentaires, en heures d'enseignement et en budgets alloués. Depuis 1992, le ministère de l'Éducation nationale a « peaufiné » sa politique et mis en place d'autres mesures spécifiques pour les établissements particulièrement « difficiles » de ces quartiers « difficiles » — lesquels établissements ont reçu l'appellation non moins euphémique de « zones sensibles ».

dans le cadre des groupes de pairs ; et il exprime une vision du monde et une idéologie qui lui sont propres. Bref, il relève d'une culture, ou du moins d'une sous-culture, à la fois organisée et cohérente.

En considérant cette confrontation entre langage de l'école et langage des rues en dehors de ses aspects péda-gogiques et psychologiques, nous voudrions à la fois contribuer à montrer le caractère d'autonomie et de richesse de ce « parler ordinaire [1] », situer ce langage dans son rapport d'opposition à la culture légitime et domi-nante et surtout mettre en lumière le rôle spécifique que joue la parole dans les relations sociales en vigueur au sein du groupe des pairs. Pour cela, nous examinerons le langage des rues selon trois points de vue sociologiques distincts : le point de vue individuel, qui permettra de faire ressortir la dimension de performance du langage, le point de vue relationnel, qui donnera à voir ses aspects les plus rituels et le point de vue symbolique, par lequel on pourra saisir un langage tout au service de la vie sociale. Cela nous permettra de passer en revue les for-mes les plus originales et les plus frappantes du langage de ce groupe social.

---

1. Ce chapitre doit beaucoup à la lecture de l'ouvrage *Le Parler ordinaire* du linguiste américain Labov sur la langue vernaculaire des adolescents noirs des ghettos des grandes villes étatsuniennes (William Labov, *Le Parler ordinaire...*, *op. cit.*).

Chapitre 1

LES PERFORMANCES VERBALES

Le *verlan* argotique

Sur le langage des jeunes des cités de banlieue, on ne dispose pas encore d'étude linguistique approfondie[1]. Un article déjà ancien de Bachmann et Basier sur le *verlan* apporte cependant un regard nouveau et intéressant sur « l'émergence d'un type particulier d'argot de rue parlé par les jeunes dans les grands ensembles de la banlieue parisienne[2] ». L'analyse effectuée par ces deux auteurs se situe précisément dans notre perspective d'étude.

---

1. Dans le champ francophone, la linguiste Gadet a publié un ouvrage sur le français populaire, qui se situe un peu dans le même esprit que celui de Labov. « Selon une opinion largement partagée, constate-t-elle, il existe, à côté de la langue française standard, objet de la plupart des descriptions grammaticales, un "français populaire" ayant ses traits linguistiques propres, une capacité spécifique à organiser la signification, et qui serait parlé par les couches sociales défavorisées. » À partir d'un essai de définition à la fois historique, sociologique et linguistique, elle prend le contre-pied des jugements linguistiques de ses prédécesseurs — jugements négatifs et relevant de la simple idéologie — et analyse ce français populaire du point de vue de la prononciation, de la morphologie, de la syntaxe et du lexique (Françoise Gadet, *Le Français populaire*, Paris : P.U.F., 1992).

2. Christian Bachmann, Luc Basier, « Le *verlan*... », *op. cit.*

Les locuteurs de la culture des rues parlent abondamment en *verlan*. Mais ce langage est bien autre chose qu'un simple procédé de codage formel. Il se distingue nettement, par son lexique, sa poétique et ses fonctions, des argots à clef enfantins et adolescents, appelés aussi « argots d'école » (javanais, langue de feu, largonji...), repérés et décrits depuis longtemps par les linguistes et les ethnologues, en français et dans de nombreux autres domaines linguistiques[1]. Le *verlan* n'est pas la simple expression linguistique d'une inversion de la norme sociale dominante, comme cela a déjà été avancé. S'il est bien vérifié que les adolescents parlant le mieux *verlan* sont « les plus déviants par rapport aux règles sociales en général, aux normes scolaires en particulier », il est plus juste de parler en termes d'adhésion à des valeurs positives et de dire ainsi que les meilleurs locuteurs de *verlan* sont généralement les adolescents les plus intégrés au groupe des pairs et à sa culture. Ce *verlan*, qui emprunte tout à la fois à l'argot du français populaire, voire aux langues de l'immigration maghrébine, noire-africaine, antillaise, etc., est donc bien à considérer comme un véritable argot de groupe, avec ses champs sémantiques propres et sa capacité à exprimer le vécu et l'expérience de la rue, c'est-à-dire les différentes activités, délinquantes ou non, la toxicomanie, les relations sexuelles, les relations raciales, l'argent, la tromperie, la bagarre, les codes d'interaction, etc.[2]

1. Voir notamment Louis-Jean Calvet, *La Tradition orale*, Paris : P.U.F., 1984 ; Denise François, « Les argots », *in Le Langage*, sous la dir. d'André Martinet, Paris : Gallimard, 1968 ; Françoise Kerleroux, « Notes sur l'acquisition de la langue maternelle ou : elles parlent un peu, beaucoup, passionnément », *Études de linguistique appliquée*, 46, 1982, p. 90-97 ; Pierre Guiraud, *L'Argot*, Paris : P.U.F., 1956.

2. Pour les inventaires lexicaux et idiomatiques de ce *verlan* argotique, voir les dictionnaires « amateurs » récemment parus sur le sujet, notamment : Pascal Aguillou, Nasser Saiki, *La Téci à Panam' : parler le langage des banlieues*, Paris : Michel Lafon, 1996 ; Philippe Pierre-

Reprenons, une à une et à la lumière de nos propres observations de terrain, les différentes fonctions du *verlan* mises en avant par Bachmann et Basier.

La fonction ludique, à laquelle on peut facilement adjoindre une dimension pédagogique, est à replacer dans un ensemble plus vaste de pratiques linguistiques courantes (calembours, charades, contrepèteries, devinettes...) qui n'appartiennent pas en propre à la culture des rues mais relèvent plus largement d'un plaisir et d'une jouissance du verbe qui concernent à différents degrés toutes les catégories sociales et tous les groupes humains.

La fonction initiatique de l'argot et du *verlan* est importante dans le contexte de la sociabilité des groupes de pairs. Le langage, ici comme partout ailleurs, confère un pouvoir à ceux qui le maîtrisent, pouvoir des « grands » sur les « petits », pouvoir des plus durs, des plus voyous *(cailleras)* sur les plus timorés (« bouffons »). La culture des rues, ses valeurs, son code de conduite s'apprennent en partie à travers les catégories sémantiques du *verlan* et de l'argot. Même ceux qui ne participent pas directement à cette sous-culture parlent de temps à autre le *verlan* ou l'argot, telle cette élève « modèle » de la classe « modèle » de cinquième 1, qui réagissait brusquement à mes remontrances : « Pourquoi je pourrais pas parler *verlan*, moi aussi ? » [note du 23 octobre 1991]. On peut considérer ici que « la proximité, réelle ou supposée, constatée ou fantasmée, de la déviance colore le langage de ceux que cette déviance fascine ou tout simplement intéresse[1] ».

Le *verlan*, comme tous les argots, est également un langage de fermeture, une langue du secret. Cette fonc-

Adolphe, Max Mamoud, Georges-Olivier Tzanos, *Le Dico de la banlieue*, Paris : La Sirène, 1996 ; Boris Seguin, Frédéric Teillard, *Les Céfrans parlent aux Français : chronique de la langue des cités*, Paris : Calmann-Lévy, 1996.
1. Christian Bachmann, Luc Basier, *ibid.*

tion cryptique du langage des rues s'exerce dans le cadre de l'école et plus largement dans les rapports avec les adultes (parents, commerçants, professeurs, éducateurs, policiers) : « Avec les profs, on parle à la "soutenue", mais quand un *keum* [mec] de la *téci* [cité] se fait serrer par les *kisdés* [policiers], il parle *ascom* [comme ça], parce que les flics ne captent que deux ou trois mots[1]. » De fait, le *verlan* argotique, quand il est pratiqué avec dextérité par un locuteur habile, n'est pas aisé à déchiffrer pour un auditeur « novice ». J'en ai fait l'expérience étonnée et désagréable, dans le cadre de mon enseignement et au cours de mes premières enquêtes, avec des adolescents qui prenaient un plaisir visible à débiter devant moi des phrases qui m'étaient parfaitement incompréhensibles. Habituellement, les locuteurs ne transforment d'ailleurs en *verlan* qu'une partie de leurs productions verbales. C'est seulement dans les situations « défensives », lorsque la fonction cryptique devient primordiale, que la transformation des mots devient quasi totale. On a pu voir, à la télévision, des reportages consacrés aux jeunes de banlieues dans lesquels les paroles des locuteurs étaient intégralement sous-titrées. Dans son film *État des lieux*, Jean-François Richet a également sous-titré certains passages. Les langues étrangères, notamment l'arabe, plus ou moins maîtrisées par certains adolescents, font parfois aussi fonction de langage cryptique, parfois à des fins pernicieuses. Il arrive, par exemple, que des enseignants ou certains adolescents franco-français se fassent copieusement insulter en arabe à leur insu par des jeunes d'origine maghrébine.

[Note du 3 mars 1992] En sortant de chez moi, je trouve Samir, qui est évidemment un très bon locuteur de *verlan*, adossé au mur d'un immeuble de la place Musset. Me voyant arriver de loin, il appelle un de ses « copains » qui traîne devant Renoir et se met à lui parler *verlan*

---

1. Cité dans *Le Monde*, 2 septembre 1995.

comme une mitraillette, tout en me regardant venir avec un sourire narquois. J'arrive à peine à saisir qu'il parle de moi et dans des termes qui semblent péjoratifs. Je fais néanmoins comme si de rien n'était, m'approche, lui serre la main, puis ajoute, bluffant : « Tu crois que je les comprends pas tes conneries, p'tite frappe ? » En réalité, bien que je sois habitué à ses provocations et à son langage, je n'ai pas compris un traître mot de ce qu'il a raconté.

Pour finir, la fonction identitaire prend une nouvelle dimension dans le contexte social et culturel des grands ensembles de banlieue : « La juxtaposition des migrations, la communauté de situation entre Français et étrangers, dans l'exclusion comme dans la révolte, tout cela concourt à une recherche d'identité que marque le langage[1]. » Les adolescents sont conscients des composantes à la fois sous-culturelles et locales — réelles ou mythiques — de leur langage. Une élève à qui je faisais un jour répéter un mot d'argot que je ne connaissais pas me répondit du tac au tac : « Ça, c'est La Courneuve ! C'est les Quatre-Mille-La Courneuve, monsieur ! »

J'ai appris moi-même, à force de l'entendre et aussi de le pratiquer parfois avec des proches, le *verlan* argotique de la rue. Habituellement, je ne le parle ni dans le cadre de l'enseignement ni lors de mes relations avec les adolescents dans la cité — ce qui serait à la fois déplacé et mal perçu[2]. Seul l'usage au second degré m'est en

---

1. Christian Bachmann, Luc Basier, « Le *verlan*... », *op. cit.*
2. Dans son livre sur les bandes, Whyte expliquait qu'il renonça rapidement à parler argot avec les membres de la bande des Nortons, sur les conseils opportuns de leur chef Doc. Les jeunes n'attendaient pas de lui qu'il les imitât et se comportât comme eux, mais l'appréciaient au contraire pour ce qu'il était, c'est-à-dire un adulte, étudiant, membre de la classe moyenne, participant activement à leur vie quotidienne sans pour autant s'identifier à leur mode d'existence (William F. Whyte, *Street Corner Society...*, *op. cit.*).

quelque sorte permis. Je ne censure pas de manière systématique, en classe, à l'oral du moins, les élèves qui s'expriment occasionnellement — très rarement, en fait —
en *verlan* ou en argot. Dans mes premiers entretiens, les
adolescents s'autocensuraient spontanément en se reprenant quand ils « lâchaient » un mot à l'envers. Par la
suite, le *verlan*, utilisé de manière démonstrative et très
occasionnelle, a pu devenir entre nous le signe d'une certaine complicité. Une des façons, pour quelques-uns, de
m'intégrer à leur univers a été de transformer en *verlan*
et de manière assez péjorative mon patronyme (« Letre-
pou, t'es *relou* [lourd] ! »), ou bien, plus tard et de manière
plus amicale, mon prénom (« *Vid'da* » [David]). Je n'ai pas
observé d'autre mise en *verlan* de ce type, ni pour les
prénoms des adolescents ni pour les noms d'autres enseignants. Le *verlan* semblait opérer dans ce cas précis une
neutralisation de l'ambiguïté et même de l'anormalité de
mon statut de professeur du collège résidant dans le
grand ensemble.

Le langage obscène

Une discussion revient régulièrement sur le tapis, dans
la salle des professeurs du collège, au sujet de l'obscénité, de la grossièreté ou encore de la vulgarité du langage des élèves, ainsi que sur l'attitude adéquate à
adopter dans le cadre de l'éducation et de l'enseignement. Si différentes nuances d'opinion s'expriment —
assez représentatives des clivages sociaux qui caractérisent désormais un corps professionnel ayant perdu une
bonne part de son homogénéité —, le jugement est dans
l'ensemble négatif, c'est-à-dire toujours plus ou moins
irrité, indigné, ou accusateur[1] — même si la plupart des

1. Bien souvent, les enseignants font porter la faute aux parents et
à la « mauvaise » éducation, ou même à l'« absence » d'éducation,

enseignants ne se retiennent pas d'en rire au passage, comme cette collègue qui nous racontait fièrement comment elle avait « mouché » un élève en lui demandant devant toute la classe d'imaginer le plus concrètement possible le sens de l'insulte « nique ta mère » qu'il venait de lancer à la figure de son voisin de table [note du 10 octobre 1991].

Il est vrai que la culture des rues dans son ensemble adore les mots « sales », les « gros mots », le langage du sexe, de la scatologie et de l'ordure. La grossièreté et l'obscénité prennent place aussi bien dans les énoncés narratifs que dans les différents échanges verbaux rituels (« vannes », insultes, apostrophes, remerciements, saluts), et aussi bien dans les rapports conviviaux que dans les interactions conflictuelles. Les multiples formes d'interjections argotiques telles que « pédé », « enculé de ta mère », « fils de pute », « la putain de ta race », « nique ta race », « touche à ton cul », etc., sans oublier les différents gestes symboliques stéréotypés (mains phalliques, bras d'honneur), qui accompagnent souvent la parole, sont monnaie courante dans les cours de récréation, les couloirs de l'école et plus encore dans les rues de la cité.

Le répertoire obscène s'apprend en réalité très jeune, dès l'âge de l'école primaire, à la fois par initiation réciproque et par imitation des plus grands, c'est-à-dire des adolescents plus âgés et parfois même des adultes. D'une famille à l'autre, les différences d'éducation en la matière peuvent être ici tout à fait considérables. Si beaucoup de parents contrôlent — et ce avec d'autant plus d'attention et de sévérité que le contexte ne leur est pas favorable — le langage de leurs enfants, l'attitude permissive de cer-

comme ils leur font également souvent endosser la responsabilité des échecs scolaires de leurs enfants, voire parfois celle de la violence et de la délinquance ambiantes, pourtant bien conscients par ailleurs des facteurs culturels et sociaux qui induisent certains comportements et certaines pratiques adolescentes.

POÈMES OBSCÈNES

A que je t'aime chéri
A qu'on est toujours ici
dans notre grand petit nid
Je saucterai tes mammelles de
ssefe avec quelle j'ai toujours
pensé même au periode d'été
qu'il fallait les faires gonflés
mais tu n'y a jamais pensé
moi je t'le faire rapeller
en t'enfoncent un bâton de
Berger à l'odeur Aleghé.
dédié à Stéphane
de la part de Sammia. Lynda

(« Billets doux » interceptés en classe de troisième technologique par une collègue zélée qui me les a montrés, avant de les remettre au principal du collège.)

Quand je t'ai rencontré Sehan aubre perché, tu étais affolé de me voir surexcitée quand je t'ai attrapé tu étais déchainé à l'idée de me violer au nez de chaussée avenue des gros poubellier. tu faisais parti de la troupe des poubellia et c'est pour cela que je t'ai aimée on a fait 26 bébés ensuite tu m'as laché, à la suite je t'ai pinché en te filant les bébés c'est petits enfoiés qui font que chier toute la journée qui te ressemble du nez aux pieds. à l'idée de me séparer de toi et de tes bébés j'ai fait une grande tefé ou il y avait ton nepe nous avons tisé toute la soirée sur un canapé en regardant premier baiser onous nous sommes exités emballer et craché jusqu'au petit matin au Pon s'est pris la main comme deux enfoiés nous Paudée que rien ne s'était passer nous nous sommes mariés nous avons eu 49 bébés que jeant auprès de la porte dans un colis de la poste tu auras de ma part les coursiers qui vont te baiser dés que tu vas tronchier parce que t'es qu'un enculé.

Apprenti poète.
le bonjour de Malibu.
† X †

tains en ce qui concerne le « bas langage » ne fait absolument aucun doute. À de nombreuses reprises, j'ai entendu des enfants lancer des flopées de grossièretés et d'obscénités, dans la rue ou de leur fenêtre, en présence de leur père ou de leur mère, sans que ces derniers ne manifestent apparemment la moindre réprobation. Au collège, les professeurs et surtout les chefs d'établissement du collège se plaignent de temps en temps du « langage ordurier » de certains parents d'élèves, lors d'entretiens qui ont tourné au vinaigre. Cependant, l'essentiel de l'apprentissage du langage obscène s'effectue surtout entre soi, c'est-à-dire dans la rue et dans les cours d'école primaire et secondaire, en présence des pairs plus âgés.

Si le « bas langage » des adolescents ou des adultes ne présente pas un caractère très exotique pour qui a l'habitude de fréquenter les quartiers populaires des grandes villes, ou bien les bars de nuit, les couloirs du métro, etc., en revanche, la grossièreté et l'obscénité telles qu'elles peuvent être pratiquées de manière spontanée et « naturelle » par des enfants de cinq ou six ans ont des chances de laisser l'auditeur non averti passablement interloqué.

[Note du 26 avril 1992] Dimanche soir, 23 heures 30. Un camion de pompiers et deux ambulances sont stationnés au pied de mon immeuble. Je fais consciencieusement le badaud à ma fenêtre. Les petits Noirs du quatrième étage d'Alfred-de-Musset, en face de chez moi, font le cirque dans leur chambre et interpellent bruyamment les pompiers depuis leur fenêtre : « *How are you*, pompier ? — Hey, pompier ! — Qu'est-ce qu'il a, le mec ? — Il est malade ? — Fais voir le malade, pompier ! » Le pompier qui fait le planton en bas ne leur prête d'abord aucune attention, puis, au bout de quelques longues minutes, se décide à leur demander de « la fermer pour que les voisins puissent dormir ». Les tapageurs finissent par obtempérer, mais, avant de rentrer se coucher, une des gamines rajoute une tirade pour conclure, en l'occurrence un morceau choisi : « Il a la diarrhée, le mec ? Tu connais le médicament, pompier ? Mélange un bout de slip, un bout de caca, un bout de capote, un bout de papier-cul, un jus de citron. Donne à la cuillère ! Il est guéri, le *keumé* [mec], bonne nuit, pompier ! »

[Note du 25 juin 1992] En me rendant au judo, je croise deux petites filles habillées en robes aux couleurs printanières, qui déambulent sur les parterres de gazon dans l'enceinte du centre sportif. « Je vais aller cueillir des fleurs », chante la première, légère et candide. « Tu vas cueillir de la merde ! », lui répond la seconde sur le même air de chanson.

À l'évidence, il y a une accoutumance à l'obscénité et une habitude acquise qui fait que de telles images ne semblent plus guère dégoûtantes aux enfants et aux adolescents qui les produisent quotidiennement. Seulement, il faut bien comprendre aussi que la rhétorique de l'obscène ne trouve son sens véritable que dans la référence et dans le rapport d'opposition implicite à la norme de langage dominante. En d'autres termes, les mots « sales » sont « bons » précisément parce qu'ils sont « mauvais » et parce que leurs auteurs savent très bien qu'ils suscitent le dégoût et la répulsion chez les partisans des bonnes manières[1].

Cette contre-légitimité linguistique s'affirme à la fois en tant que manière de parler populaire, en opposition aux manières de parler bourgeoises, en tant que langage jeune, en opposition au langage des adultes acquis aux valeurs dominantes, et, pour les adolescents issus de familles immigrées, en tant que langue impropre et inconvenante des étrangers exclus et rejetés, en opposition à la « belle » langue française, académique et scolaire.

[Note du 27 février 1992] Conversation complice et codée avec Hamza, un élève de sixième 7, lors de la séance d'aide personnalisée : « Monsieur, vous savez ce que ça veut dire "N.T.M." ? » Il espère à l'évidence me

1. William Labov, *Le Parler ordinaire...*, *op. cit.*, p. 254.

prendre au piège et me faire prononcer l'injure consacrée du langage des rues, forcément incongrue dans la bouche d'un adulte, qui plus est professeur. Il se trouve que j'ai pris connaissance, il y a peu de temps, de la double signification : « Ça veut dire... "le Nord transmet le message [1]"... — Ah, ouaaais ! Ah, bien, m'sieur ! Bien ! »

Ces pratiques langagières procurent aussi, il faut bien le souligner, le plaisir et la jubilation de transgresser interdits et tabous de parole. De ce fait, elles revêtent bien souvent une dimension éminemment ludique, dimension dont chacun d'entre nous a sans doute pu faire l'expérience, d'une façon ou d'une autre, au cours de son enfance.

[Note du 11 janvier 1992] Une jeune et élégante femme noire, en tailleur et en escarpins, passe à pied, chargée de sacs de provisions, sous les fenêtres du bâtiment B d'Alfred-de-Musset. Un gamin de l'immeuble d'en face l'appelle de sa fenêtre au quatrième étage : « Madame ! » La femme n'entend pas, ou du moins s'abstient de répondre, sachant sûrement très bien de quoi il retourne. Le gamin insiste lourdement : « Madame ! Madame ! » Toujours aucun regard ni aucune réponse. Il reprend alors plus fort, visant cette fois explicitement sa victime : « Madame la Noire ! » Toujours sans réponse, il en vient finalement à son intention de départ et lance, d'une voix claire et distincte : « Suce ma bitte, madame ! », avant de se cacher précipitamment derrière ses rideaux. Il ressort quelques instants plus tard et découvre que je l'ai vu et même observé. Comme je ne peux retenir un sourire étonné, il éclate de rire, ravi de trouver un complice. Il recommence quelques minutes après, cette fois à l'intention d'un de ses pairs, Carlos, qui traîne dans la rue, au pied de l'immeuble. Il y a du répondant, et une joute est engagée : « Carlos, pédé ! — Ta mère ! — Suce ma bitte, Carlos ! — Suce la chatte à ta mère ! » L'échange pourrait

1. Sur la signification de cette « sentence », voir *supra*.

durer encore, mais Carlos s'en va, estimant avoir eu le dernier mot.

Rap et obscénité

Dans une interview qu'il donna à la veille d'un concert en France à un journaliste de Libération, *le célèbre rappeur américain Ice T. (qui a défrayé la chronique en 1992 pour avoir, dans la chanson* Cop Killer, *appelé à tuer des flics) s'expliquait sur l'obscénité affichée de ses textes et des chansons rap en général :*
(Libération) Les « *motherfuc-ker* » sont-ils toujours indis-pensables, ou le mot « *bitch* », chaque fois qu'apparaît une femme ?
(Ice T) Les « *motherfucker* » et assimilés appartiennent à no-tre parler. Ils expriment la rogne, ce sont des points d'ex-clamation. *Idem* avec *bitch* : le Noir a une disposition à débi-ter des insanités. Genre : « *Mec, ma bitte va rebondir sur trois murs et défoncer ta mère.* » On n'y peut rien, c'est un lan-gage — mais pas à prendre au pied de la lettre : « *pute* » dési-gne la femme qu'on aime, avec qui on a eu cinq gosses et qu'on ne quitterait pour rien au monde. Les mâles sont ainsi faits, notre sexisme est une réalité : mes raps sont destinés aux femmes averties qu'Ice T. « *is just talking shit* ». Dès l'intro, on est prévenu, on est dans le ruisseau. Dans un de mes morceaux, une bonne femme me descend, une autre me veste, une troisième me viole... *[références égarées].*

En matière d'obscénité, l'opposition entre langue des rues et langue dominante se retrouve de manière transpo-sée dans les différences de goûts musicaux qui se don-nent à voir chez les amateurs de musique rap, avec d'un côté les adeptes de la tendance *hardcore*, rap dur et sans concessions, dont les textes très crus font la part belle au langage sale et à l'argot (« Arrache ta mère / Vulgaire est le caractère de mon ministère / Est-ce clair ? », clame par exemple le groupe Ministère Amer), tendance dont le groupe phare est sans aucun doute Suprême NTM, dont le nom lui-même (« Nique ta mère ») affiche déjà tout un programme[1], et de l'autre ceux qui préfèrent le *new school*, rap plus édulcoré et mélodieux, dont MC Solaar, auteur de chansons à succès, parfois considéré comme un « vendu », un « faux rappeur », ou un « rappeur de charme », est le représentant le plus connu[2].

Les caractères de la diction

On ne saurait rendre compte du langage de la rue sans aborder les traits spécifiques de la diction (volume sonore, débit, élocution) qui caractérisent les actes de parole des adolescents. Si, en situation d'entretien enregistré, c'est-à-dire sous l'effet de la domination linguistique et culturelle, certains locuteurs peuvent s'auto-censurer, se corriger et s'exprimer avec timidité et retenue, en revanche, quand ils sont placés dans un contexte d'échange « naturel » ou spontané, les membres de la culture des rues font généralement montre d'une grande exubérance et d'une grande volubilité.

L'animation bruyante, voire le tumulte assourdissant qui règnent dans les halls d'entrée des immeubles, dans les espaces publics de la cité, ou encore dans les couloirs de collège ont à coup sûr de quoi surprendre un observa-

---

1. On a vu que « NTM » signifie aussi « le Nord transmet le message ». Ce sigle équivoque permet entre autres au groupe de cultiver — même si personne n'est dupe — une double image auprès du public. Ce choix délibéré d'ambiguïté se situe au cœur de la problématique de l'opposition entre bas et beau langage.

2. Certains chanteurs de *new school* comme Sahila poussent le respect de la correction langagière jusqu'à censurer, dans leurs textes, les mots inconvenants, comme dans cet extrait : « ... Se retrouvant adolescent dans la cage d'escalier / Sans travail, sans argent sans même réaliser / Qu'il est dans la ... / les gens ont peur de lui... » (Sahila, *Moment de gloire*, « Unique », Virgin, 1991).

teur nouveau venu. Sans parler des cris ou même des vociférations qui sont monnaie courante — et pas seulement dans les interactions conflictuelles —, les conversations entre pairs se font toujours à voix forte, sur un ton plus ou moins courroucé, proche de l'emportement. Cet usage tout en force et en puissance de la voix — qui doit être replacé dans un rapport général au corps — relève de manières d'être à la fois populaires[1], jeunes et masculines[2]. Des différences culturelles, selon les origines « ethniques », se donnent ici à voir de façon parfois très nette. Ainsi, les adolescents noirs, antillais ou africains parlent dans l'ensemble plus haut et plus fort que les autres. Cela est très remarquable dans les salles de cours, où ils donnent souvent du fil à retordre aux enseignants, qui considèrent de ce fait les Noirs comme « naturellement » exubérants.

Autre caractéristique notable : le débit de parole. Pour se faire entendre dans les groupes de pairs, il ne faut pas seulement parler fort, il faut aussi parler vite. La rapidité d'élocution de certains adolescents est en ce sens tout à fait étonnante. Cette vitesse s'applique aussi bien à l'articulation qu'à l'enchaînement des mots et des phrases, et au rythme même des échanges. Les locuteurs excellent en particulier dans la pratique de la narration. Les histoires — de football, d'école, de « *meufs* » [femmes], de bagarres, d'embrouilles... — sont toujours racontées sur un ton endiablé, sans longueur ni temps morts, le narrateur s'échauffant en même temps qu'il chauffe son public.

1. Soledad, le personnage principal de *La Vida*, le best-seller d'Oscar Lewis, se plaignait ainsi du manque de liberté qu'elle ressentait dans le nouveau logement social qui lui avait été attribué : « Comment peut-on vivre dans un endroit où on ne peut pas gueuler de temps en temps ! » (Oscar Lewis, *La Vida, une famille porto-ricaine dans une culture de pauvreté : San Juan et New York*, Paris : Gallimard, 1969, p. 217).

2. Gérard Mauger, Claude Fosse-Poliak, « Les loubards », *op. cit.*

En matière de débit de parole, Samir fait figure de maître au sein du groupe des pairs. Quand il est excité, ce qui lui arrive en l'occurrence très fréquemment, aucun de ses camarades ne saurait sans doute l'égaler. Son élocution est si impétueuse et si précipitée qu'on a quelquefois du mal à le suivre et qu'il en devient presque inquiétant. Pour le dire comme ses pairs, « il parle comme un *ouf* [fou] ! ».

[Note du 8 novembre 1992] Il y a chez Samir comme un désir constant et frénétique de communication verbale. Un soir, je le croise dans le hall d'entrée de mon immeuble. Nous nous serrons la main : « Ça va, Samir ? — Ça va, *Vid'da* ? » Par l'effet du hasard, il se trouve que ni lui ni moi ne trouvons quoi dire pour poursuivre l'échange. Je vois alors immédiatement son visage, témoin de sa gêne, s'animer nerveusement. Après quelques pesantes secondes et devant mon silence persistant, il finit par m'intimer, non sans une pointe d'ironie, cet ordre brutal et libérateur : « PARLE ! »

À l'inverse, un locuteur trop lent, qui s'exprime en faisant traîner ses syllabes, ou bien qui hésite, bafouille et se trompe, s'expose de façon quasi systématique aux sarcasmes appuyés, aux éclats de rire et en définitive au rejet sans appel de ses paroles et de ses récits par ses pairs. D'une façon générale, les engourdis et les flegmatiques ont du mal à se faire une place au sein des groupes de pairs de la culture des rues. D'ailleurs, dans l'argot de la rue, le timide est parfois tout simplement désigné par le terme « exclu ».

[Note du 14 mars 1993] Réflexion assassine d'Otmane à propos de sa voisine de palier, Nathalie, jeune Franco-Française de corpulence généreuse et au tempérament lymphatique, dont la diction est nettement plus lente que la moyenne : « Comment elle parle, celle-là ! Elle parle tout moelleux, on dirait qu'elle est fondue ! » Au collège, ses camarades de classe prennent un vilain plaisir à répéter ce qu'elle dit, en chœur, le plus lentement possible.

Dans un autre genre, Chafia, une autre adolescente tout à fait remarquable pour sa façon de se mouvoir un peu apathique et surtout pour sa diction mal assurée et ânonnante, est couramment surnommée « Chafia-la-droguée ».

En revanche, et pour des raisons qui seront analysées ultérieurement, les véritables déficits de prononciation ou d'élocution ne font, semble-t-il, jamais l'objet d'aucune moquerie. Zeinul, un élève de quatrième qui bégaie, n'est jamais « vanné » par ses pairs sur son handicap verbal.

Au-delà de ce que l'on pourrait interpréter comme les simples manifestations de la fougue et de l'ardeur naturelle d'une jeunesse débridée, il y a dans cette valorisation très forte de la diction une véritable culture de l'éloquence qui, si elle est universellement présente dans les sociétés humaines, prend ici une couleur particulière. Elle doit être replacée dans une longue chaîne de traditions populaires, issues en particulier, dans le contexte social qui nous intéresse, de la culture arabe maghrébine d'une part, et de la culture noire africaine d'autre part[1].

Le *verlan*, l'argot, les mots sales et les traits spécifiques de la diction n'épuisent certainement pas les caractéristiques de la langue vernaculaire des grands

1. Geneviève Calame-Griaule, « La parole et le discours », p. 7-74, *in Histoire des mœurs* : *2.* Modes et modèles, sous la dir. de Jean Poirier, Paris : Gallimard, 1991. Voir aussi Georges Lapassade, Philippe Rousselot, *Le Rap...*, *op. cit.* ; ainsi que William Labov, *Le Parler ordinaire...*, *op. cit.* Dans un autre contexte de culture des rues, c'est-à-dire dans les ghettos noirs américains, les capacités d'élocution et de parole sont également fortement valorisées et même considérées comme un attribut de puissance et de virilité de première importance, au même titre que la force physique (Richard Shusterman, *L'Art à l'état vif*, Paris : Minuit, 1992, p. 186). Le parler afro-américain, à la fois très rapide et haut en couleur, a été porté à la connaissance du grand public mondial par le cinéma d'Eddie Murphy — également très reconnu aux États-Unis pour ses prouesses verbales sur scène — et plus récemment par les films de réalisateurs noirs américains, comme Spike Lee.

ensembles des banlieues françaises contemporaines[1]. Cette langue n'est pas le « français populaire » tel qu'il a été décrit par Gadet. Cet auteur note que « les jeunes des banlieues ne parlent pas en français standard, mais ils ne parlent pas non plus avec un "accent populaire"[2] ». Il s'agit en fait d'un nouveau type de « parler ordinaire » sans doute en train de prendre forme. Il existe des traits spécifiques suffisamment nombreux, concernant aussi bien la prononciation que la grammaire et le lexique, qui distinguent la langue des locuteurs que nous côtoyons dans le cadre scolaire et dans celui de nos enquêtes, à la fois du français standard et du français populaire. Il serait intéressant et sans doute bénéfique de recueillir aujourd'hui, dans les écoles et dans les grands ensembles des banlieues françaises, un corpus de matériaux représentatif avec des méthodes du type de celles qui furent appliquées aux États-Unis par Labov et son équipe, ceci afin de mener une véritable étude linguistique — à la fois phonologique, morphologique, syntaxique et lexicale de la langue[3].

1. Les données dont il a été fait état dans le cadre de ce texte ne prétendent pas être représentatives ni du langage des périphéries urbaines françaises ni du langage des rues en général. Il existe à l'évidence des différences linguistiques notables entre les différentes régions, entre les différentes banlieues, entre les différentes cités et, au sein d'une même cité, entre les différentes catégories de population.

2. Françoise Gadet, *Le Français populaire*, *op. cit.*, p. 124.

3. L'une des préoccupations de Labov était de comprendre et d'expliquer les problèmes d'apprentissage de la lecture chez les enfants parlant le « vernaculaire noir-américain ». Il proposait même des solutions concrètes pour remédier à l'échec scolaire. Plusieurs chapitres de l'ouvrage sont consacrés à cet aspect des choses. Quelques-unes de nos observations de terrain et notre expérience d'enseignant en « zone d'éducation prioritaire » nous permettent de penser qu'une telle étude donnerait matière sérieuse à réflexion aux pédagogues et aux responsables du système scolaire des années futures.

Quoi qu'il en soit, maîtriser le *verlan* et savoir manipuler les mots à loisir, posséder l'argot, connaître les « finesses » du langage obscène et des « gros mots », parler haut et fort et se faire entendre en toutes circonstances, pouvoir s'exprimer rapidement et de façon percutante, tout cela est nécessaire pour être intégré au groupe des pairs. Cette compétence linguistique qu'on pourrait dire « de premier niveau » permet en effet au locuteur à la fois de se distinguer comme membre d'un groupe social particulier et d'affirmer son appartenance à la sous-culture de ce groupe. Elle est aussi et surtout — c'est là sans doute un trait majeur de cette sous-culture — un facteur essentiel de prestige et de considération au sein du groupe. Dans le contexte de la culture des rues, le langage est en effet d'abord conçu et pratiqué comme une performance. Tout acte de parole est mis en spectacle de soi-même, exposition au jugement des pairs et participation à une sorte de lutte sociale. C'est dans ce contexte linguistique particulier que nous allons pouvoir examiner les insultes rituelles, ou « vannes », actes de parole qui appartiennent en propre à la sous-culture des rues.

Chapitre 2

LES JOUTES ORATOIRES

Insultes rituelles et traditions culturelles

Les échanges d'insultes rituelles ont été plusieurs fois observés et décrits par des linguistes spécialistes des parlers noirs aux États-Unis[1]. L'analyse de loin la plus poussée et la plus complète en revient ici à Labov, qui a consacré un long chapitre de son ouvrage *Le Parler ordinaire* à cette pratique originale des « vannes »[2]. Aucune étude linguistique, sociologique, ou ethnologique n'a encore été, à ce jour, consacrée à ces insultes rituelles dans le champ linguistique français.

Le terme « vanne » — d'usage populaire plus ou moins argotique — désigne communément toutes sortes de remarques virulentes, de plaisanteries désobligeantes et de moqueries échangées sur le ton de l'humour entre personnes qui se connaissent ou du moins font preuve d'une certaine complicité. Le principe des vannes repose fondamentalement sur la distance symbolique qui permet aux

---

1. Voir notamment Roger Abrahams, « Playing the Dozens », *Journal of American Folklor*, 75, 1962, p. 209-218 ; *Deep Down in the Jungle : Negro Narrative Folklore From the Streets of Philadelphia*, Chicago : Aldine Press, 1970 ; John Dollard, « The Dozens : the Dialect of Insult », *American Image*, 1, 1939, p. 3-24.

2. William Labov, *Le Parler ordinaire...*, *op. cit.*, p. 223-288.

interlocuteurs de se railler ou même de s'insulter mutuellement sans conséquences négatives.

La pratique des vannes n'appartient pas en propre aux adolescents des cités de banlieue ; elle existe sous des formes variées et diverses dans de nombreuses sociétés et même dans la plupart des groupes sociaux. C'est une expérience très commune en fait que de charrier ses pairs et de se faire charrier soi-même en retour. Ce qui est remarquable, dans le contexte de la culture des rues, c'est d'abord la fréquence et le degré d'élaboration de ces actes de parole. Les insultes rituelles occupent une place capitale et essentielle dans les échanges verbaux entre adolescents. L'échange de vannes en séries s'apparente, comme nous le verrons, à un véritable jeu rituel, avec ses règles établies, ses participants attitrés, ses spectateurs, ses gagnants et perdants. Les vannes de la culture des rues tiennent également leur spécificité de leur contenu, qui est souvent grossier, grivois, voire tout à fait obscène. Les locuteurs puisent largement dans le registre riche et abondant du « bas langage » dont nous avons vu qu'il est fortement prisé par les adolescents. L'obscénité ne donne pas seulement un caractère fortement truculent aux échanges, elle participe aussi du sens général de la pratique des vannes. Enfin, cette pratique adolescente des insultes rituelles se donne à voir sous son aspect le plus original et le plus frappant dans un type particulier de vanne — type modèle en quelque sorte — qui n'existe, semble-t-il, que dans ce contexte social. Ce sont les vannes sur la mère, ou vannes référencées, qui visent indirectement, c'est-à-dire par parents interposés, les personnes « insultées ».

En fait, les vannes de la culture des rues sont tout à fait comparables aux *dozens* — ou *dirty dozens* — observées et décrites par les linguistes américains dans les ghettos noirs des grandes villes étatsuniennes. Le terme *dozen* désigne à la fois les insultes rituelles et le jeu même de ces insultes. *Dozen* [douzaine] suggère bien l'idée de série[1] et donc le caractère d'échange. L'adjectif *dirty* indique explicitement la coloration obscène du langage utilisé. On sait que le langage populaire noir américain cultive à plaisir les différentes formes d'obscénité. Quant aux cibles des insultes, si l'on s'en tient à la définition stricte, le mot *dozen* ne désigne que les insultes visant la famille. Dans la culture vernaculaire noire américaine, la pratique des *dozens* s'est élevée à un haut degré de création linguistique et poétique, puisqu'il existe de véritables couplets rimés de vannes qui sont entrés depuis fort longtemps dans la tradition orale de cette communauté.

Les origines culturelles de la pratique des vannes sont multiples et anciennes. Il semble difficile d'établir une source de diffusion unique. Aux États-Unis, la pratique des *dozens* s'est développée avec la formation des ghettos noirs dans les grandes villes, c'est-à-dire depuis le début du siècle. Mais la tradition des vannes se rattache aussi à un fond culturel noir plus ancien. Il existe notamment, au sein de la tradition orale issue de l'esclavage, dans de nombreux contes et poèmes, un personnage clef, qui est celui du « singe vanneur » [*Signifying Monkey*]. Cet animal, incomparable imitateur, manipulateur, persifleur, passe son temps à semer la zizanie autour de lui grâce à sa maîtrise de la parole et du discours. Il ment, cafarde, embobine et surtout charrie à tort et à travers. On sait que les Blancs esclavagistes assimilaient l'homme noir au singe. Les Noirs ont récupéré cette image à leur profit pour se venger. Malin comme un singe, l'homme noir a su ainsi opposer la ruse et la maîtrise de la parole à double sens à la brutale domination de l'homme blanc. On peut encore rechercher l'origine des vannes en Afrique noire, où les échanges rituels d'insultes et de paroles obs-

---

1. Dans l'hypothèse étymologique la plus simple. D'autres étymologies ont été proposées (voir notamment Jean-Paul Levet, *Talkin' That Talk : le langage du blues et du jazz*, Paris : Hatier, 1992, p. 78).

cènes sont attestés dans de nombreuses ethnies, notamment dans le cadre des « parentés à plaisanteries [1] ».

Il semble que les adolescents des quartiers populaires de banlieue française ne pratiquaient guère l'échange de vannes à proprement parler, en particulier celles portant sur la famille, avant la vague d'immigration maghrébine des années 1960. Cette pratique est attestée depuis longtemps dans les différents pays du Maghreb — aussi bien en milieu rural qu'en milieu urbain. À entendre des informateurs qui ont vécu enfant aux Quatre-Mille, les échanges d'insultes rituelles sont même encore plus récents, datant des années 1980 et de l'immigration africaine.

En fait, la pratique des vannes relève probablement de traditions populaires non étroitement circonscrites. Elle est incontestablement liée, en tout cas, à une culture de l'honneur qui est, comme nous le verrons en dernière partie, à la base des comportements, des pratiques et des représentations de la culture des rues.

Le vocabulaire français servant à désigner cet acte de langage est riche et très imagé. C'est dans la langue populaire ou argotique qu'on trouve les principaux termes adéquats. « Vanner » (au sens propre « secouer [les grains] dans un van ») était déjà utilisé en ancien français dans son sens figuré ; il a donné le substantif « vanne ». « Charrier », d'où a été tiré le substantif « charre », suggère, comme « vanner », l'idée de manipulation d'autrui à sa guise. Les adolescents utilisent principalement « vanner », soit de façon transitive (« M'sieur, il arrête pas de me vanner ! »), soit de façon intransitive (« Samir, il vanne bien ! ») ; mais ils disent aussi « tailler », « casser », « scier », « enchaîner », voire « tuer », autant de verbes qui

---

1. Voir à ce sujet Marcel Griaule, « L'alliance cathartique », *Africa*, XVIII, 4, 1948, p. 242-258.

indiquent à la fois le caractère virulent et agressif de ces insultes rituelles et la dimension de joute des échanges[1].

Le contenu et la forme des vannes

Le corpus de vannes qui constitue la matière de ce chapitre a été recueilli au quotidien, dans le cadre scolaire, dans les salles du centre sportif, ou dans les halls d'entrée des immeubles du grand ensemble. Une partie des vannes ont été « couchées » sur le papier par les informateurs eux-mêmes, à la demande expresse de l'ethnographe. Une centaine de vannes, dont la moitié sont référencées, ont ainsi été rassemblées, ce qui paraît suffisant, d'une part, pour établir une typologie à peu près représentative, d'autre part et surtout, pour comprendre la logique des échanges et le sens général qui se dégage de cette pratique[2].

Comme on l'a déjà entrevu, les vannes peuvent être adressées de deux manières différentes. Soit elles portent

1. En anglais, une collection nombreuse de termes tout aussi variés et imagés sert à désigner le jeu des insultes rituelles. *Dozen* est le plus ancien et il est utilisé partout aux États-Unis. On trouve aussi : *signifying* [signifier sa domination sur l'autre en s'imposant dans l'échange verbal], *sounding* [sonder l'autre, voir ce qu'il a dans le ventre...], *woofing* [déconner, se vanter, fanfaronner...], *screaming* [gueuler], *cutting* [scier], *capping* [enfoncer], *chopping*, [hacher]... (William Labov, *Le Parler ordinaire...*, *op. cit.*, p. 234 et Jean-Paul Levet, *Talking...*, *op. cit.*, pour certaines définitions). Dans le contexte méditerranéen, au Liban, on dit du vainqueur d'une joute oratoire qu'il a « mangé », « tué », « capturé », « pris dans sa main » son adversaire (Raymond Jamous, « Mensonge, violence et silence dans le monde méditerranéen », *Terrain*, 21, 1993, p. 97-110).

2. Labov avait recueilli, pour son étude, plus de cent quatre-vingts charres différentes, notamment lors de deux excursions organisées avec un des deux groupes de rue avec lesquels il travaillait (William Labov, *Le Parler ordinaire...*, *op. cit.*).

directement sur l'interlocuteur, c'est-à-dire sur sa personne physique, psychique ou sociale, soit elles portent sur son groupe familial, parfois même son groupe social ou son appartenance ethnique ou nationale. On peut ajouter un troisième type de vannes qui portent sur le nom, principalement le patronyme, et qui s'adressent donc à la fois à la personne et à la famille. Les vannes référencées (second type) sont les plus élaborées et les plus compliquées. Elles constituent sans aucun doute la forme la plus achevée de cette tradition des insultes rituelles. La liste de vannes que nous avons collectionnées comprend une part à peu près égale de vannes directes (dans lesquelles on peut classer de très nombreux sobriquets et surnoms) et de vannes indirectes. Cela ne préjuge aucunement de la fréquence respective des différentes formes dans la pratique. Ce qui est certain, c'est qu'un échange cohérent ne peut comporter qu'un seul type de vanne à la fois. Il y a de plus une gradation de la violence dans les différents types. Les vannes sur la famille sont de loin les plus redoutées. Elles sont plus délicates à manipuler, car la distance symbolique n'est pas toujours facile à maintenir ; par conséquent, elles ne peuvent être utilisées qu'entre personnes très proches : « On peut pas "tailler" les mères avec n'importe qui ! » Dans le contexte scolaire, par exemple au sein d'une classe, les adolescents pratiquent plus fréquemment les vannes directes. Les vannes référencées sont plus ou moins réservées aux groupes de pairs constitués et pratiquées en général dans le cadre de la rue, c'est-à-dire dans le grand ensemble.

Les vannes directes

Les vannes directes portent le plus souvent sur les aspects physiques des personnes. Les locuteurs, à la manière de caricaturistes, taillent le portrait imagé de leur victime, généralement à partir de traits corporels remarquables (grand nez, dent cassée, petite ou grande taille, couleur de peau particulière...). Les défauts ou signes extérieurs donnent ainsi matière à kyrielle de dénominations originales.

[Note du 29 avril 1993] Dans la classe de quatrième 3, Naouel (front bien dégagé et boutonneux) se fait appeler tour à tour « gros front », « front national », « frontorus », « front-pare-brise », « front-calculette », « bouton-pression » ; Mehdi Kabacou (globes oculaires proéminents) : « Kabonœil », « gronœil », « télescope » « nœilloscope » « ballon », « cyclope » ; Otmane (peau noir ébène) : « tête brûlée », « bleu nuit » ; Gloria (grand nez) : « pif », « Pinocchio », « pince-monseigneur », « marteau-piqueur » ; Nassera (appareil dentaire) : « chemin de fer », « centrales nucléaires », etc. Un simple adjectif péjoratif peut suffire pour donner toute sa cruauté à la vanne, comme c'est le cas pour Sabrina (filiforme, pâle, cheveux longs et fins) : « Sabrina-la-chauve ».

Dans certains cas, les formes orales de vannes sont remplacées par des formes scripturales ou picturales. Dans cette même classe de quatrième 3, les élèves se transmettent des dessins humoristiques ou des caricatures qu'ils viennent aussi dessiner au tableau, en fin de cours, ce qui leur assure une visibilité et une publicité plus grandes. Cela renvoie aux fonctions générales du graffiti sur lequel nous aurons l'occasion de nous arrêter.

Chez les plus jeunes, les sobriquets prennent aussi la forme de calembours, comme dans cette sixième où chacun des vingt-deux élèves avait le sien : Cachin le-chien, Samard foie-de-canard, Belani pisse-au-lit, Bruno monte-les-seins [Monlesse], Delphine barbant [Barant], Magar la-gare, Gladys bois-de-la-pisse, Nordine Ben-la-couche [Benalouk], Minhouse mange-de-la-bouse, J'encule [Jean-Luc], etc.

Il peut paraître curieux de parler des surnoms dans un chapitre sur les insultes rituelles. Pourtant, il s'agit bien, dans l'esprit des locuteurs, d'actes de parole assimilés à des vannes, comme en témoigne notamment cet échange entendu dans un couloir entre Nordine et Patrice : « Ben-la-couche [Bensalouk], Nordine ! — Ta mère, Patrice ! »

À y regarder de près, ces calembours ne sont pas à proprement parler des sobriquets ; ils ne remplissent pas au départ de fonction nominative ou dénominative. Parfois, seulement, un calembour peut se transformer, au bout d'un laps de temps, en surnom. Si aujourd'hui les jeunes du grand ensemble sont identifiés sous un sobriquet ou un surnom connu par tous (Tifou, Ninja, Kaboche, Pingouin, Jambe-de-bois, Boulette, Merguez, Grimouille, Têtard, Samir-le-mytho, Samir-du-Bled, Kamel-groslard...), c'est pour avoir été un jour la cible d'une vanne qui s'est ensuite répétée suffisamment longtemps pour marquer les esprits, à commencer par le leur. Les vannes peuvent donc faire figure de surnoms ou de sobriquets en cours de formation[1].

Les vannes peuvent encore prendre la forme d'énoncés narratifs. En parlant de Naouel : « Elle dit bonjour avec son front ! » ; à Mehdi : « Il faut seulement regarder, avec tes yeux, il faut pas toucher avec tes yeux ! Hein Mehdi ! » ; à Rachid (système pileux facial développé) : « Quand est-ce que tu fêtes ton bicentenaire, Rachid ? » ; à Salem (chevelure drue et épaisse) qui se plaint du soleil qui lui tape sur la tête et demande qu'on tire un rideau : « Normal, Salem, t'as ton casque ! »

---

1. On retrouve peut-être cette dimension du surnom dans l'étymologie de « sobriquet », qui signifiait à l'origine « coup sous le menton ». Il faut remarquer ici que la formation des surnoms renvoie au processus général de formation des noms propres en général et des patronymes en particulier, dont on sait qu'ils entretiennent avec les noms communs un rapport étroit (voir Claude Lévi-Strauss, *La Pensée sauvage*, Paris : Plon, 1962).

[Note du 18 juin 1993] Salem est l'adolescent le plus charrié de sa classe, de son groupe, du collège et même — au dire de ses pairs — de toute la cité. En fin d'année scolaire, nous avons passé deux heures libres à dresser la liste des vannes connues au sujet de chaque élève de la classe. Quand j'ai inscrit son prénom sur le tableau, le groupe a poussé des hurlements : « Faut le garder pour la fin, va y en avoir pour toute la journée. » L'épaisseur de ses cheveux et de ses sourcils se prête à de multiples qualificatifs : « demi-front », « groveuche », « gros casque », « mouflon », « sourcillon », « grosse-touffe-Elvis », « Salem, il peut cacher ses stylos dans ses cheveux ! », « Salem, ses coups de tête, c'est des coups de sourcils ! », « Salem, il donne ses cheveux à la science ! » (d'où un autre sobriquet, « cobaye »), « Une minute de silence ! Salem vient de perdre un cheveu », « Salem, ne m'embrouille pas avec tes cheveux, tu veux ! », « Salem, avec ses cheveux, il peut capter la télé égyptienne », « Si on coupe les cheveux à Salem le lundi, le mardi c'est pareil... Quel progrès ! », « Salem, c'est la jungle ou la touffe ! », « Salem, il met de la levure dans ses cheveux », etc.

On trouve encore des vannes sous forme d'anecdotes ou de devinettes, comme celle-ci qui circule dans la même classe de quatrième 3 et qui a pour origine un dessin d'élève : « Quel objet a été inventé à l'âge du fer ? — Le rasoir ! — Par qui ? — Par Zeinul ! » ; « Qui a inventé la barbe ? — Merlin. — Qui est Merlin ? — C'est l'ancêtre de Zeinul ! »

Les aspects physiques ne sont pas seuls visés ; les attributs comme les vêtements, la coiffure, ou certains comportements ou traits de caractère sont aussi couramment pris pour cible. Kamel, adolescent comorien qui laisse pousser ses cheveux crépus plus longs que la norme (la mode noire masculine est au crâne rasé, avec au besoin une entaille sur le côté gauche, façon Malcolm X), est ainsi appelé « perruque », « coupe-au-carré », « mis-

A votre avis
- Qui es ce qui à inventé la barbe ?
- Merlin

Qui nous à raconté l'histoire du monde
- Zenoy

Quel objet a été inventé a l'oge de fer ?
Le Roscoir et par qui ?

Pif De Cochon

- Qu'e ce qui est ROSE
- Le Cochon

Le cochon aime ~~plongeait~~ plonger dans la boue

Pif et Hercule

lottus est un mouchoir pour se moucher   Demonstration:

inspirer !!!

expirer

S.O.S pifton

Tornado fait un ravage à la ~~tournerve~~ même SOS pifton ne peut pas l'arrêter.

Tornado

Ce soir ont mange comme où un bison ?

rapetissant	chéveux qui vent	Pif Redri
MIKE KABANGU INGÉNIEUR	AACHIO BATAL ~~CHANTEUR~~ ~~CHANTEUR~~ CHANTEUR HERBE FRATELLI	JALLA NERIDA CONDUCTEUR BUS (BERGER) DENTS TACHÉES
TCHONK TCHIK TCHONK LAY KIM KIM LAY PROFESSEUR DE MATHS.	PROG NABTI KHALED BUISNESS MAN	BENLARKIM KHALO HOMME D'AFFAIR
BARBE DANS L'OEIL ZE INDU ABOUBAKER CHAUFFEUR DE TRAIN	OS BAISÉ DOCTEUR	DAVID BARBE AU VENT DAVID LEPATE MITO SO GRIS

Super W OEil aux x bros

naifoscopie

quizzzz

Mike ancêtre des singe

Mike simpson

sionnaire », « Jackson Five [1] ». À Kim, qui porte des baskets bas de gamme de supermarché : « Fausse marque, tes baskets ! Combien ? Cinquante balles la paire ? » À Mourad Napchiche (tête de bandit) : « Nap-*teuchi* [shit] », « poudre blanche », « Pablo Escobar », « Al Napone ». À tous les distraits, rêveurs, ou gaffeurs : « Roooh, c'te "Pierre Richard" ! »

[Note du 17 juin 1993] D'une façon générale, toutes sortes de défauts ou de défaillances peuvent exposer les personnes aux vannes. Un soir, alors que je sortais de chez moi, rue Renoir, j'aperçois sur ma droite Fazia et Najet, arrêtées sur leur vélo. Je les salue en riant tout en continuant à marcher mais, comme je ne regarde pas ma route, je manque le trottoir et effectue un léger faux pas qui déclenche leurs rires hystériques. Le lendemain, au collège, Najet vient me rendre visite dans ma salle : « M'sieur, vous vous êtes remis de votre chute ? »

Le contenu des vannes est, comme on peut le voir, à la fois extrêmement varié et limité dans sa thématique. Tous les sobriquets et tous les énoncés tendent à faire paraître les personnes laides, bizarres et monstrueuses — comparables à des instruments, des appareils, des machines, des animaux —, vieilles et démodées, repoussantes, maladroites, incapables...

Les vannes référencées

Pour une part, nous retrouvons des thèmes cibles à peu près analogues dans les vannes référencées, qui portent sur la famille. Mais ici, la portée des vannes prend une tout autre dimension. Les figures produites sont

---

1. Les cinq frères Jackson, groupe de chanteurs noirs américains en vogue dans les années 1970 — qui comprenait à l'époque le jeune Michael Jackson, avant qu'il n'entame sa carrière en solo —, coiffés à la mode noire de cette époque. Ils sont devenus par la suite les héros du dessin animé qui porte leur nom.

encore beaucoup plus caricaturales, grotesques, extravagantes et surtout infiniment plus grossières et obscènes : « ta mère, la grosse », « ta mère, c'est King Kong », « ta mère, elle a les lèvres décapotables » [lèvres éversées des Noirs], « ... elle a le cul en bois ! », « ... elle a trois seins », « ... elle a la chatte rouillée ! », « ... elle s'est jetée du quinzième étage, le sol il s'est sauvé ! », « ... dans ses seins y a des épinards ! », « ... elle a des dents en cuivre ! », « ... elle a un soutien-gorge en paille ! », « ... elle a un slip blindé ! », « ... elle a un slip en fer avec des écrous de 16 ! », « ... elle s'est pris[e] pour un tireur d'élite, elle s'est tirée dessus ! », « ... elle achète des slips, elle les trafique en Lacoste et elle les revend au marché ! », « elle vend des chewing-gums déjà mâchés », « ... elle a son livret de famille à la S.P.A. ! », « ton père, il a une coupe du foyer à cinquante balles ! », « ... il a la bitte tordue ! », « le père à Nassim, il a acheté une télé, il l'a cachée dans sa chambre. Ses enfants, ils lui demandent de voir la télé ; il les amène dans la chambre et il leur montre la marque : "Touchez pas !" [Toshiba] ».

Les vannes portant sur les comportements qui indiquent toutes les formes de saleté ou d'obscénité sont ici très fréquentes : « ta mère, elle a une bitte au front ! », « ... elle a deux bittes dans les yeux, on dirait une paire de jumelles », « ... elle boit de la pisse ! », « ... elle bouffe de la merde ! », « ... quand elle va aux chiottes, elle prend une bouée ! », « c'est ta mère qui a inventé les bittes aux snickers ! », etc. Une forme de vanne également très courante consiste à désigner, en montrant du doigt, un passant dans la rue, ou un animal — un chien, un chat, un pigeon... — ou encore une affiche, une statue..., en lançant à l'interlocuteur : « Regarde ta mère [ton père] là-bas... »

Ces vannes référencées prennent sans doute leur sens plein lorsqu'elles visent le domaine qui est le plus intime et le plus caché, à savoir le comportement sexuel des parents. C'est la mère qui est la principale visée, pour son impudeur, son caractère provocant et surtout pour son activité sexuelle : « ta mère, elle a son corps humain dans le dictionnaire ! », « ... elle fait de la 103 [vélomoteur de marque Peugeot] à poil ! », « ... elle *kène* [nique] par-devant et par-derrière ! », « tu sais pourquoi les chevaux courent vite au tiercé ? parce qu'il y a ta mère à l'arrivée ! », « "Oh oui oh oui !", c'est le nom de ta mère ! », « tu sais pourquoi l'autre jour, il y avait du brouillard ? c'est la chatte à ta mère qui était en feu ! », « j'ai vu ta mère hier soir, je l'ai pris[e] pour la Cicciolina, je lui ai couru après ! », « j'ai pas besoin de ticket car je fraude avec la chatte à ta mère tous les soirs ! », « quand je *kène* [nique] ta mère, je mets le turbo pour devant et les freins à sec pour derrière ! », « ta mère, elle s'est rentré vingt wagons dans le cul ! »...

La musique rap nous a donné, dans des formes plus élaborées et plus poétiques, des textes portant exactement sur le même thème, comme dans ce couplet rimé de Suprême NTM : « ... / Oui ! Ta mère est l'offrande / S'offrant nue au gré des vents / Inspirant mon élan / Donc plus pervers / Plus pervers qu'un revers / Joey S. S.T.A.R. / C'est clair / T'as le touché Nique ta mère / Donc à l'endroit comme à l'envers / c'est clair / J'ai le touché Nique ta mère / Sur les côtés comme par-derrière / C'est clair / T'as le touché Nique ta mère [1]... »

Les vannes peuvent enfin porter sur la manière dont l'interlocuteur a été « conçu », ce qui est une façon de l'atteindre directement et de manière percutante : « ta mère, elle t'a acheté à Intermarché ! », « ... elle a fait un accident de poussette ! », « ... elle a emballé un pigeon ! », « ... elle a *kène* [niqué] avec un cafard ! », « ta mère la chèvre, ton père le bouc ! », « ton père, il a baisé une poule ! », « ... il avait le cancer de la bitte quand il t'a fait ! », « je vais te dire comment tu es né, ton père il a mis une patte à ta mère dans le nez et c'est comme ça que t'es

1. Suprême NTM, *C'est clair*..., « Authentik », Sony Music-Epic, 1991.

né ; et ton frère il est sorti par la bouche, elle a mis un gros molard par terre [1] ! ».

Les malheurs de ta mère

« Wha ! Ça pue ici !
Normal : t'as l'nez trop près d'la bouche
— Ta mère la lesbienne !
— Ta mère l'auto-suceuse !
— Ta mère en short, en bikini !
— Ta mère en pompier qui fait du patin !
— Ta mère la gitane,
Qui vend des soutifs au marché
Pour payer le loyer
Et qui pédale toute la journée pour avoir la télé !
— Ta mère, elle fait des courses de caddies à Kalistore
Et d' l'auto-stop aux frites merguez
Elle fume le cigare à ton père
Et fait le Paris-Dakar sur sa bitte !
— Ta mère, elle suce les teubs de chien
Elle a deux ailerons sur le cul
Et s' prend pour la p'tite sirène !
— La tienne, depuis qu'elle a du papier alu
dans la chatte,
Elle s' prend pour Robocop !
— Ta mère, elle a la chatte derrière le cul
Avant d'baiser, elle met du dégrippant !
— Continue d'insulter ma mère
Et je vais t' foutre une baffe
Tu vas faire trois fois l' tour de ton slip
Sans toucher l'élastique
Alors va jouer aux billes avec tes couilles. »

(*Poème extrait de l'ouvrage collectif dirigé par Boris Seguin, op. cit.*)

---

1. Notons que l'on retrouve dans ce corpus de vannes françaises la plupart des formules de base répertoriées par Labov dans sa typologie des formes syntaxiques des *dozens* des ghettos américains : « ta mère, c'est (on dirait)... » ; « regarde ta mère... » ; « ta mère la... » ; « ta mère, elle a... » ; « ta mère, elle fait... » ; « ta mère, elle est tellement que... » ; etc.

Les échanges de vannes

Les vannes ne peuvent se concevoir que dans le cadre d'un échange. Une vanne ne va jamais seule ; elle en appelle logiquement une autre en réponse, qui elle-même provoque une autre vanne et ainsi de suite. Cet échange a donc une dimension essentielle de combat et de compétition. Les locuteurs, dans de tels échanges, sont à la fois adversaires et rivaux.

[Note du 30 septembre 1993] « M'sieur, vous vannez souvent, en dehors de l'école ? », me demande un jour un élève à qui j'avais lancé quelques charres en cours. « Oui, ça m'arrive, pourquoi ? — Faudra qu'on se fasse un petit concours, j'en ai des bonnes moi aussi ! » Lors de séances suivantes, il me relança à plusieurs reprises : « Monsieur, c'est pour quand le concours de vannes ? »

Les échanges de vannes ne sont pas les seuls à avoir une dimension de compétition et d'affrontement ; cette dimension est présente en réalité dans beaucoup d'échanges verbaux, comme en témoigne, par exemple, cet échange entendu entre deux élèves, Fatiha et Stevens : « Quelle heure il est ? — L'heure qu'il était hier à cette heure-ci. — Ben moi, j'ai dormi à minuit, hier... — J'ai pas parlé de dormir. — On s'en fout ! — Moi, j' vais te savater, tu vas voir... » Dans cet échange, c'est d'abord Stevens qui a le dessus, puisqu'il répond à la question « sérieuse » de Fatiha (« Quelle heure il est ? ») en la rembarrant par une formule humoristique connue (« L'heure qu'il était hier à cette heure-ci »). Fatiha décide alors de poursuivre l'échange en changeant de sujet tout en conservant le thème de l'heure (« Ben moi, j'ai dormi à minuit, hier »). Cette fois, c'est Stevens qui se fait avoir, puisque cherchant à revenir au sujet initial (« J'ai pas parlé de dormir »), il se fait immédiatement rejeter par Fatiha qui lui adresse une formule également connue et très efficace (« On s'en fout »). Pour finir, Stevens change de registre et adresse à Fatiha une menace rituelle (« Moi,

j' vais te savater, tu vas voir ») qui n'aura évidemment
aucune suite concrète, mais qui lui permet, faute de
gagner la partie, d'avoir le dernier mot[1].

Ce combat rituel possède une dimension essentiellement ludique, comme en témoignent le plaisir, la joie et
le rire des participants et des spectateurs.

[Note du 7 juin 1993] Voici un échange de vannes
directes entre élèves d'une classe de sixième. La scène
se déroule à la fin d'une séance d'aide personnalisée, en
dernière heure de l'après-midi. C'est moi qui, involontairement, provoque l'échange. En colère contre l'absence
de travail d'un élève trop dispersé, je lui prédis un sombre
avenir : « Si tu continues à ne rien faire, Moudou, tu fini-
ras sûrement *galérien* [jeune chômeur], ou délinquant, ou
même mendiant ! » La classe, toujours à l'affût de ce
genre de remarque, se gondole généreusement. Son voisin de table, Heubert, en profite pour enfoncer le clou ; il
se lève, va au fond de la classe, s'adosse au mur l'air
piteux, tend la main et lance : « Voilà, ça c'est Moudou
l'année prochaine ! » Éclats de rire des autres élèves.
Moudou se lève alors à son tour, rejoint Heubert, se laisse
tomber sur le sol, les yeux révulsés, l'air ivre ; il tend une
main tremblante : « Et ça, c'est Heubert dans deux ans ! »
Nouveau succès dans la salle. La balle change ensuite de
direction. Heubert peut en effet difficilement surenchérir
sur Moudou ; il prend alors pour cible une des filles qui
rit le plus, Noura ; s'appuyant de côté sur le mur, bien
déhanché et la main sur la fesse, il envoie : « Ça, c'est
Noura l'année prochaine ! » Les autres, hilares et ravis,
relancent : « C'est combien, Noura ? Cent balles ? » Noura
se lève, furieuse : « Ouais, ben pour cent balles, t'auras
ça ! (bras d'honneur) — Ah non, non ! Moi si je paye,
c'est pas ça que je veux ! Pour cent balles, je veux pas

---

1. Pour une analyse détaillée et remarquable d'un affrontement verbal dans un café de Pigalle, voir Francis Feeley, « Les loisirs à Pigalle », *Esprit*, 1979, 3, p. 23-35.

de ça, Noura ! » L'échange change alors de nature, car Noura, à court de réplique, décide de rompre la logique de jeu ; elle se dirige vers Heubert pour le frapper. Ce dernier, toujours plus facétieux, fait mine de s'enfuir apeuré. J'interviens à ce moment-là.

Les échanges de vannes entre adolescents ne se donnent pas souvent ni facilement à entendre à l'observateur extérieur. Les vannes obscènes portant sur la famille, notamment, se pratiquent presque exclusivement entre pairs et à l'abri des oreilles adultes — aussi pour la raison que ces derniers censurent habituellement ce type de paroles. Nous n'avons que rarement pu observer de telles joutes en situation réelle, sauf à y participer, ce qui posait des problèmes évidents en tant qu'enseignant et même simplement en tant qu'adulte.

[Note du 28 mai 1992] Il m'arrive de pratiquer, à l'occasion et dans des limites qui ne sont d'ailleurs pas toujours faciles à définir et à maintenir, l'échange de vannes avec des élèves que je connais depuis longtemps et avec qui l'entente et la confiance sont mutuelles. Cet après-midi, avec les cinquième 3, la dernière partie du cours — sur la riziculture en Inde — était occupée par une projection de diapositives. À la fin de la séance, devant une photo de labours, je lance : « Et eux [les bœufs], c'est le père et la mère à Salem ! » Toute la classe : « Han, haaan ! » Salem ne se démonte pas : « Monsieur, si vous taillez, on a le droit de vous tailler aussi, hein ? — Bien sûr, Salem ! » Je passe la diapositive suivante, une scène de repiquage, employant une main-d'œuvre nombreuse. « Et ça, envoie Salem instantanément, c'est la famille Lepoutre qui pique-nique au bord du chemin, avec les pieds dans l'eau ! »

Comme on l'a souligné, une partie des vannes obscènes citées nous ont été rapportées par des informateurs. Cependant, ces vannes s'intègrent bel et bien à des joutes, comme en témoigne la logique évidente de certains enchaînements : « Ton père, il a le cancer de la bitte / Ta mère, elle a le sida de la chatte » ; « Ta mère, elle mange du porc / Ta mère, elle fume du jambon » ; « Ta mère, elle fait du vélo à quatre pattes sur un tonneau / Ta mère, elle fait de la 103 à poil / Ta mère, elle a fait Paris-Dakar à poil » ; « Ta mère, quand elle nique, elle perd tous ses poils / Ta mère, comme elle avait plus de poils dans la chatte, ton *reupé* [père], il a pris les poils de ses cheveux et il a mis *Super Glue 3* ! »

Les vannes produites dans les situations réelles d'échange sont souvent nettement moins réussies sur le plan formel que ne le laisseraient supposer ces énoncés rapportés, transcrits et extraits de leur contexte. La qualité des vannes dépend des compétences linguistiques des locuteurs en présence, de leur maîtrise syntaxique et lexicale et surtout de leurs facultés d'improvisation. Voici un échange de vannes très approximatif et inachevé. Il a été enregistré par hasard lors d'une visite chez moi de trois adolescents, Frédéric, Karim et Farid. Les deux premiers se sont amusés pendant quelques minutes à débiter des insanités dans le dictaphone :

F. : « Farid, j'aime ta mère. » — K. : « Moi je dis, sa mère elle est morte, à Farid, obligé elle est morte. » — F. : « Ta mère est morte, Farid ? » — F. : « J'aime ta mère. » — K. : « Moi, je pense que ta mère, elle est bonne, Farid. » *[Rires]* — F. : « Elle est bonne, Mme Lubin ? » — K. : « Elle est belle, Mme Zerahoui... quand j'ai trouvé la chatte, la vieille ? » — F. : « Mme Lubin, elle a une chatte de vieille. » — K. : « La mère à Farid Ayoub, elle a une chatte de vieille, elle se rentre les doigts dans le cul. » — F : « Ta *reumé*, elle a pété. » — K. : « Ta mère, elle est morte... » [note du 23 mars 1992] [1].

L'échange de vannes modèle oppose normalement deux ou trois protagonistes, comme c'est le cas dans celui des

---

1. On trouve de très nombreuses et très édifiantes citations d'échanges de vannes retranscrits dans l'ouvrage de William Labov, *Le Parler ordinaire..., op. cit.*

élèves de sixième relaté plus haut. Une joute verbale équilibrée ne saurait se concevoir à plus nombreux. Chaque vanne doit pouvoir être entendue clairement par le public pour être en mesure de produire son effet.

Cependant, les combats ne sont pas toujours équitables ; il arrive que l'échange oppose non pas deux adversaires, mais, d'une certaine manière, une victime et ses bourreaux. C'est le cas, par exemple, pour Salem, déjà cité, qui fait figure, dans son groupe, de véritable tête de Turc. Certes, il répond habituellement aux attaques, mais il ne peut pas toujours, ni facilement, contenir le flot des charres qui s'abattent sur lui à longueur de temps. C'est le cas également de Hachim, un autre élève de quatrième 3 dont le nez épaté fait le bonheur de ses pairs : « Narine », « *Halouf* » [porc], « Cochonou », « Hoover », « Aspire-2000 »... De nombreux dessins satiriques et humoristiques circulent régulièrement à son sujet. Ce qui fait l'originalité de son cas, ce n'est pas tant la diversité ou l'extravagance des vannes qui lui sont adressées que le harcèlement continu et acharné dont il fait l'objet. Il n'y a d'ailleurs pas ici d'échange proprement dit puisque Hachim, taillé dans une armoire, se contente généralement, en guise de réponse, de frapper en retour sur ses persécuteurs. Il tape sans méchanceté, mais suffisamment fort pour les dissuader d'y revenir. Le jeu consiste pour eux à le vanner sans se faire identifier, par exemple en faisant circuler une caricature ou une vanne écrite anonyme, ou bien de le faire ouvertement, mais alors sans se faire attraper (« *pécho* » [choper]). Leur but avoué est de l'énerver (le « *vénère* ») jusqu'à le rendre fou, et ils y arrivent, bien entendu, à la perfection[1]. Pendant une semaine, ils lui adressent des sobriquets ; la semaine sui-

---

1. Rap Brown relatait ainsi ses souvenirs d'enfance : « ... le but véritable des douzaines, c'était de rendre un gars fou jusqu'à ce qu'il se mette à pleurer... » (cité par Georges Lapassade, Philippe Rousselot, *Le Rap...*, *op. cit.*, p. 56).

vante, ils poussent des grognements de cochon à longueur de journée ; la semaine d'après, ils dessinent partout le symbole de son nez (deux gros ronds rapprochés, censés représenter ses narines énormes) ; et ainsi de suite.

[Note du 3 mars 1993] Il n'est pas toujours sans danger de jouer ainsi avec les nerfs de ses pairs. Un matin, en cours avec les sixième 3, j'interviens dans une bruyante bagarre qui oppose au fond de la classe Samir [Namid] et son voisin Karim. Le premier, en proie à une rage incontrôlée, en larmes, vient de se saisir d'une chaise pour l'envoyer sur la tête de Karim. J'ai peine à le ceinturer pour le retenir. Il finit néanmoins par se calmer. Tout rentre dans l'ordre au bout de quelques minutes, et nous reprenons le cours. À la fin de l'heure, je le fais venir à mon bureau et lui demande quelques explications : « Qu'est-ce qui t'est arrivé, Samir ? — Monsieur, y m'a rendu dingue. — Et pourquoi ça ? — Ben ça fait une demi-heure qu'il faisait comme ça "Namid, l'ami de mon Namid... Namid, l'ami de mon Namid... Namid, l'ami de mon Namid !" »

La durée des échanges de vannes est très variable. Les joutes en « duel » peuvent ne durer qu'un instant, c'est-à-dire le temps d'une vanne et de sa réplique, ou bien quelques minutes, voire quelques dizaines de minutes. Mais il arrive aussi que les échanges s'étirent, de façon intermittente, sur une très longue période, un peu à la manière d'une partie d'échecs en temps illimité.

[Note du 2 avril 1993] En quatrième 3, les échanges de vannes ont duré pendant toute l'année scolaire. Dans ce groupe, l'activité des vannes occupe la majeure partie des temps de récréation scolaire, elle se pratique aussi dans la rue, lors des trajets, et d'une façon générale chaque fois que le groupe est réuni et que l'occasion s'en présente. Le jeu le plus prisé consiste à venir dessiner sur le tableau, en fin de cours, les caricatures de chacun des membres du groupe — les dents cassées de Mourad, les gros yeux de Mehdi, la barbe de Zeinul, les cheveux de Salem et de Kamel, l'os symbolisant les initiales d'Otmane [Sorman], le nez de Hachim, etc. Cette activité est devenue si coutumière et si présente à la conscience du groupe que les mots « nez », « barbe », « cheveux », « dents »…, associés aux différentes vannes, sont désormais frappés d'interdit, c'est-à-dire imprononçables — y compris par le professeur —, sauf à déclencher systématiquement une tempête d'exclamations (« Han ! han ! »). En ce qui concerne Hachim, qui a réussi à dissuader par la force et les coups ses camarades de le vanner ouvertement, il leur suffit maintenant de lui déclamer des phrases choisies avec des mots contenant la syllabe interdite [né], avec l'accentuation voulue, bien entendu : « Hachim, t'as passé une bonne journée ? », « T'as mis ton bonnet ? », « Qu'est-ce que t'as fait cette année ? », etc. Quant à Mourad Napchiche, surnommé Nap, il est venu me supplier plusieurs fois, en début de cours d'histoire, de ne pas prononcer le nom ni le prénom de Napoléon Bonaparte, car ses pairs en profitent systématiquement : « Haaan Mourad, haan ! Nap, Nap ! »

L'envoi d'une charre constituant une forme de défi, l'obligation de réponse est instituée et parfaitement consciente : « Il faut trouver une solution », « Il faut toujours avoir de quoi répondre ». Quiconque reste muet sous l'effet d'une vanne s'expose inévitablement aux sarcasmes des pairs : « Aaah ! Il est *kéblo* [bloqué], il est *kéblo* mortel ! » Il n'est pourtant pas toujours aisé de renvoyer la balle, loin s'en faut, et les déficiences sont courantes. Les locuteurs cherchent cependant toujours à sauver la face, soit en frappant (voir les exemples *supra*), soit en formulant, comme dans le vide et sans y donner suite, l'acceptation du défi (« Ah, d'accord, d'accord ! *[en opinant du bonnet]* Tu veux tailler les mères, O.K., on va tailler les mères… »), soit encore en prodiguant, doigt en l'air, de vaines menaces : « Tu vas voir, toi, tu vas voir t'à l'heure ! »

Les remarques qui ont été faites dans le chapitre précédent sur la diction, sur le volume sonore, le débit verbal, les formes d'élocution, se vérifient particulièrement bien dans la pratique des vannes. On ne saurait imaginer les échanges de vannes s'effectuant sur le ton d'une conversation de salon. Pour charrier avec efficacité et réussite, pour bien se défendre des vannes de ses pairs, il faut s'exprimer haut, fort et vite, sans hésitation ni flottement. Pour le dire comme Lapassade, « la vanne doit être courte, sèche, violente et cruelle[1] ».

Comme tous les combats rituels, les joutes de vannes se font toujours en présence d'un public, plus ou moins nombreux selon les circonstances. On a vu d'ailleurs, au fil des exemples, que les échanges se déroulent généralement dans des lieux publics : école, halls d'entrée d'immeubles, véhicules de transports en commun... Les réunions informelles des groupes au pied des barres constituent un contexte tout à fait favorable aux joutes. Il s'agit bien sûr d'un public de pairs à l'exclusion de tout autre, car c'est le seul en mesure de comprendre la nature rituelle de l'échange et d'apprécier la qualité des vannes produites. Labov souligne bien que « l'une des différences les plus importantes entre l'échange de vannes et les autres actes de parole est que, dans la plupart des cas, les vannes se voient aussitôt et ouvertement évaluées par le public[2] ». Ce dernier tient le rôle de juge du résultat de la joute et détermine le gagnant et le perdant.

« Le signe primordial de l'évaluation positive est le rire. On peut estimer l'efficacité d'une vanne [...] au nombre de personnes qui rient dans le public... En plus du rire, des commentaires explicites viennent récompenser les vannes particulièrement réussies[3]. » Les réactions des groupes que nous avons observés sont en tout point

1. Georges Lapassade, Philippe Rousselot, *ibid.*, p. 55.
2. William Labov, *Le Parler ordinaire...*, *op. cit.*, p. 255.
3. William Labov, *ibid.*, p. 255-256.

comparables à celles décrites par le linguiste américain — les interjections et les commentaires diffèrent quelque peu. On entend le plus souvent des « haaan » expressifs, fortement appuyés, sur un ton très haut et descendant. Cette interjection — que l'on retrouvera sur un ton différent dans les situations de conflit et de bagarre — indique que la vanne est bonne en même temps qu'elle enjoint le destinataire de relever le défi et de répondre. Les adolescents prennent un plaisir non dissimulé à évaluer les vannes et à exciter ainsi les adversaires. Les plus extravertis manient l'outrance à la perfection. Otmane, jovial à souhait et théâtral à ses heures, pousse ainsi avec emphase, en balançant ostensiblement sa tête en arrière, des « HAN ! » et des « HAOOON ! » qui font la joie de ses proches. Les exclamations évaluatives sont parfois plus explicites : « Mortel ! », « Fatal ! », « Puissant ! », « Elle est *neubo* [bonne] ! », « Elle casse le moral ! », etc.

L'évaluation négative est tout aussi franche. Le rejet est net et sans appel. L'exclamation la plus courante est « pas marrant » ; mais on peut aussi entendre « affreux », « fausse vanne », « vanne à deux francs cinquante », « quand on sait pas tailler, on ferme sa gueule », etc. Le jugement du public est en la matière toujours immédiat et sans hésitation. Les membres des groupes font ici preuve d'une compétence de jugement sans faille.

Le rire débridé qui accompagne et soutient les échanges de vannes indique nettement la dimension ludique de cette activité ainsi que la teneur profondément humoristique du contenu des vannes — ce que le lecteur aura facilement pu percevoir dans les citations. D'une façon générale, l'humour et le rire tiennent une place très importante dans la vie sociale des adolescents et des préadolescents, en particulier dans le contexte de la culture des rues. Tant dans leurs relations mutuelles que dans celles qu'ils entretiennent avec les adultes, nombre d'entre eux manient la plaisanterie, l'ironie et le comique avec beaucoup d'efficacité. C'est l'âge privilégié des farces, des facéties, l'âge de s'amuser, de « déconner », ou encore l'âge des ricanements, des parties de rigolade et des fous rires homériques.

Par sa fonction de jugement et d'évaluation, mais aussi par sa seule présence et son simple regard, le public donne tout son poids et son enjeu véritable à l'échange. Il incite les vanneurs à se maîtriser, à se surpasser, à donner la mesure de leur habileté et de leur talent. Dans l'exemple de Frédéric et de Samir, qui se vannaient dans le dictaphone, l'absence de public explique sans doute en partie la médiocrité et l'aspect inachevé des vannes produites. La seule présence de l'ethnologue — qui ne se manifestait pas, ne réagissait pas — ne pouvait remplacer celle, bien plus stimulante, d'un groupe de pairs rassemblés.

Le jugement du public détermine donc à tous les moments de l'échange, vanne après vanne, le gagnant et le perdant. Le résultat est sans ambiguïté : le premier triomphe, tandis que le second est écrasé. La victoire peut changer de camp au cours de l'échange, mais le plus souvent, la domination d'un des protagonistes, une fois imposée, est définitive.

[Note du 29 mars 1993] Dans l'autocar du voyage en Espagne, sur la route de Barcelone à Figueras, l'ambiance est chaude, surexcitée. Au milieu du car, Bendi s'évertue sans succès à répondre aux vannes caustiques de Christelle et de Paula. Les charres portent sur son haleine : « Ta bouche, elle pue la sueur ! », « Sois gentil, ferme ta bouche, plus personne peut respirer ici ! », « M'dame, on peut pas ouvrir les fenêtres, à cause de Bendi ? » Le groupe autour, ravi, en redemande, Christelle et Paula se gondolent sans retenue. Bendi essaie d'aborder d'autres thèmes pour déplacer l'échange : « Tes cheveux, c'est du plastique ou du caoutchouc ? » Mais ses adversaires le ramènent implacablement au sujet initial : « Toi, c'est tes dents qui sont en plastique, les vraies elles ont fondu avec l'haleine ! » Par la suite, chaque fois que Bendi prend la parole, Paula et Christelle se couvrent instantanément le bas du visage en tirant le haut de leur pull et agitent ostensiblement une main devant leur nez en implorant : « Non Bendi ! Pitié Bendi ! Oh, ferme ta bouche Bendi ! » Celui-ci, pourtant très « grande gueule », finit par déclarer forfait : « Allez, c'est bon, je laisse tomber, avec vous, ça vaut pas la peine. » La pirouette ne trompe personne.

Pour être bon vanneur, il faut donc savoir imposer sa parole, faire preuve d'imagination et aussi avoir de la repartie pour être en mesure de riposter et de surenchérir. Les plus forts se taillent une réputation au sein du groupe. L'identité des meilleurs vanneurs est toujours connue. Samir, plusieurs fois cité dans ces pages, fameux parleur, qui excelle dans toutes les techniques verbales de la culture des rues, a en ce domaine une forte renommée. Otmane, meneur verbal dans son groupe, est également reconnu pour ses talents. Les forts vanneurs sont non seulement admirés mais encore appréciés pour leurs capacités à faire rire : « Samir, il vanne mortel ! Mais y a pas que la vanne, y a la façon de les dire, il est trop marrant... » La domination exercée par les meilleurs est parfois si forte qu'avec eux l'échange est généralement perdu d'avance. La « victime » ne tente même pas de répondre, et quand bien même la vanne produit son effet, l'échange tourne court, inévitablement.

[Note du 20 mars 1992] En cours d'espagnol, Samir, qui n'a « pas envie de *vailletra* [travailler] », demande au professeur, Geneviève S., s'il peut lire *L'Équipe*. Cette dernière, qui en a vu bien d'autres avec lui, accepte à condition qu'il se place au fond de la classe et surtout qu'il « se tienne à carreau ». Après un quart d'heure de cours, Samir, toujours absorbé dans sa lecture, prend soudainement la parole, excité : « Oh ! c'est pas vrai ! J'y crois pas ! » Tous les regards convergent immédiatement sur lui. « Qu'est-ce qui t'arrive, Samir ? », demande l'enseignante. « M'dame, c'est la boxe ! — La boxe ? — Ben ouais ! — Tu veux parler de Benichou ? [boxeur qui a gagné un championnat, la veille] — Non, m'dame, pas Benichou, pas lui... — Mais alors, qui ? — LA MÈRE À STEVENS... K.-O. AU 3ᵉ ROUND ! » Toute la classe éclate de rire. La vanne a été préparée, mise en scène, avec effet de suspense et effet de surprise ; la portée est maximale, le résultat garanti. Il faudrait être trop fort pour renchérir dans de telles conditions. Stevens ne répond pas et rit jaune, accusant le coup.

Le capital culturel du groupe

Les locuteurs de la culture des rues ne produisent pas personnellement, loin s'en faut, toutes les vannes qu'ils utilisent dans les échanges. Nombre d'entre elles sont puisées de mémoire dans un répertoire commun qui constitue une partie du capital culturel spécifique de ce groupe social. Certains enchaînements sont connus par la plupart des adolescents, comme ceux-ci, recueillis sur une table d'école : « Nique ta mère / Je peux pas, j'ai la tienne entre les jambes » ; « Ta mère, elle t'a acheté chez Tati / Oui, mais moi, j'ai pas été fait avec le facteur / Ouais, mais le facteur, c'est mieux que le plombier » ; ou encore cette manière de moquer celui qui, ayant mal entendu, fait répéter son interlocuteur : « Hein ? / Deux, ta mère a pas de cheveux / Trois, ta mère a des gros doigts » ; etc.

Ce thésaurus de vannes a une dimension éminemment locale ou régionale, ce dont les locuteurs ont parfaitement conscience.

[Note du 30 janvier 1992] Pour avoir tenté un jour sans succès de charrier Kamel, un élève de troisième technologique, qui était aussi mon voisin dans le grand ensemble, je me suis fait ainsi renvoyer sèchement dans les fossés de mon ignorance : « M'sieur, quand vous aurez habité six mois à La Courneuve, vous allez apprendre des nouvelles vannes, parce que les vôtres, franchement, elles sont à retaper... » — manière également de souligner la nécessité de l'apprentissage et de l'initiation en ce domaine.

En matière d'images, les auteurs de vannes font flèche de tout bois. Les contenus font référence à des lieux, des endroits et des personnages de l'univers familier : « Ta mère, elle campe à Li'dl ! » [supérette des Quatre-Mille aux bas prix] !, « Ta mère, elle s'est fait *pécho* [choper] par les videurs de Li'dl pour des Vania pockets ! », « Ta mère, elle vend des slips devant chez Mimouche » [bazar du centre commercial], « Ta mère, sa coiffure, c'est le terrain de cross à Dugny », « Ta mère, c'est Bouillard, ton père, c'est Rolon » [les deux principaux du collège]. Salem, cité plus haut, a été tellement charrié qu'il est lui-même devenu une image : « Ta mère, c'est Salem Batali. » La culture scolaire n'est pas en reste : « Ta mère, c'est la grosse Bertha ! », de même que l'actualité et la télévision qui enrichissent aussi largement le répertoire : « Ta mère la chauve, ton père Kojak », « Ta mère la grosse, ton père Carlos », « Ta mère, c'est Passe-Partout, ton père, c'est le père Fouras » [personnages de l'émission *Fort Boyard*] ; « Depuis qu'ils ont fermé le bois de Boulogne, ta mère elle a plus de travail ! »

[Note du 25 février 1990] La gouaille, en ce domaine, atteint parfois des sommets. Quand le criminel nazi Klaus Barbie est mort d'un cancer, en 1990, à la prison de Montluc à Lyon, je me suis fait chambrer, le lendemain matin, par un élève qui en voulait à ma coiffure : « M'sieur, votre coiffeur, c'est Klaus Barbie. [— Klaus Barbie, pourquoi ?] — Ben, il était malade et maintenant il est mort ! »

D'une façon générale, comme le souligne Labov, « l'échange de vannes est une activité très présente à la conscience sociale ; les membres du groupe en parlent beaucoup, ils s'efforcent d'en inventer de nouvelles et commentent leurs succès respectifs en cette matière [1] ».

---

1. William Labov, *ibid.*, p. 257.

Ta mère, elle ... du skate-board sur des cafard...

connais le ...

Ta mère est tellement pauvre que l'autre jour je l'ai vue marcher dans la rue avec une seule chaussure. Quand je lui ai dit : « Vous avez perdu une chaussure? », elle m'a répondu « Non, j'viens d'e... trouver une! »

a ... nd-mère ...st tellement jaune qu'à New York tout le monde l'appelle «taxi».

...re est tellement pauvre que chez e... ...té en croûte c'est une baguette fourrée... Ronron.

Ta mère est tellem... vieille que son num... de Sécu est en chiffres romains

C'est tellement petit chez toi que même les cafards sont bossus.

Ta mère est t... vieille qu'elle ... noir et blanc

Chez toi c'est tellement petit que quand j'ai mis la clé dans la serrure j'ai cassé un carreau.

Ta maison est tellement petite qu'il faut aller dehors pour se changer les idées.

101

(Vannes « référencées » de l'ouvrage d'Arthur intitulé Ta mère, *Paris, © Michel Lafon, 1995.)*

Si les vannes trop contextualisées ne sont pas exportables, il en est d'autres, en revanche, qui circulent rapidement et font le tour du groupe, participant à la construction des réputations et enrichissant le capital culturel commun.

La publication de l'ouvrage de l'animateur Arthur, intitulé *Ta mère*, constitue aujourd'hui un nouveau fonds inépuisable dans lequel les adolescents puisent abondamment. La circulation des vannes sort du contexte culturel local pour devenir un phénomène de dimension nationale.

***

On peut facilement saisir en quoi cette activité mobilise, de la part des sujets, à la fois un savoir social développé et une forte compétence linguistique. La production des vannes fait appel à la mémoire, à l'imagination créatrice, au sens de l'humour. Les échanges de vannes demandent à la fois une connaissance des codes sociaux, une certaine subtilité et une grande vivacité d'esprit. Au-delà du dégoût que l'on pourrait ressentir à la lecture de certains énoncés, il est toutefois assez facile de percevoir le caractère poétique de certaines images mises en œuvre. On peut ici encore citer, dans un autre contexte, le célèbre musicien Rap Brown : « C'est dans la rue que les jeunes un peu bien font leur éducation... Que Diable, c'est en jouant aux douzaines que nous nous formions l'esprit : "J'ai baisé ta mère / jusqu'à ce que ça l'aveugle / son haleine pue / mais elle sait bien tortiller du cul / j'ai baisé ta mère / pendant une grande heure / un bébé est sorti / il gueulait Pouvoir Noir / l'éléphant et le babouin / apprennent à baiser..." Et le professeur aurait voulu que je reste tranquille à étudier la poésie alors que j'étais capable de dégoiser de la merde comme ça. S'il y avait quelqu'un qui devait étudier la poésie, c'était plutôt lui qui devait étudier la mienne[1]... »

Qui plus est, il faut comprendre combien ce jeu rituel, si cruel soit-il parfois, est en mesure de procurer du plaisir — relationnel, social, linguistique — aux adolescents qui le pratiquent au quotidien et sans le moindre état d'âme. Les vannes participent ainsi, au même titre que le *verlan*, l'argot et le bas langage, de cette culture de l'éloquence dont nous avons déjà parlé ; mais cette fois la valeur de la parole et du locuteur se mesure à l'aune de sa réussite, marquée point par point dans un affrontement verbal ouvert et public. Les joutes oratoires rituelles, elles-mêmes, ne sont pas l'apanage de la sous-culture des rues. D'autres groupes sociaux et surtout d'autres sociétés ont pratiqué ou pratiquent ces duels de parole ritualisée, sous différentes formes possibles — formes chantées, formes poétiques, insultes[2]... Ces sociétés ont pour point commun un très fort pouvoir social conféré à la parole. Nous allons voir maintenant comment ce pouvoir peut aussi être employé non plus dans le cadre d'un jeu ou d'une compétition, mais pour atteindre et blesser autrui dans un contexte de conflit.

1. Cité par Georges Lapassade, Philippe Rousselot, *Le Rap...*, *op. cit.*, p. 56.

2. Voir notamment Catherine Ales, « Violence et ordre social dans une société amazonienne : les Yanomami du Venezuela », *Études rurales*, 95-96, janvier-juin 1984, p. 89-114 ; Raymond Jamous, « De quoi parlent les fusils ? », *Autrement*, 3, 1991, p. 176-189 ; Joëlle Robert-Lamblin, « L'expression de la violence dans la société ammas-alimiut (côte orientale du Groenland) », *Études rurales*, 95-96, janvier-juin 1984, p. 115-129.

Chapitre 3

OFFENSES ET MAUVAISES PAROLES

Les offenses verbales directes

L'insulte, l'injure et toutes les formes de paroles offensantes prononcées en présence de la personne qui en est la cible sont les actes de parole conflictuels par excellence, les plus violents d'entre tous, parce qu'ils visent autrui dans ce qu'il a de précieux et de cher. La parole, ici, n'a plus pour fonction première de valoriser le locuteur en lui apportant prestige et considération, mais plutôt de dévaloriser les autres en les rabaissant. Elle devient ainsi une véritable arme, d'une part au service de la gestion des conflits, nombreux et quotidiens, et d'autre part au service du pouvoir et de la hiérarchie, au sein du groupe des pairs.

La force magique des insultes

On peut définir, comme Labov, l'insulte par opposition à la vanne et les distinguer par leur rapport différent à la réalité. Tandis que la vanne est un énoncé faux par définition, l'insulte prétend au contraire être basée sur des faits véritables. Labov se fonde sur des exemples d'échanges de vannes tournant en conflits ouverts par le fait qu'un des locuteurs change de registre et évoque dans ses répliques des faits réels concernant son adversaire, par exemple la vieillesse de ses parents, la pauvreté de sa famille, cela entraînant aussitôt dénégations ou excuses de la part de l'agressé et provoquant en même temps sa colère.

Cette opposition explique sans doute que les déficiences individuelles réelles, physiques, psychologiques ou sociales ne soient jamais prises pour cible dans les vannes. Dans la classe de quatrième 3, Rachid, très largement charrié sur sa pilosité faciale, ne l'est jamais pour son bégaiement pourtant très remarquable. Une autre élève, Marie, qui a le visage profondément marqué par une maladie de peau, ne fait jamais l'objet de la moindre raillerie à cet égard. Les titulaires de bourses scolaires, les enfants de chômeurs, ou de familles monoparentales... ne sont pas non plus inquiétés sur leur situation sociale et familiale. Il ne s'agit ni d'une règle morale spécifiquement formulée ni d'une quelconque pitié ou compassion à l'égard de ses pairs, mais seulement de la nature des échanges de vannes qui interdit de prendre pour cible une « vérité qui blesse ».

Si cette définition semble opérante dans certains cas, l'opposition entre vannes et insultes n'est cependant pas aussi simple qu'il y paraît. La frontière entre les unes et les autres est quelquefois ténue. Une vanne peut fort bien être mal interprétée, ou bien porter, par ignorance du locuteur, sur un sujet délicat et sensible et déclencher une crise, un conflit, une bagarre. En ce sens, l'échange de vannes est un jeu qui présente des risques.

[Note du 22 mars 1993] Dans une classe de sixième, Moudou lance à Sabrina, d'un bout à l'autre de la salle : « Sagousselamouda, Sabrina ? » La question est volontairement incompréhensible. Sabrina tend l'oreille et tombe dans le panneau : « Hein ? » Réponse ravie et à voix forte de Moudou : « Deux, ta mère a pas de cheveux ! » La classe éclate de rire. Sabrina n'apprécie guère et, en proie à la rage, fond en larmes : « Tu parles pas de ma mère, sale fils de pute ! » Elle reçoit le soutien de ses camara-

des : « Ouais, sa mère, elle est malade, ça se fait pas ! »
Il se trouve que la mère en question, atteinte d'un cancer,
a perdu ses cheveux à la suite d'une chimiothérapie[1].

On a vu que l'échange de vannes se pratique toujours
à l'intérieur du groupe. Des énoncés interprétés comme
vannes dans le groupe de pairs se transforment logiquement en insultes graves à l'extérieur. Si l'on ne considère
donc que les énoncés eux-mêmes, la frontière n'est pas
fixée entre ces deux types d'actes de parole. Ce qui
compte, en définitive, c'est la façon dont le destinataire
perçoit l'énoncé. Ici encore, les caractères prosodiques,
la tonalité, l'intensité, la quantité, ont une grande importance. La manière de dire, ce qu'on appelle justement le
« ton de parole », également les mimiques, la gestuelle et
la proxémie permettent à l'interlocuteur de saisir normalement sans difficulté la nature des paroles qui lui sont
adressées.

La connaissance de ce code locutif nécessite un
apprentissage de longue durée, et, d'une façon générale,
il n'est pas facile, pour une personne étrangère à ce
groupe social — du point de vue de l'âge, de la classe
sociale et de l'origine régionale, nationale, ethnique —
d'interpréter avec certitude le ton des échanges. Une
conversation animée entre pairs peut très bien revêtir,
aux yeux d'un auditeur non averti, les apparences trom-
peuses d'une violente altercation, et on jugerait ainsi facilement agressifs des tons de conversation pourtant
parfaitement conviviaux. Résidant dans le grand ensemble, j'ai toujours éprouvé des difficultés, quand j'entendais des voix fortes sous les fenêtres de mon studio, à

1. À un tout autre niveau, Labov cite le cas extrême d'un musicien
américain qui, ayant pris au sérieux les vannes que lui lançaient impu-
nément les membres de son groupe sur la prétendue infidélité de sa
femme, rentra chez lui pour en avoir le cœur net, trouva en effet et
par un malheureux hasard un autre homme dans son lit avec sa femme
et se suicida (William Labov, *Le Parler ordinaire...*, *op. cit.*, p. 274).

identifier avec certitude les interactions conflictuelles[1]. « Le Français moyen se sent agressé par cette langue, dont les courbes intonatives spécifiques sonnent comme des engueulades », note Bachmann[2].

Même à l'intérieur du groupe, et ce malgré la connaissance du code, l'interprétation du ton de parole n'est pas toujours évidente. L'allocutaire peut se tromper et réagir mal à propos. Les locuteurs ont l'habitude de doser l'insolence et la prudence à bon escient. En témoignent aussi les formules de dédouanement qui ponctuent certaines vannes et d'une façon générale toutes les formes de plaisanterie offensante : « ... j' rigole... j' rigole, hein » — formule permettant également aux plus rusés d'insulter plus fort qu'eux et de faire opportunément machine arrière quand l'adversaire se fait menaçant...

Le vocabulaire désignant les faits d'insulte est beaucoup moins riche que les vannes. Si le français standard distingue l'insulte[3], prétendument fondée en vérité, et l'injure, jugement injuste et faux par définition, la culture des rues, elle, ne semble pas faire la différence entre ces deux formes d'affronts verbaux et use plus couramment pour les désigner ensemble du verbe « traiter », employé dans sa forme transitive, de manière incorrecte : « M'sieur, il m'a traité ! », « M'sieur, il traite les mères ! »

1. Même genre de remarque de Bourgois, ethnographe de la culture des rues dans le contexte américain : « Une fois de plus, j'avais pris pour de l'agressivité ce qui était le ton habituel de ces voix des rues [...] J'avais un peu honte de moi. Après toutes ces années passées dans la rue, je ne sais toujours pas reconnaître toutes les nuances qui distinguent la colère vraie et dangereuse du discours emphatique normal » (Philippe Bourgois, « Une nuit dans une *shooting gallery* » : enquête sur le commerce de la drogue à East Harlem », *Actes de la recherche en sciences sociales*, 94, septembre 1992, p. 59-78).

2. Christian Bachmann, interview, *Le Monde*, 2 septembre 1995.

3. Le caractère agressif de l'insulte se vérifie aussi dans le sens étymologique du verbe « insulter » qui signifiait à l'origine, proprement, « sauter sur ».

(« traité de quoi ? », demande invariablement l'enseignant).

Les adolescents du groupe social qui nous intéresse s'insultent beaucoup, c'est-à-dire fréquemment et copieusement. Les disputes, les querelles et les chamailleries de l'existence quotidienne, dans la rue ou dans les cours d'école, se dénouent presque toujours par des échanges d'insultes violents et truculents. Si les insultes sont censées être provoquées par l'énervement et la colère, cela n'exclut pas cependant une certaine distance — parfois clairement affichée — de la part des locuteurs. C'est en réalité un registre de parole très familier et dont les membres de la culture des rues usent facilement avec détachement, comme en témoigne par exemple cette réflexion d'un élève évoquant une sortie réussie entre « potes » : « On s'est bien marrés, on s'est bien insultés et tout... » [note du 19 octobre 1993].

À l'inverse des vannes, les insultes ne sont pas réservées aux seuls membres du groupe des pairs. Les personnes extérieures, notamment les adultes, sont fréquemment la cible d'injures et d'insultes de la part des adolescents. Adressées à l'extérieur du groupe, les insultes ne remplissent d'ailleurs pas la même fonction. Plus qu'à résorber ou à dénouer le conflit, elles visent surtout à inverser la domination exercée de fait par les adultes en imposant une logique de violence dans laquelle les adolescents ont plus de chances d'avoir le dessus. Les représentants des institutions en rapport direct avec les jeunes — personnels de l'Éducation nationale, animateurs, policiers, ainsi que les commerçants du grand ensemble — sont par conséquent très exposés à cette violence verbale.

[Note du 9 décembre 1992] C'est la principale difficulté à laquelle j'ai eu à faire face dans mon travail de terrain aux Quatre-Mille. Quand je déambulais dans le grand ensemble, et spécialement si j'étais accompagné, il n'était pas rare que mes oreilles s'offusquent au son d'un « nique ta mère », ou d'un « fils de pute » envoyés d'une fenêtre d'immeuble par un élève « anonyme ». Si, au collège, les insultes envers les professeurs sont sanctionnées — dès lors que la demande en est faite auprès du chef d'établissement — par une exclusion de trois jours, ce qui limite les débordements de langage, à l'extérieur des murs scolaires rares sont les enseignants qui n'ont jamais eu à subir ce type d'offense. La conseillère d'éducation du collège, doublement exposée parce que résidant dans la cité H.L.M. « Inter » et ayant un rapport principalement disciplinaire avec les élèves, se fait ainsi régulièrement insulter dans les rues du grand ensemble.

Le répertoire des insultes est incomparablement plus limité que celui des vannes. Les locuteurs n'en inventent que rarement de nouvelles et se contentent, pour s'insulter (se « traiter »), de puiser dans un ensemble connu par tous et relativement invariable. On peut distinguer, comme pour les vannes, les insultes directes et les insultes référencées. Du côté masculin, c'est essentiellement la virilité personnelle qui est mise en cause (« pédé », « pédale », « enculé »), ou bien le comportement sexuel de la mère (« fils de pute », « nique ta mère »), comportement sexuel que l'on retrouve dans les insultes directes visant les filles (« salope » et « putain »). Notons que l'expression « nique ta mère », élision supposée de la formule « je nique ta mère », est devenue dans le contexte de la culture des rues d'un usage si courant qu'elle sert également comme exclamatif, à la manière de « putain », ponctuant et rythmant les discours. On trouve d'autres qualificatifs tels que « affreux », « pue-la-merde », « sale gueule », « sale chien(ne) », ou « bâtard »..., applicables aux deux sexes indifféremment et censés mettre en doute, dans leur sens profond, le caractère d'humanité de la personne insultée. La forme elliptique « Ta mère ! », tout à fait banalisée — et qui entraîne éventuellement la réplique rituelle « Ton père ! » —, met en lumière le fonctionnement même de l'insulte, puisque cette formule est dépourvue de tout contenu offensant, et c'est le simple fait de nommer la mère qui produit l'effet recherché. Le mot en devient, dans des circonstances particulières, totalement tabou.

[Note du 5 décembre 1991] Certains conflits scolaires opposant des adultes, qui ignorent ce type d'interdit, à des adolescents, qui le respectent, relèvent ainsi du simple malentendu culturel, comme dans cette altercation entendue un matin à travers la porte, dans la salle de cours d'à côté. Le professeur, pour une raison qui m'a échappé, s'est mis en colère et menace vertement un élève de sanction. Ce dernier, très énervé et déjà en larmes, réagit avec une grande violence aux avertissements : « J'ai pas peur de vous ! Vous croyez que vous me faites peur *ça comme* [comme ça] ? » L'enseignant, qui n'a pas l'habitude de se faire marcher sur les pieds, change alors brutalement de registre : « T'as pas peur, t'as pas peur ?... Tu vas prendre une raclée, tu vas comprendre si t'as pas peur ! — Touchez-moi, essayez, répond l'élève, j' vais chercher les mecs de ma cité ! — Tu peux appeler qui tu veux, ton père, ta mère, n'importe qui... » Le professeur commet, sans le savoir, une erreur. L'élève, en proie à une fureur soudaine et paroxystique, se met à hurler sans plus aucune retenue : « TU PARLES PAS DE MA MÈRE ! TRAITE PAS MA MÈRE ! — Arrête-toi ! Arrête-toi tout de suite ! — VAS-Y, CASSE-TOI, M' PARLE PAS ! » Le professeur réussira finalement à rétablir le calme dans sa classe ; l'élève prendra la porte et l'affaire se terminera en fin de matinée dans le bureau du principal.

Il faut compter aussi, dans le même registre, les gestes obscènes stéréotypés qui accompagnent ou parfois même remplacent les insultes, tels que le bras d'honneur, la « main obscène[1] » — soutenue à l'occasion par l'injonc-

---

1. Dans sa variante latine, main fermée et majeur seul dressé, ou dans sa variante maghrébine, main ouverte et majeur replié perpendiculairement. Sur l'histoire de ces gestes et sur la symbolique manuelle

tion suggestive : « Monte là-dessus ! » —, gestes dont la signification phallique évidente donne toute la dimension d'insulte. Les garçons utilisent ici également un mouvement spécifique, dont l'efficacité symbolique est particulièrement marquante : main droite posée sur le sexe, la main remonte d'un coup vers le haut avec rétroversion simultanée du bassin. C'est ce geste qui fit scandale il y a quelques années lorsqu'il fut repris et utilisé dans une chorégraphie particulièrement provocante par le chanteur américain Michael Jackson pour le vidéo-clip de la chanson *Bad*.

Le registre de l'insulte n'appartient pas en propre à la parole. L'écrit, à travers les graffitis, fait une large place au langage de l'offense. Les murs extérieurs des barres de la cité, les cages d'escalier, les portes d'appartement, les tables de classe et d'une façon générale toutes les surfaces publiques accessibles en même temps que visibles peuvent être utilisés à cet effet. C'est un moyen efficace pour exprimer la haine et la colère et pour atteindre autrui — qui plus est anonymement, c'est-à-dire sans risque de représailles. Les élèves l'utilisent parfois à l'encontre des professeurs, dans les salles de cours ou sur les murs qui jouxtent les bâtiments du collège.

Quand bien même les insultes réelles s'opposent aux insultes rituelles (vannes), il y a bel et bien une dimension rituelle dans les insultes réelles. On en veut pour preuve la pratique des échanges ou duels d'insultes et d'injures dans les conflits. Certes, dans le cas d'un conflit, l'échange de paroles n'est pas un jeu. Les protagonistes s'opposent réellement et généralement pour des raisons qu'ils jugent graves. Si le conflit n'est pas résolu, une bagarre peut éclater et un drame s'ensuivre. Mais quel que soit le degré de violence d'un conflit, nous ver-

en général, voir André Carenini, « La symbolique manuelle », p. 75-162, *in Histoire des mœurs* : 2. Modes et modèles, sous la dir. de Jean Poirier, Paris : Gallimard, 1991.

rons qu'il s'exprime toujours sous des formes plus ou moins ritualisées. Dans les rues du grand ensemble, lieux propices entre tous, les adolescents, les préadolescents et les jeunes enfants pratiquent au grand jour, sous les yeux des passants adultes qui n'y prêtent guère attention, l'échange d'insultes — indépendamment des joutes de vannes — de manière quotidienne et coutumière.

On retrouve cet aspect rituel des insultes réelles dans les concerts de rap et de raggamuffin. Occasionnellement, les chanteurs pratiquent ainsi le duel d'insultes sur scène. Parfois, les joutes peuvent s'engager entre chanteurs et public. C'est le rappeur américain Ice Cube qui semble avoir instauré cette pratique, maintenant reprise par de nombreux autres groupes. Quand la salle est suffisamment chauffée, le rappeur profite d'une interruption entre deux chansons pour hurler des *fuck you* et autres *motherfucker* aux spectateurs déchaînés qui renvoient frénétiquement la pareille, poing levé, ou bien majeur dressé en main phallique, ou encore la main en revolver. Les paroles du rap elles-mêmes, comme on le sait, font la part belle aux insultes et aux injures.

On retrouve encore et de façon analogue cette dimension rituelle des insultes dans les pratiques verbales liées aux combats de boxe. On se souvient en effet que les boxeurs avaient, il y a encore peu de temps, l'habitude de se lancer à voix fortes de terribles bordées d'insultes avant de monter sur le ring. On verra par ailleurs que les bagarres de rue sont presque toujours précédées par des duels d'insultes en bonne et due forme.

La rhétorique de l'offense

En deçà du langage de l'insulte proprement dit, la culture des rues distingue et identifie clairement toutes les manières de parler désobligeantes, vexatoires, humiliantes et blessantes. Les adolescents connaissent fort bien et utilisent à outrance, dans leurs échanges de paroles quotidiens — de façon souvent tout à fait rituelle, il est vrai —, le ton et le registre de l'offense.

De nombreuses formules de rejet (« *jètement* », « *tèjement* », « *tèj'* ») plus ou moins grossières, violentes et imagées sont utilisées pour rabrouer ou rembarrer (« jeter », « *tèj'* »[1]) ses pairs : « vas-y » (« *zy-va* »), « casse-toi », « tire-toi », « bouge », « bouge de là » — qui a inspiré une chanson à succès de MC Solaar[2] —, « lâche-moi », « lâche l'affaire » ou, le plus couramment, « ta gueule ». Une manière humoristique et pernicieuse de rejeter son interlocuteur consiste à l'écouter parler en prenant un air attentif, puis, une fois qu'il a terminé, à lui assener brutalement : « on s'en fout », ou bien : « on s'en fout d' ta vie » — formule qui amène parfois la réponse rituelle : « On s'en fout d' ta vie, d' ta mort, d' ta génération, d' tes ancêtres ! »

Dans certaines circonstances, l'emploi de verbes d'action à l'impératif, temps du commandement, de la contrainte, voire de l'asservissement, constitue lui-même une sorte d'offense — une façon de prendre l'autre « pour son chien », ou de le « mettre à la *deman* » [mettre à l'amende].

[Note du 14 janvier 1992] En séance d'aide personnalisée avec une sixième, j'interviens auprès de deux élèves, Hamza et Jean-Marc, qui sont en train d'en venir aux mains. Hamza se justifie aussitôt : « Mais, m'sieur, il me traite comme un chien. — Comment ça, il te traite comme un chien ? — Ben, son stylo, il est par terre et il me dit "Ramasse !" — Ah bon, mais qui c'est qui l'a fait tomber ce stylo ? — Ben... c'est moi, mais il a pas à me parler mal, quoi ! »

[Note du 11 octobre 1991] Samir m'explique pourquoi il s'est battu avec un garçon de la cité : « [C'était] parce

1. Le français standard connaît « envoyer promener », « envoyer balader », « envoyer paître », etc.
2. MC Solaar, *Bouge de là*, « Qui sème le vent... », *op. cit.*

qu'il m'a insulté, tout, il m'a insulté, il voulait pas me respecter. — Pourquoi il t'a insulté ? Il t'a dit quoi ? — Je lui disais : "Ça va Mickey ?" Il me disait : "Enculé de ta mère" comme ça... — Pourquoi il t'a dit ça ? — Parce que, comme ça... il voulait me mettre à l'amende. — Te mettre à l'amende ? — Pour jouer le patron, pour que ça soit le chef. Pour que dès qu'il me voit, disons il me fait ça : "Ouais ! Hé ! Viens là ! viens là ! viens là ! j' te dis ! viens là !" — Parce que comme ça, y en a à qui tu fais ça, par exemple, toi ? — Personne me fait ça, moi. Si y en a un qui me fait ça, je me bats avec lui, c'est tout. — Et toi, y en a à qui tu fais ça ? — Bien sûr... Mais pas des mecs d'ici... Comme... Si je vais autre part je les vois... Dès que je vois quelqu'un, je cherche l'embrouille si je le connais pas... Disons, quand je vais à Saint-Ouen, je vois quelqu'un, je fais : "Quoi, quoi, quoi ?", je lui mets des *tatepa* [patates], je l'attrape, je lui dis comme ça : "Quoi ? quoi ? quoi ? quoi ?" »

« Mettre à l'amende[1] », c'est donc imposer sa domination par la parole (ordres, vannes, insultes, « *jètements* »...) ou, au besoin, par la force physique (brimades, brutalités, coups). L'exercice de cette domination est fréquemment pratiqué, comme tout ce qui caractérise les relations entre adolescents, de manière tout à fait ludique, avec distance et humour, comme le montre cette réponse gagnante de Médi, un jeune judoka, à l'un de ses pairs qui se vantait, après qu'il l'eut vanné, de l'avoir « mis à l'amende mortel » : « Quoi, tu m'as mis à l'amende ? T'as mis à l'amende le vent et la pluie, ouais ! » [note du 6 octobre 1992].

En regard de cette rhétorique de l'offense, on trouve de manière logique une rhétorique de la susceptibilité.

---

1. « Mettre à l'amende quelqu'un » signifie, dans la langue courante, « lui infliger une punition légère, plus ou moins symbolique » *(Robert des expressions et des locutions)* ; dans l'argot du milieu, c'est aussi « faire travailler [une fille] sur le trottoir ».

Les adolescents se montrent ainsi généralement — ou font mine d'être — fort sensibles et chatouilleux en matière d'offense verbale. Pour avoir sa place et tenir son rang au sein du groupe des pairs, il importe de savoir réagir à la fois promptement et violemment — tout au moins quand le rapport de forces le permet — à toute mauvaise parole. Il faut savoir prendre la mouche, jouer l'emportement, monter sur ses grands chevaux et, en levant vivement et bien haut le menton, enjoindre l'offenseur à « parler meilleur », à « calmer ses mots ! », à « corriger ses phrases », éventuellement le faire répéter alors qu'on a très bien entendu (« répète, répète ! », « Quoi ? quoi ? »), le menacer ouvertement, le taper au besoin. Les adolescents intégrés à la culture des rues savent en ce domaine manier l'outrance gestuelle et verbale à la perfection ; leur caractère bravache, fanfaron, matamore, par trop agaçant et ridicule aux yeux des adultes, s'exprime ici pleinement. Ils ne sont pas toujours dupes, loin s'en faut, de cette comédie et en jouent parfois même au deuxième degré, pour le seul plaisir d'en rire.

À travers les insultes et le langage de l'offense, on comprend donc bien à quel point la parole peut servir d'arme efficace, si symbolique soit-elle, dans les relations sociales adolescentes. Efficace quand elle est utilisée directement, c'est-à-dire de face, en présence de l'interlocuteur, la parole est également redoutable et redoutée, comme on va le voir, quand elle est employée « par-derrière » ou dans le secret.

Bavardage et loi du silence

C'est un phénomène bien connu et craint sans doute par tous les enseignants de ce monde que le bavardage adolescent. À cet âge de la vie où s'ouvre l'espace des relations sociales autonomes, le besoin de paroles se fait

urgent et permanent. Dans le contexte de forte interconnaissance de la culture des rues, à l'école comme dans le
grand ensemble, une part importante des conversations
est évidemment consacrée aux ragots et aux rumeurs.
Cette parole, cependant, n'est censée circuler qu'à l'intérieur du groupe. Car, avec les personnes étrangères et en
particulier les adultes, c'est la loi du silence qui prévaut.

Le pouvoir occulte des ragots

Les adolescents parlent, jasent et bavardent énormément, soit pour médire, pour dénoncer, soit tout simplement pour raconter, c'est-à-dire rapporter ce qu'ils
apprennent et ce qu'ils savent les uns sur les autres. Toutes les informations, qu'elles soient vraies ou fausses,
qu'elles soient ragots ou rumeurs[1], circulent ainsi très
rapidement à l'intérieur de chaque groupe et au sein du
groupe des pairs en général.

[Note du 21 avril 1992] Voici par exemple comment se
plaignait Peggy, une élève accidentellement blessée avec
un couteau dans le car du retour du voyage d'Espagne, à
laquelle je rendais visite, chez elle, après son rapatriement en avion : « Ce que je comprends pas, c'est que toute
la cité est au courant, hein ! — Comment ça ? — Ben...
tout le monde, ils savent que j'ai été blessée avec un
couteau et tout ! — Et comment tu t'en es aperçue, que
tout le monde le sait ? — Ben, en allant faire mes courses, y a plein de gens, ils s'arrêtent et ils me demandent :
"Ça va, Peggy ?", "Ça va mieux ?", tout ça... — Et ça te
gêne, ces questions ? — Ben ouais, parce que j'aime pas
trop, ils ont pas besoin de connaître ma vie ! »

---

1. Du point de vue sociologique, la différence essentielle entre ces
deux « bruits qui courent sur quelqu'un » est que le ragot est signé,
alors que la rumeur ne l'est pas (Robert Paine, « What is gossip
About ? An alternative hypothesis », *Man*, 1967, 2, p. 278-285).

Si le commérage est reconnu comme une activité plutôt féminine, les filles n'en ont pas pour autant l'exclusivité et, dans la réalité, garçons et filles « ragotent » tous plus ou moins. Néanmoins, les filles assument personnellement ces bavardages plus facilement, parfois même comme un attribut de leur féminité (« Ah ! nous, on est des grosses commères, on est des filles, c'est normal, hein ! »), tandis que les garçons s'en défendent généralement : « Moi, je préfère fermer ma gueule... À la vérité, je sais fermer ma gueule... »

Pour l'ethnographe sur le terrain, les ragots et les rumeurs sont du pain bénit. Informations bien sûr à vérifier, à recouper, à décrypter, mais informations non sollicitées, ils en apprennent sur les personnes concernées par l'information autant que sur les personnes qui la produisent.

J'ai eu accès, de par ma fonction d'enseignant et surtout du fait de ma résidence aux Quatre-Mille, à beaucoup d'informations par le biais des ragots et des rumeurs. Samir et quelques autres élèves ou anciens élèves ont notamment pris rapidement l'habitude de me rendre visite, spontanément dès que l'occasion se présentait, pour me raconter les « histoires », les bagarres, les « embrouilles » de la cité ou du collège. Ils le faisaient autant pour le plaisir de « ragoter » que pour jauger ma réaction aux événements.

La circulation pléthorique des ragots et des rumeurs est ici largement due à la forte densité du réseau relationnel au sein du grand ensemble. L'interconnaissance étant très forte, cela donne aux individus le sentiment que tout le monde sait tout sur tout le monde. Les réunions informelles entre pairs au pied des barres, dont la majeure partie du temps est consacrée à la conversation, sont un lieu privilégié de production et de diffusion des ragots. Le collège, ses cours de récréation, ses entrées, ses sorties, constituent également une chambre d'écho où se transmettent rapidement les nouvelles, les confidences et aussi toutes sortes de mystifications, de « bobards » et de canulars.

Classiquement, les sociologues qui ont travaillé sur ces questions reconnaissent plusieurs fonctions sociales aux ragots.

C'est, pour commencer, un moyen de communication « naturel » et spontané des informations à l'intérieur du groupe [1] — comme l'indiquent les expressions consacrées telles que « radio-ragot », « radio-Tombouctou » ou « le téléphone arabe ». Si, malgré la densité des réseaux de relations, les individus ne restent pas en contact permanent les uns avec les autres, le ragot leur permet ainsi de se tenir au courant des événements et des « affaires de la cité » et de suivre ainsi continuellement l'évolution de leur entourage social : « Y a plein d'histoires [aux Quatre-Mille], chaque jour, y a une histoire. Là, je vais rentrer à la cité, y aura encore une histoire [...] Ce que j'aime bien, dans la cité, c'est que ça passe vite, les nouvelles, ça va d'une oreille à l'autre... C'est vrai, comme à l'école, de toute façon... » (Khaled). « Moi je sais pourquoi [les mecs de Balzac] vont à Renoir. Je suis au courant de tout, moi ! Je suis au courant de tout. Elles espionnent tout les *meufs* [femmes], hein ! Quand je *pécho* un *keumé* [mec], je parle toujours avec lui, il me sort toutes les histoires des Quatre-Mille... Là j'en ai appris de[s] belles aux Quatre-Mille. Là, ils ont *kène* [niqué] des *travelos* [travestis], ça c'est mortel... Ils ont niqué des *travelos*... Ce mec-là, il me raconte tout, il me raconte tout, tout, tout ! Lui, tu lui donnes à manger, tu lui donnes à boire, il te raconte tout... Non, mais je rigole avec lui... » (Nassera).

En deuxième lieu, la transmission des informations suppose au besoin un contrôle et une maîtrise stratégiques des informations. Les individus peuvent fort bien manipuler les ragots par intérêt personnel, soit en cher-

---

1. Voir à ce sujet Ulf Hannerz, « Gossip, Networks and Culture in a Black American Ghetto », *Ethnos*, 1967, 32, p. 35-60.

chant à obtenir de l'information, soit en faisant circuler sciemment des « bruits » à propos de quelqu'un[1]. Un adolescent qui cherche à provoquer un de ses pairs à la bagarre peut soit le faire ouvertement et directement, en le défiant de vive voix, soit, plus sournoisement, le lui faire savoir par des circuits détournés, l'information ayant toutes les chances d'arriver à bon port. Le ragot peut également servir à la désinformation. Il arrive, par exemple, au collège, que des élèves fassent circuler le bruit qu'un professeur est absent tel jour à telle heure ; le professeur en question, bel et bien présent, se retrouvera, si l'opération réussit, avec le quart ou le tiers de la classe.

En plus de cela, les ragots remplissent une fonction d'affirmation et d'apprentissage des normes[2]. À travers le contenu des ragots, les anecdotes racontées, les commentaires et les jugements énoncés, s'expriment largement les règles et les valeurs du groupe, qui sont ainsi progressivement intériorisées et assimilées par les individus. Dans le contexte de la culture des rues où le groupe social définit son identité en partie par opposition aux normes de la culture adulte dominante, ce mode de transmission est particulièrement opérant.

Les ragots sont enfin, et par voie de conséquence, un important facteur de cohésion du groupe[3]. Ils participent à la construction de son histoire sociale. La connaissance de cette part essentielle du capital culturel collectif devient pour les membres à la fois signe et condition d'appartenance — les étrangers étant normalement exclus de la circulation des commérages et des bavardages. C'est ce qui explique que les enseignants, de même que les

1. Voir Robert Paine, « Gossip and Transaction », *Man*, 1968, 3, p. 305-308.

2. Voir Max Gluckman, « Gossip and Scandal », *Current Anthropology*, 4, 1963, p. 307-316.

3. Max Gluckman, *ibid.*

chefs d'établissement, ne perçoivent généralement qu'une infime partie de ce qui se passe entre adolescents au sein même du collège et notamment de la violence qui s'y exerce. Les élèves, sauf exception, ne « ragotent » guère avec leurs professeurs. À l'inverse, dans le grand ensemble, les éducateurs, qui sont à la fois plus jeunes, issus souvent du même milieu et engagés dans un contact plus serré et plus intime, sont plus au fait des « histoires » et des affaires internes du groupe des pairs.

Si chacun, au sein du groupe des pairs, participe dans ses relations quotidiennes — et sans scrupule aucun — aux commérages et aux bavardages, cela n'empêche pas les individus d'en souffrir à cause de la contrainte sociale que les ragots exercent sur eux. Être l'objet de « bruits qui courent » peut s'avérer fort désagréable ; c'est en effet voir les faits de son existence racontés, commentés et jugés par le groupe. Au demeurant, ces informations qui circulent sont parfaitement incontrôlables. Elles sont presque toujours transformées, manipulées, partiellement fausses, voire complètement mensongères. Enfin, ce qui relève parfois du secret se trouve dévoilé, rendu public. Les adolescents se plaignent fréquemment du manque de liberté occasionné par cette mise à nu de la vie privée. C'est une des raisons avancées par les informateurs, par exemple, pour expliquer la fragilité, la superficialité ou même la quasi-absence de relations sociales intersexuelles à l'intérieur de la cité : « Ici, tu peux pas te balader avec une *meuf* [femme] sans te faire afficher de tous les côtés... Moi, franchement, laisse tomber, je sortirai jamais avec une fille de la cité ! » (Nassim).

On peut ajouter, comme facteur urbanistique aggravant ce sentiment de gêne et d'atteinte à la liberté, l'extrême visibilité des espaces publics au sein du grand ensemble. Chacun se trouve, dans ses déplacements, dans ses jeux, dans ses activités, dans ses fréquentations et dans ses amitiés, toujours exposé aux regards d'un très grand nombre de personnes. Pour donner un exemple concret, une altercation ou une bagarre aux Quatre-Mille, dans l'allée qui jouxte la barre de Presov, peut facilement être observée des fenêtres de la façade est de Presov, de la façade ouest de Ravel, de la façade ouest de l'immeuble B d'Alfred-de-Musset et d'une partie de la façade nord du Mail, en tout près de deux mille fenêtres. Nul doute, après cela, que « toute la cité soit au courant » !

Le commérage est une cause fréquente de conflits entre adolescents et spécialement entre filles [1]. Un ragot qui circule dans le groupe a toutes les chances de parvenir tôt ou tard aux oreilles de la personne concernée par son contenu. Il se trouve toujours un pair, plus ou moins bien intentionné, pour aller rapporter à cette personne les bruits qui courent sur elle, les « on dit que » et les « Untel a dit que ». Or bien rares sont ceux qui négligent ce que l'on dit sur leur propre personne, surtout en leur absence. C'est l'image publique, c'est-à-dire la réputation, qui est en jeu dans le ragot, et nous verrons à quel point c'est une donnée essentielle pour comprendre la logique des interactions spécifiques de la culture des rues : « Style une fille elle donne une réputation sur l'autre, elle dit qu'elle a fait ça, ceci, cela. Après, l'autre elle va rapporter. Et après, il y a des embrouilles [...]. Par exemple, moi je vais lui dire "elle, elle est comme ça". L'autre, elle va aller lui répéter, elle va le souffler à l'oreille de l'autre, elle va lui faire une sale réputation. — De quel genre ? — "C'est une salope", "Elle a fait ça", "C'est une hypocrite" [...] et la bagarre, elle vient de là » (Nassera).

Entre garçons, les bavardages sont aussi causes de bagarres, mais ils revêtent des formes différentes. Habituellement, ce sont des vantardises et des forfanteries

1. Sur ce point, voir Claudia Fonseca, « La violence et la rumeur : le code de l'honneur dans un bidonville brésilien », *Les Temps modernes*, 1984, p. 2193-2235. Son analyse de la *fofoca* [bavardage] vise à montrer que le bavardage féminin constitue un contrepoids symbolique à la force physique des hommes.

énoncées en public dans le dos d'un pair absent. Par exemple, un adolescent A raconte à qui veut l'entendre qu'il a mis un de ses pairs B « à l'amende » ou qu'il l'a « massacré » dans une bagarre, ou bien qu'il ne lui fait pas peur, ou encore qu'il « se la raconte », etc. B apprend tôt ou tard ce que A raconte et viendra lui demander des « comptes » sur ses paroles. Si A ne se « dégonfle » pas, un combat physique s'ensuivra tôt ou tard.

Les raisons invoquées par les informateurs pour expliquer les conflits entre bandes ou cités rivales sont à peu près du même type. Ayant demandé à plusieurs adolescents les raisons pour lesquelles les jeunes des Quatre-Mille se trouvent depuis longtemps en « conflit » avec ceux des Bosquets (grand ensemble de Montfermeil), je me suis vu chaque fois donner ce genre de réponse : « Ils parlent... — Et qu'est-ce qu'ils disent ? — Ils disent qu'ils sont les plus forts, des trucs comme ça... Ils se la racontent, quoi ! »

Au même titre que les insultes, les commérages ont donc un pouvoir de nuire en blessant la réputation et, par conséquent, de déclencher des conflits. D'une façon générale et pas seulement dans le contexte de la culture des rues, on sait à quel point les ragots et les rumeurs ont la capacité d'entraîner des dommages véritables, c'est-à-dire physiques ou matériels, aux gens qui en sont les cibles. Mais ici, sans parler de ces effets concrets, le ragot est d'emblée perçu comme une parole dangereuse, dotée d'une force occulte et contre laquelle il importe de se défendre et surtout de se prémunir. Aucun adolescent qui se respecte ne peut ni ne doit supporter qu'on dise du mal de lui, ou même simplement qu'on parle de lui en son absence. Il m'est arrivé plusieurs fois d'intervenir, dans le cadre scolaire, dans des conflits dans lesquels l'un des protagonistes se justifiait tout naturellement de la manière suivante : « Monsieur, il parle sur moi ! — Et qu'est-ce qu'il a dit sur toi ? — Je sais pas, mais il parle... »

[Note du 28 octobre 1991] En classe de quatrième 5, Cécile se fait violemment reprendre par Mohamed parce qu'elle est en train de parler à sa voisine en le regardant et en riant. Elle réagit, protestant de son innocence : « J'ai rien dit de mal... » Mohamed lui coupe brutalement la parole : « J' parle pas sur toi, tu parles pas sur moi, point ! »

[Note du 26 février 1993] À ce compte-là, toute personne parlant en l'absence et à l'insu d'une autre devient potentiellement ennemie. Lors de ses fréquentes visites à mon domicile, Samir me mettait à l'occasion en garde contre Untel ou Untel, dans la cité, de qui je devais me méfier particulièrement pour telle ou telle raison. Un soir, alors que nous parlons de Kamel et de sa bande, qu'il ne portait pas spécialement dans son cœur, il me conseilla de m'en tenir prudemment à distance : « Mais ces mecs-là, *Vid'da*, faut pas les calculer, c'est des enculés. Ils font les bouffons par-devant, mais dès que t'as le dos tourné, si tu les entendais... Ils se foutent de ta gueule, ils parlent sur toi... Sur la vie de ma mère, ils parlent sur toi ! »

La détestation culturelle des ragots s'exprime parfaitement dans les métaphores spatiales qui servent à désigner ces actes de parole. La langue populaire qualifie ainsi le ragot de parole « derrière », ou « par-derrière », ou « dans le dos » — parole dissimulée, hypocrite, sournoise — à laquelle s'oppose la parole « en face », ou « de face », ou « devant » — parole franche, loyale, honnête. L'opposition devant-derrière qui traverse de part en part notre univers culturel correspond de fait à une vision du monde qui prend le corps humain pour référence spatiale. Le « derrière » ne se définit que par opposition à la face, au visage, lieu de la vision et de la communication verbale. La valeur toujours accordée au *devant* des choses, partie visible, montrée, exposée, sera à mettre en rapport avec la culture de l'honneur qui implique une mise en jeu et un engagement important du corps dans les relations sociales.

*Les formes juvéniles de l'*omertà

Le jugement négatif que portent les membres des groupes de pairs sur les ragots a pour corollaire la loi du silence qui entoure en toutes circonstances les activités déviantes ou délinquantes de la culture des rues. Cette *omertà* appliquée aux adolescents et aux enfants, si elle supporte dans les faits bien des oublis et bien des manquements, n'en est pas moins fort présente dans les esprits. La figure du rapporteur, du délateur (« balance », « baltringue ») revient souvent dans les vannes, dans les insultes et dans les discours en général. Cette loi du silence concerne spécialement les infractions au règlement ou les délits (bagarres, vols, dégradation de matériel...) effectués dans le cadre scolaire, dans la rue ou dans les magasins et susceptibles d'être rapportés ou dénoncés aux parents, aux professeurs, aux personnels disciplinaires, voire, dans les cas d'arrestation, aux agents de police.

Si un adolescent qui subit un interrogatoire de police dans un commissariat a toutes les chances de craquer et de rapidement « lâcher le morceau », c'est-à-dire « donner » ses camarades[1], en revanche, dans le contexte du collège, il est frappant de voir à quel point cette règle du secret peut être respectée et tenue fort longtemps. La méthode — parfois utilisée par les chefs d'établissement et par certains enseignants — qui consiste, lors d'un vol ou d'une dégradation de matériel, à punir le groupe en vue d'obtenir le nom du coupable est généralement tout à fait inefficace. Les adolescents endurent les punitions

---

1. Dubet note à juste titre que, dans le contexte de désorganisation, d'éclatement social, d'absence de liens solides, qui caractérise l'expérience de la galère, les jeunes ne respectent guère la loi du silence et se « donnent » entre eux aux policiers relativement facilement (François Dubet, *La Galère...*, *op. cit.*, p. 130).

jusqu'à ce que les adultes eux-mêmes se lassent et abandonnent la partie.

Le secret repose d'ailleurs beaucoup aussi sur la peur des représailles des coupables dénoncés, qui sont plus redoutables que les punitions de l'institution. Méprisé, honni, insulté, le dénonciateur peut être victime de vengeances sous forme de châtiments corporels très durs.

[Note du 25 juin 1993] La vengeance peut prendre dans certains cas rares des tournures cruelles et même dramatiques. Pour avoir « donné » ses « potes », Kamel et Ahmed, aux policiers dans une affaire de vol de scooter, Zaïd, un élève du collège, a d'abord eu droit, sur les murs de la barre du Mail, à des graffitis affichant en grosses lettres sa trahison (« ZAÏD BALANCE »), puis a subi par la suite, dans une cave de la cité, une séance de torture punitive au cours de laquelle il a eu, entre autres, les cheveux et le cuir chevelu brûlés au briquet.

La règle du silence va de pair avec une méfiance affichée envers les excès d'exubérance en matière de parole ; les pipelets, les bavards, les cancaniers, s'attirent tôt ou tard des ennemis. Il semble que, d'une façon générale, toute forme de parole peut dans certaines circonstances inspirer de la crainte et de la défiance. C'est du moins ce qui semble ressortir de cette remarque acerbe et menaçante que m'assena, dans le vestiaire, un judoka avec qui j'entretenais d'assez mauvais rapports — remarque aussi destinée à clore un échange verbal qui ne lui était pas favorable : « Toi, tu parles trop, je te le dis comme ça, tu parles trop ! » [note du 10 avril 1992].

Il convient de remarquer ici la contradiction entre la loi du secret, ou règle de retenue et de réserve, et la pratique généralisée du commérage et du bavardage que l'on a par ailleurs soulignée. Les adolescents reconnaissent et même affirment cette règle tout en y contrevenant largement. On retrouve, comme on va le voir, à peu près le même genre d'ambiguïté et de contradiction dans l'usage qui est fait du mensonge.

TRAÎTRE

Une fois, il a voulu se battre avec moi
Et il m'a pris en traître.
Une autre fois, il a parlé sur moi,
Toujours en traître.
Un jour, en sortant de l'école
J'ai tapé sur le carreau
Du bureau d'accueil.
Le principal est arrivé,
Je me suis sauvé.
Ce traître m'a encore balancé.
J'ai été convoqué.
J'ai bien sûr été collé.
Et, en plus, il n'a même pas eu le courage
de me dire
Qu'il m'avait balancé:
C'est un traître sans franchise.
                              Jérémy Meimoun

RÈGLEMENT DE COMPTES

T'as bavé et t'as cafté
Tout ce que je t'ai raconté,
T'es qu'une balance.
Pourtant j't'avais fait confiance,
T'es qu'une baltringue.
Et t'as même pas de fringues.
J'vais t'marave,
Espèce de vieille poucave.
T'es qu'un mytho,
Un gros clodo.
C'est pour ça que j'vais t'laisser,
Espèce d'enculé.

                    Souria Benarab

*(Poèmes extraits de l'ouvrage collectif par Boris Seguin
et les élèves du collège Jean-Jaurès de Pantin, op. cit.)*

Menteurs et jurements

« Tu ne seras pas un faux témoin. » Le huitième commandement du Décalogue indique clairement que le lien entre parole et vérité a depuis longtemps posé problème dans les sociétés méditerranéennes [1]. De fait, celles-ci entretiennent toujours un rapport non dépourvu d'ambiguïté avec cet acte de parole qu'on nomme le mensonge [2]. Si la morale, issue des traditions judaïque, chrétienne et musulmane, le réprouve globalement, elle ne le condamne pas toujours et admet bien des exceptions notables : mensonges par omission, mensonges officieux, pieux mensonges... On juge, de plus, différemment le mensonge selon les circonstances dans lesquelles il est produit et en fonction des conséquences qui en découlent. Le mensonge peut même être apprécié, voire très bien considéré. De nombreux chercheurs ont abordé cette question du mensonge dans les relations sociales dans les pays méditerranéens — notamment au Maroc, au Liban, en Grèce [3]. Ils soulignent, d'une part, le décalage

1. Si tant est qu'on ne considère pas cette question d'une façon beaucoup plus générale, comme une question de base des sciences du langage ou même comme une question d'ordre philosophique : Proust n'affirmait-il pas que « le mensonge est essentiel à l'humanité » ?

2. La très grande richesse du vocabulaire de la tromperie dans la langue française témoigne sans aucun doute de l'importance de cette question de la vérité et du mensonge. Le *Dictionnaire des synonymes* ne distingue pas moins de cent trente termes différents désignant tous plus ou moins l'action de « tromper » (*Dictionnaire des synonymes*, Paris : Le Robert, 1993).

3. Voir notamment John K. Campbell, *Honor, Family and Patronage. A Study of Institutions and Moral Values in a Greek Mountain Community*, Oxford : Clarendon press, 1964 ; Marie-Élisabeth Handman, *La Violence et la Ruse*, Aix-en-Provence : Edisud, 1983 ; Michael Gilsenan, « Lying, Honor and Contradiction », p. 191-219, *in Transaction and Meaning : Directions in the Anthropology of Exchange and Symbolic Behavior*, sous la dir. de Bruce Kapferer, Philadelphia : Institute for the Study

entre le niveau de la représentation — la règle — et le niveau de la pratique et, d'autre part, l'ambiguïté du jugement collectif qui dénonce et condamne le mensonge tout en valorisant la mise en scène de soi, la parole excessive, la ruse ou même la tromperie : « Dans les sociétés méditerranéennes, la parole est replacée dans un contexte humain dont les exigences d'honneur et de générosité en arrivent souvent à justifier le mensonge[1]. »

Le mensonge et la ruse

C'est précisément ce type de logique qu'on retrouve dans la culture des rues. Tandis que les règles morales de la société globale condamnent le mensonge et valorisent à l'inverse les qualités de sincérité, de franchise, de droiture, d'authenticité, de bonne foi... — toutes formes de vertus qui ont ceci de commun qu'elles supposent une parole au service de la vérité —, les formes de relations sociales en vigueur dans le contexte de la rue conduisent fréquemment les individus à mentir, à feindre, à dissimuler et à mystifier.

Au sein du groupe des pairs, savoir mentir est à la fois une force et une nécessité. Dans cet univers social marqué par une pauvreté relative mais fortement ressentie en termes d'exclusion et de frustration, où les relations sont souvent empreintes d'une grande dureté et où l'expérience de la « galère » est à la fois omniprésente et menaçante, les adolescents, en partie livrés à eux-mêmes, depuis leur plus jeune âge, dans les rues de la cité, sont amenés, pour satisfaire leurs besoins en capital économique et en capital symbolique, à adopter des comporte-

of Human Issues, 1976 ; Raymond Jamous, « Mensonge... », *op. cit.* ; Anne Sjögren-de-Beauchaine, « La parole, reflet du remords ou de l'honneur », *Ethnologia Europaea*, 16 (1), 1986, p. 39-47.
1. Anne Sjögren-de-Beauchaine, *ibid.*, p. 39.

ments relationnels qui requièrent une bonne dose d'intelligence et bien souvent de cautèle ou de perfidie. La ruse, connue ici sous le nom de « vice », est une qualité individuelle à la fois très utile et fort prisée[1].

Le « vice », c'est l'intelligence de la rue et plus particulièrement des voyous (« *cailleras* »), mise en œuvre à la fois par intérêt et par jeu, et permettant par maints stratagèmes, manèges et feintes de tromper la confiance de ses pairs, de ses parents, des professeurs[2], des vigiles de supermarché, des policiers ; cela pour mener à bien des actions qui vont de la plaisanterie inoffensive (chahuts, tapages, désordres publics, farces et coups divers) jusqu'au délit, voire, pour les plus âgés, qui sont très engagés dans la délinquance, jusqu'au crime[3].

[Note du 15 juin 1991] Au « merguez frites » de La Courneuve, Loïc, avec qui je bois un verre, me raconte dans le creux de l'oreille comment Samir a réussi, il y a

---

1. Le contenu sémantique du terme indique clairement que la valorisation de cette qualité procède d'une inversion de la norme morale dominante, d'où d'ailleurs une certaine ambivalence dans l'appréciation adolescente du « vice », lequel fait souvent l'objet d'un traitement humoristique dans les discours.

2. Les rapports entre personnels scolaires et élèves sont rendus souvent plus complexes et plus difficiles du fait de cet usage adolescent sinon généralisé, du moins très courant du mensonge. Pour qui est habitué, dans son propre groupe social, à des relations sociales basées sur une relative franchise, la confrontation quotidienne avec des individus qui mentent aussi effrontément et avec autant de facilité est souvent déconcertante et implique, quand bien même il s'agit d'enfants, un certain apprentissage de la méfiance.

3. L'ensemble de faits et de notions auxquels fait référence le terme « vice » semble recouper en partie l'espace sémantique du verbe anglais « *to hustle* », décrit par les sociologues dans le contexte social des ghettos noirs américains (Loïc Wacquant, « The zone : le métier de *hustler* dans un ghetto noir américain », *Actes de la recherche en sciences sociales*, 93, juin 1992, p. 39-58 ; Henry Williamson, *Hustler !*, Garden City / New York : Doubleday, 1965).

quelques semaines, à faire un magistral « coup de vice » au serveur de l'établissement. Ce jour-là, lui et Samir ont commandé, puis consommé chacun un poulet-frites et un Coca-Cola. Ayant tranquillement fini leur repas, ils se lèvent, l'air de rien, et se dirigent calmement vers la porte. Le serveur réagit rapidement et les rappelle à l'ordre pour le règlement des consommations. Samir prend l'air éberlué et affirme haut et fort avoir déjà payé. Le serveur, évidemment sûr de lui, n'en démord pas. Samir se met alors à jouer une comédie outrée, montant sur ses grands chevaux, faisant habilement alterner colère et douceur, baratinant et palabrant comme il sait très bien le faire. Au bout de plusieurs minutes d'âpres négociations, le serveur excédé monte chercher son patron au premier étage. Samir, « gonflé à bloc » et plein de sang-froid, en profite « par-dessus le marché » pour passer derrière le bar et remplir son blouson de canettes de soda. Le patron descend, très mécontent. Mais Samir recommence son cirque de plus belle, tant et si bien qu'au bout d'un moment ses interlocuteurs finissent par céder, menaçant et jurant qu'ils ne serviront plus les deux vauriens. Samir et Loïc sortent de l'établissement rigolards. Très fiers, ils se tapent mutuellement la main : « Bien ouèj' [joué] ! — Ah ouais, mortel ! »

[Note du 26 mai 1993] Samir est un maître en matière de mensonge. À l'école ou dans la cité, il emploie une partie de son temps et de son énergie à essayer de rouler, d'escroquer, de tromper aussi bien ses pairs que les adultes qu'il côtoie — autant, faut-il le préciser, dans un but ludique que par intérêt proprement dit. Quand il me rend visite chez moi, il me dérobe systématiquement quelques objets, profitant de mon inattention, puis vide ses poches un peu plus tard, en franchissant la porte du studio : « Je te carotte comme je veux, Vid'da ! » Cet art du mensonge n'exclut d'ailleurs pas chez lui une forme de loyauté et une honnêteté de relation.

[Note du 29 mai 1993] Le cas d'Ahmed est tout à fait différent et moralement très difficile à comprendre et même à supporter pour quelqu'un qui adhère peu ou prou aux valeurs dominantes. Je crois pouvoir dire qu'avant de le connaître je n'avais pas eu l'occasion, dans mon existence, ni de rencontrer ni de côtoyer un être qui m'apparaisse aussi fourbe et aussi déloyal. Nerveux, agité, d'apparence redoutable (« On m'appelle "Ahmed le fou", parce que quand je suis *vénère* [énervé], je me contrôle plus du tout ! »), mais également fort peureux, il semble ne savoir que mentir, dissimuler, tromper, agir par-derrière, dans tous les types de situation : familiale, scolaire, sportive... Il réussit si bien à tromper son monde que même le principal du collège, qui ne pèche pourtant pas par excès de confiance envers les élèves, le trouve « gentil quand il veut ». Il franchit d'ailleurs, dans une certaine mesure, les limites morales admises au sein du groupe des pairs, comme en témoigne cet échange en ma présence avec deux membres de sa bande : « Moi, je vous dis franchement, je respecte pas ma mère, je respecte pas mon père... Je respecte un petit peu mon père, obligé, mais ma mère, si elle me dit "descends pas [dans la rue]", j'attends qu'elle tourne le dos et j'ouvre la porte et je me sauve. — Ouais, mais des fois, c'est abuser aussi, moi je respecte ma mère et mon père, t'es un fou toi... — Ouais, mais lui, il sait pas ce que c'est respecter... » Néanmoins, Ahmed ne fait l'objet d'aucun ostracisme de la part de ses pairs. Sa fourberie et sa duplicité ne semblent pas véritablement les choquer. Sans doute réserve-t-il à ses proches camarades un minimum de droiture et d'honnêteté. Très certainement aussi, son habileté dans le mensonge lui confère un prestige et une certaine reconnaissance dans le groupe.

On ne ment pas seulement par intérêt ou pour se défendre, mais aussi pour mesurer sa puissance, son pouvoir, son ascendant sur les autres — y compris sur les dominants. Le personnage du beau parleur, le « tchatcheur »

ou encore le « mytho » [mythomane], tout à la fois fabulateur, conteur, menteur et manipulateur, qui « se la raconte » et qui en raconte à tout le monde, qui « est plein
d'esbroufe », qui manie la calembredaine et les facéties,
est en général très apprécié pour son comique et reconnu
pour son pouvoir au sein du groupe des pairs[1]. Samir,
autrement nommé « Samir-le-*mytho* », fait preuve en ce
domaine d'une imagination et d'une inventivité exceptionnelles. Il est capable à ses heures de raconter et surtout
de faire croire à peu près ce qu'il veut à qui il veut, des
anecdotes banales jusqu'aux histoires les plus invraisem-
blables. Sa verve, sa « tchatche », son débit verbal sont
en mesure d'embrouiller et de troubler ses interlocuteurs,
au point qu'il peut en devenir tout à fait assommant. Ses
pairs lui vouent en ce domaine une admiration certaine,
sauf à être excédés par ses innombrables bobards (« Il dit
qu'il a vu des martiens, nous, on s'en bat les couilles ! »),
ses incessants mensonges, ses promesses jamais tenues,
et à lui en faire au besoin payer le prix à coups de poing.

La pratique courante du mensonge ne va pas sans difficultés ni contradictions pour les individus. Ceux-ci doivent en effet à tout moment choisir entre les exigences
qu'impose la défense de leurs intérêts matériels et symboliques au sein du groupe des pairs et l'honnêteté relationnelle qui reste au demeurant la règle morale idéale

---

1. Dans un contexte comparable, aux États-Unis, ce pouvoir de la
parole est bien exprimé dans une interview réalisée par Loïc Wacquant
auprès d'un *hustler* professionnel dans un ghetto noir de Chicago :
« Ben, tu sais, ça demande beaucoup. Moi, j'ai quelque chose que beaucoup de mecs y'z'ont pas : j'sais bien parler. Tu sais, le parler de la
rue *(street slang)*, tu sais, avec ça tu peux faire des tas d'embobinages
(manipulatin' a lot), quoi. J'suis comme ça, c'est tout. Tu vois, c'est
pas que j'en suis fier, mais j'sais parler, quoi, pas mal. Tu parles, et
parles, et parles, et j'ai toujours eu que'que chose à dire, tu vois, une
fois que t'as plus rien à dire... Ça m'est jamais arrivé de plus savoir
quoi dire à quelqu'un » (Loïc Wacquant, « The zone... », *op. cit.*).

— dans le système de valeurs de la culture globale, mais aussi dans celui de la sous-culture des rues —, laquelle règle finit d'ailleurs par s'imposer complètement, notamment par le fait des institutions de socialisation comme la famille ou l'école.

Jurements et paroles sacrées

L'usage socialement et culturellement intégré du mensonge implique en contrepartie logique une rhétorique spécifique de l'affirmation et de la promesse, qui trouve sa forme la plus achevée dans l'acte de parole, très usité dans la culture des rues, qu'on nomme habituellement « jurement ». On distinguera ici les jurements, qui sont des affirmations ou des promesses par serment, des jurons, simples exclamations blasphématoires. On distinguera également les jurements des serments véritables, actes plus solennels, réservés à des circonstances graves et se faisant devant des personnes constituées en dignité[1].

Le principe du jurement repose sur la mise en jeu du sacré[2]. Les jurements de la culture des rues font à la fois référence au sacré religieux et au sacré dans son acception plus large, c'est-à-dire toutes les choses qui sont protégées par des interdits. Les jurements les plus entendus et les plus unanimes sont ceux qui encore une fois font référence à la mère : « sur la tête de ma *reumé* [mère] », « sur la vie de ma *reumé* [mère] ». Les locuteurs ont aussi l'habitude de jurer sur des objets sacrés (« sur le Coran », « sur le Coran de La Mecque »), sur les morts (« sur la tombe de mon grand-père »), voire sur leur propre personne (« sur la tête de *oim* [moi] »), ce qui n'est d'ailleurs

---

1. Pierre Guiraud, *L'Argot, op. cit.*, p. 101.
2. « Serment » provient du latin « *sacramentum* », dérivé de « *sacer* », c'est-à-dire « sacré ».

qu'une autre façon de « mettre sa main au feu » ou encore de « donner sa tête à couper ».

Le jurement sert aussi bien à soutenir une promesse qu'une affirmation. Il est employé soit spontanément, soit par réaction, lorsque les propos sont mis en doute d'une façon ou d'une autre par les interlocuteurs, ce qui est relativement fréquent dans ce contexte où le mensonge est toujours possible. Le jurement donne en quelque sorte un caractère sacré à la parole. D'une façon générale, la parole possède elle-même fondamentalement une dimension sacrée, comme semble l'attester cette expression qui tient aussi lieu de jurement dans la culture des rues : « Ma parole ! », ou « Ma parole d'honneur ! »

Quand un locuteur jure, par exemple sur la tête d'un parent, il se trouve logiquement, par peur du sacrilège, qui risquerait de porter atteinte à la vie de la personne sur laquelle il jure, dans l'obligation de dire la vérité ou d'honorer sa promesse. S'il est en train de mentir et que son interlocuteur, incrédule, le met en demeure de jurer, il se retrouve acculé, dévoilé s'il refuse, profanateur s'il accepte. La solution consiste à faire croire qu'il jure sans jurer véritablement. Autant par ruse que par jeu, les adolescents connaissent plusieurs manières de faux jurement, soit en croisant les doigts dans le dos, soit en déformant volontairement les mots du jurement sans le faire entendre, comme « sur le coron », sur le « courant », etc.

[Note du 2 juillet 1993] Les plus audacieux se contentent de transgresser purement et simplement l'interdit. Je tiens ainsi, par exemple, de Khaled que Samir, qui ment, comme on l'a vu, comme un arracheur de dents, « [il] a essayé plusieurs fois de jurer sur sa mère et, comme elle est pas morte, eh ben maintenant, il jure même quand c'est pas vrai, il en a plus rien à foutre ! ».

L'emploi culturellement marqué du jurement « sur le Coran », qui fait référence directe à l'Islam, n'est pas exclusif des adolescents maghrébins ou musulmans. Les adolescents d'origine française et d'une façon générale tous les locuteurs de la culture des rues peuvent en user, quitte à se faire corriger au passage par les adolescents musulmans, jaloux de leurs prérogatives. Le sens profond des jurements finit d'ailleurs par s'altérer à force de l'usage abusif qui en est fait au quotidien. « Sur le Coran » a tendance à devenir une simple expression exclamative marquant l'incrédulité ou l'étonnement, ce qui donne lieu à d'insolites passes d'armes entre adolescents, comme dans cet échange entre Hamza, surpris par une bonne note, qui lance tout fort : « OH LÀ LÀ ! SUR LE CORAN ! » et qui se fait aussitôt reprendre par son voisin Umaïs, sans doute plus soucieux du respect des écritures : « Qu'est-ce qu'il a, le Coran ? »

En deçà des jurements, il existe une rhétorique spécifique de la vérité et de la sincérité. Les locuteurs appuient ou valident ainsi leurs propos par des formules galvaudées qui ponctuent de manière parfois monotone leurs discours : « à la vérité », « sans mentir », « j'te dis pas », « franchement »... Symétriquement, il existe aussi une rhétorique de l'incrédulité ou de l'étonnement qui s'exprime dans des tournures telles que, « allez ! », « NON ! », « sérieux ? », « c'est vrai ? », etc. L'usage de cette rhétorique correspond d'ailleurs à l'emploi d'un registre d'humour particulier, qui consiste à mettre systématiquement en doute la parole d'autrui, à feindre, en réaction à ses propos, l'étonnement intéressé et ironique, puis à lui signifier sèchement son indifférence, bref, à ridiculiser par tous les moyens possibles son interlocuteur.

[Note du 12 mars 1991] Quand un élève prend la parole en classe pour raconter une anecdote ou un fait en rapport avec le cours, il arrive qu'un de ses camarades le reprenne sèchement, ce qui fait généralement rire tout le groupe : « Pourquoi tu mens ? » Il arrive que le professeur devienne lui aussi la cible de telles plaisanteries. Un matin, en cours avec une classe de cinquième, une élève, Brigitte, lève le doigt : « M'sieur, c'est sérieux ? [ce que vous dites] » Je la regarde, interloqué : « Mais oui, pourquoi ? » Elle insiste, l'air tout à fait convaincue : « Vraiment sérieux ? — Mais oui, pourquoi pas ? — Aïe, comme c'est mortel ! »

***

L'insulte, l'offense, le ragot, le mensonge et les jurements sont autant d'actes de parole qui impliquent également, au même titre que l'usage du lexique de la rue, argotique, *verlan* et obscène, ou au même titre que la pratique des combats oratoires rituels ou ludiques, une maîtrise linguistique, une intelligence des situations, de l'imagination, bref, de l'éloquence. On saisit bien, dans ce dernier volet, quel pouvoir cette éloquence peut conférer à ceux qui s'en font les « champions » dans le jeu des relations sociales, à l'intérieur du groupe de pairs et même, dans certains cas, à l'extérieur du groupe. On peut comprendre également à quel point ces actes de langage sont à la base de rapports de forces très virulents et très marqués entre adolescents. Après avoir analysé les formes d'expression verbales, nous allons pouvoir examiner maintenant les formes d'expression physiques de ces rapports de forces.

Troisième partie

Les échanges de violence

L'ethnologie des échanges de violence adolescents suppose une triple rupture, d'abord avec les visions et les discours de la sociologie spontanée, ensuite avec le mode de questionnement dominant de la sociologie scientifique et enfin avec le choix des terrains et des objets de l'ethnographie elle-même.

La rumeur ambiante affirme généralement, et sans argumentation fondée, le caractère nouveau, croissant et spécifiquement urbain de la violence. La médiatisation accélérée de la réalité et le mode d'appréhension des faits par la presse et les médias ne sont évidemment pas pour rien dans cette vision du sens commun. La « production » des informations reposant en grande partie sur la mise en scène et la dramatisation du réel, la violence des adolescents des grands ensembles entre généralement pour une part essentielle dans le traitement médiatique de la « crise » des banlieues. Cette violence mise en spectacle contribue à alimenter les peurs et à produire des discours qui se posent toujours en termes de « périls à écarter » ou de solutions à apporter à des « problèmes de société ». Ce type d'approche des faits est évidemment incompatible avec les nécessités de l'analyse ethnologique.

Il en va, semble-t-il, pour la sociologie savante comme pour la sociologie spontanée. La violence juvénile a en effet presque toujours été analysée par cette discipline comme une déviance et, par conséquent, intégrée dans le champ de la délinquance. Trop souvent attachés, dans ce domaine, à la recherche des causes des pratiques plutôt qu'à celle de leur logique spécifique, les sociologues ont élaboré des modèles théoriques d'explication de la délinquance juvénile qui n'ont pas toujours une valeur d'analyse satisfaisante. Ces modèles n'apportent du moins pas beaucoup à la connaissance de types de faits qui ne relèvent pas à proprement parler d'une déviance, mais qui s'inscrivent au contraire, comme nous aurons l'occasion de le voir, dans des systèmes de normes contraignants et cohérents. La question des causes de la violence, si fréquemment abordée en sociologie, est d'ailleurs très proche, quand on y regarde de près, des interrogations du sens commun. Elle vient spontanément à l'esprit des sujets « naïfs », quand ce thème est évoqué. Dans les différentes conversations que j'ai pu avoir au sujet de mon travail, on m'a ainsi très souvent demandé si j'avais découvert les « vraies raisons » de la violence. Quand j'ai par exemple annoncé aux judokas du judo-club que je menais une recherche sur les bagarres adolescentes, une discussion s'est aussitôt et spontanément ensuivie, dans le vestiaire, sur les diverses causes psychologiques et sociales de la violence des jeunes dans les grands ensembles. Quant aux jeunes que j'ai interviewés, plusieurs d'entre eux ont commencé les entretiens en abordant le sujet de cette façon, avant même que je leur pose la moindre question.

Pour finir, il faut soumettre à la critique le point de vue de notre discipline, puisque l'ethnologie a jusqu'ici surtout porté son attention, concernant cette question de la violence, soit sur des peuples exotiques, soit sur le passé historique de notre propre société et en particulier sur celui des communautés rurales. Dans l'ensemble, les chercheurs n'ont guère étudié la violence dans les sociétés occidentales contemporaines. Il est vrai que constituer en objet d'analyse des comportements et des conduites présents ici et maintenant et que nos lois et notre morale réprouvent en tout point, c'est aussi remettre en question certaines de nos valeurs et briser la légitimité du mode de relations sociales qui prévaut. Il est en ce sens plus confortable de trouver une signification à la violence des peuples lointains qu'à celle de notre propre civilisation.

La sous-culture des adolescents comporte, quant à elle, une vision plutôt positive de la violence physique. Encore faut-il s'entendre au demeurant sur la désignation des conduites qui relèvent de la violence. Car, comme le souligne Lenclud, « la violence ne se donne pas d'emblée pour telle, sa spécification résulte d'une procédure toujours ouverte de qualification [1] ». En d'autres termes, toute violence est relative et toute conduite apparaissant violente aux yeux d'un groupe social donné peut très bien ne pas être perçue comme telle par un autre. Les adolescents eux-mêmes ne nomment d'ailleurs pas expressément la violence en tant que telle.

Pour échapper à cette question de la définition de la violence, qui semble en réalité impossible à résoudre, nous avons préféré circonscrire l'objet de notre étude en parlant de comportements et de pratiques « agonistiques ». Ce terme, généralement employé par les éthologues, recouvre très bien les faits qui intéressent notre recherche : rixes, duels, batailles, échauffourées ludiques et combats sportifs, toutes formes de pratiques dans lesquelles « le corps est à la fois l'instrument, la cible et l'enjeu [2] ».

---

1. Élisabeth Claverie, Jean Jamin, Gérard Lenclud, « Une ethnographie de la violence est-elle possible ? », *Études rurales*, 95-96, 1984, p. 9-12.

2. Loïc Wacquant, « Corps et âme : notes ethnographiques d'un apprenti boxeur », *Actes de la recherche en sciences sociales*, 80, 1989, p. 33-67.

Constitué de telle manière, c'est-à-dire autrement que comme une déviance ou un problème social, l'objet de l'étude acquiert en effet une dimension d'intérêt tout autre. Il s'agit non plus d'aller rechercher encore une fois les multiples causes de violence, sur lesquelles tout semble déjà avoir été dit, mais de délimiter les contenus culturels qui sont donnés à son exercice et de resituer cette violence dans le système des relations sociales adolescentes.

Pour ce faire, nous examinerons tout d'abord les modalités spécifiques des échanges, puis la façon dont s'organise le système de vengeance au sein du groupe des pairs et enfin les formes de violence ludiques et sportives.

Chapitre 1

RIXES ET BAGARRES

Les modalités d'affrontements

En matière de violence, quand bien même il s'agit de bagarres adolescentes généralement sans conséquences physiques graves, toute observation directe — et *a fortiori* toute participation ! — pose des problèmes éthiques évidents. L'ethnographe doit fixer ici, en toute conscience, les limites strictes de son travail de terrain. Cela n'empêche pas pour autant de porter un regard distancié et le plus objectif possible sur les comportements et les conduites et, pour commencer, de chercher à identifier et à classer les différentes formes d'affrontement.

Rixes, duels et batailles rangées

Les formes d'affrontement qui font figure de modèle, du moins les plus courantes, sont des combats, généralement à main nue, plus ou moins codifiés et contrôlés selon les cas. Le degré de ritualisation dépend à la fois du type de conflit qui oppose les adversaires et des circonstances dans lesquelles celui-ci a pris naissance.

Les combats les moins ritualisés, mais non les moins violents, qu'on désignera ici par le terme général de « rixe », sont ceux qui éclatent spontanément à la suite d'une querelle entre deux personnes. Sans crier gare, les protagonistes se jettent l'un sur l'autre, se frappent durement au visage et au corps, s'empoignent et roulent éventuellement par terre dans une grande confusion, jusqu'à ce que l'un des deux prenne le dessus, ou bien jusqu'à ce qu'ils soient séparés par des tiers. Ce type d'affrontement est caractérisé à la fois par sa brièveté et par sa brutalité. Les combats peuvent ne durer en tout et pour tout que quelques secondes.

Lorsque les circonstances de la querelle rendent l'affrontement momentanément impossible, celui-ci est reporté à plus tard et en d'autres lieux. Rendez-vous est pris, devant témoins : « Je t'attends à la sortie ! », « Tu vas voir, dehors ! »...

L'affrontement, qui s'apparente ici à une forme de duel, se déroule, en temps et lieu prévus, devant un public nombreux, rassemblé pour l'occasion. Il débute plus progressivement que dans le cas précédent, dure plus longtemps et se déroule de manière sensiblement moins anarchique, les adversaires étant psychologiquement préparés au combat. Il s'achève également par la victoire de l'un des deux protagonistes, puis par la séparation des combattants. Le caractère rituel est accentué par la présence du public qui donne une dimension proprement collective à l'événement.

Un dernier degré de ritualisation correspond aux duels très formalisés qui ont lieu dans le cadre de conflits opposant non pas des personnes mais des groupes de différentes appartenances, autrement dit des « bandes » de cités rivales. Ces combats, qui sont appelés « tête-à-tête », ont pour objectif soit de résoudre les conflits, à la suite d'une série de rixes et de contre-rixes collectives, en vue d'un arrêt définitif des hostilités, soit dès le début du conflit et dans le but justement d'éviter les affrontements généralisés. Ils se déroulent dans des endroits choisis d'un commun accord, après négociations et autodésignation des combattants, en présence et sous le contrôle des autres membres des deux groupes qui se font face à distance respectable : « Il y en a qui viennent se battre au milieu, entre les deux groupes. Ils parlent entre eux, ils font comme ça, "nous on..., viens te battre là", l'autre il enlève ses affaires, il se met torse nu, ou en pull et voilà... ça se frite à main nue... » (Aziz).

Dans chacun des différents types d'affrontements, il arrive bien souvent que le « duel » ne le reste pas longtemps et que le combat se transforme rapidement en bagarre généralisée. Le public ne se contente, en effet, pas seulement de regarder ou d'encourager les combattants : « Y a ceux qui mettent des coups en traître parce qu'ils aiment pas la personne », ou bien qui « cherchent à séparer et [qui] se mangent des droites et [qui] veulent les rendre », ou encore qui cherchent à défendre leur camarade dans une mauvaise posture : « Si y' a embrouille mortelle, l'autre on le tape sans pitié ! »

Dans le cadre des conflits entre groupes rivaux, les affrontements peuvent également être d'emblée organisés en batailles rangées, avec au besoin entente négociée sur les lieux de l'affrontement, sur le nombre des participants et même éventuellement sur le choix des armes. Les terrains vagues qui séparent la cité des Quatre-Mille de celle des Francs-Moisins sont ainsi le théâtre, à longueur d'année, d'affrontements rituels entre bandes d'adolescents des deux grands ensembles.

Dans la pratique, les formes de combat proprement dites ne sont limitées par aucune règle ni aucune contrainte particulière. Les affrontements s'apparentent bien, en ce sens, à ce que le langage populaire désigne comme des « bagarres de chiffonniers[1] ». Les termes du lexique agonistique adolescent expriment bien cet exercice désordonné et débridé de la violence : « chiffonner »,

---

1. Sur les origines de l'expression, voir Martine Ségalen, Béatrix Le Wita, « "Se battre comme des chiffonniers" », *Études rurales*, 95-96, janvier-juin 1984, p. 9-21.

« savater », « piétiner », « se battre à la mort[1] »... De fait, tous les coups semblent à peu près permis : coups de poing et coups de pied, « bons » et « mauvais » coups, coups donnés sur un adversaire debout ou à terre, l'objectif affiché étant non seulement de le neutraliser, mais aussi de lui faire mal, voire de le blesser. Quant à l'équité dans les bagarres, elle souffre de bien des atteintes. Il est courant qu'un combattant ait à se défendre contre plusieurs adversaires.

Cela n'empêche nullement que les manières de se battre sont culturellement déterminées et qu'il existe, au moins en théorie, un modèle valorisé des formes de bagarre : « Mais moi, quand je me bats, franchement j'aime pas me battre genre on est par terre, on se tire les cheveux et tout. Si je me bats, moi, c'est à la boxe... boxe thaïe, voilà... les mecs face à face, tatata... C'est face à face, on se bat, patate tout, balayette... comme ça... On se bat à la vraie... » (Hachim). Cette manière « à la vraie », c'est-à-dire virile et en force, de se bagarrer s'oppose notamment aux façons considérées comme féminines de se gifler, de se crêper le chignon, de se griffer, de se mordre...

Les bagarres de sortie d'école ou entre membres de quartiers différents ne sont pas l'apanage de la jeunesse des grands ensembles. Elles existent et sont même courantes dans toutes sortes de milieux sociaux, dans de nombreuses sociétés et pas seulement en milieu urbain[2].

---

1. Le langage populaire est ici particulièrement riche en termes imagés qui servent à désigner les faits de bagarre : abattage, atout, baffe, bâfre, beigne, beignet, branlée, brossée, brûlée, castagne, châtaigne, contredanse, couard, danse, dariole, déculottée, gnon, marron, mornifle, pain, peignée, pile, pochon, raclée, ramponneau, ratatouille, rincée, rossée, roulée, rouste, salsifis, tabac, talmouse, taloche, tampon, tannée, taquet, tarte, tatouille, torgnole, tournée, trempe, tripotée. (*Le Robert, Dictionnaire des synonymes*, Paris : Le Robert, 1993.)

2. Sur des formes historiques exacerbées de violences adolescentes en milieu rural, voir François Ploux, « Rixes intervillageoises en

Ce qui est remarquable dans ce contexte social, c'est à la fois le caractère pléthorique des affrontements, leur degré de violence et la manière dont ils sont présents à la conscience des membres du groupe. Pour donner la mesure du phénomène, dans le cadre scolaire, aussi bien dans les murs de l'établissement que dans la rue adjacente, le personnel de surveillance et les chefs d'établissement du collège sont amenés à intervenir en moyenne une trentaine de fois par an pour résoudre des problèmes de bagarres ; sans compter les nombreuses échauffourées et altercations violentes qui ont lieu dans les cours, dans les couloirs et même dans les classes, et qui échappent au contrôle des adultes.

Les garçons ne sont pas les seuls à participer aux échanges ; les rixes de filles (« bagarres de *meufs* »), qui n'hésitent pas à s'attendre à la sortie (« elles s'expliquent, mais ça devient très violent, quand elles s'expliquent ! »), sont également courantes, bien qu'elles s'apparentent plus à un spectacle rituel qu'à un véritable combat[1]. Il arrive aussi que les conflits entre adolescents de sexe opposé se résolvent de manière violente, mais dans ce cas toujours de manière spontanée et inopinée ; et l'échange de coups reste habituellement contenu dans

Quercy (1815-1850) », *Ethnologie française*, 21 (3) juillet-septembre 1991, p. 269-275.

1. « Combat réglé sans "révélation" d'une essence comme dans le duel, marques infamantes qui n'en sont pas, le combat entre femmes apparaît comme une parodie provoquant le rire des spectateurs, un doublet insignifiant, dont la résonance demeure limitée au registre psychologique, du seul affrontement qui ait du poids et du sens au niveau social : l'affrontement entre hommes », écrit Zagnoli à propos des rixes féminines en Calabre (Claude H. Breteau, Nello Zagnoli, « Le système de gestion de la violence dans deux communautés rurales méditerranéennes : la Calabre méridionale et le Nord-Est constantinois », p. 43-73, *in La Vengeance. Vol. 1. Vengeance et pouvoir dans quelques sociétés extra-occidentales*, sous la dir. de Raymond Verdier, Paris : Cujas, 1981).

des limites de violence très inférieures à celles qui sont de règle dans les duels masculins.

Les lieux de bagarre

Le choix des lieux d'affrontement obéit d'abord à une double contrainte de publicité et de clandestinité. D'un côté, les bagarres ne prennent leur sens véritable que si elles se déroulent en présence des pairs, voire au vu et au su de tout le monde ; de l'autre côté, elles sont interdites, tant par la loi, sur la voie publique, que par les règlements intérieurs, dans les établissements scolaires, et elles sont couramment réprimées et punies. Les affrontements ont par conséquent lieu dans des endroits accessibles au public des pairs, mais généralement situés à l'abri d'un trop grand nombre de regards et surtout dans des endroits peu fréquentés par les véhicules de police : rues désertes ou petit parc à proximité du collège, sous-sol de l'Intermarché, allées d'immeuble, passages, cours intérieures... Les espaces publics du grand ensemble, ouverts à tous les regards, mais relativement fermés à la présence et au contrôle policiers, constituent de ce point de vue des endroits très propices aux rixes adolescentes.

Un autre principe qui semble régir le choix des lieux est celui de l'opposition entre nature et culture. Quand bien même l'exercice de la violence est codifié, culturellement mis en forme et porteur de signification, celle-ci reste en effet toujours dans une large mesure transgressive de l'ordre social et donc rejetée du côté de la nature et du sauvage. D'où, sans doute, la fréquence des affrontements se déroulant à l'extérieur (« on va s'expliquer dehors ! »). D'où aussi l'habitude des groupes d'adolescents d'organiser les bagarres rituelles dans les *no man's lands* symboliques que sont les parcs, les terrains vagues, les chantiers, les usines désaffectées...

Deux bandes rivales s'affrontement en gare de Chanteloup-les-Vignes

LA GARE de Chanteloup-les-Vignes a été le théâtre d'affrontements entre deux bandes rivales samedi soir. Tout a commencé lors d'une boum qui était organisée à proximité du bâtiment de la SNCF. Les deux bandes, l'une de Mantes-la-Jolie et l'autre de Chanteloup se sont retrouvées lors de cette fête. La boisson aidant, la tension est vite montée. Lorsque les premiers ont voulu décamper, les seconds les ont poursuivis jusque sur les quais. Quand le train de 18h50 pour Mantes-la-Jolie est arrivé en gare, il a été assailli par tout le monde. Des jeunes de Chanteloup ont tiré la sonnette d'alarme pour l'empêcher de partir.

Ensuite, le convoi a été bombardé de cailloux, sous l'œil effrayé de voyageurs qui se trouvaient dans le train. *«Huit vitres de wagons ont été brisées. Après avoir débloqué l'alarme, le conducteur est parvenu à soustraire le train et les passagers aux pierres qui continuaient à pleuvoir»*, raconte le chef de gare, Daniel Martin.

Après le départ du convoi, les jeunes s'en sont pris au hall de la gare, brisant les trois portes d'accès. Ils ont aussi cassé la voiture d'un maître-chien qui a voulu intervenir. Lorsque la police est arrivée, la plupart des jeunes avaient décampé. L'arrêt des trains en gare de Chanteloup-les-Vignes a été supprimé toute la soirée. La police a interpellé un jeune de 14 ans. Il a été remis en liberté par le parquet de Versailles.

T. S.

(*Libération*, 27 septembre 1993)

Enfin, certains affrontements entre groupes se déroulent sur des lieux qui sont assimilables à des frontières, ce qui répond bien à la logique d'appropriation territoriale des espaces, déjà évoquée en première partie. C'est notamment le cas des bagarres qui ont lieu dans les espaces intermédiaires situés entre des cités voisines, par exemple les terrains qui séparent le grand ensemble des Quatre-Mille de celui des Francs-Moisins, terrains qui marquent aussi, dans ce cas précis, la frontière communale entre La Courneuve et Saint-Denis, ainsi que de celles qui se déroulent régulièrement, après de mémorables chasses-poursuites à travers la ville, dans la gare ou sur les quais de la station de R.E.R. de La Courneuve.

L'usage ludique et symbolique des armes

Les duels de préadolescents et de jeunes adolescents qui nous intéressent se déroulent généralement sans armes. Le degré de danger reste ainsi cantonné dans certaines limites, et, de fait, il est rare que les blessures infligées entre adversaires soient très graves. Dans les bagarres collectives, cependant, la confusion et l'exacerbation de la colère entraînent une escalade rapide de la violence, et les combattants ont tôt fait de se saisir de projectiles divers (pierres, bâtons). L'usage détourné des bombes lacrymogènes comme armes offensives (« gazer », « doser ») est devenu très fréquent dans ce genre de circonstances, et beaucoup d'adolescents en possèdent une. La projection de gaz lacrymogène dans les locaux scolaires et dans les bâtiments publics est devenue une plaisanterie aussi courante que fâcheuse : « Ça rend aveugle... La seule chose qu'il faut faire, c'est de bouger. Quand on s'en ramasse dans la figure, il faut bouger, quoi ! Il faut pas rester sur place. Sans ça, c'est mortel, hein ! Ça flashe, ça rend aveugle. J'en ai déjà mis dans l'école, une fois. C'était cette année. Mais c'était une autre, c'était pas celle-là *[exhibant sa bombe lacrymogène]*. J'en ai mis, et toute la cour avait reçu de la bombe lacrymogène » (Mango).

Indépendamment de l'usage qui en est fait, qui reste tout à fait exceptionnel, la détention ludique et symbolique d'armes blanches tranchantes (rasoirs, couteaux), voire d'armes blanches contondantes (poings américains), ou même d'armes de choc (matraques télescopiques, nerfs de bœuf, nunchaku) est relativement fréquente. Ces armes exercent logiquement, au même titre que les diverses techniques d'arts martiaux, une fascination sur les esprits de ceux pour qui se battre constitue une activité hautement valorisée. Chaque année, les chefs d'établissement enrichissent la « collection » du collège de quelques dizaines de canifs, couteaux à cran d'arrêt, couteaux-papillons, poignards... saisis dans des cartables ou des poches d'élèves.

[Note du 20 avril 1993] La détention et l'usage, si ludiques soient-ils, d'armes de toutes sortes comporte sa part de risques et de dangers qui alimentent régulièrement la chronique des faits divers. Lors du voyage en Espagne, le règlement, qui avait été notifié spécialement, aux parents comme aux élèves, imposait aux acquéreurs de couteaux de les confier immédiatement aux professeurs organisateurs jusqu'au terme du voyage. Cela ne nous empêcha pas de friser le drame à cause d'un adolescent qui s'amusa à planter son couteau-papillon flambant neuf dans le dossier du siège devant lui, jusqu'à toucher — sans le vouloir et sans même s'en apercevoir — le dos de sa voisine dans lequel la lame acérée pénétra comme dans du beurre. L'accident se solda par une hospitalisation en urgence, un rapatriement en avion et quelques jours de convalescence, la plèvre et le poumon de l'élève ayant été miraculeusement épargnés.

Sous l'influence du modèle des gangs américains surarmés, peut-être aussi inspirés par les héros de fictions télévisuelles et cinématographiques mettant en scène la violence adolescente et également parce que la présence de plus en plus fréquente de ces armes au domicile familial rend possible leur emprunt momentané, il arrive,

Souvenir de bagarre

Tous les membres du groupe des pairs gardent en mémoire, même s'ils n'y ont pas directement participé, les affrontements « héroïques » entre « grands », dans les espaces publics du grand ensemble. On notera dans ce récit, recueilli au cours d'un entretien, le passage du « ils » au « nous », témoin de l'identification spontanée des adolescents à la communauté fantasmée de la cité.

« Ah si ! Une [bagarre] où je suis devenu fou... Je vais tout vous raconter parce que je connais bien l'histoire. C'est quelqu'un, il s'appelle Farid Keniche, un champion d'Europe de boxe thaïlandaise. Il arrivait... il allait quelque part... Il voit deux Turcs... À côté des Quatre-Mille, il y a une villa où il y a des Turcs qui habitent. Il arrivait... Il y a deux petits Turcs qui se battaient. Il les sépare, il leur explique que c'est pas bien, tout ça... Le petit, il lui dit : "Attends, je vais appeler mon père." Le père, il arrive avec ses trois frères, ils ont voulu se battre contre Farid. Farid, il s'est défendu, il a été blessé au couteau à la main et il en a savaté un ou deux... Et il est reparti... Après, le soir, ils sont revenus, ils sont revenus dans notre cité, ils sont revenus avec plein, plein avec des couteaux, vous voyez des couteaux ronds, des fourches. Ils ont voulu savater Farid. Farid, il a réussi à se sauver, ils étaient plusieurs... Il en a attrapé un, il a réussi à se sauver et tous les autres [de la cité], ils sont venus, ils l'ont aidé... Ah là là !... Ça a été mortel !... Ça s'est passé... ils sont montés sur une colline, ils ont regardé y avait qui... Eux, ils avaient des bâtons... contre nous, on était sans bâtons, les Turcs ils avaient des bâtons, ils ont tapé avec des bâtons... L'autre, il a pris une bombe [lacrymogène], il les a dosés... Après, il y en a un, il a pris une pierre, un parpaing, il l'a lancé dans la tête à quelqu'un, le *keumé*, il est tombé dans le coma. L'autre, il a pris une branche d'un arbre, il a savaté quelqu'un avec... Ça a fini en bagarre générale. Tout le monde descendait de chez eux, ils lançaient des pierres... Après, depuis ce jour-là, ils sont plus venus dans la cité... » (Abdel).

exceptionnellement, que des adolescents se munissent d'armes à feu pour régler leurs affaires. Durant mon séjour sur le terrain, j'ai notamment eu vent, de source sûre, de deux affaires de bagarres, une à la sortie de l'école, l'autre dans la cité, dans lesquelles l'un des protagonistes menaça son adversaire avec un pistolet — sans s'en servir, bien heureusement.

La familiarité de plus en plus courante de certains membres de la culture des rues avec les armes à feu est également due à la présence dans la cité d'adolescents plus âgés, membres actifs du « milieu » de la drogue, qui sont généralement armés et qui font volontiers étalage de leur « quincaillerie » auprès des « petits ». Loïc, un adolescent à qui je demandais lors d'un entretien s'il connaissait personnellement des dealers aux Quatre-Mille, me raconta comment, un jour qu'il jouait au foot à proximité des revendeurs de la barre Presov, l'un des frères B., un caïd local, lui colla « pour rigoler » le canon de son arme sur la tempe parce qu'il avait malencontreusement envoyé le ballon dans sa direction [note du 24 février 1992]

Depuis quelques années, la police intervient assez régulièrement dans de véritables batailles rangées au fusil à pompe et au pistolet, qui ont lieu au grand jour, sous les fenêtres des immeubles, au grand dam des habitants terrorisés. Loin de se calfeutrer chez eux, les adolescents les plus intrépides ou les plus téméraires (Samir, Ahmed, Khaled... en font partie) assistent en spectateurs fascinés autant qu'effrayés au spectacle de ces « grands » qui se font la guerre. Même s'il faut faire la part d'esbroufe et de bluff contenus dans ces affrontements (coups de fusil en l'air ou sur les pare-brise de voitures, protagonistes cagoulés comme dans les *drive by shooting* des ghettos américains, parades en voitures Mercedes ou B.M.W. à vitres teintées...), affrontements qui ne font à notre connaissance qu'exceptionnellement des blessés ou des morts, on ne peut que s'inquiéter gravement de cette dérive violente « à l'américaine » d'une certaine jeunesse des grands ensembles dans lesquels sévit cette forme nouvelle et naissante de grand banditisme.

La publicité des affrontements

Les discours comme les pratiques attestent en tout point le caractère public des bagarres. La présence du groupe des pairs est non seulement indispensable au déroulement de l'affrontement, mais encore déterminante dans le déclenchement même du conflit. Si, dans le privé, ou à l'écart du groupe, les tensions qui opposent les individus trouvent souvent leur résolution et se dénouent de façon pacifique, il en va en effet tout autrement sous le regard des autres (« C'est à cause du public, par exemple, si t'es seul avec quelqu'un, tu te bats pas, tu peux toujours t'arranger... »). Dans certains cas, on verra même que cette publicité donne aux affrontements adolescents un véritable caractère festif.

« Engraineurs » et « sépareurs »

Lorsqu'une altercation éclate entre deux pairs, les autres membres du groupe interviennent d'abord en jugeant sur-le-champ de la gravité de l'affront, de l'injure, ou du dommage subi et en l'exprimant de manière rituelle (« Han ! Han ! ») ou par des commentaires explicites (« Ça m'aurait pas plu, hein ! », « C'est grave ! », « C'est mortel, là ! »). Ils jugent par la même occasion de l'opportunité de la bagarre et enjoignent au besoin les adversaires à en découdre, en « engrainant » et en « mettant la pression », soit verbalement (« Vas-y, tue-le ! », « Vraiment, t'as pas le choix ! », « Cheula [lâche] ! », « Qu'est-ce que t'attends ? »...), soit même physiquement : « Ça commence verbalement et après, il y en a un derrière en traître, il pousse l'autre sur l'autre et c'est là que ça commence avec les coups et tout » (Zahira).

C'est encore l'assistance qui juge de l'issue du combat (« Mais à chaque fois y a des bagarres, j'ai remarqué, y a des versions différentes, il faut qu'il y ait des témoins pour juger qui c'est qui a massacré l'autre... »), qu'elle peut plus ou moins (« en traître ») modifier selon ses désirs et ses faveurs.

Surtout et entre-temps, le groupe de pairs intervient pour séparer les adversaires. Chacun est en effet bien conscient, pour l'avoir déjà vécu plus ou moins directement, que la violence, pour autant qu'elle est considérée comme nécessaire, voire souhaitée et encouragée, doit être contenue dans certaines limites pour que les combattants ne courent pas des risques trop importants. Ces derniers, engagés dans le feu de l'action, emportés par la colère et par la rage, aux prises avec cet « élément d'imprévisibilité totale[1] », ne sont plus en mesure de se contrôler et sont susceptibles l'un comme l'autre de dépasser largement les seuils considérés comme acceptables. La séparation a lieu quand la domination du gagnant est éclatante, ou bien — selon l'émotion des spectateurs — à l'apparition du premier sang : « Quand le *keumé*, il est par terre, quand il le chiffonne. — Moi, si je vois qu'il est en train d'agoniser, je sépare... — Si ça saigne. — Si le mec, il l'éclate contre le trottoir, faut l'arrêter tout de suite le *keumé* ! *[Rires]* — Ouais, si il lui ouvre le crâne... — C'est avant qu'il le tue » *[Explication s'achevant par un éclat de rire collectif]* (Marc, Nassim).

Selon la violence de l'affrontement, la séparation peut comporter des risques : « Malgré que je me ramasse des coups, je tiens toujours à séparer ; mon attitude, c'est plutôt de les séparer, parce que je me dis que ça pourrait très bien m'arriver à moi et je voudrais bien qu'on me

1. Hannah Arendt, « Sur la violence », *in : Du mensonge à la violence*, Paris, Calmann-Lévy, 1972, p. 118.

sépare au lieu qu'on s'entre-tue » ; « Ah moi, jamais je
séparerai, c'est là qu'on se prend tous les mauvais
coups ! Si ils veulent se battre, ils se battent, c'est tout ! »
Les informateurs interrogés s'affirment cependant, dans
l'ensemble, « sépareurs » en puissance — du moins dans
le cadre des bagarres entre membres du groupe des pairs
connus. Ce rôle valorisé permet de concilier sans difficulté le respect des normes morales dominantes (désap-
probation de la violence) et les codes de conduite de la
culture des rues (assistance systématique aux bagarres).

Il existe, au collège comme dans la cité, des « sépareurs » que l'on peut qualifier d'institutionnels, qui sont
les membres du personnel enseignant et disciplinaire
(surveillants, professeurs, chefs d'établissement) et plus
généralement les adultes (grands frères, parents). À
l'école, les bagarres sont interdites et sévèrement réprimées, si bien que les conflits ne vont que rarement jusqu'à leur terme : « Ouais, dans le collège, par exemple,
on les sépare... Si jamais y a le principal qui arrive, ça va
faire des histoires et tout, ils vont se faire virer, on les
sépare... » Paradoxalement, les défis et les menaces sont
du coup beaucoup plus fréquents à l'école, la présence
des « sépareurs » institutionnels garantissant une certaine impunité à leurs auteurs ou tout au moins la certitude que les échanges de violence seront contenus dans
des limites supportables : « En vérité, ceux-là qui cherchent à l'école, c'est des lâches. Ils savent qu'il va y avoir
intervention » (Khaled).

Seuls les membres de ce groupe social les plus ouvertement agressifs veulent bien se reconnaître dans le rôle
assez honni d'« engraineur ». Si tous participent plus ou
moins involontairement au déclenchement des combats,
ne serait-ce que par le simple fait d'accourir à la moindre
altercation, dans la rue ou dans les cours de récréation,
dans l'ensemble, les adolescents désapprouvent les
comportements provocateurs en matière de violence :
« En vérité [la bagarre], c'est à cause des autres. Ils ont

qu'à fermer leur gueule. — Pourtant, ça t'arrive de l'ouvrir, toi, non ? — Ah ouais, moi j'aime bien ouvrir ma gueule, mais pas pour engrainer [...]. Moi j'aime bien ouvrir ma gueule, mais quand je sais que y a des limites, je la ferme, ma gueule. Sérieux, hein, quand je vois que ça va dégénérer et tout, je dis rien... Après, je radoucis la parole, quoi ! » (Alain). Il faut faire la part aussi, dans ce « voyeurisme » adolescent, du désir naturel de savoir, d'être tenu au courant, de partager les histoires du groupe et, partant, de se faire sa propre opinion des choses.

[Note du 22 mai 1992] Un soir où je discutais avec Bendi, devant Renoir, des suites d'une retentissante bagarre qui avait eu lieu le matin même à la sortie du collège, il eut cette remarque immédiate à propos de Samir, absent de l'école ce jour-là et que nous vîmes passer de l'autre côté de la place Alfred-de-Musset : « Il a tout loupé, Samir aujourd'hui, il a rien vu du tout ! »

La bagarre est en somme un rituel qui se joue avec trois types d'acteurs : les protagonistes, les « engraineurs » et les « séparateurs », étant entendu que les trois rôles sont parfaitement interchangeables, chacun des membres du groupe pouvant alternativement et même au cours d'un même échange de violence remplir l'une ou l'autre des trois fonctions. Il arrive même qu'un séparateur maladroit ou inopportun se trouve contraint à se battre à son tour. Les moins concernés au départ peuvent aussi être amenés à entrer en lice au cours de l'affrontement, si celui-ci se généralise.

Bagarres en fête

Pour qui n'a jamais eu l'occasion d'assister à des bagarres de rue comme celles qui ont lieu fréquemment à la sortie du collège, il est difficile d'imaginer dans quelle ambiance de fête et dans quelle sorte d'ivresse collective se déroulent les combats. N'ayant jamais voulu, pour des raisons évidentes, occuper la place d'observateur direct et passif des échanges de violence, je me suis néanmoins trouvé à plusieurs reprises spectateur obligé, soit des fenêtres du collège, soit dans la rue en passant, de ces mouvements de foule en émoi autour de combattants en train d'en découdre.

Lorsqu'un conflit éclate, à l'intérieur du collège, entre deux adolescents qui se défient mutuellement et décident devant témoins de s'attendre à la sortie, la nouvelle se répand dans l'école comme une traînée de poudre, et l'ensemble des élèves se trouve rapidement au courant (les membres du personnel de surveillance et de direction aussi, parfois, ce qui leur permet d'intervenir en temps utile), si bien qu'à l'heure de la sortie les pairs se regroupent dans la rue et attendent de pied ferme les protagonistes. Lorsque ceux-ci arrivent, une foule compacte et mouvante les entoure immédiatement et les accompagne dans la plus grande excitation sur les lieux choisis du combat, la plupart du temps à quelques encablures de l'entrée du collège, pour échapper à la surveillance vigilante et menaçante du principal. Les retardataires accourent dans la précipitation (« ça attire, toute l'école y va, c'est comme des fourmis ! »), tandis que les spectateurs se bousculent, crient, hurlent, poussent, montent sur les bancs et sur les voitures pour voir de leurs propres yeux. La bagarre a lieu au milieu de cette cohue, parfois en plusieurs « reprises » et à différents endroits (terrain de sport de la cité voisine, parc de la mairie...), si le premier échange de coups n'est pas décisif. Au terme de l'affrontement et après séparation éventuelle des combattants, le vainqueur est généreusement félicité par ses camarades (lors d'une bagarre aux enjeux particulièrement importants, on m'a raconté que le champion fut non seulement acclamé mais encore porté et lancé en l'air plusieurs fois de suite par ses camarades surexcités !), puis l'attroupement se disperse aussi rapidement qu'il s'était formé, et les adolescents rentrent chez eux par petits groupes, en commentant bien sûr avec ferveur et passion les événements.

Vus des fenêtres des étages supérieurs du collège, ces rassemblements tumultueux et bruyants, qui concernent plusieurs centaines de jeunes — et qui s'apparentent par certains côtés aux anciens charivaris de village —, sont aussi spectaculaires qu'impressionnants. La dimension dramatique des affrontements (dont témoignent les blessures sérieuses — nez cassés, visages ouverts... — qu'ils occasionnent parfois) n'est ressentie que par les protagonistes eux-mêmes et par les camarades proches qui les entourent. Pour le reste des pairs, l'ambiance est à la joie et à l'euphorie. Il faut noter ici le rôle particulier des filles qui, par leurs cris faussement apeurés et leurs rires hystériques, contribuent efficacement à attiser les passions et à donner à ces rassemblements leur caractère exalté.

C'est en ce sens une erreur de considérer — comme le font par exemple les chefs d'établissement de Z.E.P. — que les échanges de violence entre adolescents ne concernent qu'une petite minorité d'individus au profil déviant. S'il est vrai que seuls les membres les plus intégrés à la culture des rues participent régulièrement et de manière directe aux bagarres, l'ensemble des pairs joue un rôle très actif, par sa présence et par son excitation, dans la mise en place des conditions de la violence, dans la conduite des événements et dans la constitution des affrontements interindividuels en phénomènes collectifs. Même les adolescents les plus réservés, les plus pacifiques ou les plus étrangers à l'univers de la rue se trouvent dans ces circonstances emportés par le phénomène de groupe.

[Note du 27 mai 1991] Un jour, à midi, j'eus la surprise de découvrir des filles de sixième, habituellement calmes et timorées, qui s'empressaient de sortir de mon cours en rameutant sans complexes leurs camarades : « Y a une baston, y a une baston ! » En situation d'interview, les informateurs ne cachent nullement leur goût et leur attirance pour le spectacle de la violence. Abla, charmante et brillante élève de cinquième, me racontait ainsi à sa manière, en présence d'une de ses pairs, un souvenir de bagarre à la sortie de l'école : « Et tu te rappelles au début de l'année, y avait une baston à l'Intermarché et y avait plein de bombe lacrymogène partout... Toute l'école, elle [y] avait été, on courait, tu te rappelles pas ? — C'est un Chinois qui s'est battu, tout le monde courait... — Ben ouais, faut dire, moi je sais pas, y a une bagarre j'y vais, hein ! Vous me voyez tout le temps. Non, c'est pas que c'est... Je sais pas, c'est impressionnant, j'aime bien voir les bagarres, moi. Bon, c'est vrai, ça fait mal aussi quand tu vois quelqu'un se faire tuer, mais, tu te dis des fois peut-être il l'a cherché, hein[1] ! »

L'inculcation de l'*habitus* agonistique

« Notre réflexe émotionnel immédiat nous amène souvent à juger des sociétés ayant des critères de contrôle de la violence et des niveaux de répulsion différents, comme si les membres de ces sociétés étaient libres de choisir entre ces critères et les nôtres, et optaient pour la "mauvaise" solution[2]... » S'il ne s'agit pas, en ce qui concerne notre étude, à proprement parler d'une autre

---

1. Même genre de propos tenus par une adolescente racontant à un journaliste une violente scène de bagarre : « Une super-grande bagarre, raconte Yasmina. On se serait cru au Far West. Il y a eu des cris, un fusil et la police. Quand il y a des choses dramatiques, au moins, ça fait de l'animation, on pleure si ça se termine mal, sinon, on rit, le reste du temps, on s'ennuie » (« Le mal des cités, étage par étage », *Événement du Jeudi*, 12-18 mars 1992, p. 33).
2. Norbert Élias, Éric Dunning, *Sport et civilisation : la violence maîtrisée*, Paris : Fayard, 1994, p. 6.

société, mais seulement d'un groupe social particulier, cette réflexion du sociologue Élias reste ici parfaitement valable, puisque notre jugement négatif sur les comportements violents adolescents s'apparente bien souvent à un mépris de classe d'âge doublé d'un mépris pour les classes populaires, dont les mœurs nous apparaissent toujours moins civilisées que celles des classes bourgeoises.

Ici, nous allons voir en fait que la nature des relations en vigueur dans le groupe d'une part, et les valeurs inculquées par la famille d'autre part, concourent à rendre l'exercice de la violence tout à fait nécessaire à la construction de la personnalité adolescente.

L'habitude faite corps

L'inculcation de l'*habitus* agonistique se réalise dès la petite enfance, parfois dans le cadre familial, à l'école et surtout dans la rue. L'usage des châtiments corporels, fréquent dans le mode d'éducation populaire[1], fait très tôt subir aux enfants qui en font l'expérience régulière un apprentissage physique, psychologique et social de la violence : « C'est normal, quand on est petit... Des baffes, ouais... presque tous les jours, parce que je faisais beaucoup de conneries » (Aziz). Certains sont d'ailleurs tout à fait conscients de la différence qui sépare à ce niveau les modes d'éducation bourgeois et ouvriers, comme en témoigne cette remarque acerbe de Khaled, lors d'un séjour de camping, à propos du fils d'un professeur qui pleurait pour une égratignure : « Il chiale parce que c'est un petit bourgeois qui a jamais pris de coups, c'est tout ! »

---

1. Sur l'organisation du système des « peines conviviales familiales » en fonction du sexe et de l'âge et la structure hiérarchique de l'exercice de la violence au sein des familles maghrébines, voire Claude H. Breteau, Nello Zagnoli, « Le système de gestion de la violence... », *op. cit.*

Au collège, il arrive fréquemment que des parents d'élève, convoqués à la suite d'une exclusion de leur enfant, infligent sur-le-champ, dans le bureau du principal et malgré ses appels à la clémence, de terribles « roustes » à leur rejeton. L'expression galvaudée « je vais me faire tuer » de l'élève mal noté ou puni qui rentre chez lui en sachant qu'il aura à affronter la colère de son père ou de sa mère prend ici une tonalité particulière — comme cette menace que j'entendis un jour en bas de mon immeuble, proférée par une mère courroucée à son fils qui lui faisait la nique : « Si je t'attrape, je te ruine ! » [note du 3 avril 1992].

L'apprentissage visuel de la violence est également facilité par le spectacle fréquent des rixes dans les espaces publics du grand ensemble : « Mais j'ai assisté à beaucoup de bagarres... Des grandes bagarres, dans notre cité, hoo là là ! Y avait que ça, hein ! Y a que ça ! Dans ma jeunesse, j'ai connu que ça, les grands qui se tapent entre eux... » (Aziz).

Très jeunes, dans les cours d'école primaire, dans les rues et sur les terrains de jeu du grand ensemble — en l'absence du contrôle et de la protection des adultes —, les enfants apprennent à se battre, c'est-à-dire à défendre leur propre personne contre les agressions d'autrui, en répondant aux coups par des coups. Ils font ainsi l'expérience valorisante et valorisée de la force et du courage (« avant de commencer à me battre, j'ai peur, mais dès que je suis en train de me battre, j'ai plus peur ! ») et intériorisent ainsi les codes de conduite spécifiques des relations conflictuelles violentes. Très tôt, au sein du groupe, les personnalités s'affirment et les réputations voient le jour, un ordre social, fondé sur la domination non seulement des plus forts, mais aussi des plus hardis, des plus téméraires ou même des plus crânes, s'instituant de manière plus ou moins stable.

Cette initiation se fait, à l'occasion, sous le regard approbateur et complice des aînés qui prennent un plaisir non dissimulé à initier les plus jeunes à la pratique du combat de rue, comme ce dimanche après-midi où je trouvai, en rentrant chez moi, dans l'allée de l'immeuble, Karim et Frédéric, deux adolescents de treize ans, qui jouaient les arbitres enchantés et comptaient les coups dans une bagarre entre deux « petits » qui se « castagnaient » durement, leur prodiguant encouragements et conseils et les enjoignant, non sans cruauté, de continuer à se battre jusqu'à ce que l'un des deux prenne le dessus [note du 5 mai 1992]. Au besoin, cette pédagogie des « grands » joint opportunément — façon aussi d'exercer une domination permanente sur les cadets — les gestes à la parole : « Théo, il est moniteur de boxe thaïe, maintenant... En colonie, il était venu avec nous. Le soir, on rigolait un peu... Ah ! Il nous mettait des coups, il nous tapait dessus... » (Ange).

Même si le savoir technique mis en jeu dans les bagarres de rue est relativement rudimentaire et si aucune stratégie complexe ne prélude aux affrontements, lesquels se déroulent de manière généralement très anarchique (« Je pense qu'à taper, qu'à taper, qu'à taper ; coups de tête, coups de genou, coups de poing, j'en ai rien à foutre ! »), les adolescents les plus bagarreurs acquièrent néanmoins, à force de se battre, une assez grande maîtrise de soi et une forme de science de la bagarre qui est parfois transposable sur le marché des sports de combat : « Tu apprends en voyant les bastons, en voyant les belles bastons, quoi ! T'apprends, tu regardes bien les coups et tout... et après, quand tu te bats, tu regardes si ça marche... » (Hachim). En réalité, ce n'est d'ailleurs pas tant la science du combat proprement dite que la capacité à réagir au bon moment et de la bonne manière dans les situations conflictuelles qui constitue la part la plus essentielle de l'*habitus* agonistique : « Moi, la première chose que je fais quand je me bats, c'est je mets le premier coup. Si je sais que vraiment, il m'a cherché, je mets le premier coup... Soit je lui mets une grosse patate dans

le nez, soit je l'achève. Ça se passe dans la figure... »
(Khaled). Cette affirmation, qui n'a de fanfaronne que
l'apparence quand on connaît le personnage, traduit à sa
manière la nécessité de savoir juger avec une précision
quasi millimétrique à la fois du degré de gravité d'un
conflit (« si je sais que, vraiment, il m'a cherché... ») et
de l'opportunité de l'échange de coups. Les adolescents
extérieurs au groupe central et à sa culture (les « bouffons ») qui, pour différentes raisons, n'ont pas pu ou su
incorporer — au sens propre du terme — cette « stratégie
de l'agressivité et de la défensive [1] » sont condamnés soit
à ne pas réagir, soit à réagir de manière toujours plus ou
moins décalée dans les relations conflictuelles ou de simple rivalité, ce qui explique pourquoi ils subissent généralement une forte domination de leurs pairs. Cet aspect
des choses ne concerne pas seulement les échanges physiques, mais aussi toutes formes d'échanges verbaux
(façons codifiées de prendre la mouche, de faire monter
les enchères, de bluffer, de « mettre la pression », voire
de faire marche arrière si nécessaire, de négocier...) qui
participent du mode de gestion de la relation conflictuelle
et dont la maîtrise nécessite un lent et précoce travail
d'apprentissage.

Les ambiguïtés de l'éducation

En matière de violence physique, la transmission familiale des normes de comportement obéit à des procédures
explicites et implicites qui se trouvent souvent en parfaite
contradiction les unes avec les autres. D'un côté, les
parents interdisent globalement et de manière formelle à
leurs enfants de se battre dans la rue ou à l'école et ils

---

1. Nicole Castan, *Les Criminels du Languedoc : les exigences d'ordre et les voies du ressentiment (1750-1790)*, Toulouse : Ass. des publ. de l'université de Toulouse, 1980, p. 161.

les punissent volontiers quand ils transgressent cet interdit ; de l'autre, ils leur offrent des modèles de conduite
et de pratique qui s'opposent parfois en tout point aux
règles qu'ils sont censés vouloir transmettre.

L'inculcation de l'*ethos* agressif doit beaucoup au
modèle de comportement des pères qui, en accord avec
l'idéal populaire de virilité fondé sur la force physique et
une conception des rapports sociaux dans laquelle l'honneur tient une place importante, font montre en maintes
occasions de leurs capacités à réagir aux offenses, voire
aux agressions, dans la vie quotidienne et donnent quand
il le faut l'exemple concret de la violence physique. Les
adolescents gardent des souvenirs marquants de ces scènes où se jouent sous leurs yeux l'honneur et la fierté
familiale : « On était partis à Carrefour acheter un sapin
pour mon petit frère. Mon *reupé* [père], il a fait un chèque,
il a mis à l'ordre comme ça "de Carrefour". Le caissier, il
lui fait "C'est pas 'de Carrefour' qu'il faut mettre, c'est
'Carrefour' tout court". Mon *reupé*, il fait "De Carrefour,
c'est pareil". Le mec, il lui dit "Vous êtes bête ou quoi !"
Mon *reupé*, il a fait "Vas-y, passe dessus la barrière, passe
dessus" *[viens te mesurer à moi, si tu veux]*. Moi j'ai rien
retenu du tout *[j'ai pas cherché à calmer les choses]*, le
keumé il avait cherché... Le *keumé*, tu crois qu'il a bougé ?
T'es fou ! Il disait à mon *reupé* "Calmez-vous, monsieur,
calmez-vous !" » (Otmane). Au besoin, l'apprentissage
peut s'effectuer de manière tout à fait officielle, comme
dans cette injonction d'un père à son jeune fils qui venait
de se chamailler avec un de ses pairs, au bord du tatami
de judo où se déroulait une compétition locale : « Si il
t'emmerde, tu lui mets un coup d' tête dans la gueule et
on n'en parle plus. Et s'il continue à t'emmerder, tu viens
me chercher et c'est moi qui l'éclate. »

La transmission maternelle est beaucoup moins manifeste. Mais certaines mères n'en jouent pas moins un rôle
non négligeable dans la construction de la personnalité
virile de leurs fils, en favorisant par une attitude consen-

268 • Les échanges de violence

tante et complice l'émergence des tendances agressives
et même brutales de leur caractère — cela tout en affichant à l'occasion une position réprobatrice, répressive,
ou même simplement fataliste (« Qu'est-ce que j'ai fait
pour avoir un fils pareil ? »), lorsque le tempérament
bagarreur de leurs enfants occasionne des conflits avec
d'autres familles ou avec les institutions scolaires.

[Note du 16 mai 1992] Amèle, une jeune femme algérienne des Quatre-Mille, présente dans sa manière d'éduquer ses enfants le plus parfait exemple de cette double
inculcation contradictoire. Divorcée, elle élève seule son
fils de sept ans et sa fille de neuf ans avec des exigences
de rigueur et d'obéissance qui n'auraient rien à envier à
celles d'une éducation de « bonne famille ». Son souci
majeur est de les préserver à tout prix des « mauvaises
influences » de la cité (elle n'a de cesse de chercher à
déménager) et elle rejette en bloc les codes de conduite
associés à l'univers de la rue, qu'elle exècre. Cela ne
l'empêche pas de flatter à l'occasion l'agressivité et la
combativité déjà empreinte de culture adolescente masculine que son fils exprime de manière précoce dans ses
relations avec autrui. Ainsi, me racontait-elle un soir, en
sa présence et avec un plaisir non dissimulé, comment
celui-ci fait régulièrement mine de menacer au passage
les « voyous » et les « drogués » qui traînent en bas de son
immeuble : « J' vais les savater moi, j' vais les savater si
y' z'emmerdent ma sœur ! »

Dans certains cas plus rares qui correspondent à des
situations d'immigration récente et d'acculturation non
encore réalisée, l'attitude parentale est nettement moins
ambivalente, et le mode d'inculcation apparaît infiniment
plus simple.

[Note du 22 mai 1992] Au cours d'une série de rixes
et de contre-rixes qui eut lieu entre des adolescents de la
cité et dont j'ai eu l'occasion de suivre le déroulement
étape par étape, la mère, malienne, de l'un des protagonistes n'hésita pas à se rendre, accompagnée de son fils,

au domicile familial d'un des adversaires déclarés et à réclamer haut et fort aux parents de ce dernier qu'il vienne se battre séance tenante avec son garçon dans la rue.

Certains parents couvrent, sans états d'âme et parfois en toute bonne foi, les agissements violents de leurs enfants, si funestes en soient les conséquences. Khaled, qui avait, au cours d'une mauvaise bagarre, cassé le nez d'un de ses pairs, se vit ainsi fermement soutenu par sa mère et par son frère dans le conflit interfamilial qui s'ensuivit : « C'était un jour, au terrain de tennis, y en a un, il m'a cherché, il racontait à tout le monde qu'il m'a massacré. C'était une histoire imaginaire. Je suis parti le voir, y avait moi et un copain, là... Je lui fais ça, bouah, je lui mets un coup de tête, terrible... Après, il m'a regardé... cinq minutes après il est tombé. Et après, heureusement, y avait le grand frère à l'autre, à mon copain, sinon, je l'aurais piétiné encore... J'ai pas eu pitié de lui, hein ! Mais il a dit "Arrête, arrête"... Après, ses parents, ils sont venus chez moi et tout, hein ! Ils veulent qu'on rembourse l'hôpital. Ma mère, elle fait "on rembourse rien du tout, il l'a cherché"... Je lui ai dit, moi, à ma mère, qu'il l'a cherché. En plus, y avait mon frère avec moi, il le savait qu'il avait cherché... C'est mon frère qui est venu m'avertir, il m'a dit : "Pourquoi il parle sur toi ?" »

Néanmoins, en matière de bagarre adolescente, l'attitude parentale la plus commune et la plus courante consiste, en accord avec les normes et les principes de conduite dominants, à réprouver fortement les combats de rue et à punir sans ménagement ses enfants lorsqu'ils se battent. Seulement, toute l'ambiguïté de l'éducation en matière de bagarre réside justement dans les moyens que les parents utilisent pour corriger leurs enfants, puisqu'ils usent pour ce faire de la même violence qu'ils prétendent vouloir interdire. Cette contradiction entre fins et moyens n'est jamais aussi flagrante que dans le cas des frères aînés qui cherchent généralement à imposer dans

LA FÊTE

Ce soir, nous organisons une fête dans la cité.
Il y a les parents, les enfants,
Les grands, les personnes âgées
Et même les racistes.
À peine au bout d'une heure, on ne s'entend
déjà plus.
Heureusement que la police est là pour
remettre de l'ordre.
On mange, on rigole, on danse.
Tout à coup, deux hommes habillés de noir se
battent.
Il y a des gens qui les séparent,
D'autres qui leur sautent dessus.
Ça y est, c'est la bagarre générale.
La police sépare les combattants,
Tout revient dans l'ordre.
Heureusement, la table n'a pas été renversée.
Nous nous racontons tous avec qui nous nous
sommes battus.
Voilà une bonne discussion pour terminer cette
fête.

LA POUCAVE

Je ne le balancerai pas
Et je ne le décrirai pas,
Car cela ne se fait pas.
Mais je sais qu'il se reconnaîtra.
La dernière fois,
En cours de musique,
Quelqu'un a balancé
Une boulette de papier
Sur la tête de la prof.
Il a tout de suite inventé que c'était moi
La prof l'a cru,
Elle m'a collé
Tous les lundis
jusqu'à la fin de l'année.
Je suis allé le voir
Je l'ai traité de connard.
Il m'a mis un retourné.
Je l'ai esquivé.
Myriam Jéli m'a balayé.
Je me suis relevé,
Je l'ai droité.
Il m'a fait un chassé,
Je lui ai répondu par un high-kick
Il s'est baissé
Et m'a balancé un low-kick.
Puis on s'est sauvé
Chacun de son côté.
Nous ne nous sommes jamais plus reparlé.

Bekassem Sellam

JE VIDEO

Mon jeu vidéo est un fléau.
Si je tue un méchant,
Je suis tout content.
Si un ennemi m'atteint,
J'aboie comme un chien.
Dès que sur l'écran il y a « Game Over »
Je sens que je meurs!!

Youssef Bounouar

SALADE DE GNONS

Lundi, je me mange une patate.
Mardi, je me prends un marron.
Mercredi, je me ramasse un pain.
Jeudi, je me fais un œil au beurre noir.
Vendredi, je reçois un coup de jus.
À la fin de la semaine, je suis gavée.

Samira Manser

(Poèmes extraits de l'ouvrage collectif par Boris Seguin
et les élèves du collège Jean-Jaurès de Pantin, op. cit.)

la rue leur autorité en la matière, indépendamment de celle des parents, comme en témoigne cette explication d'Aziz à qui je demandais s'il avait l'habitude de défendre son frère dans les bagarres : « Mon frère ? Je m'explique avec le mec [l'adversaire], tranquillement. Je lui dis : "Arrête, ne cherche pas, reste tranquille..." Je demande c'est qui a commencé. Si c'est l'autre, je me bats avec l'autre ; si c'est mon frère, je le savate. Je lui mets un coup de pompe, je lui dis : "Arrête de chercher"[1]. »

La force et la dureté

Dans le champ des valeurs qui sont transmises et constamment réaffirmées au sein du groupe des pairs et qui orientent les conduites et les comportements liés aux échanges de violence, on peut dégager principalement les deux notions clefs de « force » et de « dureté ». Toutes deux entrent en jeu, de manière implicite ou explicite, dans la formation et dans la reproduction de l'*habitus* agonistique, jouent un rôle important dans la construction des personnalités et déterminent dans une large mesure la nature des rapports sociaux en vigueur dans le groupe. L'une et l'autre font en ce sens figure de valeurs cardinales de la culture des rues.

Dubet avait bien remarqué la récurrence du thème de la « force » dans les discours des jeunes « galériens » de banlieue. Seulement, il analysait la force comme une composante de la « rage », c'est-à-dire essentiellement

---

1. Dans une scène du film de Jean-Claude Brisseau, *De bruit et de fureur* (1984), qui a pour cadre principal une cité H.L.M. dégradée, le personnage assez rustre et brutal du père de famille (Bruno Crémer) rosse violemment un de ses voisins qui avait giflé son fils parce que ce dernier avait mis le feu à son tapis de palier. Alors qu'on pense qu'il va en rester là, satisfait d'avoir vengé l'affront, il s'approche de son rejeton et lui administre à son tour une sévère correction, avant de déclarer fièrement : « Moi seul ai le droit de taper mon fils ! »

comme un signe d'anomie et de désorganisation sociale et non pas comme un trait culturel spécifique[1]. C'était sans doute faire trop peu de cas de « la valorisation populaire de la force physique comme dimension fondamentale de la virilité[2] », qui s'exprime de manière courante dans les faits, les gestes et les paroles des adolescents et des préadolescents.

[Note du 21 décembre 1994] À la fin d'un cours de géographie mené tambour battant avec la classe de sixième 2, je soulève à bout de bras et avec une vigueur un peu trop ostensible la tablette et le projecteur de diapositives qui se trouve au-dessus, pour les déplacer et les ranger au fond de la salle, tout en continuant à dicter à la classe les dernières phrases de la leçon. Ma démonstration de « puissance » ne passe pas inaperçue et déclenche aussitôt les acclamations espiègles de plusieurs élèves, dont Hamza qui lève ses poings serrés en les agitant avec vigueur et lance : « Waah la force ! La force universelle ! » ; aussitôt relayé par son voisin : « Même Ulk, il pourrait pas faire ça ! »

Du point de vue individuel — masculin mais aussi, dans une certaine mesure, féminin —, la force et ses corollaires, la puissance (qu'on retrouve dans l'emploi de l'adjectif « puissant » comme intensif : « Nirvana, c'est puissant », « Houaa, comme elle est puissante, ta coupe ! »...), la robustesse, la résistance ou la fougue (la « patate », la « frite », la « pêche »), sont des qualités très prisées par les adolescents, pour qui les attributs et les aptitudes physiques constituent une part essentielle du capital de définition de soi. Ce rapport au corps, à la fois juvénile — lié aux transformations spécifiques de la puberté — et populaire, se traduit en matière de normes et de goûts corporels par la valorisation marquée de la taille, de la carrure (« Mango, c'est une masse ! ») et du

1. François Dubet, *La Galère...*, *op. cit.*
2. Pierre Bourdieu, *La Distinction...*, *op. cit.*, p. 447.

volume musculaire (la « forme » au sens originel du terme), et, à l'inverse, par le mépris et le rejet dont font l'objet les individus chétifs (« *greumés* » [maigres]), petits (« nains », « pygmées ») ou au caractère trop apathique ou débonnaire (« il est fatigué, c'*keumé* ! »).

Cet attrait pour la puissance physique se retrouve naturellement dans le style des consommations culturelles adolescentes et notamment dans le goût prononcé pour les personnages à la force extraordinaire que sont les super-héros, américains ou japonais, de bandes dessinées (Superman, Spiderman, Batman...), de dessins animés (Albator, Musclor, Goldorak, Ninja...), de séries télévisées (Ulk, Wonderwoman, Super-Jaimie...) ou encore du cinéma (Bruce Lee, Indiana Jones, Rocky, Rambo, Terminator, Mad Max, Robocop...) ; de même qu'il oriente le choix des pratiques sportives (musculation, sports de combat, rugby[1]...) et des activités de loisirs (jeux vidéo).

Dans la conception adolescente des relations interpersonnelles, l'utilisation de la force physique constitue un moyen parfaitement légitime de l'exercice du pouvoir, en même temps qu'une façon privilégiée de gérer et de résoudre ses conflits. Cela détermine une domination marquée des forts sur les faibles et en particulier des « grands » sur les « petits » — dont l'une des conséquences logiques est l'existence d'une sorte de relation de clientèle entre « grands » protecteurs et « petits » protégés dans les établissements scolaires ou dans la rue — et rend également possibles, dans le pire des cas, des activités délinquantes spécifiques comme le « racket » ou la « dépouille » (extorsion par la force d'objets person-

---

1. La force est l'une des quatre grandes catégories autour desquelles se structure l'espace des choix sportifs, selon Christian Pociello, « "La force, l'énergie, la grâce et les réflexes". Le jeu complexe des dispositions culturelles et sportives », p. 171-237, *in Sports et société : une approche socioculturelle des pratiques,* sous la dir. de Christian Pociello, Paris : Vigot, 1981.

nels) qui se sont développées depuis une quinzaine d'années dans certains quartiers de banlieue et dans les centres-villes.

Versant négatif de la force, la dureté oriente également nombre de jugements, d'attitudes et de comportements adolescents et gouverne dans une large mesure les relations entre pairs. Il ne s'agit pas ici de la simple méchanceté ou cruauté enfantine observée dans les cours d'école, mais d'une sorte de principe de conduite et de relation qui détermine des formes de violence physiques et symboliques systématiques — principe reposant sans doute sur la vision d'un monde impitoyable, n'accordant pas de place aux pauvres et aux faibles en général, et qui correspond peut-être au point de vue spécifique d'une catégorie de population à la fois jeune, en bas de l'échelle sociale et d'origine étrangère, c'est-à-dire triplement dominée.

[Note du 18 mars 1992] Au bureau de tabac du centre commercial où je me trouve accompagné par Khaled, ce dernier interpelle sans motif apparent, peut-être pour se donner vis-à-vis de moi une contenance, une gamine dans la file d'attente à côté de nous : « Pourquoi tu fais la queue ? C'est pas la peine, t'as pas d'argent ! — Bien sûr qu' j'ai de l'argent. — Ah ouais, alors fais montrer ! — Fais montrer quoi ? — Ta monnaie, fais-la montrer. » La gamine, qui ne sait que trop bien de quoi il retourne, tient sa main bien fermée contre elle et répond, sans se laisser démonter : « J'en ai de l'argent, j' suis pas comme toi ! — T'as rien du tout, tout le monde le sait qu' t'es une pauvre ! — Je suis p't-être pauvre, mais j'ai de l'argent et toi, t'en as pas. »

Dans le quotidien, les tensions au sein du groupe sont permanentes, et les conflits, nombreux, éclatent sans prévenir — d'où les grandes difficultés du maintien de l'ordre dans les établissements scolaires. La violence physique s'exerce non seulement dans le cadre des bagarres proprement dites, mais aussi, de manière plus ou moins discrète, sous forme de brimades, de coups et de brutalités diverses — voire de sévices — qui, même s'ils sont administrés « pour rigoler », contribuent à rendre l'existence éprouvante pour ceux qui la vivent au quotidien et spécialement pour les plus faibles et les plus dominés du groupe, qui subissent ces violences sans jamais pouvoir les rendre. La violence verbale est, comme nous l'avons déjà souligné, omniprésente dans le contenu (insultes, injures, vannes) comme dans la forme des échanges. Il faudrait pouvoir ici faire entendre au lecteur l'agressivité, l'exaspération, la hargne, voire le mépris ou la haine contenus dans la prosodie spécifique du langage des rues, que nous avons évoquée dans la précédente partie.

Entre membres de groupes différents, de classes d'âge différentes, de micro-quartiers différents et même, dans une certaine mesure, avec ses camarades les plus proches, on ne se fait pas de cadeaux, on ne se ménage guère. Le rejet, le mépris, la détestation sont des sentiments courants. Le mensonge (« mythonner », « mystifier »), l'abus de confiance (« arnaquer » [« karna »], « carotter » [« rotteca »], « barber » [« bébar »], « entuber », « baiser », « niquer », « enculer », « couiller »...) et toutes les formes de vol (« péta » [taper], « chourrer », « tirer », « gratter ») sont pratiqués à l'intérieur comme à l'extérieur du groupe et fortement banalisés. Cet état de fait engendre un climat de crainte et de méfiance mutuelle qui peut paraître pesant à celui qui n'y est pas habitué : « À quoi ça sert, les portemanteaux qui sont dans le couloir ? », demandait un jour une élève.

La compassion, la tendresse et la prévenance sont rares dans ce contexte où chacun semble prendre plaisir à se montrer « sans pitié » avec les autres, à jouer ou tout au moins à simuler — car, au fond, les sentiments sont plus mitigés et composites — l'indifférence et le détachement, à se moquer ouvertement, parfois cruellement, des malheurs quotidiens, des échecs et de l'infortune d'autrui. L'emploi extrêmement répandu de l'interjection arabe dialectale « cheeh », qui correspond approximativement à « bien fait ! » en français, est un phénomène frappant dans les cours d'école et les salles de classe.

L'apprentissage de cette dureté des mœurs, qui se lit autant sur les visages, dans les voix, les caractères et les humeurs que dans les manières de se comporter avec ses pairs, se fait dès le plus jeune âge, à l'école et dans la rue, physiquement et à la manière forte.

[Note du 3 mars 1992] En allant faire mes courses au centre commercial, j'observe de loin une bande de gamins qui jouent au football sur une allée goudronnée adjacente. Au moment précis où je passe à côté d'eux, un enfant noir de cinq ou six ans, qui se trouve assis en spectateur sur le parapet, se prend le ballon en pleine figure, à bout portant. Sous le choc, il bascule en arrière sur le gazon et prend son visage dans ses mains en se tordant de douleur. À mon grand étonnement, ni le tireur responsable ni les autres joueurs ne manifestent la moindre sollicitude à son égard ; bien au contraire, ils éclatent de rire : « Oh ! c'te patate ! — Il se l'est pris dans la gueule mortel, hein ! » Quand je repasse une dizaine de minutes plus tard, le petit est toujours assis sur le parapet ; il se frotte la joue et sèche ses larmes, mais n'a apparemment pas « bronché » !

[Note du 22 avril 1993] Cette dureté affichée peut, dans certaines circonstances, prendre un caractère odieux et révoltant. Quand Michel M., le marchand de presse des Quatre-Mille sud, est mort — des suites de ses blessures — après avoir été battu à coups de barre de fer dans son magasin par deux jeunes à qui il avait refusé de vendre un paquet de cigarettes en dessous du prix parce qu'il leur manquait l'appoint, je fus aussi étonné que consterné par les réflexions que j'eus l'occasion d'entendre à la suite de cet événement dans la bouche de certains jeunes. Khaled m'affirma ainsi tout naturellement et sans la moindre honte qu'« il le méritait parce que c'était un enculé de raciste », puis, devant ma réaction abasourdie, nuança quelque peu son jugement : « Il méritait pas de se faire tuer, mais il méritait une correction. » Quant à Éric, un autre informateur aussi dépourvu de compassion, il eut ces mots dont il ne mesurait pas le caractère proprement insensé : « Ça lui apprendra ! »

Qu'on ne s'y trompe pas, la dureté en vigueur dans la culture des rues n'exclut nullement les sentiments d'amitié, la générosité, l'attachement et aussi la gentillesse, l'amabilité, les attentions — manifestations ou attitudes qui sont aussi à mettre au compte des règles de respect dont on verra qu'elles sont essentielles dans la conception adolescente des rapports sociaux. Le personnage atypique du *tijan* [gentil] est une figure qui a sa place dans les groupes de pairs. Le *tijan*, c'est le « copain » calme, prévisible, pas dangereux, qui ne cherche pas les « embrouilles », sur qui on peut aussi compter, en fait assez rare dans ce contexte et qu'on respecte assez bien dans l'ensemble, même si on le charrie souvent.

[Note du 23 avril 1992] Lors du pique-nique du tournoi annuel de rugby du collège, au stade Rateau, un adolescent tente de provoquer un professeur, Claude L. — copieusement chahuté par ses classes, mais dans l'ensemble assez respecté et aimé par les élèves —, en lui parlant sur un ton assez agressif. Ne sachant apparemment trop quoi lui répondre de prime abord, ce dernier se contente de regarder l'élève avec une moue gênée. C'est alors qu'un autre adolescent intervient brusquement en prenant à partie l'élève : « Vas-y, lâche-le, tu vois pas qu' c'est un *tijan*, ce prof ! »

L'ethnologue et la violence

Il se trouve que le choix initial du sujet de cette étude — qui portait à l'origine exclusivement sur les échanges de violence entre adolescents — est dû au hasard d'un coup de poing reçu dans une soirée de 31 décembre, auquel j'ai été incapable de réagir et qui m'a valu, dans les jours qui ont suivi, un sentiment très exacerbé d'humiliation et de honte. Le cheminement psychologique effectué ici par l'ethnographe sur le terrain mérite d'être brièvement retracé, ne serait-ce que pour expliciter la position délicate et ambiguë d'« observateur » des échanges de violence.

J'ai le souvenir d'avoir été toujours inapte à la bagarre. Durant mon adolescence, j'ai notamment subi quelques affronts caractérisés, restés sans réponse de ma part, non, me semble-t-il, par timidité ou poltronnerie particulière, mais faute de pouvoir trouver en moi les motivations et l'agressivité nécessaires pour m'engager dans ce qui m'apparaissait comme un combat inévitablement déchaîné. Était-ce par tempérament personnel ou par le fait d'une éducation qui plaçait les valeurs de virilité sur un autre plan ? Toujours est-il que je ne me suis pour ainsi dire jamais battu. Par la suite, cette sorte d'apathie s'est mue en forte appréhension et en aversion pour toutes les situations de violence dans lesquelles j'étais directement ou indirectement impliqué. Inutile de préciser qu'une telle position implique de savoir adopter au besoin un profil bas !

À l'inverse, je crois avoir souvent fait preuve, en tant que témoin d'altercations, et bien sûr quand la situation le permettait, d'assez de résolution et d'énergie pour intervenir avant ou pendant les affrontements afin d'empêcher les protagonistes de se battre. Pour le dire dans le langage de la culture des rues, je me sens l'âme d'un « sépareur ». Il m'est même arrivé un jour de recevoir un solennel cadeau de remerciement d'un inconnu que j'avais longuement et fermement retenu de se battre à la terrasse d'un café, lui évitant, ainsi qu'il me l'expliqua ensuite, un affrontement qu'en son for intérieur il ne désirait pas du tout. Au collège, je n'éprouve généralement aucune crainte pour intervenir dans les rixes entre élèves.

La pratique éphémère de la boxe thaïlandaise et celle assidue du judo, de même que l'assistance à des galas et à des compétitions de sports de combat en tout genre au cours de mes deux années passées aux Quatre-Mille, si elles répondaient avant toute chose aux nécessités propres du travail d'ethnographe des pratiques agonistiques, étaient aussi destinées à satisfaire un besoin réel — assez courant dans la pratique « bourgeoise » des arts martiaux — d'affirmation de soi. Un temps attiré, voire obsédé ou même fasciné par les échanges de violence interpersonnels, aussi bien conflictuels que sportifs, au point d'en ressentir par moments un impérieux et assez ridicule désir d'en découdre, j'ai vécu une période de tension qui correspondait sans aucun doute à l'opération de travail sur soi inhérente à toute expérience ethnographique.

Si, sur le terrain, c'est-à-dire dans le cadre du grand ensemble, cet état d'esprit ne se traduisit par aucun changement de comportement de ma part — trop conscient que j'étais du grand danger que j'aurais eu dans ce contexte à relever les fréquents défis qui m'étaient lancés et de l'impossibilité qu'il y aurait eu par la suite de continuer le travail ethnographique dans des conditions physiquement et épistémologiquement acceptables —, dans les circonstances de la vie courante, en revanche, je devins un temps plus chatouilleux et plus prompt à réagir à ce que l'on peut appeler les offenses de la rue. Je me souviens notamment d'avoir, à quelques reprises, tenu tête à des individus qui me « manquaient de respect » et d'avoir fait « monter les enchères » — fort que j'étais aussi de ma connaissance acquise de la rhétorique agressive du langage des rues — avec une hargne et une présence physiques qui m'étaient jusqu'alors tout à fait étrangères.

Par la suite, et à mesure que s'inversait le processus d'identification qui accompagne l'expérience d'observation participante prolongée, j'ai retrouvé progressivement une position plus distanciée par rapport à un mode de relation sociale et des pratiques relevant d'un univers culturel qui n'est pas le mien. En dehors du fait que cette position semble éthiquement beaucoup plus satisfaisante, ce détachement est évidemment nécessaire à l'analyse ethnologique des échanges de violence et plus généralement à celle de toutes les interactions de la culture des rues.

Chapitre 2

LE SYSTÈME DE VENGEANCE

Les cycles vindicatoires

L'anthropologie ne s'intéresse à la vengeance qu'en tant qu'institution sociale, c'est-à-dire qu'elle s'attache à mettre en lumière les déterminations sociales et les formes culturelles des actes vindicatoires, bien au-delà du désir individuel de vengeance (« passion vindicative [1] ») — désir sans doute universellement partagé dans les sociétés humaines et par ailleurs tout à fait nécessaire à l'accomplissement de tels actes. Dans le contexte de la culture des rues, on peut définir la vengeance, en empruntant à Adler [2], comme le devoir ou l'obligation faite à un groupe — dans notre contexte, la famille, le groupe de pairs, ou la « cité » — d'obtenir d'une façon ou d'une autre réparation pour toute forme considérée comme grave d'atteinte, physique ou symbolique, directe ou indirecte, à l'intégrité d'un de ses membres. La notion de devoir collectif indique ici clairement la dimension sociale du phénomène. La vengeance implique, qui plus est, un

1. Raymond Verdier, « Le système vindicatoire : esquisse théorique », p. 1-42, *in La Vengeance, op. cit.*
2. Alfred Adler, « La vengeance du sang chez les Moundang du Tchad », p. 75-89, *in La Vengeance, op. cit.*

rapport d'échange entre les différents groupes sociaux, échange lié à la dette d'offense — notion que l'on retrouve dans des expressions comme « faire payer », ou « règlement de comptes » —, ce qui la situe au cœur même de la vie sociale.

L'origine des affrontements

Les conflits entraînant l'usage de la violence, ici conçue comme moyen de calmer ou d'annuler la colère, sont dus principalement aux atteintes à l'intégrité physique (coups, bousculades), aux offenses verbales directes (insultes, paroles offensantes) ou indirectes (paroles « par-derrière », ragots, rumeurs), à la transgression de la loi du silence (dénonciations, trahisons), aux atteintes aux biens (vol, racket, dettes non honorées) et aux atteintes réelles ou symboliques à la vertu des filles ou des femmes (insultes référencées à la mère, flirts avec une sœur, formes juvéniles de l'adultère).

En deçà de toutes ces raisons considérées comme légitimes de l'usage de la violence, il existe un catalogue inépuisable d'atteintes, tels les gestes malencontreux, les mots « de trop », les regards « de travers », etc., qui de l'extérieur — y compris parfois du point de vue des informateurs eux-mêmes — apparaissent comme tout à fait anodines (« Il m'a bousculé, j'étais pas content, on s'est *péta* [tapé], c'est tout ! ») et qui amènent pourtant les adolescents à se battre.

Il existe, enfin, des situations perçues comme complexes (« embrouilles », « histoires »), qui impliquent à différents niveaux possibles un nombre important d'acteurs et dans lesquelles les causes originelles des affrontements sont soit oubliées, soit simplement ignorées ou même négligées par les protagonistes.

[Note du 4 juin 1992] À la suite d'une série de bagarres qui se sont déroulées à la sortie du collège entre des adolescents d'« Inter » et ceux des Quatre-Mille, je demande à Mohamed, un des garçons qui a joué un rôle central dans le déroulement des combats (il a menacé lors d'un affrontement son adversaire avec un pistolet, ce qui a largement contribué à l'extension du conflit), s'il veut bien que je l'interroge afin qu'il m'explique tranquillement les tenants et aboutissants de l'affaire, à laquelle, lui précisé-je, « je n'ai pas compris grand-chose ». Il m'éconduit d'abord, en prétextant le manque de temps, puis finit par m'avouer qu'il se trouve également dépassé : « Moi-même, je n'y comprends plus rien, m'sieur. »

À la lumière des faits observés sur le terrain, il convient de distinguer les échanges de violence issus d'interactions conflictuelles mineures, qui relèvent d'une logique du défi, de ceux dus à des atteintes ou à des offenses directes ou indirectes considérées comme graves et qui sont essentiellement liées au principe de vengeance. Les premiers se présentent sous la forme de combats singuliers organisés entre deux protagonistes, comme dans les « duels » précédemment décrits — par exemple à la sortie du collège ; les seconds prennent l'aspect de représailles physiques, avec victime et vengeurs clairement définis — représailles qui, même si elles ressemblent de l'extérieur aux rixes et aux bagarres, sont exercées sans limites bien définies et sans aucun souci des règles d'équité entre combattants.

La séparation entre les deux types d'échange n'est en fait pas aussi nette qu'il y paraît. Le glissement d'une forme à l'autre, dans un sens ou bien dans l'autre, est non seulement possible, mais encore très fréquent. On a vu que les règles tacites des « duels » adolescents ne sont guère respectées, ce qui peut évidemment fournir un prétexte à entraîner par la suite des représailles de la part des victimes et l'établissement d'un cycle de vengeance dont les formes de violence diffèrent très sensiblement de celles du duel originel.

[Note du 13 juin 1992] Chaque affrontement est en ce sens ambigu et sujet à des interprétations divergentes de la part des différents acteurs ou témoins, comme l'indique cette réaction énervée de Bendi à propos de la manière dont Michael, l'un de ses pairs, a voulu venger la défaite qu'il avait subie lors d'une rixe : « Il a amené des grands de la cité dans le collège, il est fou [...]. Moi je leur ai dit, "faut pas bouger, ici" [...] Michael, qu'est-ce qu'il a besoin d'aller chercher sa famille ou des autres *keumés* [mecs] ? Il s'est fait savater, voilà, c'est bon ! Qu'il règle ses comptes tout seul ! Moi, si j' me fais savater, je vais pas aller pleurer ma mère ou chercher mes frères ! »

Le passage inverse, de l'échange vindicatoire vers le « duel », existe aussi puisque, à la suite d'un cycle de violences entre deux groupes de pairs antagonistes, le conflit peut se résoudre par des affrontements ritualisés de type « tête-à-tête ». La concomitance logique des deux formes de violence se traduit concrètement par les risques de cycle sans fin qu'implique toute participation aux bagarres, si ponctuelle soit-elle, à l'intérieur du groupe des pairs et spécialement dans le cadre du grand ensemble : « Non, dans la cité, je me suis jamais battu. Si tu commences, dans la cité, c'est jamais terminé. Si tu te bats une fois, il faut te battre pendant quinze ans, après. Et encore, c'est pas sûr que ça soit fini... » (Mohamed).

Rixes et contre-rixes

Au sein du groupe des pairs, les actes vindicatoires ne sont pas réprouvés, mais au contraire encouragés et valorisés. L'apprentissage précoce de l'« esprit » de vengeance se fait à la fois par transmission familiale implicite (comme on l'a vu, il peut tout à fait y avoir contradiction avec les normes ouvertement édictées), par inculcation réciproque à l'intérieur du groupe et aussi, et peut-être surtout, par l'exemple des nombreux faits divers plus ou moins dramatiques, dont le déroulement s'inscrit dans une logique de vengeance et dont les adolescents qui ont passé leur enfance dans la cité gardent un souvenir marqué, horrifié autant que fasciné, pour en avoir été les témoins directs ou indirects. La très grande visibilité des espaces publics ainsi que la forte interconnaissance locale et la pratique généralisée du ragot concourent ici à donner une très grande publicité aux crimes. Les adolescents, qui passent en outre une grande partie de leur temps dehors, se trouvent presque toujours aux premières loges de ces faits divers.

L'histoire suivante, qui m'a été racontée en entretien par plusieurs informateurs (elle fut relatée au moment des faits dans la presse locale et même nationale), est une illustration de cette mémoire collective sur laquelle repose nécessairement tout système vindicatoire : « Ils ont dû vous raconter, les Quatre-Mille contre la deuxième cité... ça a été... mais c'est commencé pour n'importe quoi ! Une fille, elle passait... Un groupe de *keumés* [mecs] de la deuxième cité, ils se foutaient de sa gueule ; elle est venue, elle a giflé le mec ; le mec il l'a savatée ; ses copains, ils ont voulu la séparer, il a dit "laissez-moi, je vais la savater" ; et il a continué à la savater. Elle a été appeler son mec ; son mec, il est venu s'expliquer tranquillement et il s'est battu contre eux ; il s'est fait savater. Il a été appeler ses frères, ses copains, tout ça ; ils sont tous descendus avec des fusils à pompe, des Magnums, avec tout, ils sont arrivés là-bas, ils ont flingué tout le monde, ils ont battu tout le monde, ils ont tiré partout, ils défonçaient les portes, ils tiraient sur les *keumés* [mecs] qu'ils voyaient, tout ça... Y en a un qui a reçu une balle dans la main, l'autre il a reçu une balle dans le ventre... Non, pas dans le ventre... Y a même des mères qui ont été blessées, sans le faire exprès, des mères qui ont été blessées ; ils tirent sur la porte, et la mère, elle est derrière... » (Aziz).

Même si les crimes de sang restent en fait relativement exceptionnels dans le grand ensemble[1], ils ont un tel retentissement sur les consciences que les adolescents sont pour la plupart en mesure d'évoquer maintes affaires de rixes, coups et blessures volontaires, meurtres... (« Y a des morts toutes les semaines aux Quatre-Mille ! »), qui correspondent soit à des règlements de comptes entre membres et bandes du milieu local (« Question trafic, y a beaucoup de bagarre »), soit à des représailles interfamiliales, notamment pour cause d'adultère. S'ils s'en offusquent volontiers (« Ils se tirent dessus », « C'est une cité de fous », « C'est vraiment des *gueudins* [dingues] ! »), ces faits divers ne leur en fournissent pas moins des modèles de comportement qui influent inévitablement sur leur propre mode de relation (« Il peut y avoir des fusillades à cause de la jalousie, ça arrive souvent, on risque de se faire buter si tu te fais la fille d'un mec et qu'elle te le dit pas[2]... »), ainsi que sur leur code moral (« Voler, c'est très grave. — Pourquoi ? — Parce que, après, on risque de se revoir et il y a vengeance[3] ! »).

L'exercice préadolescent et adolescent de la violence vindicatoire reste évidemment cantonné dans des limites nettement plus restreintes. Les représailles consistent généralement, et sauf exceptions notables, en passages à tabac des victimes, soit individuellement, soit collective-

1. En prenant comme exemple l'année 1993, qui se situe tout à fait dans la norme, il n'y a eu aucun homicide ou tentative d'homicide dans la cité des Quatre-Mille, mais deux morts à la suite de blessures volontaires et vingt-sept plaintes pour coups et blessures volontaires avec incapacité de travail temporaire supérieure à huit jours (source : commissariat de police de La Courneuve). Proportionnellement au nombre d'habitants qui résident dans le grand ensemble, ces chiffres sont tout à fait comparables à ceux de la circonscription du commissariat de La Courneuve (La Courneuve / Dugny / Le Bourget) ainsi qu'à ceux du département.
2. Cité par Philippe Milburn, *Les Problèmes...*, *op. cit.*
3. Cité par Philippe Milburn, *ibid.*

ment, avec parfois, en sus, aspersion à la bombe lacrymogène (« gazage », « dosage »). Elles ne s'exercent en
temps normal ni par surprise ni de manière occulte, mais
au grand jour. De plus, elles sont toujours précédées de
défis et d'insultes verbales, ce qui leur donne l'apparence
factice de bagarres d'égal à égal. Les cycles de vengeance
adolescents s'étalent habituellement sur des périodes
assez courtes, une dizaine de jours tout au plus, avec des
rythmes d'échange quotidiens ou biquotidiens selon les
circonstances. À partir de l'atteinte ou de l'offense ini-
tiale, le conflit, une fois déclenché, s'étend rapidement,
par effet boule de neige : « Disons, moi, y en a un qui me
tape ; mon frère, il vient, il va voir le *keumé*, le *keumé* il
ramène son frère, après ils se battent ; après les copains
de mon frère, ils viennent, ils massacrent les autres... »
Puis les hostilités cessent d'un coup, soit après résolution négociée du conflit, soit après abandon d'un des protagonistes ou groupes de protagonistes, soit encore par
le fait d'une intervention extérieure, répressive ou média-
trice, qui vient rétablir l'ordre et une paix plus ou moins
durable entre les parties.

Le degré de formalisation et de ritualisation de la pratique vindicatoire adolescente n'est donc certainement pas
comparable à celui des meurtres rituels des sociétés à
honneur décrits par les ethnologues [1].

[Note du 22 mai 1994] L'épisode vindicatoire suivant,
qui oppose d'abord deux groupes familiaux, puis, par
déplacement et extension du conflit, des groupes d'adolescents momentanément ennemis, montre le caractère
éphémère, inachevé et souvent confus des cycles de vengeance de la culture des rues. L'échange de violence fait
suite à une offense physique infligée à une sœur. L'adolescente en question, Moussa (quatorze ans), flirte

---

1. Voir, par exemple, Raymond Jamous, *Honneur et baraka : les structures sociales traditionnelles dans le Rif*, Paris-Londres : M.S.H.-Cam-
bridge University Press, 1981.

(« sort ») depuis quelque temps avec Éric (quinze ans). Au
cours d'une dispute entre eux, ce dernier la gifle.
Furieuse, elle s'en plaint le soir même à son grand frère,
Michael (seize ans), qui, dès le lendemain après-midi,
part à la recherche d'Éric. Le trouvant à côté du terrain
de football, il le provoque aussitôt, se bat avec lui et,
prenant largement le dessus, le frappe copieusement.
C'est le surlendemain que se situe l'épisode de la mère
d'Éric venue demander sans succès réparation de l'affront au domicile des parents de Michael. Ce même jour,
quelques heures plus tard, les deux frères d'Éric partent
« en chasse », retrouvent Michael dans le grand ensemble
et lui administrent en retour une sévère correction. Le
jour suivant, Michael, qui n'a pas de frère aîné pour le
venger, fait venir au collège des « grands » de la cité, ce
qui provoque naturellement un vif émoi au sein des élèves
rassemblés dans la cour et beaucoup de difficultés au
principal et aux surveillants, qui les font sortir *manu mili-
tari* et sous la menace de porter plainte. À la récréation
de 10 heures, la tension est à son comble dans la cour,
car la situation se trouve compliquée par l'immixtion
dans l'affaire de nombreux adolescents, dont Kamel, à qui
Michael s'en prend violemment. Ces derniers se donnent
donc rendez-vous à la sortie. À midi, la foule des adolescents, d'abord dispersée par le principal qui surveille la
rue, se rassemble à nouveau à quelques centaines de
mètres du collège. Un premier combat a lieu, puis un
second quelques minutes plus tard, dans le parc de la
mairie situé à proximité. Kamel en sort largement vainqueur ; il est porté en triomphe. Michael, battu, rentre
chez lui avec le nez cassé et de nombreuses contusions.
En fait, il semble que le combat ne se soit pas déroulé de
manière régulière puisque, au dire d'informateurs,
Michael a été frappé « en traître » par les proches spectateurs. La bagarre s'apparentait donc plutôt à l'exercice
d'une vengeance, mais dont le sens nous est demeuré
obscur dans cette dernière partie du conflit. Elle révélait

peut-être l'isolement de Michael et la jalousie dont il fait l'objet au sein du groupe des pairs, du fait de sa précoce réussite dans le domaine musical (une chanson de son groupe Alibi MC a été produite en cassette dans le cadre d'une campagne anti-sida pour les préservatifs ; et il a animé durant quelques mois une émission de radio locale sur le rap).

Mot de menace et d'insulte
intercepté dans une classe de cinquième.

L'exercice adolescent, culturellement intégré, de la vengeance a pour corollaire une pratique généralisée et banalisée des menaces verbales (« je vais te savater », « je vais te tuer », « on va te massacrer, toi et ta famille »...), qui se situe en opposition complète avec les codes de conduite dominants, comme en témoignent les sanctions pénales qui pèsent dans la vie civile sur de tels actes de parole et les sanctions réglementaires, telles que les exclusions provisoires, qui leur sont appliquées dans le cadre scolaire. Au-delà du caractère emphatique des formules — dont la maîtrise fait partie de la panoplie rhétorique du langage de la culture des rues —, ces menaces, ramenées à leur juste niveau de sens[1], conservent une

---

1. Lapassade cite l'anecdote, dans le contexte américain, d'un militant noir qui avait lancé lors d'un meeting, dans les années 1960 : « *We will kill Richard Nixon.* » Au procès qui s'était ensuivi plus tard, des linguistes autorisés étaient venus à la barre expliquer que, dans

dimension bien réelle et terrible lorsqu'elles sont proférées dans le contexte des relations de vengeance — ou
encore lorsqu'elles sont associées à l'exercice du chan-
tage ou au « racket ».

Il ne faudrait d'ailleurs pas croire que l'exercice de la
violence verbale et physique, si intégré et si ritualisé soit-
il, reste sans effet sur l'état moral des individus qui la
subissent. Tous les adolescents qui se trouvent personnellement engagés dans des cycles de vengeance connaissent, à différents degrés et de manière plus ou moins
durable, l'expérience éprouvante de la crainte et de la
peur. Il arrive ainsi que des élèves du collège impliqués
dans de tels rapports se fassent porter absents, voire
n'osent plus sortir de chez eux pendant des périodes pouvant atteindre plusieurs semaines. Dans le cas relaté ci-
dessus, l'adolescent en question, Michael, n'a plus jamais
voulu remettre les pieds au collège [1].

Paroles et médiateurs

Si, dans la culture des rues, certaines paroles peuvent
engendrer des conflits et, partant, être à l'origine des
cycles de vengeance, il en est d'autres, telles que les
paroles de conciliation, les pourparlers, qui constituent à
l'inverse un moyen efficace, soit de mettre fin aux échanges de violence, soit plus simplement de les prévenir :
« L'autre jour, dans le métro, y avait un mec, il me
regarde de travers ; moi aussi, je le regarde ; il me fait :
"Qu'est-ce que t'as à me regarder comme ça ? — Ouais,
si je veux, je te regarde comme ça et alors, qu'est-ce qu'il

le langage noir, « *kill* » voulait dire autre chose que « tuer » (Georges
Lapassade, Philippe Rousselot, *Le Rap...*, *op. cit.*, p. 67).

1. Parfois, dans des circonstances de ce genre, les chefs d'établissement prennent des mesures spéciales pour protéger les élèves mena-
cés, par exemple en organisant des sorties différées des classes
concernées par les échanges de violence.

y a ?" On parle, on parle, on parle, on fait "Bon, allez, c'est bon". » (Hachim). Dans un contexte social où l'échange de paroles en général est considéré comme le signe premier et essentiel de la relation sociale, le signe premier et symbolique de la rupture et du conflit étant justement que l'on « ne se parle plus », l'efficacité de l'échange de paroles réparateur est très présente à la conscience des adolescents, pour qui cette expérience répétée fait aussi partie du processus normal de socialisation : « On a grandi, maintenant, on peut parler à la place de se battre. Comme avec lui *[désignant son voisin]*, on s'est parlé et il s'est calmé ; parce que c'est un nerveux, lui. On s'est parlé, puis ça s'est réglé, puis c'est bon, ça sert à rien de se battre entre copains... » (Nassim).

À l'école ou dans la rue, la virulence des échanges de paroles témoigne à la fois de la permanence et de l'âpreté des conflits, et de la nécessité pour les individus de faire un usage constant de leurs pleines capacités verbales pour s'imposer, se défendre et renégocier à tout moment leur place ou leur rang au sein du groupe. Même les paroles d'intimidation et de menace, quand elles sont suffisamment persuasives (peu importe qu'elles soient fondées ou proférées en l'air, du moment qu'elles sont crédibles), peuvent prévenir efficacement contre la violence physique.

[Note du 8 octobre 1992] Mustapha, un de mes voisins de Renoir, aux Quatre-Mille, me raconta comment il put ainsi échapper, tout en conservant la tête haute, à une rossée en règle, à la suite d'un conflit qui l'opposa à des adolescents de la cité des Cosmonautes. Au supermarché Casino, où il occupe un emploi de vendeur, il eut maille à partir, un après-midi, avec deux adolescents qui s'amusaient avec une lance à incendie du magasin. Ces derniers, mécontents de s'être fait réprimander, revinrent quelques heures plus tard pour l'attendre à la sortie et le taper. L'intervention rapide d'un des vigiles du Casino les mit en fuite, et Mustapha put reprendre le chemin de son domicile. Mais, un peu plus loin, il fut à nouveau accosté, cette fois par un seul des protagonistes, qui lui proposa de venir en découdre seul à seul dans un coin tranquille. Nullement dupe de la manœuvre, Mustapha décida cependant de relever le défi et, suivant son adversaire qui l'entraînait vers l'intérieur du grand ensemble des Cosmonautes, il se retrouva bientôt au pied d'un immeuble, entouré d'une vingtaine de jeunes de la cité, qui toisaient leur victime, hilares. « Bon, d'accord, entama aussitôt Mustapha sans se démonter, vous allez m'éclater, vous allez m'exploser la tête. O.K., j'en ai rien à foutre ! Mais ensuite, moi je vais aller chercher les mecs de ma cité, ils vont venir, ils vont vous éclater. Et comme *as* [ça], ça va déclencher une embrouille sans fin... » Après quoi, il s'ensuivit une brève négociation pour la forme, et Mustapha, qui avait d'une certaine manière montré son courage, put finalement rentrer chez lui sans être inquiété.

Bien souvent, l'exacerbation des sentiments et des passions rend impossible tout échange de paroles réparateur entre les personnes ou les groupes antagonistes engagés dans un conflit ou dans un cycle de vengeance. Seule une médiation par personnes interposées peut alors rétablir l'ordre et la paix entre les parties. Dans le contexte de la culture des rues, l'intervention d'arbitres extérieurs est en réalité assez rare. Si quelques adultes, notamment ceux qu'on a appelés les « sépareurs » institutionnels et en l'occurrence les éducateurs de rue, peuvent à l'occasion, en outrepassant ici leur fonction première, jouer ce rôle, il n'y a pas, comme dans les sociétés à vengeance traditionnelles, de figure spécifique de la médiation[1]. Dans les sociétés modernes, l'intervention de personnes médiatrices a été en réalité remplacée par la répression policière et le jugement de l'institution judiciaire.

1. Par exemple, les *Chorfa*, dans les tribus du Rif marocain décrites par Raymond Jamous *(Honneur et baraka..., op. cit.).*

Il existe cependant un personnage original, dont le rôle ambigu s'apparente par certains côtés à celui de médiateur, qui est celui que le langage de la culture des rues désigne comme un « justicier ». Redresseur de torts, jouant les arbitres dans les bagarres, vengeant les petits, punissant les traîtres, ou simplement ceux qui « se la racontent », le justicier appartient généralement à la tranche d'âge supérieure (seize-dix-huit ans), celle des « grands ». La réputation des justiciers en matière de bagarre est toujours forte, ce qui leur confère un prestige important : « Eux, quand il y a un problème, on fait "ouais, lui, il m'a tapé, ils se sont mis à deux sur moi", ils font "viens, on va tout de suite...", il aime pas, quoi, il fait "viens, on va tout de suite le voir... comment il t'a fait ça ? ils sont deux, je vais les piétiner..." C'est vraiment des bagarreurs... » (Nassim). Il convient d'ailleurs de préciser que, si le personnage du justicier a une valeur globalement positive aux yeux des adolescents, le terme lui-même a également une connotation péjorative et peut alors être adressé comme reproche envers quiconque interviendrait de manière non justifiée dans les conflits qui ne le concernent pas.

Les communautés de défense

Si l'on ne peut pas parler, comme dans certaines sociétés traditionnelles, appelées justement « sociétés à vendetta », de véritables communautés de vengeance, il n'en reste pas moins que l'exercice de la vengeance dans le contexte de la culture des rues institue de façon plus ou moins éphémère des regroupements d'adolescents, dont le but exclusif est de réparer l'affront subi par un ou par plusieurs membres du groupe. Ces regroupements impliquent une forme de solidarité socialement très valorisée et se font à différentes échelles possibles : familiales, amicales, résidentielles et territoriales.

La solidarité agonistique

L'emphase verbale qui caractérise les discours adolescents sur la solidarité (« on est ensemble », « on se sert les coudes », « on est tous frères [1] »,) et qui a pour toile de fond l'expérience commune de la vie dans une cité dégradée, la conscience de subir les mêmes exclusions sociales ou raciales et de partager les mêmes frustrations et les mêmes difficultés scolaires et familiales, ne correspond pas, pour la tranche d'âge qui nous concerne, à une réalité concrète d'entraide financière ou matérielle, car les individus sont en général en grande partie ou en totalité dépendants de leurs parents. L'esprit de corps des adolescents de la culture des rues se manifeste en fait essentiellement à travers l'exercice de la violence et de la vengeance. L'obligation de soutenir ou de défendre ses frères et ses sœurs, ses camarades, son groupe de pairs ou les jeunes de sa cité dans les bagarres et dans toutes les formes d'affrontements, constitue ainsi un sentiment très fort et presque unanimement partagé [2].

De fait, il est rare qu'un jeune se retrouve seul pour régler ses conflits avec autrui, à l'école, dans le grand ensemble, ou même dans le monde « extérieur ». Les adolescents intégrés au groupe sont assurés, en cas de menace ou de besoin, de trouver un soutien rapide et efficace auprès de leurs pairs.

---

1. On retrouve ici un style locutif propre à la culture maghrébine, popularisé depuis longtemps en France par les populations rapatriées d'Algérie, dans l'expression rituelle « écoute, mon frère » et remis au goût du jour par les Inconnus dans la chanson *C'est ton destin !* (« Bouleversifiant », *op. cit.*).
2. Le succès remporté il y a quelques années par le badge en forme de main marquée du slogan « Touche pas à mon pote » de l'association S.O.S.-Racisme peut sans doute se lire à travers cette logique de la solidarité agonistique. Il opposait en effet à l'agression raciste une menace symbolique de représailles physiques.

Dans les bagarres collectives entre cités, le recrutement de nombreux protagonistes s'opère de manière très rapide et quasi spontanée : « Dans la cité, en bas, dehors, à Renoir, tu les trouves tous, ils vont te voir en train de courir, ils vont te dire "qu'est-ce que t'as ?", tu dis "ouais, eux ils veulent me savater", c'est tout, c'est fini, après, un autre, il va entendre du bruit par sa fenêtre, il va voir qu'ils sont en train de se battre, il va descendre, il va y avoir un grand à côté de chez lui, il va dire "ouais, là-bas, ils sont en train de se battre, vas-y, vas-y", le grand, il va y aller... C'est comme ça... » (Aziz). C'est d'ailleurs ce genre de phénomène qui rend difficile toute organisation de festivités publiques ou même privées dans le cadre du grand ensemble, puisque la moindre échauffourée risque de se terminer en pugilat généralisé.

L'exercice de la solidarité agonistique entre pairs « égaux » alliés est subordonné au respect du principe de réciprocité. Tout membre du groupe qui fait trop souvent appel à autrui pour résoudre ses conflits, sans jamais être présent en retour pour défendre ses camarades, se verra rejeté un jour ou l'autre du réseau de solidarité : « Ceux-là qui nous prennent pour des roues de secours [...]. Après, quand ils se font kracher par des *keumés* [mecs], là, ils nous connaissent, style "ouais, ouais, viens, y a *gareba* [bagarre] et tout"... » En revanche, entre « grands » et « petits », au sein du grand ensemble, et plus encore à l'intérieur du groupe familial, la solidarité s'exerce naturellement à sens unique, les premiers ayant pour rôle, considéré comme quasi sacré, de protéger les seconds contre toutes les formes d'attaques extérieures.

Au sein du groupe des pairs, l'échelle des positions est en grande partie liée au jeu de la solidarité agonistique, puisque l'on observe une différence de position fortement marquée, dans les interactions conflictuelles, selon la situation relationnelle, familiale et résidentielle de chacun. L'appartenance à une « bande », la présence d'un entourage familial nombreux et notamment de grands frères (« une tonne de *reufrès* [frères] qui débarquent à la moindre embrouille... »), la résidence dans un grand ensemble et spécialement dans celui des Quatre-Mille, réputé entre tous, sont des atouts déterminants dans la construction d'une position de domination. À l'inverse, un caractère peu sociable, la situation d'aîné, l'appartenance à une famille dont les codes de conduite sont totalement étrangers à ceux de la culture des rues, l'habitat en quartier pavillonnaire ou dans une résidence de standing (« cité de bouffons ») sont autant de facteurs d'isolement et de faiblesse qui rendent difficile, voire impossible, le maintien d'une position de force. Les différences de comportements individuels — aplomb, hardiesse, arrogance des uns, manque d'assurance, timidité, voire complète soumission des seconds — sont de ce point de vue tout à fait frappantes et ne peuvent pas être expliquées par les seules caractéristiques physiques et psychologiques des individus.

[Note du 20 février 1991] Dans un couloir du collège, à l'heure du changement de classe, une altercation oppose Alain, élève de troisième au physique imposant, très fort bagarreur à ses heures (il a déjà été renvoyé d'un établissement pour actes de violence) à Hamza, un « petit » de sixième qui fait deux têtes de moins que lui. Avec un toupet ahurissant, ce dernier l'insulte devant un large public, le traitant de « fils de pute », de « gros lard », de « gibier »... Alain, dans un état de fureur difficilement contenue, le foudroie du regard et répond tant bien que mal à ses injures par des menaces verbales. Mais il ne bouge pas d'un pouce, alors qu'il pourrait mettre son interlocuteur hors d'état de nuire en deux temps, trois mouvements. En fait, dans ce conflit, Alain se trouve en position de très nette infériorité. S'il dispose de la force physique et du capital d'agressivité nécessaire pour frapper son adversaire et lui infliger une sévère correction, son réseau de relations dans la culture des rues est incomparablement moins développé que celui de Hamza, qui réside aux Quatre-Mille et compte parmi ses fréquentations quelques-uns des membres les plus réputés du grand ensemble. S'il le frappait, il s'exposerait à coup sûr à des représailles de pairs alliés de son adversaire auxquelles il ne pourrait pas faire face — ce qu'il formulait d'ailleurs très lucidement lui-même dans un entretien antérieur : « C'est parce que, imagine, on tape quelqu'un... Après, il va chercher ses frères. C'est ça, moi, que je crains [...]. Alors autant dire "ouais, ça y est, c'est bon"... »

Les fonctions structurantes de la vengeance

Certes, la solidarité agonistique, affichée et concrètement vécue, n'est pas toujours garante d'une grande cohésion sociale. L'ensemble des pairs ne forme pas, loin s'en faut, une communauté soudée. Même à l'intérieur des groupes de pairs constitués, la trame des relations est parfois fragile et une forme de désorganisation pourrit les rapports[1]. Cette fragilité des liens sociaux est bien perçue par les informateurs les plus lucides (« J'ai remarqué, aux Quatre-Mille, tu peux pas avoir des super-amis, c'est impossible »). Néanmoins, l'expérience vindicatoire constitue un facteur essentiel de structuration des groupes, à tous les niveaux — cela de manière d'autant plus marquée que la société locale, à l'instar de nombreux autres quartiers urbains périphériques, est traversée par des tensions et des désordres sociaux importants[2].

À l'échelle du groupe des pairs, le sentiment quasi communautaire que l'on peut observer au sein de la jeunesse du grand ensemble repose en grande partie sur le

1. Voir, sur ce sujet, François Dubet, *La Galère...*, *op. cit.*
2. Sur la fonction intégratrice des conflits externes dans des communautés rurales menacées d'éclatement, voir François Ploux, « Rixes... », *op. cit.*

devoir de vengeance, même si celui-ci est formulé de façon plus ou moins confuse : « Et vous, personnellement, vous avez participé à beaucoup de bagarres ? — Ouais, bien sûr, presque toujours. — Par exemple, dans cette fête-là, vous y étiez ? — Non, on n'était pas à la fête, mais on était là à la bagarre. — Mais, comment ça se fait ? — Ben, on est toujours, soit là, soit à Renoir, quoi. — Et vous avez vu qu'il y avait une embrouille ? — Ben ouais, ils nous ont dit de venir... — Non, c'est pas qu'ils nous ont dit de venir, mais nous, pour eux, c'est comme si ils nous disaient de venir ; ils sont là-bas, ils considèrent, comme c'est dans la cité, tout le monde est avec tout le monde, on se serre les coudes... » (Ahmed, Victor). Dans certains cas, le sentiment d'appartenance ne semble même exister que pour et par l'obligation vindicatoire, à l'exclusion de toute autre forme de lien, comme c'est le cas pour Mango, qui n'a passé qu'une partie de son adolescence dans le grand ensemble et dont l'intégration au sein du groupe semble pour le moins incomplète : « Tu l'aimes, ta cité ?... tu la connais pas très bien, en fait. — Non, parce que je traîne pas souvent à la cité, c'est pour ça, je sais qu'il y a des gens qui habitent dedans, y a des copains que je connais qui sont à l'école, quoi, mais je traîne pas souvent à la cité. — T'as pas beaucoup de copains aux Quatre-Mille ? — Non. — Mais tu te sens plutôt des Quatre-Mille ou non ? — Des fois, quand il y a une bagarre, ouais, mais sans ça, non. Comme si y a une bagarre, les Quatre-Mille contre une autre cité, j'y vais. »

À l'échelle du groupe familial, l'expérience courante de la solidarité vindicatoire est rendue possible par la présence fréquente, au sein du groupe social considéré, de familles nombreuses, voire pléthoriques [1]. L'obligation de

---

1. Aux Quatre-Mille, sur les 3 783 familles allocataires de la Caisse d'allocations familiales, 30 % ont de trois à cinq enfants, 3 % ont six enfants et plus (source : I.N.S.E.E., octobre 1990). Selon les chiffres tirés du fichier du collège, la répartition des élèves selon le nombre

vengeance participe ici au renforcement des valeurs internes de solidarité et d'honneur. Les normes de comportement sont élevées, dans la conscience adolescente, au rang de véritables principes éthiques, dont l'évidence s'impose à tous.

[Note du 12 janvier 1994] Au début d'un cours avec la classe de cinquième 1, les élèves m'annoncent avec une sorte de joyeux détachement que l'un d'entre eux, Victor, s'est fait renvoyer du collège pour trois jours. Bien qu'ayant déjà été mis au courant des faits par un de leurs professeurs, je prends l'air volontairement étonné et leur en demande la raison. La réponse m'est aussitôt donnée, unanime et ravie : « Parce qu'il a voulu défendre son frère. »

C'est d'ailleurs le plus souvent par la négative, dans la forte répulsion qu'inspire aux adolescents tout manquement à ces règles fondamentales, que les valeurs de solidarité familiale sont le mieux affirmées : « Moi, j'en connais, ils défendent rien... Philippe L... — Ah ! mais ça, c'est une famille vraiment différente, elle a rien à voir, celle-là, c'est une famille dingue, hein ! Y a eu une embrouille entre... bon, ils se sont battus, un mec et un autre mec ; le grand frère, il était là, il a rien dit, il a même pas défendu son frère. La mère, elle est arrivée, le grand frère, il a fait "tu touches pas à mon frère", il allait taper la mère. Moi j'ai retenu le mec ; les deux fils, ils

d'enfants à charge (inférieur ou égal au nombre d'enfants total) dans la famille s'établissait en 1992-1993 de la manière suivante : un seul enfant à charge dans la famille, 10 % ; deux enfants à charge, 19 % ; trois enfants à charge, 23 % ; quatre enfants à charge, 19 % ; cinq enfants à charge, 14 % ; 6 enfants à charge et plus, 15 %. Il n'est pas rare, au collège, de voir deux, trois enfants et plus de la même famille scolarisés successivement ou simultanément dans l'établissement. Cela permet d'ailleurs aux professeurs qui restent un certain nombre d'années en poste dans le collège de bien connaître les familles et les parents, ce qui facilite grandement la pratique enseignante.

s'en foutaient complètement, moi j'étais étonné, je fais "ouais, t'es un lâche, pour moi", il rigolait, il s'en foutait, il défendait même pas sa mère... » (Farid, Nassim).

Le devoir de vengeance à l'extérieur du groupe implique, en contrepartie logique, l'interdit de vengeance interne qui conditionne la pérennité du groupe. Ce second principe est normalement respecté au niveau familial. Il l'est également à l'échelle du groupe de pairs, si celui-ci est suffisamment structuré. Tout conflit violent à l'intérieur du groupe doit pouvoir rester limité aux seuls protagonistes. Les autres membres, loin d'attiser le conflit, jouent au contraire un rôle d'apaisement. À l'échelle de la cité, ce principe reste valable en théorie et il sert en l'occurrence d'argument obligé à tout adolescent amené à se justifier devant les autres d'un refus de participer à une bagarre : « Mais, tu vois, je voulais pas me battre contre lui, parce qu'on est toujours dans la cité, tous les jours, ça sert à rien, c'est pas la peine. À chaque fois on est ensemble, on va pas toujours se bagarrer, ça sert à rien, parce que une fois je vais le battre, par exemple, une fois il va me battre, et ça va démarrer, et tous les jours ça va être comme ça, c'est pas intéressant. Après, ça va faire règlement de comptes » (Ahmed). Dans les faits, ce principe souffre pourtant de bien des manquements, d'autant que les groupes n'existent pas dans l'absolu et peuvent recouvrir une réalité mouvante. Ceux-ci se définissant en effet essentiellement dans les rapports conflictuels et notamment dans les échanges de violence qu'ils entretiennent avec d'autres groupes du même type, leurs contours sont par conséquent très relatifs et variables. Aux Quatre-Mille, les adolescents des deux ensembles d'immeubles de la partie sud, respectivement désignés comme « première » et « deuxième » cité, peuvent fort bien se trouver, selon les circonstances, opposés dans un conflit et alliés dans un autre, par exemple contre ceux des Quatre-Mille nord (« Barbusse ») ; et tous peuvent aussi s'unir pour combattre une « bande » d'une autre commune, par exemple un groupe de la cité des Bosquets de Montfermeil ou des Francs-Moisins de Saint-Denis. Des auteurs anglo-saxons ont pu montrer que ce genre de système d'alliance emboîté entre différents groupes s'apparente assez parfaitement au système de « segmentation ordonnée » mis en œuvre dans les sociétés segmentaires décrites par les ethnologues africanistes[1].

Les comportements personnels face au devoir ou à l'interdit de vengeance ne sont pas tous identiques. Comme toujours, il convient de distinguer la règle et l'application qui en est faite, cette dernière supportant des variations importantes selon les individus. Si la logique vindicatoire s'impose à eux — victimes ou vengeurs — avec force et violence, cela n'empêche pas pour autant qu'ils conservent une marge de liberté personnelle de conduite et de jugement et qu'ils se situent les uns et les autres très différemment par rapport à cette règle — laquelle se trouve, qui plus est, en complète opposition avec les normes dominantes.

[Note du 17 mai 1992] Pendant l'échauffement de la séance de judo, Farid relate une bagarre collective qui a eu lieu la veille dans la cité des Cosmonautes où il réside. Des jeunes d'une cité de la commune voisine de Stains ont fait une descente musclée et en nombre pour régler des comptes dans le grand ensemble, et les affrontements ont duré jusque tard dans la soirée. « Et toi, tu foutais quoi, là-dedans ? », lui demande Mohamed, réprobateur. — Ben, je suis solidaire, qu'est-ce que tu crois ? — Tu

---

1. Voir Gerald D. Suttles, *The Social Order of the Slum : Ethnicity and Territory in the Inner City*, Chicago : University of Chicago Press, 1968 ; David Robins, Philip Cohen, *Knuckle Sandwich : Growing up in the Working Class City*, Harmondsworth, 1978 ; et Paul Harrison, « Soccer's Tribal Wars », *New Society*, 29, 1974, p. 604-642. Sur les sociétés segmentaires en général, voir Edward Evan Evans-Pritchard, *Les Nuers : description des modes de vie et des institutions politiques d'un peuple nilote*, Paris : Gallimard, 1968.

vas voir ta solidarité, quand tu te seras pris un coup de batte dans la gueule, ta mère, elle sera solidaire aussi, elle pleurera avec les autres mères, ouais ! »

[Note du 29 mars 1993] L'épisode suivant est à la fois représentatif de l'esprit de vengeance qui anime certains groupes d'adolescents rivaux et des sentiments contradictoires qui motivent les décisions individuelles. Stéphane, un élève réputé bagarreur, qui s'est fait renvoyer du collège Clemenceau et poursuit son année dans un établissement voisin, à Saint-Denis, s'est fait rosser, un soir, par un groupe de garçons de son nouvel établissement, sans doute à cause de ses incessantes provocations et aussi parce que ce collège recrute la majeure partie de ses élèves dans la cité voisine des Francs-Moisins, rivale entre toutes de la cité des Quatre-Mille où lui-même réside. Le lendemain matin, Loutfi, un adolescent des Francs-Moisins qui poursuit à l'inverse et pour le même type de raisons sa scolarité à Clemenceau[1], se fait agresser en guise de représailles dans la cour de récréation. La bagarre est interrompue par les surveillants, mais aussitôt reportée à la sortie par les protagonistes, ce qui fait craindre le pire pour Loutfi. À midi, Farid et Nordine, deux élèves de sa classe, pourtant eux-mêmes membres du groupe des Quatre-Mille, décident, contre toute attente, de faire sortir leur camarade menacé par une porte située à l'arrière du collège, ce qui lui permet de rentrer chez lui sans encombre. L'affaire sera renégociée plus tard, entre membres des groupes antagonistes, puis se réglera finalement le samedi suivant par quelques combats singuliers (« tête-à-tête ») sur une place de la cité des Francs-Moisins. Farid, à qui je demandai quelque

---

1. L'« échange » d'élèves difficiles entre collèges voisins, effectué avec l'accord des parents, est une pratique courante dans les établissements situés en zone d'éducation prioritaire. Elle permet aux principaux de maintenir une certaine discipline, tout en faisant l'économie des procédures lourdes des conseils de discipline.

temps plus tard pour quelles raisons lui et Nordine ont décidé de porter secours à Loutfi, me répondit avec un sourire empreint de pudeur et de fierté mêlées : « Parce qu'on a du cœur ! » Ici, la solidarité vindicatoire a donc joué à l'échelle de la cité, mais elle a été contrebalancée par une logique relationnelle interpersonnelle, et sans doute aussi par une forme courante de solidarité entre élèves de la même classe.

Au demeurant, si elle est appliquée de manière trop systématique et mécanique, la règle de vengeance porte en elle des risques sérieux de désorganisation du corps social. En d'autres termes, « il n'est jamais garanti que les limites culturellement assignées à [l'accomplissement de la vengeance] parviendront à en contenir les conséquences pour l'ordre social et à ne pas mettre en contradiction pratiques et valeurs enseignées [1] ». Lorsque les actes de représailles des cycles vindicatoires sont exercés implacablement, sans respect du code rituel, sans retenue suffisante et qui plus est en l'absence d'instances spécifiques de contrôle et de médiation, l'élévation démesurée du niveau de violence peut mettre en péril le fonctionnement même de l'ensemble de la société locale. Ainsi, aux Quatre-Mille, quand les affrontements adolescents se généralisent à outrance et prennent occasionnellement, pour les groupes de délinquants plus âgés, la forme extrême de batailles au fusil dans les rues du grand ensemble, ce sont évidemment tous les habitants qui se trouvent impliqués, à leur corps défendant, dans le chaos de l'insécurité et de la violence [2]. Si l'on se trouve bien

---

1. Denis Vidal, « Système de vengeance », p. 736-739, *in Dictionnaire de l'ethnologie et de l'anthropologie*, Paris : P.U.F., 1991.

2. Dans le contexte des ghettos noirs américains, notamment à Los Angeles, qui fait désormais figure de ville symbole en la matière, mais aussi dans de très nombreuses autres métropoles des États-Unis, l'exacerbation du système de vengeance liée au désastre économique et social des quartiers pauvres, à l'explosion du marché de la drogue, ainsi qu'à une législation sur les armes particulièrement permissive,

loin, dans le contexte des grands ensembles français, de l'extrême désordre social et urbain qui règne dans certains quartiers de grandes villes américaines, il faut bien convenir que la logique de vengeance porte en elle des germes de désorganisation non négligeables.

L'opposition des systèmes de normes

Le modèle de règlement des conflits de la société globale s'oppose radicalement à celui qui prévaut au sein des groupes d'adolescents de la culture des rues. Dans les sociétés modernes, c'est la justice qui est chargée de trancher les conflits entre particuliers. Toute forme de règlement privé des conflits par la violence, même dans le cas où les parties seraient d'accord pour s'affronter physiquement, en bagarre ou en duel, est interdite et punie par la loi. Les atteintes aux personnes et aux biens ne peuvent être en aucun cas réparées par des actes de vengeance, mais sont normalement compensées, à l'issue d'un procès et d'un jugement, par l'établissement de peines et éventuellement par des dommages et intérêts. L'État, qui a le monopole de la contrainte et de la force, se substitue aux individus et aux groupes pour jouer,

---

a abouti depuis une dizaine d'années à une sorte de guérilla urbaine permanente entre gangs rivaux et ennemis, qui tue chaque année plusieurs centaines, voire plusieurs milliers de personnes et engendre un niveau d'insécurité interdisant désormais presque toute forme de vie sociale dans les espaces publics urbains. (Voir à ce sujet les articles de Wacquant et notamment Loïc Wacquant, « Pour en finir avec le mythe des "cités-ghettos" », *Annales de la recherche urbaine*, 54, 1992, p. 21-30. Pour un point de vue cinématographique sur la question, voir le film d'Allen et Albert Hughes, *Menace II Society*, 1993, qui donne un éclairage réaliste autant qu'informé sur ces cycles vindicatoires adolescents.)

d'une part, le rôle d'arbitre et, d'autre part, celui de tiers médiateur et répressif, censé rétablir la paix.

Habituellement, l'intégration individuelle du mode de relation dominant s'effectue directement et dès le plus jeune âge, au sein des différentes institutions de socialisation, c'est-à-dire principalement dans le cadre familial et scolaire. Sous la houlette des parents, des enseignants et plus généralement de tous les adultes qu'ils côtoient, les enfants apprennent progressivement à contrôler leurs pulsions agressives et à régler leurs conflits avec leurs semblables autrement que par la force. Dans le contexte social et culturel qui nous intéresse, on a vu qu'il en va autrement, puisque, d'une part, les formes de socialisation sont sensiblement plus autonomes et, d'autre part, les modèles transmis par la famille sont beaucoup plus ambigus. Les enfants apprennent ici et de manière tout aussi précoce à se défendre par eux-mêmes, à s'imposer quand il le faut par la violence et à réparer les atteintes qu'ils subissent par des actes individuels ou collectifs de vengeance. L'inculcation après coup du modèle dominant nécessite au préalable un désapprentissage du modèle de relation précédemment incorporé. Plus exactement, les deux systèmes de normes sont transmis de façon simultanée et s'opposent dans une lutte âpre qui dure une grande partie de l'enfance et de l'adolescence.

Dans les quartiers populaires de banlieue, c'est par la force des choses l'institution scolaire qui se trouve sur la ligne de front de cette opposition et de cette lutte. D'une part, en effet, l'école est un lieu important de sociabilité adolescente et, de ce fait, comme nous l'avons déjà souligné, un espace privilégié de la culture des rues. D'autre part, elle ne peut remplir correctement son rôle d'enseignement que dans le cadre des relations policées qui correspondent au modèle dominant de la société globale. Face aux adolescents qui se battent et qui se vengent, l'institution scolaire oppose donc un règlement et un éventail de sanctions pas toujours faciles à mettre en œuvre.

[Note du 20 juin 1994] Au collège, le règlement intérieur stipule que « les violences physiques, bagarres, jeux brutaux ne sont tolérables ni à l'intérieur ni à l'extérieur de l'établissement. Les responsables identifiés pourront faire l'objet de sanctions pouvant aller jusqu'au conseil de discipline. Les parents des victimes sont en droit de porter plainte au commissariat. Il est formellement interdit d'introduire des objets dangereux dans le collège : couteaux, cutters, bombes lacrymogènes, pétards... ». Le présent chef d'établissement, assez bien épaulé par le personnel d'éducation et par l'équipe enseignante, oppose une discipline particulièrement stricte en matière de violences. Les élèves qui sont surpris en train de se bagarrer sont systématiquement exclus de l'établissement, soit pour trois jours, soit pour huit jours, soit définitivement, par la procédure informelle d'« échange » avec d'autres collèges, en cas de multirécidive.

Si, à l'intérieur des Z.E.P., une partie des établissements arrive ainsi, au prix d'un effort exorbitant et permanent de discipline interne, à maintenir une stabilité et un ordre relatifs, il en est d'autres — points de mire potentiels des reportages télévisés [1] — qui accumulent au contraire les problèmes, quand ce ne sont pas les drames, et qui finissent parfois par sombrer dans le chaos.

En réalité, l'école n'est guère préparée à lutter contre la violence courante, collective et socialement valorisée de la culture des rues. N'étant plus à proprement parler une institution de surveillance et de punition comme elle a pu en être une dans le passé [2], elle ne dispose pas pour cela des moyens nécessaires. Au pire, l'institution se

---

1. Voir, par exemple, le reportage exceptionnel par sa qualité, réalisé durant toute une année scolaire, *Une vie de prof*, d'Hervé Chabalier, Stéphane Meunier et Maria Roche, Canal + /CAPA, 1993.
2. Voir Michel Foucault, *Surveiller et punir, op. cit.*

trouve alors en situation d'échec total. Au mieux, la fonction de socialisation normative des adolescents prend le pas sur les activités d'enseignement proprement dites, lesquelles pâtissent évidemment de cette situation [1].

De leur côté, les adolescents se trouvent souvent, dans le contexte scolaire, en situation de double contrainte [2], c'est-à-dire tiraillés par les forces contraires des deux systèmes de normes dont l'un leur impose de toujours répondre aux défis qui se présentent à eux et de rester autant que possible fidèles au principe de solidarité agonistique et vindicatoire, et dont l'autre leur interdit toute forme de violence physique envers leurs semblables, quelles qu'en puissent être les raisons invoquées. À l'intérieur des établissements, cette double contrainte — qui existe aussi en théorie dans la rue, puisque la loi interdit les affrontements physiques — est rendue pleinement opérante par le fait du contrôle et de la surveillance qui s'exercent en permanence sur tous les élèves. La fureur et la rage que les adolescents — qui ne sont pas toujours les plus rebelles ou les plus révoltés — manifestent avec force agressivité dans le bureau du C.P.E. (surveillant général) ou du principal lorsqu'ils se trouvent confrontés, à la suite d'une bagarre dans la cour du collège, aux sanctions « implacables » de l'institution, auxquelles s'ajoutent les perspectives parfois angoissantes des réprimandes et des châtiments parentaux à venir, témoignent

---

1. Voir, au sujet des difficultés professionnelles rencontrées par les personnels scolaires et de la « souffrance sociale » engendrée par ces difficultés, Rosine Christin, « Première génération : entretiens avec un professeur de lettres d'un collège de la banlieue parisienne », Actes de la recherche en sciences sociales, 90, 1991, p. 37-52, et Gabrielle Balazs, Abdelmalek Sayad, « La violence de l'institution : entretien avec le principal d'un collège de Vaulx-en-Velin », *ibid.*, p. 53-63.

2. Nous employons le terme « double contrainte » au sens large et non pas au sens strict du *double bind* des théories de la communication paradoxale américaines.

sans aucun doute des conflits intérieurs aigus qui habitent leur conscience[1].

L'apprentissage « superposé » du modèle de relations
de la société globale passe par autant de déconvenues et
de reniements de soi imposés par la force et dont les
effets finissent par produire, pour la grande majorité des
individus, les transformations de la personnalité rendant
effective à plus ou moins long terme l'intégration dans le
monde des adultes.

Si le règlement et l'application rigoureuse des sanctions jouent un rôle dans l'inculcation du modèle de relations de la société globale, c'est sans doute encore une
fois de manière plus implicite et surtout au plan symbolique que s'effectue la partie la plus déterminante du travail d'intériorisation des normes. Rien ne semble plus
efficace et plus durable, en l'occurrence, que le lent travail d'imprégnation des esprits opéré par les discours
adultes de rejet systématique de toutes les conduites violentes et de tous les actes de vengeance du côté du « sauvage », de l'« animal » et de la nature. L'institution
scolaire ignore et dénie ainsi toute possibilité de raison,
de légitimité ou de signification aux échanges de violence
de la culture des rues. On peut ici citer, à titre d'exemple,
quelques motifs de renvoi courants extraits des lettres
adressées aux parents d'élèves qui ont été sanctionnés

---

1. Joao Fatela souligne, à un autre niveau, le même type de contradiction concernant les crimes de sang dans le contexte portugais : « On
peut alors mesurer la situation paradoxale dans laquelle se trouve
celui qui est amené à exercer la vengeance dans un pays où, malgré
l'existence d'un État moderne, elle n'a pas pour autant cessé d'être
pratiquée. Devant la double exigence du Code pénal qui lui interdit de
tuer, et du code vindicatoire qui lui ordonne de le faire, le vengeur
échappera difficilement à la condamnation qui fera de lui un simple
criminel. Et pourtant tout, à ses yeux, depuis son passé [...] jusqu'à
son système de valeurs et de croyances, tout témoigne du contraire »
(Joao Fatela, « Le sang et la rue. Éléments pour une anthropologie de
la violence au Portugal », *Droit et cultures*, 11, 1986, p. 9-36).

pour bagarre : « agression sauvage d'un autre élève », « se battent comme des chiens », « bagarre sauvage », « violence sauvage [1] »...

En fin de scolarité au collège, c'est-à-dire en moyenne à l'âge de quinze ou seize ans, rares sont finalement les adolescents qui continuent de régler toujours leurs conflits à coups de pied et à coups de poing ; et plus rares encore sont ceux qui occupent leur esprit et leur temps disponible aux activités de bagarre et de vengeance collectives. Seule une minorité d'entre eux conserve, voire développe encore des pratiques de violence. Mais il s'agit alors d'une violence essentiellement individuelle et qui s'apparente plutôt au dernier recours des plus démunis qu'à une violence socialement intégrée de culture des rues. Dans l'ensemble, le changement de comportement est très manifeste, et même les adolescents les plus durs (ceux, par exemple, qui ont été renvoyés d'établissement en établissement) finissent par adopter les mœurs policées des classes dominantes.

---

1. Le rejet par l'institution scolaire des bagarres d'adolescents dans le domaine du sauvage et de la nature — que l'on retrouve de façon tout à fait comparable dans les discours journalistiques (« banlieues : la loi de la jungle ») — n'est qu'un avatar du mépris social contenu dans les jugements portés sur la violence d'une façon générale. Ainsi en allait-il en son temps de la mésestime que portaient les aristocrates aux duels « ignobles » des roturiers et, plus tard, celle des bourgeois sur toutes les formes de duels populaires. Il n'est pas jusqu'au mépris racial qui ne trouve ici une occasion privilégiée de s'afficher, comme dans cette description littéraire d'une rixe entre Noirs dans un texte du grand romancier américain Faulkner : « [...] dans l'écurie, sous la lueur de la lanterne, un espace carré entouré de figures, les blanches sur trois côtés, les noires sur le quatrième, et, au milieu, deux de ces Nègres sauvages en train de se battre, tout nus, non pas comme se battent les Blancs, avec des règles et des armes, mais comme le font les Nègres, pour se faire mutuellement du mal le plus vite, le plus possible » (William Faulkner, *Absalon ! Absalon !*, Paris : Gallimard, 1953, p. 25).

Un prof dans la bagarre

La confrontation entre les deux univers culturels ne semble ici jamais aussi forte que lorsque la violence se tourne contre les personnels scolaires eux-mêmes, car, dans ce cas, c'est l'institution tout entière qui semble être mise en danger. Les faits relatés dans la longue note de terrain suivante, bien que tout à fait exceptionnels, sont particulièrement intéressants par leur ambiguïté et par leur inscription au cœur de cette opposition.

[Note du 21 février 1992] Vive émotion ce matin, en salle des professeurs, à l'heure de la rentrée des cours. Karim B., un collègue de mathématiques, s'est fait agresser la veille par deux individus, en rentrant chez lui en R.E.R. Blessé lors de l'affrontement, il est bandé à la main gauche. Selon toute apparence, cette agression fait suite à une altercation ayant eu lieu dans une de ses classes trois jours auparavant. Ce jour-là, l'enseignant s'est emporté contre un élève récalcitrant et lui a administré une paire de claques. Furieux et en larmes, ce dernier s'est enfui du collège et s'est empressé d'aller s'en plaindre auprès d'un de ses frères, qui est venu, le soir même, avec plusieurs de ses pairs, attendre l'enseignant à la sortie du collège, mais sans succès cependant, puisque Karim s'est fait prudemment raccompagner chez lui en voiture par un collègue. Le lendemain, le père de l'élève, convoqué par le principal, est venu s'entretenir avec le professeur. L'entretien s'est, semble-t-il, soldé par un accord amiable. L'agression a néanmoins eu lieu le surlendemain, jeudi, en fin d'après-midi. Telle est la version qui est du moins relatée et retenue au collège et qui amène ce vendredi matin l'équipe enseignante à rédiger, à la suite d'une réunion animée, une lettre de protestation aux parents d'élèves et à voter une journée de grève pour le mardi de la semaine suivante. En réalité, et comme Karim me le racontera par la suite, les choses se sont déroulées de manière plus complexe et surtout plus ambiguë. Le mardi, avant de décider prudemment de se faire raccompagner chez lui, Karim avait d'abord relevé le défi face au grand frère qui s'était présenté une première fois, seul, au collège et lui avait proposé de venir « s'expliquer dehors » (une première plainte contre X fut d'ailleurs déposée le lendemain matin pour intrusion dans le collège) ; mais le frère en question avait fait rapidement machine arrière devant la détermination de l'enseignant, avant de revenir comme on l'a vu, une demi-heure plus tard, avec plusieurs de ses pairs en renfort. Quant à l'agression du jeudi soir, elle revêtait plus les formes d'une bagarre de rue que d'une agression proprement dite. Dans la forme, en effet, c'est Karim qui prit clairement l'initiative des hostilités, puisque, interpellé et insulté (traité de « bâtard ») dans le R.E.R. par les deux « inconnus » commandités, il a aussitôt demandé à ces derniers de descendre à la station suivante et, sitôt sur le quai, a engagé lui-même, et de façon très violente, l'affrontement. Qui plus est, il a eu largement le dessus et les a mis en complète déroute, l'un finissant par décamper, tandis que l'autre restait sur le carreau, visiblement mal en point. C'est d'ailleurs en le frappant que Karim s'est blessé la main. Il m'a même avoué craindre de l'avoir gravement démoli (« j'étais énervé »). Ce qui est intéressant dans cette affaire, c'est donc le double rôle joué par l'enseignant. D'un côté, il a prévenu normalement sa hiérarchie des faits, a déposé les plaintes légales nécessaires au commissariat (une deuxième plainte fut déposée le vendredi matin) et a évidemment approuvé et suivi le mouvement de protestation contre l'agression dont il a été l'objet. De l'autre, il a joué pleinement le jeu de la violence — ce qu'il a été contraint de passer sous silence au collège — avec les membres du camp adverse et s'est conduit, d'une certaine manière, comme un membre de la culture des rues face à d'autres membres de la culture des rues. La semaine suivante, au sein de la jeunesse des Quatre-Mille, la rumeur affirmait d'ailleurs que des représailles sévères se préparaient contre l'enseignant, ce qui laissait peut-être craindre le pire pour la suite. En fait, il n'en fut rien, l'affaire fut oubliée et le conflit définitivement réglé.

[Note du 6 octobre 1992] En sortant du judo, dans le square du centre sportif, où les membres du club ont l'habitude de traîner quelques instants après les séances, je sollicite la sœur de Mohamed, Salima, pour un entretien futur, afin qu'elle puisse me raconter sa période « belliqueuse », lorsqu'elle habitait aux Quatre-Mille. Elle écarquille les yeux, comme électrocutée : « C'est qui qui t'a parlé de ça ? » Je lui explique, un tantinet narquois, que son « sombre passé » m'a seulement été évoqué par Christiane, la femme de l'entraîneur, et que j'aimerais en savoir un peu plus pour mon travail de recherche. Elle devient songeuse, comme si elle prenait soudainement conscience du chemin parcouru depuis quelques années : « Putain ! *[voix haute, descendante]* J' craignais à cette époque, j' craignais mortel, là ! » De fait, ses préoccupations ont totalement changé depuis ce temps-là. Investie dans sa scolarité, nourrissant des projets d'études futures, elle occupe une partie de son temps disponible à l'entraînement et à la compétition de judo, et ses loisirs sont principalement consacrés à des sorties en ville, avec des copines.

Les formes cultivées de la culture des rues, notamment au sein du mouvement *hip hop*, ont elles-mêmes largement intégré sur ce point les valeurs dominantes. Dans la lignée des idéologies de type pacifiste, qui trouvent un large écho dans ce mouvement, les textes de raggamuffin et de rap, loin de faire l'apologie de la violence et de la vengeance, militent au contraire — reprenant ici à leur compte des thèmes et des messages essentiels du *hip hop* américain — pour des relations entre jeunes plus pacifiques et empreintes de « respect » mutuel[1]. S'il est vrai

---

1. Le terme « respect », qui fait figure de leitmotiv dans de nombreux textes de rap et de raggamuffin — et que l'on retrouve comme consigne spécifique inlassablement répétée lors des manifestations (concerts, fêtes...) du mouvement *hip hop*, lesquelles sont toujours susceptibles de débordements violents —, tire son origine d'une chanson d'Otis Redding, le pape de la *soul music* dans les années 1960. Il fut repris plus tard par Aretha Franklin, qui le chantait en l'épelant (R.E.S.P.E.C.T), puis à nouveau dernièrement par le groupe de rap Public Enemy (*It Takes a Nation of Millions to Hold Us Back*, Def Jam).

que certaines chansons de rap français, exprimant l'univers de la rue, évoquent volontiers des scènes de bagarres et de règlements de comptes, voire affirment de manière crâne les capacités physiques de leurs auteurs, les messages de lutte contre la violence y sont également très présents, comme dans cette chanson du groupe Daddy Nuttea : « Dans les banlieues, les jeunes s'affrontent et sont dans de mauvais bizness / La violence fait rage face à la détresse / Comme s'il n'y avait pas assez de racailles même la police agresse / [...] / Pas besoin d'être violent pour ramasser des espèces / Range ton *gun*, sers-toi de ta tête et le Tout-Puissant fera le reste / [...] / C'est Raggamuffin respect / Un jeune tué par la police et tous les *possee* [groupes] crient : Stop / La violence avance et tous les *possee* crient : Stop / Si tu aimes ce style, j'aimerais t'entendre crier : Stop / Les *guns* sont dehors et tous les *possee* crient : Stop / La violence règne et tous les *possee* crient : Stop / [...] [1]. »

La mobilisation des rappeurs américains contre la violence a pris une forme quasi institutionnelle dans les années 1980, avec le S.T.V.M., *Stop the Violence Mouvement*, et des chansons comme *Stop the Violence* du groupe BDP, dans laquelle le refrain est un appel solennel lancé pour arrêter la violence « par tous les moyens nécessaires », formule reprise, en cultivant le paradoxe, du slogan historique de Malcolm X qui invitait, lorsqu'il commença à militer pour la cause noire, les membres de sa communauté noire à se défendre « par tous les moyens nécessaires » (« *by any means necessary* ») — c'est-à-dire y compris par la violence — contre les agressions racistes dont ils étaient victimes.

1. Daddy Nuttea, *1992, l'année des jeunes en bizness*, « Rapattitudes 2 », *op. cit.*

Chapitre 3

LES ÉCHANGES LUDIQUES ET SPORTIFS

Les échauffourées ludiques

De la même façon que, au plan linguistique, les insultes rituelles ou les vannes faisaient pendant aux insultes réelles, il existe, dans le domaine des échanges de violence, des pratiques de nature ludique et rituelle dont le principe de fonctionnement et la logique diffèrent fondamentalement des pratiques agonistiques et vindicatoires dont il a été fait état dans le précédent chapitre. Si cette violence rituelle adolescente, maintes fois évoquée et analysée par les psychologues de l'enfance et même par certains éthologues [1], est en fait relativement courante et observable dans de nombreuses sociétés et dans la plupart des groupes sociaux, son niveau de développement et sa fréquence dans le contexte de la culture des rues en font un phénomène social tout à fait notable, tant par le caractère original et créatif des pratiques que par l'éclairage que les faits apportent à la connaissance des relations sociales adolescentes.

---

1. Voir, par exemple, Nicholas Blurton Jones, « Étude éthologique de certains aspects du comportement social des enfants à l'école maternelle », p. 380-403, *in L'Éthologie des primates*, sous la dir. de Desmond Morris, Paris : Complexe, 1978.

Jeux, simulations et pantomimes

Dans les rues ou bien dans les cours de récréation du collège, et ce malgré l'interdit qui pèse dans l'établissement sur ces « jeux de vilains », les adolescents pratiquent assez couramment une forme de jeu reposant sur le principe simple de qui-perd-reçoit-des-coups : « C'est à base de bagarre, à base de violence. » Les règles de ces jeux peuvent varier indéfiniment ; nous en avons repéré trois, qui se nomment respectivement le « petit pont », le « jeu de la pièce » et le « pouilleux massacreur ». Tous trois se pratiquent normalement en petit groupe, à moins de cinq ou six personnes.

Le premier se joue avec un ballon, une balle, voire une boule de papier chiffonnée pour la circonstance, et consiste en une sorte de football dont le but est de faire passer la balle entre les jambes d'un des participants. Celui qui se fait surprendre est immédiatement roué de coups de pied par toute l'équipe, dans la confusion et le désordre, puis le jeu reprend et continue sur le même principe.

Dans le jeu de la pièce, sensiblement différent, les joueurs forment un cercle autour d'une pièce de monnaie déposée sur le sol. Il faut essayer de faire sortir la pièce du cercle, normalement en la bottant, puis courir s'en emparer, tout en évitant les coups de pied des autres tant qu'on se trouve à l'intérieur du cercle. Le joueur gagnant relance la pièce en l'air et le cercle se reforme aussitôt.

Il faut préciser, dans un cas comme dans l'autre, que les coups ne sont pas du tout donnés avec tendresse, loin s'en faut. Les joueurs frappent généralement dans les jambes, soit simplement pour faire mal, soit dans le but de « balayer » la victime, c'est-à-dire la faire chuter brutalement. Les joueurs malheureux, tout en restant extrêmement stoïques à la douleur, ne s'en sortent pas sans de belles ecchymoses. Un des élèves, faisant un peu figure de « tête de Turc » dans son groupe, qui s'était avisé, imprudent, de prendre la pièce avec la main au milieu du cercle, se vit infliger une volée de coups de pied sur la tête qui le laissèrent quelques minutes sonné et dont il mit plusieurs jours à se remettre [note du 7 avril 1994].

Le jeu du « pouilleux massacreur », beaucoup moins violent, mais tout aussi cruel, se pratique avec des cartes à jouer, selon la règle du mistigri, à la différence qu'ici le perdant (celui qui a gardé le valet de pique) doit ensuite poser une main sur la table et subir une longue séance de châtiments en relation avec la symbolique des cartes. Le paquet est brassé, puis retourné, carte par carte. Quand c'est un carreau qui sort, chaque joueur donne un coup sur la main, avec le poing ; si c'est un trèfle, un pincement, si c'est un pique, un coup d'ongle, si c'est un cœur, une friction ; et ainsi de suite jusqu'à ce que le mistigri apparaisse. Ici non plus, les membres du groupe ne se font pas de cadeaux, et il n'est pas rare que certains se voient martyrisés jusqu'au sang. Il y a là, au-delà du plaisir sadique, une manière tout adolescente de mettre en jeu son courage et de tester celui de ses pairs.

Nombreux sont les préadolescents et les adolescents de la tranche d'âge observée qui jouent de façon quotidienne à « se battre pour rigoler ». Il est fort courant de les voir s'opposer, dans les différents espaces publics extérieurs qu'ils fréquentent, en duels simulés ou en bagarres contrôlées et euphémisées, dans lesquelles ils reproduisent avec plus ou moins de réussite la gestuelle spectaculaire des sports de combat et des arts martiaux les plus en vogue, dont ils ont pu observer les représentations à la télévision, au cinéma ou même dans les compétitions sportives et les « galas » locaux. Les techniques particulières de la boxe thaïlandaise, en grande partie basées, comme nous le verrons, sur les coups de pied, les coups de genou et les projections par balayage, font ici

figures de modèle du genre. Les onomatopées chuintées
(« esch ») spécifiques des « thaï boxeurs », libérant leur
respiration lors de la frappe, qui rythment les entraînements au sac, sont même rentrées, de façon assez pitto-
resque, dans le lexique adolescent de la bagarre : « Toi,
je vais te faire "esch, esch, esch !", tu vas pas comprendre ! »

Ces amusements, qui apparaissent exécrables non seulement aux adultes qui en sont à la fois les témoins et
les censeurs obligés, mais encore aux adolescents « re-
pentis » qui ont passé l'âge de ces pratiques (« Mais aussi,
les petits, ils jouent plus comme avant comme quand on
était petits. — Non, comme nous, on jouait à la balle, au
ballon prisonnier, à chat, etc. Eux, maintenant, ils jouent
à quoi ? Ils se tapent dessus ! — Ouais, c'est ça leurs
loisirs aux petits ! »), revêtent en fait bien souvent une
dimension de spectacle et de provocation dont les acteurs
sont tout à fait conscients. Il faut prendre en compte le
plaisir spécifiquement adolescent du bluff, de l'outrance,
de la farce et aussi la jouissance de l'exercice de la peur
sur autrui.

[Note du 19 avril 1992] Au cours du voyage en Espagne, dans les jardins de l'Alhambra de Grenade que nous
visitons avec les élèves, je filme à la caméra vidéo Sajo
et Alain, qui sont en train de simuler une bagarre de rue.
Prenant soudain conscience, devant la mine effrayée des
touristes qui se trouvent autour, de l'incongruité de mon
acte, je remballe aussitôt le Caméscope et leur demande
d'arrêter leur « cirque ». Quelques heures plus tard, dans
le fond du car, je les entends qui se remémorent mutuellement la scène du matin : « T'as vu le coup de pression
qu'on a mis à l'Alhambra, les gens ils étaient morts de
peur ! — Ah ouais ! Fatal ! »

Dans le contexte scolaire, les élèves pratiquent volontiers ce genre de mises en scène et toutes sortes de mystifications de conflit ou de bagarre dans le seul but de

ridiculiser les professeurs ou les surveillants qui s'avisent d'intervenir[1].

D'une façon générale, l'univers de la bagarre est très présent à la conscience sociale des membres du groupe des pairs. En témoigne, par exemple, la récurrence de cette thématique particulière dans certains jeux mécaniques (*punching-ball* de fête foraine) et surtout dans les jeux vidéo, électroniques ou informatiques, dont on sait que les adolescents font grande consommation. En témoigne également, et comme nous l'avons déjà noté dans un chapitre précédent, l'identification courante aux super-héros du cinéma et de la télévision, dont les actions et les exploits agonistiques font la matière principale des scénarios. En témoigne enfin cet usage ludique et symbolique des armes que nous avons également évoqué. Toute considération morale sur cet aspect marquant de la culture des rues mise à part, il faut remarquer à quel point les échanges de violence donnent ainsi matière à un imaginaire adolescent à la fois riche, créatif et en perpétuelle évolution. Pour prendre un dernier exemple frappant, j'ai toujours été étonné, lors des séances de jiu-jitsu qui précédaient les entraînements de judo auxquels je participais, par l'imagination débordante et l'inventivité immédiate dont faisaient preuve les adolescents membres du club pour élaborer des enchaînements démonstratifs, avec scénario et mise en scène [note du 1er novembre 1992].

1. J'ai un souvenir de jeunesse d'une farce analogue, pratiquée dans la cour du collège que je fréquentais. On disposait sur le sol deux allumettes croisées l'une sur l'autre, puis le groupe se rassemblait autour des allumettes et encourageait avec virulence les « protagonistes » : « Du sang ! Du sang ! », jusqu'à ce qu'un surveillant intervînt et découvrît la mystification.

Les tannées rituelles d'accueil

Une proportion non négligeable des bagarres qui opposent les adolescents répond plus ou moins au modèle de ce qu'on appelle classiquement les « tannées d'accueil ». Les affrontements font ainsi office, pour les adolescents nouveaux venus, de véritables rites d'entrée ou d'initiation, indispensables à l'intégration dans le groupe des pairs, que ce soit au sein du collège ou bien dans le grand ensemble. Loin de menacer l'ordre des relations sociales à l'intérieur du groupe, ces conflits rituels, qui trouvent leur mode de résolution exclusif dans la bagarre, sont au contraire créateurs de liens sociaux privilégiés. C'est le schéma bien connu des ennemis jurés qui deviennent, après s'être sérieusement empoignés, les meilleurs amis du monde.

[Note du 23 novembre 1991] Au collège, toutes les années ou presque, des bagarres de sortie d'école éclatent systématiquement, en général dans le courant du premier trimestre, entre les élèves de C.P.A. (classes préparatoires à l'apprentissage) et des élèves d'autres classes de quatrième ou troisième, pour la seule raison véritable que les premiers sont toujours recrutés dans des communes avoisinantes, alors que les autres élèves sont presque tous courneuviens. Le déclenchement des hostilités, dont la responsabilité véritable revient toujours au groupe d'accueil, relève même, à l'occasion, de la provocation sophistiquée. Un informateur nous a raconté comment les « petits » sont envoyés en émissaires pour aiguillonner les élèves « intrus », qui réagissent en conséquence. Les petits viennent ensuite réclamer vengeance auprès des grands de leur camp qui s'empressent évidemment de répondre à leur demande. Les filles peuvent aussi être utilisées, de manière retorse. Un faux entremetteur vient, par exemple, annoncer à un de ces élèves que Unetelle — en réalité déjà « petite copine » de l'un des membres du groupe — voudrait « sortir avec » lui. Si l'élève, tombant dans le piège, s'avise de jeter son dévolu sur cette dernière (« *guédra* » ou « *pécho* la *meuf* »), le « copain » attitré lui tombera immanquablement dessus, épaulé bien sûr par quelques camarades solidaires[1].

[Note du 17 décembre 1991] De manière nettement plus euphémisée, l'intégration dans un club de sports de combat comporte généralement des épreuves qui s'apparentent à la tannée d'accueil. Au judo-club de La Courneuve, les nouveaux venus subissent ainsi toujours, au bout de quelques séances, c'est-à-dire quand le lien a commencé à s'établir avec les autres membres du club, une rossée en règle sur un coin de tatami. Cette initiation est d'ailleurs volontiers relayée par l'entraîneur, Faras, qui a notamment l'habitude de mettre à l'épreuve les novices, dès lors qu'ils ont appris les techniques de base, en leur faisant subir quelques séances tournantes de chutes dont je garde personnellement des souvenirs marquants... Dans le club de boxe thaïe voisin, le Derek-Boxing, l'initiation revêt des formes tout à fait analogues, puisque les jeunes recrues qui manifestent trop d'ardeur et de fougue désordonnée se font corriger sur le ring, dès les premières séances, par l'un des entraîneurs.

Les coups, les blessures et le rire

Pour les jeunes gens intégrés à la culture des rues, les souvenirs de bagarre, mille fois racontés, interprétés,

1. Des faits analogues sont relatés par un des membres de la famille mexicaine dont Oscar Lewis nous a livré la très belle autobiographie, Roberto, quand il raconte ses souvenirs de jeunesse dans la *vencidad* de Mexico où il résidait avec ses parents : « La loi de la Casa Grande était : nouveau locataire... nouvelle bagarre. Pour entrer dans la bande, il me fallut passer par un certain nombre d'épreuves. Ils expédiaient leurs meilleurs *gallos* ou bagarreurs sur le nouveau garçon pour voir s'il était acceptable comme ami. Avant, les familles emménageaient et déménageaient sans arrêt et il y avait beaucoup de bagarres » (Oscar

exagérés à outrance, mystifiés, ont une dimension comique toujours fort appréciée. L'un des buts de la narration de ces faits et actes, qu'ils soient héroïques ou bien piteux et minables, est tout simplement le rire. La thématique des bagarres est ainsi omniprésente dans l'univers humoristique adolescent.

« Poisson d'avril » accroché avec du Scotch
sur le dos d'un élève dans un couloir du collège.

[Note du 28 mars 1993] Lors du voyage en Espagne, à l'emplacement de stationnement du car où nous retrouvions chaque matin les élèves qui passaient les nuits, par groupes de deux ou trois, dans des familles d'accueil, je

Lewis, *Les Enfants de Sanchez : autobiographie d'une famille mexicaine*, Paris : Gallimard, 1963, p. 125-126).

questionne Alain et Yann pour savoir s'ils sont contents de leur hébergement et de l'ambiance, puis, apercevant une marque de blessure sur la jambe du premier, je lui en demande explication. Ravi de ma question, il me répond du tac au tac, en prenant son camarade à témoin : « Ben, on s'est juste un peu aiguisé les tibias sur la gueule de la *meuda* [dame], hier soir, quoi ! Mais c'est bon, maintenant ça me fait plus mal ! »

[Note du 1er avril 1994] Les plaisanteries adolescentes traditionnelles du 1er d'avril, qui consistent notamment à accrocher des poissons en papier dans le dos des camarades, sans qu'ils s'en aperçoivent, revêtent au collège des formes particulières puisque, bien souvent, les poissons sont de simples bouts de papier sur lesquels sont inscrites des insultes, des plaisanteries obscènes et injonctions humoristiques : « frappe-moi », « tape-moi », « baise-moi », « encule-moi », etc.

D'une manière générale, le ressort comique des atteintes corporelles, qui transforment radicalement notre perception de l'être humain en le faisant apparaître à nos yeux comme une simple mécanique, une sorte de « pantin articulé[1] », comme le disait Bergson, trouve dans ce contexte culturel un caractère de développement inhabituel. Les chutes, les coups, voire les blessures et l'apparition du sang, dans les jeux décrits précédemment aussi bien que dans les bagarres conflictuelles réelles, loin d'apitoyer les membres du groupe qui en sont les spectateurs, prêtent la plupart du temps à éclats de rire et à moqueries de toutes sortes.

Cette disposition, qui est sans doute à mettre en rapport avec la valeur de « dureté » propre à la culture des rues d'une part[2], avec le seuil de sensibilité à la violence,

---

1. Henri Bergson, *Le Rire*, Paris : P.U.F., 1988, p. 23.
2. « Le comique, note Bergson, exige [...], pour produire tout son effet, quelque chose comme une anesthésie momentanée du cœur » (*ibid.*, p. 4).

dont il apparaît à l'évidence qu'il se situe ici à un niveau relativement élevé d'autre part, nous ramène peut-être aux sources anthropologiques du rire, comme nous le suggère une belle scène du film de Jean-Jacques Annaud, *La Guerre du feu*, dans laquelle les deux personnages principaux, membres de la tribu des Oulhamr errant depuis plusieurs jours à la quête de la flamme perdue, se retrouvent, une nuit, réfugiés sur les branches d'un arbre pour échapper à quelques fauves qui menacent de les dévorer. L'un des deux guerriers reçoit au cours de la nuit un morceau de branche cassée sur la tête, qui l'assomme à demi, puis, palpant son crâne avec sa main et découvrant qu'il saigne abondamment, éclate d'un rire extraordinaire, homérique, aussitôt communiqué à son compagnon et retentissant dans toute la campagne alentour.

Arts martiaux et sports de combat

Si l'on s'accorde à considérer, suivant les travaux d'Élias, que l'apparition du sport est un fait historique relativement daté qui doit être replacé dans la longue durée du processus de civilisation[1], il convient alors de souligner, pour ce qui nous concerne, la discontinuité majeure qui sépare les pratiques agonistiques propres à la culture des rues dont nous avons fait état plus haut de celles qui se développent dans le champ particulier des arts martiaux et des sports de combat. La compréhension de cette discontinuité est ici d'autant plus essentielle que l'un des principaux critères de définition du sport est, toujours selon le même auteur, « l'abaissement du degré de violence permise dans la mise en jeu des corps ». De fait, nous allons voir que, si la culture des rues entretient avec les sports de combat, en particulier avec la boxe

---

1. Voir Norbert Élias, Éric Dunning, *Sport et civilisation...*, *op. cit.*

thaïlandaise, des rapports d'affinités tout à fait « naturels [1] », la pratique sportive et *a fortiori* l'engagement dans une carrière sportive opèrent normalement une rupture radicale avec les préoccupations, les activités et les codes relationnels de cette sous-culture.

Culture des rues et sports de combat

Les adolescents du groupe social qui nous intéresse sont doublement prédisposés, en tant que membres des classes populaires d'une part, et représentants d'un univers de culture dans lequel les échanges agonistiques tiennent une place importante d'autre part, à pratiquer certains arts martiaux ou sports de combat. Si la répartition de la pratique sportive dans l'ensemble des clubs sportifs locaux reste assez marquée par la prédominance des sports comme le football (22 %) ou la natation (14 %), la part cumulée des différents sports de combat ne représente pas moins de 17 % des effectifs sportifs des clubs municipaux. Elle se trouve, qui plus est, globalement en augmentation constante depuis une dizaine d'années, les effectifs ayant plus que doublé pendant cette période [2]. La commune compte actuellement un club fédéré d'arts martiaux, le judo-club courneuvien, qui regroupe le judo-jiu-jitsu (120 pratiquants), le taekwondo (70 pratiquants), le karaté (80 pratiquants), l'aïkido (35 pratiquants), auquel s'ajoutent un club de vo-dan-toc (30 pratiquants), un club de boxe française (50 pratiquants) et les deux clubs de boxe thaïlandaise (170 pratiquants).

1. « Il ne s'agit d'une discipline ni négative ni positive, mais plutôt d'un débouché naturel lorsqu'on est né à Sartrouville » (Thierry Verstraete, président de la Fédération française de boxe thaïlandaise, cité dans *Le Nouvel Observateur*, 20-26 juin 1991).
2. On notera au passage l'essor récent du basket, dont les effectifs ont quadruplé depuis dix ans, ainsi que du football américain, dont les effectifs ont été multipliés par six pendant la même période.

Au sein de ce champ des sports de combat, il va de soi que chacune des disciplines ne s'accorde pas de la même manière avec les usages du corps et la mentalité spécifique des adolescents observés. Il faut prendre en compte ici la diversité des usages sociaux du sport ainsi que les déterminations socioculturelles du choix individuel des pratiques.

Le sociologue Clément, dans une étude comparée de la lutte, du judo et de l'aïkido, a pu montrer de manière très claire comment la distribution sociale de ces trois sports (le premier recrute majoritairement dans les couches populaires ouvrières, le deuxième plutôt dans la classe moyenne, tandis le troisième touche essentiellement un public de cadres supérieurs, travailleurs intellectuels) s'explique principalement par le rapport au corps spécifique induit par chacune des pratiques : « L'axe lutte — judo — aïkido, souligne l'auteur, s'oriente [...] dans le sens d'une augmentation progressive de la distance de combat, d'une plus grande euphémisation, d'une esthétisation croissante et d'un rituel de plus en plus accusé[1]. »

En reprenant les variables tout à fait pertinentes de cette étude, on notera que les « structures motrices » de la boxe thaïe, sport de percussion et de préhension, qui comprend d'une part des techniques de coups de poing, de coups de pied, de coups de genou, de coups de coude[2], et d'autre part des techniques de saisie au corps et de

---

1. Jean-Paul Clément, « La souplesse et l'harmonie : étude comparée de trois sports de combat (lutte, judo, aïkido) », p. 285-301, *in Sports et société...*, *op. cit.* Pour une vision d'ensemble sur l'approche socioculturelle des sports, voir l'ensemble de cet ouvrage et, en particulier, Christian Pociello, « La force, l'énergie... », *op. cit.* Pour les fondements théoriques de cette approche sociologique du sport, voir Pierre Bourdieu, « Programme pour une sociologie du sport », p. 303-216, *in Choses dites*, Paris : Minuit, 1987.

2. Les coups de coude sont théoriquement interdits dans les compétitions françaises.

projection, impliquent une distance de garde variant très fortement, du plus proche dans le corps à corps, au plus éloigné, dans les coups de pied ; que l'euphémisation des combats se trouve dans ce sport parmi les plus faibles qui soient, les coups étant violents et réellement portés et la pratique de compétition largement majoritaire au sein des boxeurs ; et enfin que l'esthétisation et la ritualisation des combats sont la plupart du temps réduites à leur plus simple expression, du moins en ce qui concerne la version occidentale de la pratique[1]. Le *muay thaï* apparaît ainsi, dans notre contexte d'étude, comme celui des sports de combat qui marque sans doute le plus clairement, pour le dire comme Bourdieu, la « subordination rigoureuse de la forme à la fonction[2] », autrement dit comme celui qui correspond le mieux aux goûts et aux « styles de vie » des classes populaires, dans lesquelles, en l'occurrence, est recrutée la majorité des boxeurs.

L'« efficacité » que les adolescents reconnaissent généralement à la boxe thaïe ne relève pas seulement ici du domaine sportif, mais s'applique également, par les techniques d'autodéfense qu'elle est censée permettre d'acquérir, à l'existence quotidienne dans le quartier. Dans l'idée qu'ils s'en font, ce sport rend possible un transfert du capital de compétences agonistiques à double sens, de la rue au ring et du ring à la rue.

---

1. En Thaïlande, la tradition bouddhiste impose aux boxeurs le port d'attributs sacrés ainsi que des rites préliminaires dansés relativement compliqués avant chaque combat. En France, seuls quelques rares boxeurs, affiliés à des clubs prônant la « belle boxe », respectent en partie cette tradition rituelle lors des compétitions officielles. Sur l'organisation détaillée de ces rites et sur leurs origines culturelles, voir l'ouvrage de l'ethnologue Catherine Choron-Baix, *Le Choc des mondes...*, *op. cit.*

2. Pierre Bourdieu, *La Distinction...*, *op. cit.*, p 33. L'auteur s'est attaché à montrer en quoi cette subordination de la forme à la fonction est constitutive des « styles de vie » des classes populaires.

En réalité, même s'il est vrai que les « techniques » de combat de rue ont sans doute été influencées par l'introduction récente de ce sport, le passage de l'un à l'autre des univers de pratique est toujours marqué par une rupture très nette, tant sur le plan des motivations individuelles que sur le plan purement technique[1]. Les adolescents qui s'inscrivent dans un club de boxe exclusivement « pour la rue » ou « pour la bagarre » doivent en général réviser rapidement leur position, c'est-à-dire soit renoncer tout simplement à la pratique sportive, soit changer radicalement d'objectif.

Loin de prolonger l'univers de la rue, la boxe, comme d'autres sports de combat et arts martiaux, offre aux adolescents la possibilité concrète et parfois unique d'échapper à son ennui, à sa violence, à ses tentations et à ses dangers, ainsi que le soulignent d'ailleurs spontanément les informateurs : « Pendant que je m'entraîne, je suis pas dans la rue à traîner ou à faire n'importe quoi. » Car les règles internes de sociabilité, de langage et de conduite

---

1. On donnera pour exemple les explications « par le menu » fournies par un videur de boîte de nuit au cours d'un entretien avec Emmanuel Bourdieu : « Les choses sont totalement différentes entre la rue et le sport [...] Parce qu'il n'y a plus de règles. Parce que quand t'es dans un ring ou sur un tatami, t'as des règles. C'est-à-dire que t'as pas le droit de taper là, en dessous de la ceinture, t'as pas le droit de faire ci, t'as pas le droit de faire ça. Et tu te sens protégé en fait. Tu te sens protégé d'une certaine façon parce que t'as pas à faire attention à ce genre de choses. Et dans la rue tout est permis. C'est ça le problème. Et c'est là où au début certains se disent "ah, effectivement j'ai une certaine assurance grâce à un sport de combat" et finalement se rendent compte que même leur sport de combat ne leur permet pas de dépasser certaines limites dans la rue. Parce que dans la rue tout est permis. Le type te tourne le dos, tu peux très bien lui mettre un couteau dans le dos, c'est pas grave, ça. Dans la rue, l'important, c'est de gagner. C'est ce que certaines personnes n'arrivent pas à comprendre » (Emmanuel Bourdieu, « Dialogue sur la violence : entretien avec un videur », p. 737-753, in *La Misère du monde, op. cit.*).

en vigueur dans la plupart des salles sont non seulement différentes de celles de la rue, mais s'y opposent généralement point par point[1].

En ce sens, il est certainement tout à fait faux et malencontreux de considérer, comme le font des hommes politiques peu éclairés, les clubs de boxe thaïe comme des pépinières de violence et de délinquance. Ils apparaissent, bien au contraire, comme des institutions de socialisation normative particulièrement efficaces, notamment pour la frange de population adolescente la plus intégrée à la culture des rues et par conséquent la plus rebelle aux normes inculquées par l'école. Nous allons voir que la carrière sportive représente pour eux, qui plus est, une voie possible d'ascension sociale, si modeste soit-elle.

Les promesses de la boxe thaïe

La boxe thaïlandaise, art martial traditionnel de l'ancien royaume de Siam, devenue au milieu du XXᵉ siècle sport national en Thaïlande, a été importée en France à la fin des années 1970 par des champions de karaté français préalablement initiés au Japon[2]. Les premiers combats officiels eurent lieu à la salle Wagram à Paris en 1978. D'abord cantonnée à Clermont-Ferrand et dans la capitale, au sein des milieux immigrés du Sud-Est asiatique,

1. Sur les rapports de « symbiose oppositionnelle » entre le club de boxe et le quartier qui l'entoure dans le contexte du ghetto noir américain, voir Loïc Wacquant, « Corps et âme... », *op. cit.*
2. Sur l'histoire extrême-orientale de la boxe thaïlandaise et les conditions spécifiques de son importation en France, voir Catherine Choron-Baix, *Le Choc des mondes...*, *op. cit.*, dont nous avons repris certaines données et informations pour la rédaction de ce chapitre — d'autant qu'une partie de l'enquête de cet auteur a été menée auprès des dirigeants et des boxeurs du Derek-Boxing, club situé dans le gymnase Langevin-Wallon et qui recrute principalement dans le grand ensemble des Quatre-Mille.

elle a connu depuis cette époque un essor et une diffusion extrêmement rapides, dans les banlieues populaires d'Ile-de-France, puis dans de nombreuses agglomérations de tout le pays. À une première époque, marquée par une concurrence âpre et désordonnée entre les différents clubs pour l'organisation des rencontres et pour le contrôle des institutions naissantes, a succédé, après la création d'une fédération autonome en 1986, une période de légitimation et de reconnaissance par l'État et par les collectivités locales. Entre-temps, l'augmentation et la diversification des pratiquants et du public ont entraîné la naissance, comme dans beaucoup de sports, d'une « guerre » des pratiques entre, d'un côté, les puristes de la première heure, adeptes du sport amateur et de ce que l'on peut d'ores et déjà appeler le beau « *muay thaï* », et de l'autre côté, les partisans de la boxe professionnelle, efficace et exclusivement vouée à la compétition[1]. En 1995, la Fédération (F.F.B.T.) comptait officiellement 280 clubs et 14 000 licenciés. À elle seule, la ligue régionale d'Ile-de-France regroupe 65 clubs et 5 000 adhérents déclarés. Plusieurs rencontres internationales ont désormais lieu chaque année à Paris, dont certaines sont régulièrement retransmises par la chaîne de télévision Canal +.

À La Courneuve, le premier club, le Derek-Boxing, a ouvert ses portes en 1984, dans le centre sportif Langevin-Wallon qui jouxte le grand ensemble des Quatre-Mille, sous l'impulsion de deux frères originaires du Viêt-nam ayant passé leur enfance dans la cité. Un de leurs anciens élèves, Khaled, a par la suite créé un deuxième club, le K.F.-Boxing, dans un autre quartier de la ville. Enfin, il est à noter qu'une troisième structure, située dans la

---

1. Sur la lutte interne pour la définition légitime de la pratique du judo, particulièrement exemplaire du fait de la distribution sociale très large des pratiquants de ce sport, voir Jean-Paul Clément, « La souplesse et l'harmonie... » *op. cit.*

commune voisine de Stains, draine également une partie importante de la clientèle des Quatre-Mille du fait de la forte popularité locale de son entraîneur, qui réside lui-même depuis longtemps dans le grand ensemble. À plusieurs reprises, des galas de compétition interclubs et des championnats de France ont été organisés dans le gymnase de Langevin-Wallon. Ces trois clubs, dont les effectifs cumulés s'élevaient en 1994 à près de 300 personnes, comptent chacun dans leurs rangs des compétiteurs renommés, de niveau national et international. Autant dire que cette commune de banlieue fait figure, parmi quelques autres, de haut lieu de la boxe thaïlandaise en France [1].

L'engouement nouveau pour la boxe thaïe, du moins en ce qui concerne le groupe social qui nous intéresse, peut ici s'interpréter à la lumière de plusieurs types d'explications.

En premier lieu, cette « technique du corps [2] » semble très bien s'accorder avec les dispositions physiques en général, et avec l'*habitus* agonistique en particulier, des adolescents considérés. L'instrumentalisation de toutes ou presque toutes les parties du corps et le niveau de violence relativement élevé des combats correspondent bien aux modèles des bagarres de rue que nous avons précédemment décrits. L'engagement physique qu'elle suppose, à l'entraînement et plus encore sur le ring, est tout à fait conforme aux valeurs de force, de courage, d'agressivité et de virilité qui prédominent dans la mentalité de la culture des rues.

---

1. « Depuis sa création en 1984, indiquait le magazine spécialisé *Sport et arts martiaux*, le Derek-Boxing de La Courneuve ne cesse de gravir les marches qui mènent à la gloire. Le voilà déjà premier club français de boxe thaïe, tant par les résultats que par sa fréquentation » (*Sport et arts martiaux*, janvier 1990).

2. Marcel Mauss, « Les techniques du corps », p. 368-369, *in Sociologie et Anthropologie*, Paris : P.U.F., 1950.

Entraînement de boxe thaïe au K.F.-Boxing. © *Stéphane Kovalsky.*

En second lieu et c'est là sans doute le facteur le plus déterminant, le succès de cette pratique sportive est dû à des raisons d'ordre essentiellement économique. Pour les combattants, généralement de basse condition sociale, cette discipline permet d'espérer des gains certes modestes mais exceptionnellement rapides. Actuellement, en moins de dix combats victorieux, un thaï-boxeur adulte peut devenir champion de France ou même champion d'Europe et remporter des primes de 10 000 francs par combat gagné. Rappelons qu'en boxe anglaise, sport dont les caractéristiques sociales du recrutement et les motivations des pratiquants sont tout à fait comparables, il est nécessaire d'effectuer une longue carrière amateur et plusieurs dizaines de combats sans rémunération avant de pouvoir devenir boxeur professionnel et de commencer à gagner de l'argent. Si le *muay thaï* ne procure certainement pas encore des revenus suffisants pour en vivre, du moins offre-t-il à des jeunes particulièrement démunis en capital économique, social et scolaire, pour qui le monde du travail est, il faut bien le souligner, quasi totalement fermé, des possibilités de revenus légaux et immédiats presque uniques.

Enfin, la troisième et dernière cause, qui est suggérée par Choron-Baix[1], est d'ordre culturel et identitaire. Le développement de l'art martial siamois sur le territoire français s'est en effet accompagné, depuis son introduction dans les années 1970, d'échanges fréquents et réguliers de boxeurs entre les deux pays. Côté français, une véritable tradition du voyage en Thaïlande s'est instaurée — sans doute facilitée par les attraits touristiques de ce pays lointain. Un réseau dense s'est ainsi constitué entre clubs français et camps d'entraînement thaïlandais. Chaque été, de nombreux boxeurs, de La Courneuve et d'ailleurs, partent pendant plusieurs mois s'entraîner dans les écoles de boxe siamoises et combattre dans les stades devenus légendaires du Lumpini et du Radjadamnoen, à

Démonstration publique en plein air, dans le cadre d'une opération « prévention été chaud ».

1. Catherine Choron-Baix, *Le Choc des mondes...*, *op. cit.*

Bangkok. Or, la boxe thaïe recrutant largement en France dans les milieux d'origine immigrée, en particulier chez les jeunes Maghrébins et Noirs, au-delà de l'agrément et du plaisir procuré par ces voyages exotiques, l'expatriation momentanée en Thaïlande permet sans doute à ces jeunes de double appartenance et en quête d'identité d'être considérés et perçus, à l'autre bout du monde, comme vraiment étrangers et, par voie de conséquence, de se sentir véritablement français. La construction de l'identité peut se faire, comme on le voit, au prix d'assez incroyables détours.

Portrait de Sajo

Le cas de Sajo, dont nous avons pu suivre année par année le cursus scolaire et la « carrière » sportive depuis ses débuts, illustre assez bien, dans sa particularité, cette sorte d'adéquation entre, d'une part, les dispositions et les besoins propres des adolescents de ce milieu social et, d'autre part, cette pratique d'art martial récemment introduite dans le champ sportif français.

À dix-huit ans, Sajo entame, parallèlement à sa scolarité, une carrière de boxe thaïe qui peut s'inscrire dans le droit-fil d'une adolescence marquée par le déracinement culturel, l'éclatement des structures familiales et les difficultés matérielles dues à une condition extrêmement modeste. Prédisposé, du fait de sa position sociale et de son appartenance raciale, à ressentir au plus fort les effets de la domination sociale, il se trouve, en entrant dans l'âge adulte, à la recherche de profits économiques et symboliques rapides que seule, ou presque, une activité comme la boxe est susceptible de lui apporter.

Ivoirien d'origine et de nationalité, il a passé une partie de son enfance à Abidjan, puis a été, à l'âge de huit ans, envoyé en France avec sa sœur cadette par sa mère, « pour les études, parce que là-bas, c'était affreux, tout ça... », et vit depuis avec son père remarié et sa nouvelle famille : deux autres demi-sœurs et un frère adoptif. Ses premiers contacts avec ses pairs, en France, dans les cours d'école et dans la rue, lui ont laissé des souvenirs cuisants (« Quand j'étais petit, je me battais avec les gens et tout, et je me faisais prendre des raclées mortelles ») dont il a su néanmoins tirer assez rapidement les leçons (« Mais après, ça a changé parce que je suis devenu plus fort, et quand on se battait, je prenais souvent le dessus et tout ça, et ils commençaient à flipper »). Au collège, où j'ai fait sa connaissance, il figura deux années durant parmi les élèves les plus bagarreurs de l'établissement, ce dont il ne se cachait d'ailleurs nullement à l'époque : « Quand je suis en manque, je cherche tout le temps à me battre, je cherche n'importe qui, du moment que je me bats, c'est l'important... » S'il est devenu avec l'âge plus calme et posé et n'est plus du tout un « chercheur », il lui en est resté une sensibilité exacerbée à toutes les formes d'offense personnelle et un tempérament de nature assez belliqueuse.

Assez grand (1,80 m) et athlétique, le crâne régulièrement rasé à la mode noire, de couleur de peau extrêmement foncée, Sajo a toujours porté une attention certaine, depuis son adolescence, à l'entretien et au développement de son corps, c'est-à-dire à son poids (« Je veux pas devenir un gros lard »), à sa forme physique et à sa force musculaire qu'il a longtemps cultivées par des exercices quotidiens à domicile. Conscient de son apparence physique (en voyage en Espagne, il ne rechignait jamais à poser devant l'appareil photo et il se fit offrir ensuite tous les doubles de mes clichés où il figurait en gros plan), il ne semble pas tant animé par un souci esthétique que par la construction et l'affirmation permanente de son identité virile, ainsi qu'en témoignaient par exemple ses intentions lorsqu'il s'inscrivit au club de musculation du collège : « Y en a qui sont balaises, tout, et ils se la racontent quoi, alors moi, je me suis dit, tiens, je vais faire de la muscu, on va voir ce que ça va donner [...]. C'est pour moi, pour voir comment je suis, tout..., pour me développer un peu, quoi... »

Exubérant et fort communicatif dans son univers quotidien, il peut facilement se refermer comme une huître et devenir maladivement timide dès lors qu'il se trouve en dehors de son contexte et surtout en présence de personnes qu'il ne connaît pas. Bien que m'ayant fréquenté à de nombreuses reprises en dehors du collège, où il fut mon élève en cinquième et en troisième, il reste avec moi fort réservé, voire taciturne et d'humeur très sombre, répondant à mes questions de façon lapidaire, alternant le tutoiement et le vouvoiement selon le contenu de nos échanges, ayant sans doute du mal à s'extraire de la relation professeur-élève qui était la nôtre au départ.

Si son cursus scolaire ne présente pas tous les signes patents de l'échec, il accuse néanmoins un retard de plus de deux ans depuis son inscription à l'école primaire, et il a finalement été contraint de se réorienter, en fin de seconde, vers une préparation de B.E.P. de comptabilité qui n'a évidemment éveillé en lui aucune passion débordante (« La compta, j'en ai rien à foutre ») et ne lui laisse objectivement que peu d'espoir de poursuivre des études supérieures.

Tout se passe comme si l'engagement de Sajo dans une carrière sportive correspondait à sa prise de conscience soudaine de l'assombrissement de ses perspectives d'avenir scolaire et professionnel. Ses tentatives en sport de combat ne datent pourtant pas d'hier, puisqu'il avait déjà plusieurs fois tâté du gant dans les salles de boxe ; mais il s'agissait alors pour lui d'une simple occupation de loisir — au même titre que le basket « de rue » qu'il pratiqua aussi quelque temps — s'accordant bien avec ses préoccupations d'adolescent membre de la culture des rues. Il y a un an et demi, Sajo s'est donc inscrit au K.F.-Boxing, mais cette fois dans un tout autre état d'esprit : « Après, j'ai vu Moussa, un mec de ma cité, il gagnait des petits combats, tout ça, moi, j'ai dit "moi aussi, j' vais gagner des petits combats". » Il s'est mis à pratiquer sérieusement et avec l'intention toute nouvelle de combattre. Depuis cette époque, il s'entraîne, deux ou trois fois par semaine selon ses possibilités, court très régulièrement et s'est « aiguisé » physiquement en conséquence, passant de 72 à 68 kilos : « J'ai maigri, j'avais des cuisses avant, là, j'ai tout perdu, bon, j'avais des bras, là, j'avais des pectoraux, j'ai tout perdu ! » Il concentre, si ce n'est tout son temps, du moins toute son attention et son énergie (« Je pense qu'à ça ») à la préparation des matchs, négligeant au besoin son travail scolaire (« Des fois, j'ai fait mes devoirs à l'arraché »). Sajo a déjà fait quatre combats en « classe C » (premier niveau), dont trois victorieux, et, même si la première défaite, récente, est plutôt difficile à avaler (« J'avais honte, je me disais "ouais, t'es faible et tout" »), il n'a nullement l'intention de s'arrêter en si bon chemin et nourrit, avec toute la modestie nécessaire (« On verra bien la réalité »), des projets d'avenir raisonnables.

Ses motivations premières ne semblent pas liées à un souci de réputation au sein de ses pairs (« Y en a, ils font de la boxe thaïe pour dire "ouais dans la rue, je serai encore plus fort", alors que ça a rien à voir... »), mais plutôt à un fort besoin de reconnaissance familiale. Il ne cache pas sa fierté d'avoir pu « ramener une coupe à la maison » et ne désire qu'une chose, c'est que son père, jusqu'à présent opposé à son engagement dans ce sport, finisse par le soutenir et par l'encourager dans cette activité : « [il y en a], quand ils font des combats et tout, y a les parents qui viennent, ils disent "ouais, regardez, c'est mon fils qui combat et tout", alors que mon père, il vient même pas me supporter, au contraire... » Il a, bien entendu, envoyé à sa mère, en Côte-d'Ivoire, une photo de lui sur le ring.

Au-delà de la reconnaissance parentale, Sajo cherche, de manière beaucoup plus terre à terre, à obtenir des gains financiers en échange de ce qu'il conçoit autant comme une compétition sportive que comme un sacrifice physique : « Ben, ouais, parce que c'est bien d'en faire, mais il faut pas se prendre des coups pour rien, aussi ! » Il ne se perd pas en spéculations sur une gloire ou une fortune futures tout à fait abstraites, mais espère plus pragmatiquement gagner la somme qui lui permettra, par exemple, de passer son permis — chose qu'il peut espérer d'ici quelques mois, s'il continue à remporter ses combats. La boxe lui ouvre également des perspectives de voyage qu'il n'aurait guère pu imaginer auparavant, puisqu'il devrait normalement, si tout se passe comme prévu, partir s'entraîner et combattre l'été prochain dans un club de Bangkok. Le cas de Sajo illustre bien, s'il en est besoin, une pratique sportive fort éloignée du sport-divertissement ou du sport-santé, dont les discours de la sociologie spontanée sous-entendent trop facilement et trop souvent l'universalité.

***

Que ce soit dans les échanges ludiques et sportifs, qui peuvent obéir éventuellement à des stratégies individuelles élaborées, ou bien dans les échanges conflictuels, généralement soumis au principe intelligible de vengeance, on voit bien que l'exercice adolescent de la violence répond presque toujours à une logique d'action socialement cohérente. Faut-il préciser que notre propos n'est ici pas plus de légitimer que de condamner les usages de la violence, quels qu'ils soient, mais simplement de tenter de montrer qu'ils se situent toujours dans un certain ordre rationnel du point de vue des acteurs sociaux qui appartiennent à la culture des rues ? Que les comportements et les pratiques au sein d'un groupe social donné obéissent à une logique d'action cohérente, cela n'a en fait rien d'étonnant. Ce qui est plus remarquable, en revanche, c'est que l'on puisse trouver une forme d'autonomie culturelle dans une classe d'âge très jeune, dont les agissements et les attitudes sont censés, aux yeux des adultes, relever essentiellement de la socialisation, c'est-à-dire de l'apprentissage des normes. On va voir, pour finir, que ce système culturel s'appuie sur des éléments symboliques dont la mise en œuvre, qui dépend ici de l'identité sexuelle, souligne plus nettement encore le caractère de cohérence des comportements.

Quatrième partie

Honneur et réputation

Si tant est que l'on ait réussi, dans les parties précédentes, à faire ressortir le caractère original des relations et des pratiques sociales des groupes d'adolescents, il reste maintenant à établir le principe de cohérence de cet univers culturel. Autrement dit, il nous faut chercher à définir et à mettre en lumière l'armature centrale du système de représentations qui donne son sens général aux comportements et aux conduites.

Comme on a pu déjà le laisser entendre dans des développements antérieurs, c'est l'honneur, défini de manière assez simple par Pitt-Rivers comme « la valeur qu'une personne possède à ses propres yeux [et aussi] ce qu'elle vaut au regard de ceux qui constituent la société[1] », qui donne son unité relative à l'ensemble des faits observés, à la fois comme principe d'action et comme code de relation au sein de ce groupe social. Il peut d'un certain point de vue sembler bizarre d'appliquer cette notion dans le cadre d'une sous-culture enfantine et adolescente, dont les pratiques, qui plus est, sont en partie considérées comme déviantes, mais la voie a déjà été tracée par Fonseca, qui a étudié les implications de l'honneur dans le

---

1. Julian Pitt-Rivers, *Anthropologie de l'honneur : la mésaventure de Sichem*, Paris : Le Sycomore, 1983, p. 18.

contexte d'un bidonville brésilien et montré comment il pouvait expliquer le système des relations à l'intérieur d'un groupe social marginal[1].

Le concept d'honneur se rattache à une tradition bien connue de culture méditerranéenne, dont l'épaisseur est à la fois historique et géographique puisqu'on en trouve les racines dans les textes grecs antiques et que le fonctionnement de certaines sociétés locales et nationales, dans différentes régions du Maghreb par exemple, est encore aujourd'hui fortement marqué par sa mise en œuvre, banale et quotidienne. Ce concept a d'ailleurs largement servi aux anthropologues pour comparer entre elles les sociétés de cette région du monde[2]. Si les études sur l'honneur ne sont plus aujourd'hui très prisées, notamment dans le contexte scientifique américain où un sociologue a même pu affirmer, il y a déjà quelques années, que cette notion est devenue obsolète depuis qu'elle a été remplacée par l'idée générale de dignité humaine[3], nous sommes quant à nous d'accord avec Pitt-Rivers pour penser au contraire que cette notion conserve un grand pouvoir d'explication et qu'elle semble même tout à fait « déterminante dans l'analyse de la conduite des individus et même des groupes[4] ». C'est du moins le cas dans le groupe social qui nous intéresse, dont la conception de l'honneur puise ses sources à la fois dans

1. Claudia Fonseca, « La violence et la rumeur... » *op. cit.*

2. Voir notamment le recueil d'articles : John G. Peristiany (sous la dir. de) *Honour and Shame : the values of mediterranean society*, Londres : Weidenfeld and Nicolson, 1965 ; ainsi que John Davis, *People of the Mediterranean : an Essay in Comparative Social Anthropology*, Londres : Routledge et Kegan Paul, 1977.

3. Peter L. Berger, « On the Obsolescence of the Concept of Honor », *Archives européennes de sociologie*, 11, 1970, p. 339-347.

4. Julian Pitt-Rivers, *Anthropologie de l'honneur...*, *op. cit.*, p. 9. Sur la pérennité de l'honneur, voir aussi l'article du même auteur : « La maladie de l'honneur », *Autrement*, 3, 1991, p. 20-36.

le vieux fonds de culture maghrébine très présent dans la population qui le compose et dans certains traits spécifiques de mentalité populaire, caractérisés entre autres par un grand souci de l'image de soi au sein du groupe d'interconnaissance et par une manière de « régler ses comptes » avec autrui dans le face à face et, au besoin, par l'usage de la violence physique.

Il convient, pour les besoins de l'analyse, de distinguer ici les dimensions personnelle, relationnelle et rituelle de l'honneur. La mise en œuvre de l'honneur se traduit en effet d'abord par un code de conduite individuelle dont les fondements sont la mise en valeur de soi-même et la construction de la réputation, ensuite par un jeu de relations et d'échanges conflictuels dans lequel sont en permanence redéfinies les positions et les places de chacun des membres du groupe, enfin par des pratiques sportives et culturelles dont certaines modalités communes peuvent être mises en rapport avec ce que Bourdieu appelle une « grammaire de l'honneur[1] ».

---

1. Pierre Bourdieu, *Esquisse d'une théorie de la pratique précédée de trois études d'ethnologie kabyle*, Genève : Droz, 1972, p. 41.

Chapitre 1

LES CRITÈRES DE LA RÉPUTATION

Dans les discours adolescents, l'honneur n'est que rarement évoqué. Il peut même arriver que certains informateurs en dénient toute forme d'existence dans leurs actes ou dans leurs relations[1]. En revanche, la notion de réputation est très présente à la conscience. Dans la conception adolescente de l'existence, la valeur d'une personne se mesure essentiellement au regard et au jugement direct portés par les pairs. Ce sentiment est d'autant plus prégnant que la plupart des rapports sociaux ont lieu dans le cadre scolaire ou dans le grand ensemble, c'est-à-dire au sein du groupe d'interconnaissance. On peut interpréter ou réinterpréter ainsi nombre de conduites adolescentes à la lumière de la recherche de prestige et du besoin de réputation.

---

1. Une enquête statistique sur les représentations de l'honneur menée dans plusieurs établissements d'enseignement secondaire de la région parisienne semble confirmer le caractère tout à fait implicite et masqué de cet élément dans le système des valeurs adolescent (Marie-Françoise Levy, Anne Muxel, Annick Percheron, « Tableaux d'honneur », *Autrement*, 3, 1991, p. 104-119). Cela s'explique sans doute par le fait, comme le soulignait Bourdieu, que « le système des valeurs d'honneur est agi plutôt que pensé et la grammaire de l'honneur peut informer les actes sans avoir à se formuler » (Pierre Bourdieu, *Esquisse d'une théorie...*, *op. cit.*, p. 41).

Les conduites exemplaires masculines

À cet âge de la vie où les individus sont en grande partie dépendants de leurs parents et n'ont pas à proprement parler de place dans la hiérarchie sociale globale ou même locale, la réputation individuelle ne peut dépendre ni du capital économique, ni du statut professionnel, ni même du statut familial. Elle réside donc tout entière dans la personne physique et dans les conduites personnelles en accord avec les valeurs et les idéaux partagés par les membres du groupe. Pour les garçons, la recherche de prestige, qui participe fondamentalement à la construction de l'identité virile, passe par la démonstration spectaculaire des capacités physiques et mentales et par une mise en spectacle très élaborée de soi-même.

Le courage physique et l'éloquence

Il y a deux moyens essentiels de prouver sa valeur, quand on est membre de la culture des rues, qui correspondent aux deux principaux modes d'interactions de la culture des rues que sont, d'une part, les échanges de violence et, d'autre part, les échanges de paroles.

On a vu que la force est une valeur centrale de la culture adolescente. Le courage physique et ses corollaires, la bravoure, l'audace, l'intrépidité, voire la témérité, sont au même titre des qualités très prisées et qui participent de manière essentielle à la définition de l'identité virile, comme en atteste par exemple l'expression populaire qui désigne le manque de courage : « ne pas avoir de couilles ». Si le courage peut être mesuré dans beaucoup de situations quotidiennes, c'est bien dans la bagarre qu'il se donne à voir de la façon la plus spectaculaire et la plus immédiate. C'est en effet dans le face à face sans échappatoire possible avec un adversaire à sa taille, dans l'épreuve redoutée de la souffrance et surtout sous le regard d'un public de pairs, que se joue véritable-ment la réputation courageuse. Quand les adolescents portent un regard distancié sur leur pratique de la vio-lence, ils en viennent d'ailleurs toujours à expliquer les bagarres par cette volonté essentielle de prouver leur courage : « En vérité, quand on se bat, c'est pour montrer à ses copains qu'on n'est pas un *cheula* [lâche] » (Alain).

C'est pour cette raison que la bagarre fait figure d'épreuve initiatique et fondatrice — qui n'est d'ailleurs pas exclusivement masculine, à un âge où les différences sexuelles de comportement ne sont pas toujours aussi marquées qu'on le croit. Nul adolescent ne peut construire une image de soi satisfaisante sans faire l'ex-périence, ne serait-ce qu'une ou deux fois dans sa « car-rière », de ces affrontements spectaculaires. Ceux qui se situent en dehors de cette logique sont exclus du groupe. La prise en compte de cette idéologie quasi guerrière du courage est nécessaire pour bien comprendre la propen-sion des membres les plus affirmés de ce groupe social à provoquer ou à rechercher systématiquement, parfois de manière assez ridicule aux yeux des adultes, les situa-tions de bagarre et les affrontements. Dans un devoir d'histoire, en classe de cinquième, à une question sur les raisons qui conduisirent l'empereur Charlemagne à mener toutes ses conquêtes, un élève, Farid, donna dans sa copie cette réponse très simple : « Pour prouver sa valeur. »

Le prestige que confèrent un physique costaud et une réputation de bagarreur se mesure à l'aire de renommée des individus. Les exploits agonistiques des fortes têtes sont régulièrement relatés et commentés par les mem-bres du groupe des pairs, y compris parmi les filles, qui ne sont pas insensibles à ces « faits d'armes » virils, telle cette adolescente, Nassera, qui exprimait à mots à peine cachés son admiration pour un de ses camarades : « Tu le connais, toi, Mango ? — Ouaaaah, lui, c'est un phéno-mène, il est mortel, lui... Moi je l'ai connu, il était pas

du tout comme ça. Maintenant, il a vachement changé...
Bagarreur et tout, il suit le mouvement, hein ! »

Si la bagarre représente un passage plus ou moins
obligé pour les adolescents, elle n'est pas pour autant un
élément de considération exclusif, et les membres les
plus « cotés » du groupe ne sont pas uniquement les plus
braves ou les plus vaillants combattants. Le langage figu-
rant comme support essentiel du système des relations
sociales de la culture des rues, l'éloquence est également,
comme nous l'avons déjà noté, un critère de réputation
de première importance. Les « tchatcheurs », c'est-à-dire,
comme on l'a vu, les membres du groupe qui possèdent
la meilleure connaissance du lexique et de la diction, qui
sont les plus imbattables dans les joutes de vannes, qui
excellent dans la maîtrise des insultes, des ragots, etc.,
sont tout aussi reconnus et considérés par leurs pairs,
qui les apprécient ou même les craignent à l'occasion.

L'ascendant du « tchatcheur » sur ses pairs est d'autant plus important que son domaine d'exercice dépasse
fréquemment les limites du groupe. C'est le cas à l'école,
où il peut pratiquer son art à loisir, devant un public nombreux et ravi, avec ses professeurs, qui deviennent pour
la circonstance les victimes obligées de ses mensonges
incessants, voire de ses vannes ou même de ses insultes :
« T'as vu le prof, comment je l'ai mis à l'amende ! » Son
prestige auprès du groupe tient en bonne partie, d'ailleurs, à sa capacité à faire rire, à cet âge où la sociabilité
est fondée sur la pratique permanente de l'humour et de
la plaisanterie.

Si quelques rares membres du groupe des pairs se
montrent capables de briller dans les deux registres d'interaction, les réputations de bagarreur et de « tchatcheur » sont plus souvent assez exclusives l'une de
l'autre. Les agressifs, les durs, les forts, se montrent par
nature peu communicatifs et peu démonstratifs, tandis
que, de leur côté, les forts en gueule, les exubérants, ceux
qui sont « tout de la bouche », ne se montrent générale-

ment pas trop empressés de faire la démonstration physique de leur courage. Les uns et les autres, en toute logique, ne font d'ailleurs pas forcément bon ménage.

Tant dans les échanges de violence que dans les échanges de paroles, les adolescents cultivent l'art de jouer la comédie, de se montrer, de se faire mousser en public. Une bonne bagarre de rue ne saurait se concevoir sans sa part de théâtre, ses rodomontades, ses « coups de pression ». De même que toute prise de parole en public, que ce soit pour *vanner*, pour insulter, ou simplement pour raconter une histoire, revêt inévitablement un caractère d'emphase et de spectacle, où la modestie n'est pas de mise. Il y a là une culture de l'apparence qu'on va en toute logique retrouver dans le rapport au corps en général.

Le corps mis en scène

La frime est un comportement social largement associé à la jeunesse d'une part, et aux espaces publics, notamment à la rue d'autre part. Il est logique qu'elle trouve un contexte particulièrement favorable à son expression dans les groupes de pairs de la sous-culture adolescente.

L'importance accordée aux apparences physiques et vestimentaires, qui est liée au souci de distinction sociale très marqué chez les jeunes de condition modeste, se donne à voir en toute occasion et de manière parfois inattendue, comme lors d'une séance de photo annuelle au collège où des élèves me reprochèrent de ne pas les avoir prévenus à l'avance : « Monsieur, vous auriez pu nous avertir pour la photo, hein, ça se fait pas ! — Ah bon, mais vous avertir pour quoi faire ? — Ben, on était habillés comme des clochards. — Ouais, on n'était même pas coiffés... » [note du 27 octobre 1994]. Au quotidien, chacun s'observe mutuellement dans les détails. À l'école ou dans la rue, les changements de tenues ou les achats de vêtements neufs sont toujours commentés (« Oh, t'as fait des frais, Rachid ! »), et les personnes qui ne sont pas dans le coup sont systématiquement moquées et chambrées. La maîtrise des apparences et de l'image de soi, comme tout le reste, s'apprend et fait partie du processus général de socialisation.

Si la coquetterie féminine s'exprime de manière relativement conforme aux normes dominantes, en revanche, l'ostentation masculine dans le domaine vestimentaire, « versant comportemental du mensonge[1] », est un trait de culture de groupe particulièrement remarquable.

Le style le plus outré, largement inspiré de la mode *hip hop* noire américaine, le plus connu aussi parce qu'il a été largement médiatisé et récupéré, est très marqué par son caractère voyant, avec les survêtements en tissus satinés aux couleurs criardes et fluorescentes, son caractère démesuré, avec les pantalons et les tee-shirts ultra-larges, ou bien même son caractère provocant, avec les treillis militaires et les rangers. La fonction de représentation du vêtement prend ici largement le pas sur sa fonction utilitaire, comme dans le port généralisé des grosses baskets soigneusement délacées, y compris sur les terrains de sport, ou bien le port de bonnets de rappeurs en laine noire en plein été. Les tenues les plus marquées, qui s'apparentent à de véritables panoplies, comprennent un ensemble d'attributs ou d'objets fétiches, tels que les casquettes de base-ball — aujourd'hui très banalisées —, les ceintures personnalisées avec initiales, les pendentifs, les lunettes de soleil à verre réfléchissant, etc. : « Plus ils sont bien fringués, plus ils se la racontent, parce qu'il y en a, ils ont tout, des gants coupés, des bagues... » (Abla).

Quel que soit le style adopté, et il en existe d'autres culturellement moins marqués que le style *hip hop*, le côté clinquant, remarquable, qui se traduit également par l'ob-

---

1. Raymond Jamous, « Mensonge... », *op. cit.*

session de la marque, celle-ci au besoin affichée en grosses lettres, à même les habits, est toujours de mise. Dans une scène du film *Hexagone*, l'un des personnages clefs du film, surnommé Staff, très soucieux de son apparence et cultivant savamment son *look*, vante assez stupidement à un de ses « copains » les qualités de sa montre flambant neuve : « C'est trop agréable d'avoir un bijou ! — Oh, tu peux pas aller jouer ailleurs avec ta montre, s'te plaît, Mustaf ! — *Teuma* [mate], Slim, elle est trop classe, les rubis à l'intérieur et tout, elle assure pas ? — Ouais, combien elle vaut ? — Ah, ah ! T'as pas les moyens de te l'acheter... D'abord, je la vends pas, Slim ! — Non, c'est pas pour l'acheter... Pour savoir. — Tu sais combien elle fait ? 14 690 TTC, toutes taxes comprises ! »

Le culte des apparences vestimentaires trouve son expression la plus achevée dans l'une des figures emblématiques de la culture des rues, dont Staff est un représentant notoire, qui est celle du « sapeur », littéralement celui qui se « sape », c'est-à-dire qui s'habille bien. Le sapeur, c'est en quelque sorte la version populaire et adolescente du « minet ». La réputation des adolescents noirs, en la matière, est généralement très forte, à tel point que le qualificatif de « sapeur » leur est parfois directement associé.

Les mouvements de la mode trouvent bien sûr dans la culture des rues des versions exacerbées. Les grandes marques de prêt-à-porter pour la jeunesse et notamment les marques de vêtements et de chaussures de sport ne s'y sont pas trompées, qui tirent ainsi des profits mirobolants du gigantesque marché du *streetwear*. Les changements sont ici extrêmement rapides. Le souci de conformité au groupe, autant que les efforts de distinction par rapport aux adultes et aux aînés sont permanents. Il importe de toujours rester dans le coup, de suivre de près le mouvement (« le Mouv' »). « *Hip* », l'un des deux termes de « *hip hop* », est d'ailleurs un dérivé de « *hep* », qui, en ancien argot noir américain, signifiait « dernier cri ».

Cette adhésion à la mode correspond bien à l'idée générale d'une existence dans laquelle il faut absolument être de son temps, être toujours présent, pouvoir à tout moment « calculer » les personnes autant que les situations, ou encore « savoir quelle heure il est », comme le dit l'expression populaire. C'est d'ailleurs le titre d'une chanson du chanteur de rap américain Kool Moo Dee : *Do You Know What Time It Is ?* et c'est aussi sans doute l'une des significations du chronomètre géant porté en pendentif, attribut symbolique fétiche des rappeurs.

Tout adolescent qui se trouve, pour une raison ou pour une autre, en décalage provisoire ou permanent avec la réalité urgente et quotidienne, se trouvera immanquablement rejeté par ses pairs : « Il est hors sujet, celui-là. — Ah ouais ! Laisse tomber, il a rien à voir ! »

La culture de la frime ne se résout pas tout entière dans les vêtements et les panoplies. Il faut prendre en compte également les attitudes corporelles et toute la gestuelle emphatique qui puisent leurs racines dans le rapport au corps traditionnel méditerranéen et dans celui, encore plus marqué, des Noirs. Il y a maintes manières physiques outrées d'exprimer l'orgueil, l'arrogance, l'agressivité, ou même la nonchalance et la désinvolture, aussi bien dans les postures que dans les façons de déambuler, de parader, de « marcher comme une *caillera* », ou de « rouler les mécaniques[1] ». « Moi, je flambe pas, je marche normal », m'affirmait Ahmed, sûr de son fait. Il faut penser encore aux mimiques et à tous les gestes expressifs qui accompagnent systématiquement la parole, sans oublier enfin les manières de regarder, de fixer, de toiser, de « mater » les autres, ses pairs et ses « supérieurs » tout autant que ses « inférieurs ».

1. Le terme « frime », à l'origine, se rapporte lui-même au corps, puisqu'il provient du bas latin « frumen », qui signifiait « gosier », d'où « frimer », montrer son gosier, tel un coq ou un jars.

[Note du 18 avril 1993] Au cours du voyage en Espagne, je filme Sajo avec le Caméscope, à plusieurs reprises. Il pose, simule, joue la comédie sur demande, se prêtant à l'objectif comme un acteur. Son numéro favori consiste à jouer le rôle du « chercheur » en situation de conflit. Il me regarde fixement, lève le menton en haussant les sourcils, tourne la tête de biais tout en continuant à me regarder « de travers », puis fait tourner nerveusement sa main en supination devant lui, doigts écartés « en éventail » — geste stéréotypé, qui accompagne généralement la question rituelle : « T'es pas content ? »

La pose devant le photographe, une occasion de se mettre en scène.
© *Stéphane Kovalsky.*

La gestuelle et les attitudes corporelles de la culture des rues sont portées à leur paroxysme dans les clips de rap américains et français, dans lesquels les chanteurs, filmés en gros plan et toujours face à la caméra, dansent et se contorsionnent de façon caricaturale, roulant et ondulant les épaules ou le corps tout entier, bougeant leurs mains de façon expressive et outrée, au rythme de la musique, fixant l'objectif en permanence, le pointant du doigt avec l'air menaçant, s'en approchant jusqu'à couvrir entièrement le champ de leur visage et de leurs yeux. Le narcissisme machiste pur et dur s'exprime là d'une manière débridée, spectaculaire, voire tout à fait burlesque.

L'interjection arabe dialectale « *zâama* », employée par les adolescents, qui exprime aussi bien le refus affecté et orgueilleux, on pourrait dire physique, de se plier aux demandes d'autrui — un peu à la manière d'une expression telle que « lâche-moi ! » — que l'étonnement complice et l'admiration moqueuse, qu'on pourrait dans ce cas exprimer approximativement par des exclamations comme « ouah, la frime ! », « oooh, le mec ! », traduit assez bien cette exacerbation du moi et ce rapport au corps égocentrique qui s'inscrit au cœur même des interactions.

Les activités délinquantes

Au chapitre des conduites exemplaires masculines, il faut enfin compter, en bonne et due place, les actes de délinquance qui, s'ils impliquent un positionnement individuel sensiblement différent dans le rapport aux normes dominantes, n'en sont pas moins valorisés au sein du groupe des pairs et participent à la mise en scène de soi-même, notamment par le rapport à la consommation qu'ils induisent.

En tant que défis à l'ordre et à la loi et conduites comportant des risques, les actes délinquants sont en toute logique considérés comme des sortes de performances ou d'exploits. Ces actes apportent à leurs auteurs une forme d'admiration et de reconnaissance, surtout à un âge où la socialisation comporte un apprentissage très contraignant des normes sociales. Si tous les adolescents ne participent pas de manière égale aux activités délictueuses, loin s'en faut, la fascination ou l'attrait exercés par la transgression de l'interdit sont quasi généraux. C'est ce qui explique le caractère initiatique des actes délinquants, qui permet à la fois aux plus petits d'apprendre des plus grands et aux plus grands d'exercer leur pouvoir sur les plus petits.

[Note du 25 juin 1993] Je demande à Loïc et à Samir, en visite chez moi, s'ils connaissent Stéphane, un adolescent que j'ai eu comme élève en sixième et qui a été depuis « transféré » dans un autre collège à cause de son comportement violent : « Stéphane M. ? *[long sifflet descendant, en secouant sa main droite de haut en bas]* Ah ouais, Stéphane ! Il fait des voitures... Il fait même des apparts', maintenant, des apparts' à Beaufils, avec Faudil... Il l'a chauffé, Faudil, c'est avec Faudil qu'il est devenu chaud... Sur la vie de ma mère, avant qu'il vienne en sixième, quand il était en CM2, Faudil, il lui disait... lui, il voyait qu'Ahmed et Faudil c'étaient des *cailleras*... Faudil, il le faisait sécher, il le faisait sortir et puis il le faisait aller voler des trucs et tout... »

Si les délinquants les plus durs, notamment ceux qui ont eu affaire à la police ou à la justice et qu'on appelle des « *cailleras* », loin d'être honnis par le groupe, jouissent au contraire d'un certain prestige, cela ne veut pas dire pour autant que tous les adolescents du groupe partagent les mêmes valeurs et le même code moral qu'eux. En réalité, rares sont ceux qui sont capables de « racketter », et tous ne connaissent même pas l'expérience du vol à l'étalage. Mais la cohérence du groupe, qui s'exprime par exemple dans la solidarité et dans la complicité de secret vis-à-vis des policiers, ne se trouve pas altérée par ces différences. La conscience de partager le même type de condition sociale et les mêmes difficultés économiques induit une grande tolérance vis-à-vis des agissements illicites d'autrui, comme l'exprime, par exemple, une adolescente, Nassera, qui parle d'un des délinquants réputés des Quatre-Mille : « Il a quinze ans... Il est sorti de l'école... Mais ça me tue. Il va pas à l'école. Il est habillé cuir, pull Chevignon, baskets Nike... Mais ces mecs-là, ils se font plein de trafic... Mais ils sont gentils, moi, franchement, je les aime bien... Ils se font plein de trafic, ils ont raison, ils peuvent rien faire, ils travaillent pas... Au point où ils en sont ! Mais ils sont gentils... »

Le prestige des adolescents délinquants ne tient pas seulement au caractère exemplaire de leurs exploits, mais également et surtout aux dépenses et aux consommations rendues possibles par l'acquisition illicite de biens et d'argent. On sait que la délinquance juvénile dans les classes pauvres a été interprétée par un courant de la sociologie américaine comme une réaction de « conformisme déviant ». Les jeunes exclus, frustrés de ne pouvoir participer au jeu socialement intégrateur du travail et de la consommation, seraient, selon ce type d'analyse, conduits vers des stratégies de type délinquant. Dans le contexte de la culture des rues, il nous semble plus pertinent de lier les conduites délinquantes à une idéologie de l'ostentation personnelle, du don et de l'honneur.

On retrouve chez les adolescents les plus délinquants, de manière plus systématique, les comportements d'ostentation et de frime précédemment décrits. C'est la figure bien connue des « loulous » de banlieue, qui viennent parader en bande, dans les quartiers animés des centres-villes, le samedi soir, version juvénile et populaire du comportement de parvenu, de nouveau riche. L'épate, l'esbroufe et l'étalage sont ici de règle, surtout en ce qui concerne les attributs symboliques de liberté et de richesse que sont par excellence les moyens de transport personnels : deux-roues (motos, scooters) pour les plus jeunes, automobiles (toujours de sport et le plus accessoirisées possible) pour les plus âgés. Le vol de deux-roues, ou plus exceptionnellement de voiture, constitue en ce sens une véritable panacée en matière de délit adolescent.

Dans le langage des rues, frimer se dit « flamber » (« bé-flan »), verbe qui désigne aussi toutes sortes de comporte-

ments de défi. Dans le vieil argot français, « flamber »
signifie surtout dépenser de l'argent au jeu, ou simplement dépenser follement son argent. Il y a, autour des
activités délinquantes, un rapport à la dépense et à la
consommation de nature festive qui s'apparente assez
bien au potlatch. L'argent gagné illégalement est immédiatement et rapidement dépensé, claqué, brûlé, toujours
entre « copains » et si possible, bien sûr, de la manière la
plus voyante possible. Samir et Loïc racontaient de la
façon suivante ce qu'ils faisaient de l'argent de la revente
des baladeurs que Samir rackettait : « Dès qu'il [Samir]
avait dix *keu's* [sacs], on était en train de les éclater. —
Une fois, on a été à la pizzeria. Tous, Ahmed..., ils étaient
tous là [dehors, devant la vitrine du restaurant], ils voulaient *tréran* [rentrer]. Le bonhomme, il leur a dit, "Allez,
cassez-vous." On était en train de manger notre pizza au
resto, comme des patrons. Et eux, ils nous regardaient
dehors... » [note du 25 juin 1993].

La pureté sexuelle féminine

Les critères de réputation féminins sont ici liés à la
conception traditionnelle de l'honneur familial dans les
sociétés méditerranéennes et en particulier dans les
sociétés musulmanes. À la base, l'honneur familial
dépend en effet de la pureté généalogique du sang, dont
les femmes sont essentiellement responsables, par leur
comportement sexuel. Les exigences de modestie
sexuelle féminine revêtent deux formes principales, qui
sont, d'une part, le devoir de fidélité des épouses et, d'autre part, l'obligation de virginité des filles, cette dernière
conditionnant la valeur des fiancées sur le marché matri-
monial. Selon une idée très commune dans cet univers de
représentations, il y a une incapacité des femmes à pouvoir maîtriser seules leur désir ; ce sont les hommes qui

sont par conséquent responsables du comportement sexuel féminin. Nous allons voir comment cette vision des choses conditionne en partie les attitudes adolescentes.

Virginité et modestie sexuelle

Si les conduites exemplaires précédemment décrites ne sont pas l'apanage des garçons, notamment en ce qui concerne les prouesses verbales, les styles vestimentaires, ou même à l'occasion les exploits de bagarre, autant de registres dans lesquels les filles peuvent aussi se faire valoir, ça n'est pourtant pas essentiellement là qu'elles placent leur orgueil personnel, mais plutôt dans leur vertu réelle ou supposée concernant leur comportement sexuel. À cet âge des premières relations de flirt, voire, dans certains cas moins courants, des premières relations sexuelles, la réputation d'une fille se mesure à la décence de ses tenues, à la modestie de ses désirs, à la pudeur de son comportement vis-à-vis des garçons et des hommes et plus que tout à son aptitude à se faire respecter par eux.

Les insultes d'adresse spécifiquement féminine, qui tournent toujours autour des trois figures de l'allumeuse, de la salope et de la putain, sont évidemment en rapport étroit avec cette thématique du comportement sexuel. L'enjeu essentiel consiste ici pour les filles à savoir répondre aux insultes et à maîtriser les bavardages dont elles font l'objet. Les adolescentes manifestent de ce point de vue une susceptibilité extrême, et, de fait, les ragots à caractère sexuel fournissent la matière principale des conflits et des échanges de violence féminins.

[Note du 24 mars 1994] Un jour, à la fin du repas dans le réfectoire, nous avons assisté, médusés et sans comprendre, à une altercation soudaine et violente entre un professeur et une élève de troisième technologique. Cette dernière, Nina, extrêmement agressive, demandait, en hurlant, des comptes à l'enseignant sur de prétendues mauvaises paroles qu'il avait prononcées. Le principal du collège finit par intervenir, et les choses rentrèrent rapidement dans l'ordre. L'enseignant, qui avait quelque peu perdu la face ce jour-là, ne fut guère prolixe sur cette affaire, par la suite. En me renseignant auprès d'autres élèves, je réussis néanmoins à savoir que, lors d'un conseil de classe de quatrième, où il était présent, le cas de Nina avait été évoqué et il s'était permis de faire une réflexion un peu lourde sur ses décolletés, réflexion que la déléguée de classe s'était évidemment empressée d'aller répéter à l'intéressée.

Si toutes les adolescentes, de toutes origines confondues, semblent se montrer fortement sensibles en matière de réputation sexuelle, par tradition les adolescentes maghrébines cultivent plus que les autres, et non sans une part d'humour, une pudeur volontiers outrée et une distance physique avec la gent masculine, refusant pour les plus jeunes de faire la bise aux garçons, ou bien s'offusquant à plaisir du regard que les hommes adultes peuvent porter sur elles : « Moi, j'ai des Noirs dans mon bâtiment, je vais te dire, je flippe... *[rires]* C'est des vrais sadiques... — Pourquoi, ça veut dire quoi, "sadique[1]" ? — Toujours en train de te faire des clins d'œil, de te siffler, des trucs comme ça... Le pire, c'est que si c'étaient des jeunes, ça pourrait passer, mais c'est des *y'euvs* [vieux], ils sont mariés. En plus, ils ont vraiment une tête de sadique. Franchement ! Ah, j'aime pas... Un jour, le mec, il m'a offert des fleurs... Ah, la honte ! » (Nassera).

La traduction la plus quotidienne et la plus concrète des exigences de modestie sexuelle, en rapport avec la règle idéale de virginité des jeunes filles, est sans aucun doute l'absence, ou tout au moins la relative rareté des

---

1. Le terme « sadique » est utilisé habituellement, par les locuteurs du groupe considéré, en contresens, c'est-à-dire en lieu et place de « vicieux ».

adolescentes dans les lieux de la culture des rues proprement dits, c'est-à-dire dans les espaces publics du grand ensemble. Les filles ne traînent guère, ne stationnent jamais dans les cages d'escalier, en bas des barres, ne jouent pas sur le terrain de foot, ne pratiquent pas le deux-roues. Même si l'éducation varie sensiblement d'une famille à l'autre, notamment en fonction de l'appartenance culturelle et sociale, la tolérance parentale en ce qui concerne les sorties est toujours beaucoup plus grande pour les garçons que pour les filles [1], qui le revendiquent d'ailleurs volontiers et avec fierté : « Moi je sors, mais c'est pas rester tourner dans la cité, faire quatre fois le tour du labyrinthe (moi j'appelle ça un labyrinthe), je sors, je vais ailleurs, je vais à Paris, je vais voir la famille ; je vais ailleurs, je reste pas dans cette cité où il y a rien à faire. Bon, à part quand j'étais petite, comme tout le monde... » (Zahira).

La réputation féminine adolescente ne se fonde pas seulement sur la modestie du comportement sexuel, la pudeur vestimentaire et la réserve en matière de sorties. Il lui faut également s'affirmer sans cesse contre l'exercice quotidien et multiforme de la domination masculine. Indépendamment des relations de flirt, qui, bien qu'assez courantes au sein du groupe des pairs, restent en général assez secrètes et privées du fait du « ragotage », les relations garçon-fille sont en effet très marquées, dans ce contexte social et à cet âge, par une grande distance affichée entre les sexes et surtout par les tendances machistes souvent très dures des jeunes garçons, qui ne sont jamais avares en paroles grossières, en insultes, en outrages et en harcèlements divers, telles les séances collectives de pelotages, ou d'attouchements, voire, beaucoup plus exceptionnellement, de viol, dont sont victimes certaines filles.

---

1. Sur les oppositions symboliques entre le dedans/féminin et le dehors/masculin, voir Bourdieu, *Esquisse d'une théorie...*, *op. cit.*

[Note du 26 février 1993] Samir, autant que les autres garçons de son âge, joue avec outrance son rôle d'adolescent macho, comme dans cette réflexion qu'il fit un jour devant moi en examinant, parmi les photos que j'avais prises lors du voyage en Espagne, celle d'une élève en maillot de bain sur une plage : « J' te baise, j' te nique, salope... », ou bien encore dans cette discussion un peu confuse entre lui et Loïc, dont je fus le témoin et dans laquelle il se vantait d'avoir soi-disant voulu violer des filles : « Les *meufs* [femmes], là, tu te rappelles, on voulait les violer... — Arrête de tchatcher, va ! — J' dis la vérité... — Arrête, jamais violées... — Sur la vie de ma mère... — Arrête, j' te dis. — Y avait deux *meufs*, tu me dis "Tu prends la brune et on la pelote et tout..." — Quel mytho [mythomane], celui-là ! — On voulait la *kène* [niquer]... — Arrête, arrête, tu me la racontes, tu crois qu'on va *kène* une *meuf* comme ça ! — Bon allez, c'est bon, *[geste du bras, énervé]* on parle d'autre chose... »

La responsabilité masculine de l'honneur féminin

Si les pères de famille, en particulier dans les familles maghrébines, sont naturellement les premiers à veiller sur l'honneur et la réputation de leurs filles, notamment pour les sorties, une partie de cette charge de surveillance incombe aux frères, qui se montrent pour certains d'autant plus vigilants que leurs pères qui, souvent atteints dans leur honneur personnel par leur situation d'immigré exploité ou, pire, par leur condition de chômeur, ne sont plus véritablement en mesure d'exercer leur autorité sur leurs enfants, quand ils ne sont pas tout simplement absents, dans le cas des familles monoparentales.

En ce qui concerne les fréquentations masculines et les relations de flirt, il y a un décalage sensible entre les filles, qui manifestent pour nombre d'entre elles une forte volonté d'émancipation et affichent volontiers une certaine distance avec les traditions de leur milieu d'origine, et les garçons, pour qui il n'y a en quelque sorte aucune manière pacifique possible de « céder » leur sœur à un autre garçon ou à un autre homme. Les cas de filles battues par leurs frères pour de tels motifs sont légion dans ce groupe social. Dans quelques cas rares, ce décalage de mentalité peut produire de véritables drames, comme pour Farida, une ex-élève du collège, qui est devenue paraplégique après s'être jetée d'une fenêtre de son immeuble, parce que, tombée enceinte, elle n'avait pas eu le courage d'affronter la colère et les représailles de ses frères [note du 9 mars 1995].

Le contrôle social des frères sur les filles peut aussi s'exercer d'une façon plus banale et plus générale, mais toujours en rapport avec l'exigence d'honorabilité, par exemple sur leur travail scolaire, leur langage, leurs loisirs, etc. Ce sont d'ailleurs la plupart du temps les adolescents les plus anomiques au regard des normes dominantes, c'est-à-dire les plus « voyous », les plus délinquants, ou simplement ceux qui se trouvent dans les situations d'échec scolaire les plus criantes, qui manifestent généralement le plus d'attention pour la respectabilité des conduites de leurs sœurs. Il y a là comme une manière d'affirmer leur identité dans l'exercice d'un pouvoir d'aîné, si dérisoire soit-il, et peut-être comme une possibilité de racheter leur échec social patent ou en cours, à travers la réussite et l'intégration de leurs proches. C'est le cas de Mourad, qui m'expliqua un jour, sans que je lui demande quoi que ce soit sur le sujet, comment il envisageait l'avenir de sa sœur : « Fazia, moi je veux pas qu'elle devienne une racaille. Je m'en fous qu'elle ait des copains, je veux bien qu'elle ait un *keumé*. Même le mec, si je le vois avec ma sœur, je lui dis rien, j'en ai rien à foutre, elle peut sortir avec si elle veut. Mais pas qu'elle devienne racaille... Je veux pas qu'elle parle mal, impolie, tout ça, j'aime pas. J'aime pas ça, les filles qui sont racailles [...]. Là, je suis encore au collège, je peux la surveiller, mais l'année prochaine, je serai plus là ; j'men fous, si elle fait la conne, je la tape. Mais aussi, faut pas qu'on la touche, même si je suis plus là. Si jamais j'entends qu'un *keumé*, il l'a touchée, ah je vais le voir : direct il va à l'hôpital, hein[1] ! »

Au niveau symbolique, la responsabilité masculine de l'honneur féminin se retrouve tout entière contenue dans la thématique propre des insultes puisque, comme on l'a déjà vu, la figure de la mère et spécialement le thème de son comportement sexuel y occupent une place centrale. Symboliquement, le garçon qui réagit à des insultes telles que « fils de pute », « nique ta mère », ou simplement « ta mère » se conduit bel et bien en responsable et en garant de l'honneur des femmes de son groupe.

[Note du 23 février 1993] C'est également dans cet esprit qu'il faut comprendre le respect filial qu'exprimait à sa façon Frédéric, un adolescent à qui je demandais, lors d'une de ses visites chez moi, de me décrire physiquement sa mère et qui se retrouvait piégé par une question perfide de son camarade Karim : « Tes parents, je les ai jamais vus, Frédéric, si ? — Si, ouais, parce que ma mère, elle est déjà venue aux réunions de parents ; et

---

1. La surveillance vigilante et pesante que les frères exercent sur les sorties et les fréquentations des filles dans les familles maghrébines est traduite sur le mode humoristique dans le sketch *Aziza* des Inconnus, dans lequel Didier Bourdon simule un interminable et désespérant coup de téléphone galant. Cherchant à joindre ladite Aziza pour l'inviter au cinéma, il est d'abord obligé de parler et de négocier avec tous ses frères, grands et petits, avant de pouvoir enfin l'avoir au bout du fil. Mais il est finalement trop tard, car l'heure du cinéma est passée et il est obligé de remettre l'invitation au lendemain. Il lui dit « au revoir », puis doit à nouveau saluer tous les membres de la famille, les uns après les autres, jusqu'à la nausée : « Oui, j'embrasse la grand-mère *[très fort, excédé, couché sur la scène]*, oui, d'accord, les petits cousins, j'embrasse tout le monde... » (Les Inconnus, *Boulversifiant, op. cit.*).

elle vous connaît... — Oui, mais moi, je me rappelle pas comment elle est, je veux dire physiquement... — Ben, elle est grosse, ma mère ! — *[Karim, hilare]* Elle est belle, ta mère, Frédéric ? — *[Frédéric, très sérieux]*... De toute façon, tout le monde, il trouve sa mère belle ! ».

Il en va de même pour les joutes de vannes, qui constituent la version rituelle et ludique de cet exercice symbolique de la responsabilité masculine. Le contenu des vannes, ici toujours plus varié, plus riche, plus imagé et également plus obscène que celui des insultes réelles, fait lui aussi la part belle à ce thème central de la sexualité maternelle. Dans les énoncés, le comportement des mères dépasse, comme on l'a vu de façon extrêmement burlesque, les limites imaginables de la décence et de la pudeur. Les échanges de vannes ne sont rien d'autre, au fond, qu'une façon de s'amuser en jouant à jeter le déshonneur sur autrui, lequel, complice du jeu, doit s'efforcer de surenchérir en rendant la pareille, le tout devant un public qui s'en amuse follement.

C'est enfin toujours parce que l'honneur familial passe par cette pureté sexuelle de la mère que celle-ci prend valeur sacrée et que l'on peut jurer sur son nom et sur sa tête, ce qui est un acte de langage dont on a vu que les jeunes garçons font un usage immodéré.

Le nom à l'honneur

En tant que marqueur d'identité individuelle et familiale, le nom (prénom ou patronyme) est une composante fondamentale de la personne psychique et physique, aussi bien dans sa dimension singulière que dans sa dimension sociale. Sur lui se cristallisent en toute logique les principaux éléments de la réputation et de l'honneur. D'ailleurs, la réputation n'est-elle pas aussi une manière de renom, ou de renommée ? Et ne dit-on pas aussi que se tailler une réputation, c'est tout simplement se faire un nom ? Ici, le nom peut servir autant comme instrument au service de l'affirmation de soi que comme moyen d'atteindre les autres.

Nom et affirmation de soi

Il existe tout un ensemble d'actes de parole ou d'écriture qui correspondent à l'affirmation ostentatoire du nom. Ces formes diverses d'annonce ou d'affichage personnel, qui sont fondamentalement liées au processus de construction symbolique de soi-même, propre à l'adolescence, sont également à compter parmi les pratiques sociales et culturelles spécifiques du groupe social qui nous intéresse.

[Note du 11 mars 1993] Au collège, j'ai toujours été frappé par l'habitude quasi obsessionnelle de certains élèves de ne jamais quitter mon cours sans passer inscrire leur prénom et leur nom sur le tableau noir. Lorsque, pour une raison ou pour une autre, je dois m'absenter et laisser quelques minutes une classe entière dans la salle, je retrouve souvent à mon retour le tableau couvert de dessins et surtout de noms de personne.

La pratique des graffitis, dont il n'est pas dit que la fonction première ne soit pas justement d'écrire son nom, a pris, au sein de la jeunesse des grands ensembles de banlieue, avec le mouvement *hip hop* dont cette pratique constitue une partie essentielle, une ampleur et un développement tout à fait exceptionnels avec les tags et les grafs qui ont recouvert les murs des villes depuis quelques années ou décennies, d'abord aux États-Unis, puis en Europe et spécialement en France. Les tags et les grafs — les seconds constituant la version élaborée et artistique des premiers — ne sont ni plus ni moins que des signatures stylisées de pseudonymes (« tag » : « marque » en anglais) inscrites au marqueur ou dessinées à la bombe de peinture aérosol et répétées des centaines de fois sur un même type de support. Les pseudonymes utilisés, appelés aussi « noms de tag », ou encore « noms de guerre », sont inspirés de l'imaginaire super-héroïque des bandes dessinées, dont on a vu qu'il participait de l'idéologie de force et de violence en rapport avec la culture de l'honneur. En deçà des significations complexes et multiples et aussi des conséquences sociales, soit positives en termes de retombées culturelles, soit négatives en termes de coût économique pour les éliminer, il y a dans la pratique du tag et du graf, portée à son paroxysme, cette affirmation de soi par le nom. Celui-ci, affiché sur tous les murs ou, encore mieux, sur toutes les rames mouvantes du métro, acquiert en effet une visibilité extraordinaire, non seulement aux yeux du groupe social de la culture des rues, mais à l'échelle de la société entière.

On retrouve le même type de phénomène dans la culture orale, avec la musique rap, où les noms des chanteurs et des *D.J.'s* apparaissent systématiquement et de manière extrêmement répétitive dans les paroles de nombreuses chansons, comme dans celle-ci, de MC Solaar : « Chaque mot, chaque phrase, dit avec emphase / Fait de **Claude MC** le commando de la phrase /... / **Claude MC** s'installe, ancré dans les annales /... / Au nom du père, du fils et de **Claude MC** / **Solaar** vous invite dans les rappartys /... » ; ou bien dans une autre, de Suprême NTM, où apparaissent les noms des trois membres du groupe : « Rockin' squatt à mes côtés, Joey Starr pour tout brûler /... / Rockin' Squatt attaque du style /... / et dégaine avec le type au top Kool Shen /... / mon style est tentaculaire, mon nom est Joey Starr[1] /... »

---

1. MC Solaar, *Qui sème le vent récolte le tempo*, « Qui sème le vent... », *op. cit.* ; Suprême NTM, *Freestyle*, « Authentik », *op. cit.* Nous avons repris la graphie des fascicules des disques sur lesquelles sont écrites les paroles de chanson : noms propres en gras pour MC Solaar et en capitales pour NTM.

Les pratiques d'affichage ostentatoire des noms de personne existent également dans le domaine sportif, chez les boxeurs notamment, qui portent toujours haut et fier leur patronyme ou même leur nom « de combat » — ou nom « de guerre » — inscrits sur leurs vêtements de sport : flottants, peignoirs de ring, survêtements. Les thaï-boxeurs, qui font régulièrement le voyage en Thaïlande, ont pris l'habitude de faire confectionner sur place, à Bangkok, des tenues brodées à leurs nom et prénom, en lettres stylisées et aux couleurs chatoyantes, selon les techniques traditionnelles locales [1].

Il n'est pas jusqu'au travail de l'ethnographe lui-même qui ne se trouve impliqué dans ces pratiques d'affirmation par le nom, puisque, amené un jour ou l'autre à publier ses travaux, il aurait la possibilité théorique de donner, si ce n'est la célébrité, du moins une notoriété potentielle aux êtres dont les existences, en l'occurrence anonymes, font la matière de ses thèses. On sait que l'usage veut que les noms et prénoms des personnes citées et même parfois les noms des lieux soient changés dans nos ouvrages, dans un souci de protection de la vie privée. Or, plusieurs fois, je me suis heurté à des adolescents à qui j'expliquais cette règle, qui me demandaient au contraire de laisser leur vrai nom dans le texte, trop contents d'imaginer pouvoir se retrouver un jour racontés ou cités dans un livre.

[Note du 25 juin 1993] Un soir, alors que nous évoquions mon travail d'ethnologie avec deux adolescents, l'un d'entre eux, Zeinul, qui est déjà particulièrement lucide sur sa condition sociale et sur ses chances objectives, assez maigres, de promotion et de réussite, me lança cette réplique aussi pathétique qu'inattendue, dans laquelle il faisait sans doute référence à une émission du

1. Depuis peu, mais dans ce cas pour des raisons qui tiennent plutôt aux contraintes de la médiatisation, les footballeurs ont eux aussi leur patronyme inscrit sur leur maillot.

type *La Nuit des héros* ou *Les Marches de la gloire* : « Si tu parles de moi, tu racontes une belle histoire, hein ! Tu racontes qu'il y avait les pompiers et que j'ai été dans le feu pour sauver la *meuda* [dame]. Tu racontes pas que je suis un crasseux... Dis que je suis un héros. Et tu mets bien mon nom, hein ! Zeinul, *[épelant, avec insistance]* Z-E-I-N-U-L. »

Les atteintes au nom

Si le nom peut être écrit, tagué, chanté, brandi tel un étendard de fierté, il peut tout aussi bien être sali, moqué, ou simplement jeté en pâture, ce qui constitue autant de façons efficaces et insidieuses d'offenser celui qui le porte. Les pratiques adolescentes d'offense par le nom, si ridicules et puériles puissent-elles paraître, doivent être replacées ici dans le contexte de culture de l'orgueil personnel et de l'honneur qui donnent leur sens général aux conduites et aux comportements de la culture des rues.

« M'sieur, il traite le nom des *reupés* [pères] ! » Ce genre de supplique, adressée au professeur et que tous les personnels d'éducation travaillant en Z.E.P. connaissent pour l'avoir entendue maintes fois, est caractéristique de la susceptibilité adolescente en ce qui concerne les atteintes au nom. « Traiter » le nom du père d'autrui, c'est-à-dire son patronyme, c'est tout simplement le déformer, jouer avec ses consonances, son homonymie, ou bien même se contenter de le prononcer. Ces formes d'insultes sont une cause fréquente de conflits et même de bagarres entre élèves. On a vu qu'à l'inverse, dans certains groupes de pairs constitués, la complicité de plaisanterie permet l'attribution systématique et tout à fait ludique de sobriquets péjoratifs.

Il existe d'autres formes d'atteintes au nom, comme les graffitis d'insultes que l'on trouve dans les cages d'escalier des immeubles, ou sur les portes palières, ou encore, au collège, sur les tables de classe et sur les murs intérieurs de l'établissement — où ils sont immédiatement nettoyés. On peut encore interpréter de la même façon une pratique qui fait depuis longtemps figure de cauchemar pour les habitants de H.L.M., qui consiste en la dégradation et le saccage systématiques des boîtes aux lettres dans les halls d'entrée.

L'offense la plus pernicieuse, en ce domaine, qui frappe par son caractère de simplicité et d'efficacité, est celle que les adolescents désignent par le terme « affichage » et qui consiste à crier haut et fort, afin que tout le monde puisse l'entendre, le nom de quelqu'un dans la rue et tous les espaces publics en général, ceux du grand ensemble en particulier. Si les adolescents en usent volontiers entre eux, cette forme d'offense se trouve spécialement appropriée pour atteindre les personnes connues mais étrangères au groupe, telles que les adultes en contact professionnel avec les adolescents et notamment les enseignants. En ce qui me concerne, je n'ai pratiquement jamais pu déambuler dans la cité des Quatre-Mille sans entendre ainsi mon nom crié par-dessus les toits. Le principal du collège, qui réside dans l'appartement de fonction de l'établissement, m'a lui-même confié qu'il évitait désormais toute sortie à La Courneuve, que ce soit pour se promener, pour aller au cinéma ou même pour faire des courses, afin de ne pas avoir à entendre ainsi son nom hurlé à tout bout de champ par quelque élève embusqué.

Pour bien saisir le sens de cette pratique, il nous faut effectuer ici un bref détour sémantique afin d'expliquer la signification du terme « afficher ». Dans son acception populaire, qui est aussi celle des locuteurs de la culture des rues, « être affiché », ou « se faire afficher », c'est se trouver exposé, dans toutes sortes de situations toujours perçues comme désavantageuses, au regard du public, soit celui des pairs, soit celui, anonyme, de la ville.

[Note du 10 décembre 1992] Au cours d'une sortie avec une classe de troisième, alors que nous attendions le bus à un arrêt sur l'avenue Henri-Barbusse, Nassim, un élève que je connais bien pour l'avoir fréquenté aussi au club de judo, se tient ostensiblement à l'écart du groupe, à une vingtaine de mètres de distance. M'approchant de lui, je lui demande les raisons de sa conduite de « loup solitaire ». Il me répond avec un rictus de dégoût, en me montrant d'un bref signe de tête les autres élèves de la classe : « Vise un peu l'affichage. » Il entend par là qu'il ne tient pas à être vu dans la rue en compagnie des élèves de sa classe, qu'il considère comme des « bouffons ».

[Note du 21 mai 1993] Lors d'une autre sortie, avec une autre classe, alors que nous marchons dans une rue de Paris, je suis amené à intervenir auprès d'une élève qui marche trop en avant du groupe et fait mine de vouloir « faire la belle ». L'ayant rattrapée, je lui demande avec insistance de ralentir l'allure et de bien vouloir rester avec nous, puis, devant l'inefficacité de mes injonctions, je finis par lui prendre le bras, ce qui la fait réagir très brutalement, en se dégageant avec violence et en me lançant avec une voix agressive : « C'EST BON ! ARRÊTEZ DE M'AFFICHER COMME ÇA ! »

Il m'a fallu longtemps pour établir le lien entre cette hantise de l'image négative de soi en public et la pratique adolescente de l'« affichage » par le nom. À vrai dire, si je ressentais naturellement de manière fort désagréable le fait d'entendre retentir mon patronyme au milieu des barres du grand ensemble, je n'arrivais pas à comprendre le ressort sociologique profond de cette offense. Il m'est apparu soudainement, au terme d'une séance de judo très éprouvante où, comme à l'habitude, des élèves du collège étaient venus m'observer et se gausser de mes exploits derrière les baies vitrées extérieures du *dojo*. Ce jour-là, ils avaient « poussé le bouchon » beaucoup plus loin qu'à l'accoutumée, criant mon nom de manière lancinante, de plus en plus fort, pendant près d'une demi-heure. Mal à l'aise et ne pouvant guère réagir, je tentais de faire mine de les ignorer. À la fin de la séance, alors que j'évoquais, un peu gêné, la scène dans le vestiaire, l'un des judokas, Éric, me lança amicalement, en me plaignant : « Putain, comment ils t'ont affiché ! » La cause agissante de mon désagrément m'apparut alors soudainement et de façon parfaitement claire. Quoi de plus efficace et de plus simple, pour « afficher » une personne, pour la livrer au regard public, en somme pour offenser symboliquement sa réputation, que de faire raisonner son nom aux oreilles de tous ?

Chapitre 2

LES QUERELLES D'HONNEUR

Offenses et réparations

La réputation honorifique ne se résout pas entièrement dans les qualités personnelles ni dans les conduites ostentatoires ou d'affirmation de soi. Elle se construit aussi et surtout dans les relations conflictuelles quotidiennes entre pairs, là où peut se mesurer la capacité des individus et des groupes à obtenir réparation pour les atteintes et les offenses subies. Si l'honneur n'est pas à proprement parler mesurable, il n'en constitue pas moins une sorte de capital symbolique, susceptible à tout instant de diminuer ou d'augmenter. Cet aspect dynamique de l'honneur induit, comme nous allons le voir, une forme de concurrence entre pairs, fondée sur le principe du défi.

L'honneur perdu

Les adolescents se montrent étonnamment sensibles à toutes les formes d'offenses personnelles et collectives. Ils sont en retour très familiers de la notion de respect, qu'ils invoquent fréquemment dans leurs relations quotidiennes, notamment à travers cette remarque qui revient dans les conversations et dans bien des situations comme un leitmotiv : « Ça se fait pas », manière de réaffirmer sans cesse le code de relation idéal, celui, justement, qui ne cesse d'être transgressé.

Il y a différentes sortes d'offenses et donc différentes façons de porter atteinte à l'honneur de ses pairs.

Les offenses les plus graves sont celles qui correspondent aux atteintes physiques directes, puisque celles-ci touchent à l'intégrité même de la personne. Toute les formes de bousculade, d'accrochage, de heurt, *a fortiori* toutes les sortes de coups, de la gifle[1] jusqu'aux coups les plus puissants qui blessent le corps, ou bien encore les projections à terre, sont toujours vécues comme des affronts qui apportent humiliation et déshonneur à ceux qui les subissent : « Si tu te fais butter devant tout le monde, la honte, ah ouais, la honte ! » Il faut noter la valeur symbolique particulière de toutes les formes d'atteintes au visage. Ce dernier, au-delà de sa réalité anatomique, est porteur de l'identité et de l'image de soi, ce qui en fait par la même occasion une cible privilégiée, comme en attestent les expressions populaires comme « casser la gueule », ou « péter la tronche ». En fait, c'est le terme « face » qui désigne précisément cette réalité symbolique de la figure. Celle-ci est « le signifiant d'un ensemble de faits et de relations concernant l'identité, en tant que cette dernière se constitue à travers le rapport à autrui dans un registre particulier, qui est celui de la

---

1. L'efficacité de la gifle pourrait être en rapport avec la symbolique du sang, comme le suggèrent Breteau et Zagnoli, à partir de l'exemple de la Calabre italienne : « Une analyse systématique des marques [...] permet d'affirmer que la gifle, qui marque le visage du sang de la rougeur, transforme de ce fait l'homme en femme, car une des caractéristiques de la femme, c'est son aptitude à rougir, signe de sa honte. C'est pourquoi une gifle constitue une insulte majeure en dépit de la légèreté de la violence physique. » (Claude H. Breteau, Nello Zagnoli, « Le système de gestion de la violence... », *op. cit.*).

problématique du prestige, de l'honneur, de la dignité, de la réputation[1] ».

[Note du 17 octobre 1991] Bagarre, ce matin, dans le couloir, entre Gilles et Abdel Krym, deux élèves de cinquième 3. J'interviens rapidement pour les séparer, juste après un coup de pied du premier au second, lequel me lance, furibond : « Vous avez vu, là ! — J'ai bien vu, tu régleras ça plus tard ! » La classe rentre dans l'ordre, et tout le monde s'assoit. Le cours commence. Je m'aperçois après quelques minutes que Gilles, au fond de la salle, a toujours la tête sous la table, faisant mine de chercher quelque chose dans son sac. En fait, il saigne du nez et se tamponne avec un mouchoir en cachette. Il ne veut surtout pas être vu dans cet état. Sa voisine m'avertit de la situation. Abdel Krym, qui vient de comprendre, se trouve soudain tout apaisé par ce retournement de situation. J'envoie Gilles à l'infirmerie avec un autre élève.

Les atteintes aux biens personnels constituent un second type d'offense grave, considérées de fait comme particulièrement déshonorantes. L'atteinte qui fait ici figure de symbole et qui se combine d'ailleurs bien souvent avec une atteinte physique est l'extorsion de biens par la menace ou par la force, autrement dit, en reprenant les termes du lexique de la rue, le « racket » ou la « dépouille », dont on sait qu'ils se sont considérablement développés ces dernières années aux abords et aussi à l'intérieur même des établissements scolaires, dans les quartiers populaires et, à un degré moindre, dans les quartiers huppés des grandes villes. Les biens les plus couramment extorqués, parce que les plus prisés, sont les objets de valeur tels que les montres, les baladeurs, les bicyclettes, voire les vélomoteurs et les scooters, ainsi que les vêtements de prix, comme les blousons ou même

---

1. Nello Zagnoli, « Le visage et la face », p. 13-45, *in Ne pas perdre la face*, sous la dir. de Nello Zagnoli et Marcel Roux, Vaucresson : C.R.I.V., 1991.

les baskets. Dans l'imaginaire adolescent, le blouson que l'on « rackette » n'a pas seulement valeur matérielle, mais aussi valeur symbolique de trophée. On se souvient de la comédie musicale *West Side Story*, décrivant de manière romantique les rivalités entre deux gangs adolescents, où l'un des héros était grandement fêté par ses pairs pour avoir réussi à s'emparer du blouson d'un membre de la bande ennemie.

La question du racket est toujours très présente dans les discours adolescents. D'abord parce que c'est une réalité qui leur est relativement familière (« Y a du racket, aux Quatre-Mille ? — Ah ouais ! Ah ouais ! ») ; ensuite parce que l'idéologie de l'honneur trouve là matière à s'exprimer de la manière la plus stéréotypée : « Je me laisserais pas faire, je me ferais massacrer, mais ils toucheraient pas mes affaires, c'est un déshonneur, pour nous » ; ou encore cette citation, extraite d'un reportage journalistique : « Quand un mec veut te racketter ton *zonblou* [blouson], même si tu vas te faire taper à mort, il faut pas reculer, pour s'acquérir un honneur, pour être un mec bien qui vit droit, un mec qui se laisse pas humilier[1]. » Sans doute y a-t-il également ici possibilité d'affirmation d'une différence par rapport aux adolescents des classes bourgeoises, à qui l'on apprend qu'il vaut mieux céder ses affaires que de se faire frapper et blesser pour des objets et qui se comportent par conséquent tout à fait différemment dans de telles circonstances, c'est-à-dire « sans honneur » du point de vue des jeunes intégrés à la culture des rues : « Ils sont *teubés* [bêtes], ceux-là, aussi [les adolescents du XVIe arrondissement qui se font racketter], si on leur demande leur blouson, ils font "Tiens, je te le donne", c'est des *donbis* [bidons] » (Nassim).

En dernier lieu, figurent les formes d'offense purement symboliques, déjà décrites dans les chapitres précédents, telles que les insultes, les gestes obscènes, les graffitis

---

1. Cité dans *Libération*, 6-7 avril 1991, p 23-25.

injurieux, les « paroles par-derrière », les ragots et les mensonges. Selon les circonstances et les personnes concernées, ces actes de parole peuvent soit être considérés comme des offenses négligeables, s'inscrivant dans le cadre des joutes oratoires quotidiennes et banales, soit faire figure, notamment en cas de conflit et surtout en présence d'un public qui verse de l'huile sur le feu (« engraine »), de véritables atteintes à l'honneur, exigeant réparation.

Dans le contexte de la solidarité de groupe, ou de la solidarité familiale, toute atteinte à l'honneur individuel figure potentiellement comme atteinte à l'honneur collectif. Les différentes formes de préjudices, en particulier les atteintes physiques et les atteintes aux biens, sont vécues comme des offenses non seulement par les personnes qui en sont les victimes directes, mais aussi par les autres membres de leur groupe. Ce sentiment d'honneur partagé se vérifie presque toujours au niveau familial — où l'on a vu qu'il prenait une dimension très importante dans le cadre de la responsabilité masculine de l'honneur féminin —, assez souvent dans le cadre de la « bande de copains » et dans certains cas à l'échelle de la pseudo-communauté des adolescents du grand ensemble. À ce dernier niveau, les affronts qui font figure de symbole sont les atteintes physiques sur les « petits » et les différents types d'offenses territoriales, dont certaines revêtent la forme de destruction d'équipements collectifs, ici considérés, de manière assez étonnante, comme des biens communautaires : « Y a des petits de la cité, ils viennent, ils se font racketter ; après, ils nous le disent. Nous on est obligés de les défendre, on va pas les laisser ! C'est comme ça, après, ça se provoque les bagarres. Comme y a pas longtemps, y a eu une bagarre contre les Francs-Moisins. Ils ont cassé l'école des Francs-Moisins, Garcia-Lorca. Ils l'ont cassée, je dis pas les noms, les gens de la cité, ils ont cassé tous les carreaux de Garcia-Lorca, tout, tout, tout... Pour venger qu'ils ont racketté les petits » (Khaled).

L'honneur révélé

Toute atteinte à l'honneur individuel ou à l'honneur collectif ne peut être compensée que par une contre-offense, seule manière de réparer l'honneur perdu. C'est dans cette perspective que l'exercice de la violence vindi-catoire prend toute sa valeur. Si, pour les atteintes consi-dérées comme bénignes, les formes de contre-offenses peuvent se limiter à des attaques purement symboliques (« Si on m'insulte dans la rue, je l'insulte aussi, point ! »), dès lors que l'honneur se trouve véritablement en jeu, la seule réparation possible, la seule façon de restaurer l'identité, l'intégrité et la fierté de la personne ou du groupe offensés consiste en un acte de violence physique, soit sous forme de combat en duel organisé, soit sous forme de représailles collectives improvisées ou prémédi-tées. Au sein du groupe social et de la classe d'âge consi-dérés, la violence réparatrice reste contenue, comme nous l'avons déjà souligné, dans des limites assez res-treintes, notamment du fait de la quasi-absence d'utilisa-tion réelle d'armes. Il s'agit dans la plupart des cas de signifier spectaculairement sa domination physique à l'of-fenseur, de le faire tomber (« piétiner »), de lui faire res-sentir la douleur physiquement (« Je cherche à lui faire mal, pour lui faire comprendre qu'il parle plus derrière mon dos »), éventuellement de faire couler le sang, ou encore — comme dans les règlements de comptes de l'« honorable société » — de lui laisser une marque sur le visage : « Il faut que tu lui laisses une trace, une trace qui dure, pour dire... Voilà, pour que le mec il dise "Ça, c'est Khaled qui me l'a fait" ! »

La vengeance ne permet pas seulement de compenser l'honneur perdu ; elle apporte un supplément d'honneur et, surtout, elle permet de le révéler au grand jour. Si les conduites exemplaires masculines décrites plus haut participent à la construction de la réputation, l'élément le plus déterminant est cette capacité considérée comme essentielle à ne pas se laisser faire, à se faire respecter, à toujours riposter aux offenses. Cette aptitude à rendre les offenses a bien sûr une fonction également dissuasive, puisque, une fois démontrée, elle constitue une menace pour tout offenseur potentiel et permet d'éviter quantité d'affronts : « Comme ça, lui, si on le cherche, après, si je le cherche... on sait qu'il va se battre [1]... » Il existe ici une rhétorique adolescente spécifique de l'avertissement et de la menace, qui se résume bien dans l'injonction utilisée autant sur le mode sérieux que de façon humoristique : « Faut éviter [de me parler comme ça...] », ou tout simplement : « Évite ! », ce à quoi il est de bon ton de répondre du tac au tac : « Toi, évite de dire "Évite" ! »

La réparation de l'honneur tout comme la révélation de l'honneur n'ont évidemment de sens que devant le regard des autres. En d'autres termes, c'est bien « la pression de l'opinion [qui] fonde la dynamique des échanges d'honneur [2] ». On ne dira jamais assez, dans le contexte d'interconnaissance quasi généralisée de la microsociété adolescente, combien le regard des autres, l'opinion des autres exercent parfois une emprise tyrannique sur l'esprit de chacun, spécialement dans ces situations de conflit, de bagarre, de violence : « Il y a trop de pression, vous comprenez pas, parce que vous habitez pas dans cette cité, mais, monsieur, vous demandez à qui vous voulez, hein ; si vous interrogez quelqu'un d'autre, il va vous

---

1. Chez les Kabyles, « pour exprimer le respect [qu']inspire une bonne famille, on dit qu'elle peut "dormir et laisser la porte ouverte", ou encore que "ses femmes peuvent se promener seules, une couronne d'or sur la tête sans que personne songe à les attaquer" » (Pierre Bourdieu, *Esquisse d'une théorie...*, op. cit., p. 31).
2. Pierre Bourdieu, *ibid.*, p. 29.

Crime d'honneur

Les rubriques de faits divers des journaux sont riches en drames dont les adolescents se trouvent parfois les acteurs, criminels irréfléchis, animés par une logique de l'honneur et de la vengeance poussée jusqu'au bout, et dont ils ne maîtrisent évidemment pas les conséquences.

UN MINEUR ÉCROUÉ POUR TENTATIVE DE MEURTRE

Pour « venger l'honneur » de sa sœur de huit ans, un adolescent a blessé un garçon de douze ans. Il a été incarcéré en raison de la préméditation.

« Un adolescent de seize ans dort depuis samedi soir dans le quartier des mineurs de la maison d'arrêt Saint-Michel à Toulouse. Il a été inculpé de tentative de meurtre sur la personne d'un autre enfant, âgé de douze ans. À l'origine de ce geste insensé, il y a une histoire de touche-pipi dans un quartier tranquille de Blagnac. Le 13 juillet dernier, une fillette de huit ans et un garçonnet de douze ans jouent au pied de leur immeuble. Les deux enfants se connaissent bien puisqu'ils vont à l'école primaire ensemble. Mais, comme les enfants de leur âge, ils sont curieux de vérifier la différence entre un garçon et une fille. Ils se mettent donc à l'écart pour se déculotter.

Sont-ils surpris par un adulte ? Nul ne le sait. Mais leur jeu de mains devient vite un jeu de vilains qui alimente entre les deux familles une certaine tension. Celle de la petite fille d'origine maghrébine accuse le petit garçon d'origine espagnole d'avoir violé leur enfant. Une plainte est même déposée auprès des gendarmes qui sollicitent l'avis d'un médecin traitant et d'un médecin légiste. Leurs conclusions sont sans équivoque. Il n'y a pas eu défloration, donc il n'y a pas eu viol. Le Parquet classe d'ailleurs l'affaire sans suite.

Mais les esprits s'échauffent. Les parents de la victime se refusent à croire les deux médecins et parlent d'aller montrer leur enfant à un toubib maghrébin. Le grand frère de la fillette mûrit de son côté une vengeance. Vendredi dernier, il repère le « violeur » et, sous prétexte de lui demander des comptes, l'invite à le suivre dans un local inoccupé. La discussion tourne rapidement court. Pour l'honneur de sa sœur, l'adolescent sort un couteau de survie et frappe son adversaire sur le côté. Celui-ci a la force de se traîner dehors

et s'effondre. Interpellé, l'agresseur reconnaît les faits. À cause de la préméditation, la procédure d'incarcération, plutôt rare pour un adolescent, lui est aussitôt appliquée. Quant à la victime, elle est toujours à l'hôpital de Purpan et a perdu définitivement un rein. »
(*Libération*, 2 août 1991.)

dire qu'il y a trop de pression ; ils disent : "Oh ! *cheula, cheula* [lâche] !", ça vous énerve, je sais pas, ça vous fait quelque chose, vous êtes obligés de vous battre » (Khaled).

L'honneur constitue bien ici une forme de capital, susceptible de varier en fonction des comportements et des réactions dans les situations d'affront. C'est à la fois un capital individuel, qui détermine le statut de chaque individu dans le groupe et un capital collectif, qui définit la position du groupe parmi d'autres groupes. Chaque individu est dans une certaine mesure responsable et garant du capital collectif. Cela est essentiel au niveau familial, où cette responsabilité, comme on l'a vu, se superpose à la responsabilité réelle et symbolique des garçons concernant l'honneur de leurs sœurs et de leur mère. Chaque membre du groupe se trouve en retour dépositaire et bénéficiaire du capital d'honneur et de réputation collectif. Les adolescents des Quatre-Mille, « cité réputée pour la bagarre », jouissent et profitent ainsi de cette renommée collective qu'ils peuvent au besoin faire valoir à l'extérieur : « Il se la raconte, parce que c'est un mec des Quatre-Mille. »

[Note du 21 mai 1993] Depuis que j'ai emménagé dans le grand ensemble, Loïc, adolescent extraverti et de nature joviale, ne manque pas une occasion, au collège en particulier, de me chambrer dès que je fais montre d'une quelconque autorité auprès d'élèves, ou quand il me surprend en train de *vanner* quelqu'un : « Ouais, bien, *Vid'da*, maintenant, t'es un "*Quat'-Keu's*" [Quatre-Mille], bien ! » Élève atypique de la troisième 1, classe de meil-

leur niveau scolaire que la moyenne (« classe de bouffons »), il m'a expliqué, un jour, comment il se voyait
parmi ses camarades : « Il faut dire, j'ai mis un peu d'ambiance dans cette classe, je leur ai appris à être un peu
"Quat'-Keu's", quoi ! Même Vinh, regarde, elle bougeait
pas avant ; maintenant, elle se laisse plus faire, elle m'a
raconté : l'autre jour chez son oncle, y a eu une
embrouille entre elle et un mec ; elle s'est pas laissé
impressionner, le mec, elle lui a dit : "M'emmerde pas ou
je te colle une droite." »

Concurrence et défis

Pour « filer » la métaphore économique, on peut considérer le jeu social de la réputation comme une relation
d'échange sur le marché de l'honneur. Dans les interactions conflictuelles, la révélation de l'honneur des uns
entraîne en effet le déshonneur des autres et *vice versa*,
selon le principe des vases communicants. Les acteurs se
livrent à une compétition permanente, avec gagnants et
perdants à la clef, la place de chacun se trouvant continuellement redéfinie, en fonction de ses conduites et de
ses actes, sur l'échelle informelle des positions au sein
du groupe. Les tensions et les conflits violents entre personnes et entre groupes trouvent fréquemment leur explication profonde dans cette logique du marché de
l'honneur, beaucoup plus que dans des causes rationnel-
les, telles que des intérêts matériels et économiques, ou
l'exercice d'un quelconque pouvoir. Comme l'explique
Booker, un des personnages du film de Cyril Collard, *Taggers* : « Quelquefois, la nécessité de se battre est plus
importante que la raison pour laquelle on se bat » ; ou
comme l'exprime de façon frappante un proverbe kabyle :
« L'homme qui n'a pas d'ennemi est un bourricot[1]. »

1. Cité par Pierre Bourdieu, *ibid.*, p. 19.

C'est le défi qui constitue, comme on le sait, l'instrument fondamental de la gestion de l'honneur. Tout acte d'offense fait ainsi figure de défi pour la personne ou le groupe qui en est victime, lequel se trouve invité, au regard des autres, à relever le défi. Les insultes, les menaces, les actes de violence sont autant de défis à relever.

La construction de la réputation est, bien entendu, subordonnée à la maîtrise « technique » du jeu des défis. Un adolescent conscient de sa réputation évitera ainsi de se ridiculiser, d'une part, en relevant les défis de personnes qui ne sont pas à sa hauteur (« Je vais pas me salir les mains avec ce *donbi* »), d'autre part, en défiant lui-même des adversaires trop faibles.

Il existe des formes de défi spécifiques aux adolescents, manières d'attiser un conflit, de provoquer et de chercher la bagarre, dont une, faisant figure de symbole en la matière, qui est le regard de défi, désigné comme « regard de travers [1] » et dont l'usage, qui puise peut-être ici ses sources dans la tradition arabe du « mauvais œil », s'inscrit ici dans le cadre de l'apprentissage adolescent des formes sociales du regard. Le regard de défi, qui consiste simplement à fixer avec insistance, éventuellement avec un « air méchant », la personne adverse, provoque habituellement une réaction d'hostilité immédiate, s'exprimant d'abord par une rhétorique appropriée, c'est-à-dire par des questions rituelles telles que « T'es pas content ? », « Tu me cherches ? », « Qu'est-ce qu'y a ? » (prononcé [skja])..., puis par des actes de violence physique.

---

1. Dans les ghettos de Los Angeles, selon la journaliste américaine Bing, les regards de défi spécifiques (« regards de dingue ») qui sont utilisés par les membres des gangs, pour défier leurs ennemis dans la rue, font l'objet d'interdictions formelles dans les règlements de certains centres de redressement pour jeunes délinquants (Leonie Bing, *Les Anges qui tuent : Los Angeles, l'envers du décor*, Paris : Presses de la cité, 1992, p. 21).

La logique de défi concerne non seulement les relations sociales entre adolescents, mais aussi leurs rapports avec les adultes, soit qu'ils cherchent à amener ces derniers sur le terrain de la confrontation violente, là où ils auront la possibilité, ne serait-ce que provisoirement, d'inverser le rapport de domination établi, soit que ces adultes, tels par exemple les policiers, représentent eux-mêmes, par leur simple position d'utilisateurs légitimes de la force et de la violence, une forme de défi. Dans le pire des cas, les actes de défi envers les forces de l'ordre revêtent des aspects très violents, tels que les tentatives de rébellion ouverte lors d'arrestations, ou encore les guets-apens qui sont parfois tendus par les jeunes dans l'enceinte du grand ensemble et dont les journaux locaux font état dans leurs colonnes. Plus fréquemment et banalement, les conduites de défi envers les forces de l'ordre prennent la forme d'insultes ou d'attitudes bravaches.

[Note du 21 octobre 1995] Lors d'une sortie de collège, où les policiers du commissariat voisin étaient venus en renfort, appelés par le principal, lui-même ayant été alerté dans la matinée par des surveillants de risques sérieux d'échauffourées, Jamila, une adolescente « dure », qui donnait régulièrement du fil à retordre au personnel de l'établissement, profita ainsi de l'occasion pour se donner en spectacle devant ses camarades. S'approchant la tête haute, à moins d'un mètre, d'un des « flics », elle lança haut et fort, afin que personne n'en puisse manquer un seul mot : « Vous enlevez tout votre attirail, là, vos pistolets et la matraque, voilà et après, moi, je veux bien me battre avec vous ! »

Les conduites individuelles de défi sont aussi à mettre au compte du processus d'affirmation de la personnalité lié aux transformations physiques et psychologiques de l'adolescence — ce que l'argot de la rue traduit parfaitement par des expressions imagées telles que « prendre la confiance », ou « prendre la graine ». Dans le contexte des rapports de forces de la culture des rues, cette affirmation

de soi passe inévitablement par des confrontations physiques et verbales quotidiennes qui permettent de tester, de
jauger ses pairs, tout en mesurant soi-même ses propres
capacités d'intimidation.

Ce genre de confrontation n'est jamais aussi nécessaire
que lorsqu'une personne inconnue surgit dans l'univers
du quotidien, notamment dans le cadre de la cité ou à
l'école : « Abdoulaye, ça fait pas longtemps qu'il est venu
en classe et il a commencé à chercher... J'ai entendu "Ta
mère", mais je sais pas s'il l'a dit, j'étais pas sûr. Après
je fais "Quoi, ta mère ?" ; alors, après, il se retourne, il a
fait "Refais ce que tu viens de dire" ; j'ai fait "Ouais, quoi
ta mère ?" Après, il s'est levé... C'est pas normal, ça, il
traite ma mère et il veut pas que je lui traite sa mère, ça
c'est pas normal. Franchement, on te traite, et le *keumé*
[mec], il veut pas que tu le traites, c'est pas bon ça...
Comme je savais pas qui était le plus fort entre nous
deux, alors je craignais quand même un peu. Devant moi,
il s'est levé comme ça, style il était le plus fort, mais moi,
j'allais pas rester assis comme ça, alors je me suis levé
pour lui montrer que j'avais pas peur de lui, quoi ! C'en
est resté là, on s'est arrêtés là... » (Ange).

Au niveau collectif, une forte concurrence, basée sur
des faits concrets autant que sur une vision mythifiée de
la réalité, oppose des adolescents des différents grands
ensembles de banlieue, jaloux de leur renommée de cité
la plus bagarreuse, la plus délinquante, « la plus chaude »... : « Mon frère, cet été, il était en Espagne, il y a des
mecs de là-bas, ils lui ont fait "Ouais, toi, tu viens d'où ?",
il leur dit "Je viens des Quatre-Mille", les mecs, ils sont
partis en courant... » On observe ici le même genre de
pratiques de défi, toujours accompagnées de dénégations
farouches (« Franchement, c'est jamais nous qu'on cherche, hein, c'est toujours les autres qui viennent, ils font
"Ouais, vous les Quatre-Mille, on vous attend", pour faire
style leur cité est plus forte, tout ça... ») et d'affirmations
les plus fanfaronnes : « En vérité, la cité la plus forte, je

vais te la dire, moi, c'est la cité des Quatre-Mille, point à la ligne ! »

Cette concurrence entraîne une sorte de curieux *hit-parade* des grands ensembles de banlieue, auquel les médias, qui relatent régulièrement dans leurs colonnes les faits divers et les émeutes liés à la jeunesse de ces quartiers, participent tout à fait activement, sans le savoir.

[Note du 22 février 1993] Au lendemain d'une descente de police qui fit grand bruit dans le grand ensemble et dans le pays tout entier, car elle avait permis la découverte d'un stock de plusieurs centaines de kilos de cannabis et le démantèlement d'un important réseau familial de trafic, je passe à côté d'Ahmed, caïd en herbe des Quatre-Mille, qui se trouve assis sur un banc de la cité, en train de lire avec une délectation ostensible et bruyante les articles du *Parisien* concernant cet événement local et national : « *Téma* [mate, regarde], ils parlent des Quatre-Mille, ouais, maintenant, ils vont comprendre qu'on est des chauds. Aucune cité nous nique, nous ; on est des chauds, ouais, maintenant, c'est sûr qu'on va leur faire comprendre, ouais, on est les meilleurs ! » (Ahmed).

Il semble avéré, d'ailleurs, que les rivalités entre groupes de jeunes de différents grands ensembles sont, dans cette logique de lutte pour la renommée, en grande partie déterminées par l'échelle de notoriété médiatique des différents quartiers. Du point de vue des adolescents de la cité des Quatre-Mille, les deux seules cités qui font ainsi toujours figure de rivales « officielles » et permanentes sont la cité des Francs-Moisins à Saint-Denis et celle des Bosquets à Montfermeil, deux quartiers dont les journaux et la télévision ont abondamment parlé depuis une dizaine d'années [1] : « Les mecs des Bosquets, ils se la racontent,

---

1. Sur le rôle essentiel des médias et notamment de la télévision dans l'entretien des rivalités et les luttes violentes entre différents camps de supporters hooligans, dans les matchs de football en Angle-

c'est des faux zoulous... Parce qu'ils croivent [*sic*] qu'on est des pédales, parce que eux, ils passent à la télé et nous on passe pas à la télé. Ils croivent qu'ils sont chauds. Si nous, on passe à la télé, vous allez voir, hein ! » (Ahmed).

La vigilance du point d'honneur

Tout le monde ne participe pas avec une égale assiduité aux querelles d'honneur. La concurrence exacerbée ne concerne véritablement que ceux qui placent la vigilance pointilleuse et active du point d'honneur — cette capacité à riposter aux offenses et aux défis — au rang de préoccupation première et de nécessité quasi vitale. Dans le contexte global de la société française contemporaine, les individus ou les groupes qui se trouvent engagés corps et âme dans cette logique dure se trouvent assurément, à un moment ou à un autre, en fort décalage avec les normes dominantes, si ce n'est même, parfois, avec les normes de leur propre groupe.

Une idéologie guerrière

Les raisons qui amènent les adolescents les plus réputés, c'est-à-dire les plus « chauds », ou les plus « *au'ch* », à se jeter sans hésitation dans toutes sortes de rixes, duels, batailles, peuvent sembler bien dérisoires aux yeux des personnes étrangères à ce groupe social. Comment comprendre que l'on puisse engager à ce point son corps

terre, voir Norbert Élias, Éric Dunning, *Sport et civilisation...*, *op. cit.*, p. 343. Sur les stratégies de « communication » et de manipulation des journalistes développées par les gangs d'adolescents dans les grandes villes des États-Unis, voir l'article édifiant de Martin Sànchez-Jankowski, « Les gangs et la presse... », *op. cit.*

et l'exposer de la sorte à des dangers physiques incontrôlés, pour un simple regard, un geste malencontreux ? Cette disproportion entre enjeux apparents et risques courus n'échappe d'ailleurs pas à la conscience des adolescents eux-mêmes : « Des fois, y a des personnes qui se sont entre-tuées. Ils se sont tués entre eux, juste parce qu'ils se regardaient mal ! » Qui plus est, dans bien des cas, la violence n'est pas seulement acceptée, mais délibérément recherchée, provoquée. C'est la figure bien connue, emblématique de la culture des rues, des jeunes « bagarreurs », ou « chercheurs », que l'on retrouve en bande, le samedi soir, dans les fêtes, les bals et toutes les manifestations publiques, et qui sont à l'origine de la plupart des bagarres.

Généralement, aucun discours sur l'honneur n'accompagne ces conduites belliqueuses et provocatrices, dont le sens profond est au contraire caché et même dénié : « Non, moi, franchement, je calcule pas la réputation, ça a rien à voir, pour moi ! » Les seules explications et les seules revendications affichées tournent la plupart du temps autour du thème obsessionnel de la capacité à se défendre : « Nous, les mecs des Quatre-Mille, on nous prend pas pour des tapettes parce qu'on sait se défendre, quoi ! » ; « Les *meufs*, elles aiment bien les mecs qui savent se défendre » ; « M'sieur, vous faites du judo pour pouvoir vous défendre ? » Cet état d'esprit repose sur la vision d'un monde et d'un univers urbain toujours menaçant et hostile.

[Note du 18 septembre 1991] J'ai souvent été frappé par la perception exacerbée du danger et par les attitudes très marquées de méfiance et de vigilance développées par certains adolescents, même au sein de leur propre quartier. Un soir, en rentrant de la séance de musculation du judo-club avec Farid et Mohamed, nous croisons, dans les allées mal éclairées de la cité « Inter », trois jeunes, dont l'un adresse un salut en passant à Mohamed qui, le reconnaissant avec difficulté à cause de la pénombre, lui rend la pareille, mais avec un léger temps de retard. « Putain, dans ce noir, remarque-t-il, on reconnaît même pas ses ennemis. » Une autre fois, il m'expliquera qu'il n'aime pas prendre le R.E.R. avec sa « copine », parce que « s'il y a une embrouille, quand je suis seul, je peux toujours mettre un pain au mec et puis me casser en courant, tandis qu'avec une fille, c'est plus compliqué ! ».

Le goût prononcé pour la bagarre, tout comme la conscience permanente, voire l'exaltation du danger relèvent en réalité tous deux d'une idéologie guerrière, inhérente à toute culture de l'honneur, comme l'indique justement Zagnoli : « Qu'il s'agisse de cultures sans État, tribus de chasseurs ou populations montagnardes isolées, de peuples qui ne reconnaissent pas l'État, parce qu'ils le perçoivent comme étranger à leur culture et ennemi de leurs valeurs ; ou au contraire de puissants groupes sociaux qui se sentent assez forts pour le contester, comme c'était le cas pour la noblesse française avec sa pratique du duel ; qu'il s'agisse de ce qu'on appelle le "milieu", dont le pouvoir et les pratiques sont en contradiction avec la loi ; ou encore des bandes de jeunes de banlieue, peu intégrés dans le monde du travail... dans tous ces cas, on voit se manifester une dimension guerrière, laquelle constitue une façon d'affirmer son droit au respect[1]. »

D'une certaine manière, les conflits incessants et la petite violence endémique des adolescents de banlieue ne sont d'ailleurs pas sans rappeler les querelles d'honneur et la violence meurtrière des jeunes aristocrates de jadis, en France ou ailleurs[2], dont ils constituent une version moderne, populaire et euphémisée.

---

1. Nello Zagnoli, « Un capital d'action : l'honneur », 49-57, *in L'Actualité des bandes, op. cit.*

2. Par exemple, dans son livre sur les Espagnols des temps modernes, l'historien Benassar évoque ainsi « la violence quasi permanente, aux aspects ludiques certains, dont les jeunes caballeros [étaient] les

L'imaginaire guerrier, qui se nourrit ici des récits enthousiastes et passionnés des combats, la valorisation des actes de bravoure et des comportements héroïques, le besoin d'aventure et de risque témoignent en tout cas de la forte recherche d'identité et de l'appétit d'existence de cette jeunesse des grands ensembles de banlieue que l'on décrit trop souvent comme misérable et apathique.

Bien entendu, les équipées sauvages de ces apprentis héros apparaissent inévitablement et très légitimement insupportables aux adultes qui y sont confrontés — parfois de façon dramatique — et d'une manière générale à tous ceux qui, étrangers aux valeurs d'honneur et de violence guerrière, ne voient dans de tels comportements que désordre, anomie et déviance.

Cette logique guerrière, poussée jusqu'au bout et surtout à un âge avancé, par exemple dans le contexte de la « galère » décrit par Dubet, porte en elle, il est vrai, un grand pouvoir de destruction des relations sociales, y compris au sein du groupe de pairs. Chez certains adolescents — généralement parmi les plus démunis en capital social, économique, scolaire... —, la vigilance du point d'honneur peut se transformer en une sorte d'obsession — « point d'honneur du diable », comme disent les Kabyles[1] — qui les conduit au bout du compte à organiser l'essentiel de leur existence quotidienne en fonction du maintien de leur réputation et à n'envisager leurs relations avec les autres que comme de purs rapports de force, de concurrence et de compétition.

---

interprètes et dont le point d'honneur [était] la justification en même temps que le prétexte » (Bartolomé Benassar, *L'Homme espagnol : attitudes et mentalités (XVIe-XIXe siècles)*, Paris : Hachette, 1975, p. 182).

1. Pierre Bourdieu, *Esquisse d'une théorie...*, *op. cit.*, p. 30.

Portrait d'un bagarreur égaré

Khaled est un « guerrier », un « champion », un caïd qui a ainsi, en quelque sorte, perdu son âme dans la bagarre. La pratique quasi quotidienne, incessante, excessive de la violence l'a conduit là où plus personne ne veut ou ne peut raisonnablement le suivre, c'est-à-dire aux frontières de la sociabilité intégrée des adolescents de son âge.

Cadet d'une famille d'origine algérienne de douze enfants dont le père est maintenant retraité du bâtiment, il habite aux Quatre-Mille depuis sa naissance et revendique haut et fort son statut de « mec des *Quat' Keu's* », tout comme il affirme fièrement ses origines, se présentant volontiers et non sans humour comme « Khaled, l'Algérien du bled ! ». Enfant, il a été malmené physiquement sans doute plus que nécessaire par des parents ayant la taloche trop facile. Quand je l'ai connu, dans le cadre scolaire, il reculait et se protégeait instinctivement le visage avec son avant-bras dès que je m'approchais de lui pour lui faire une remontrance. Très instable, ne tenant pas en place, il manque de confiance en lui (« Je suis intelligent, hein ! Je suis intelligent, monsieur ! ») et son comportement scolaire ou extrascolaire traduit en permanence un besoin insatiable d'être mis en valeur. Il a le contact très facile et chaleureux, mais peut devenir terriblement collant et insupportable. Malgré des capacités prouvées dans plusieurs disciplines, il est en situation d'échec à l'école. Son cursus scolaire est depuis le primaire ponctué d'absences fréquentes, de conflits avec les professeurs, de manquements graves à la discipline, d'avertissements, de colles et d'exclusions répétées — entre autres pour comportement violent. Il ne se fait aucune illusion sur son avenir dans les études et pense quitter l'école après la troisième. Persuadé qu'une idée lumineuse lui permettra une réussite sociale facile et rapide, il nourrit quelques projets fantasques.

Depuis son enfance, dans les cours d'école, en primaire puis au collège et dans les rues de la cité, Khaled, qui a maintenant seize ans, s'est construit une renommée à coups de poing : « Depuis que j'ai six ans, je me suis battu peut-être cinq cents fois, hein ! Avant, quand j'étais tout petit, je me battais tous les jours, des fois trois fois tous les jours. » Les cicatrices qui marquent son visage attestent sa longue carrière de « castagneur ». Il est conscient du respect et de la crainte qu'il inspire à ses pairs : « Ben, ils me respectent, c'est normal, parce que à force de me battre, j'ai fini par me faire respecter [...]. Moi, si je rentre [dans le centre commercial], tout le monde dit : "Y a Khaled ! Y a Khaled !" Ils ont peur [...] J'ai une réputation, une réputation comme quoi il faut pas me chercher ! » Il continue néanmoins d'exercer une vigilance de tous les instants pour entretenir sa renommée et ne fait par conséquent de cadeaux à personne. Il s'affirme ainsi prêt à en découdre avec n'importe lequel des garçons de son âge, y compris avec plus fort que lui : « Mango, Élie Mango, il me fait pas peur. L'autre jour, j'étais à côté d'eux dans la cour, je lui ai dit "Pour qui tu te prends !" Il m'a fait comme ça "Arrête, Khaled !" Moi je lui ai dit "T'es plus fort que moi, tu fais deux mètres de plus que moi, mais moi je te rentre dedans sans problème s'il faut, je m'en fous que tu sois plus grand que moi, faut pas flamber devant moi, j' te rentre dedans quand tu veux." Il a pas moufté, il a dit "Arrête, Khaled, je veux pas rentrer dans tes embrouilles, c'est tout !" » Il riposte sans états d'âme ni guère de retenue aux attaques féminines, qu'elles soient verbales ou physiques : « Zina, en gym, elle a voulu flamber avec moi. Elle m'a mis une claque ici. Je lui mets un gros *front kick* [coup de pied frontal] dans les seins. Elle a fait ça "Aaaah !" Après, j'ai fait ça : poum, poum ! Je lui mets deux patates. [...] Mais là, tu sais pourquoi je l'ai tapée ? Parce que j'avais la pression sur moi, monsieur. Parce que si je lui avais pas mis un coup, les filles de la classe, elles auraient dit "Ouais,

Zina, elle a mis une claque à Khaled, il a rien fait."» Il n'hésite pas à frapper les plus petits que lui si nécessaire : « Même les petits, ils me respectent parce qu'ils savent que je les tape. Je rigole pas avec eux, je rigole qu'avec mes copains, c'est tout. C'est ça la bagarre. [...] Ouais, je tape parce que, après, ils vont prendre la confiance. [...] Faut taper. Ça marche comme ça ! Ça marche comme ça ! »

Expert de la culture des rues, de ses activités, de son langage, de ses vannes, de son code de conduite, il arbore un *look* sans ostentation (baskets Nike, survêtement Reebok). Passant la majeure partie de son temps libre à traîner dans la cité, il connaît la plupart des histoires des Quatre-Mille par le menu.

Son souci permanent du point d'honneur a conduit peu à peu Khaled à devenir en quelque sorte l'otage de sa réputation. Même les plus voyous et les plus « *cailleras* » pensent qu'il en fait trop : « Ah ouais, mais Khaled, il cherche ! C'est un grand chercheur » ; « Il était malade, on dirait. Il cherchait comme un chien » ; « Il est fou, lui ! » ; « Il cherche pour rien ! »... En fait, il ne lui reste guère de rivaux en bagarre, ces derniers préférant l'éviter, fatigués qu'ils sont de ses défis permanents. Ses pairs le craignent trop pour véritablement le respecter et ne l'aiment guère. Il n'a pas de « petits » sous sa protection, contrairement à d'autres « grands ». Il charrie très méchamment ses camarades, qui n'osent lui répondre. Ses vannes sont plus des insultes que des vannes, ayant perdu leur dimension ludique et ne conservant bien souvent qu'un caractère grossier et obscène qui dépasse d'ailleurs la norme en vigueur chez les adolescents de son âge : « Zaïnaba, ce soir je vais me *lébran* en pensant à toi » ; « J'ai vu ton *peusli* [slip], en train de sécher sur le balcon, il était plein d' *deumère* [merde] » ; « Lucie, quand c'est que tu vas m' *sécu* [sucer], hein, Lucie ? »

Volontiers raciste, notamment avec les Noirs et les Juifs, pratiquant épisodiquement le racket à Paris, il n'a à ma connaissance qu'un seul vrai ami, Alain, qui est, pour de tout autres raisons, également exclu du groupe et qui ne s'est donc pas lié avec lui par hasard. Khaled mène dans la cité et à l'école une vie plutôt solitaire pour son âge. Dans son quartier, il fréquente assez curieusement les retraités membres du club de boules local, avec qui il tape la partie, de temps en temps. Il a d'ailleurs plus conscience que les autres de la menace de « galère » et d'exclusion sociale qui pèse sur lui et sur la jeunesse des cités en général. Il est l'un des rares membres du groupe à parler des Quatre-Mille en termes parfois franchement négatifs : « C'est une cité pourrie [...]. On se bouffe la gueule entre nous... »

Dans une certaine mesure, Khaled commence à comprendre qu'il a dépassé les bornes et que ses excès de violence, en fait de réputation, lui ont fait perdre tout ou partie de son prestige. Quand je l'ai interviewé pour la première fois, en fin de quatrième, il exprimait déjà une forme de lassitude : « Dans cette cité, c'est soit t'abandonnes... Ou le *keumé* [mec], tu le massacres bien, il abandonne, ou c'est toi qui abandonnes ; c'est difficile, hein ! Mais c'est pour ça, maintenant j'ai compris, faut que j'arrête de me battre, j' me bats rarement. » L'année suivante, il est venu me voir, un matin, pour m'annoncer, sans que je lui aie rien demandé, qu'il avait décidé de raccrocher les gants définitivement parce que « ça sert à rien de se battre en fait. Maintenant, je crois bien que je ne me battrai plus, si je peux ».

Chapitre 3

LES COMPÉTITIONS HONORIFIQUES

Les compétitions honorifiques constituent le versant le plus ritualisé et le plus institutionnalisé des relations d'honneur. Si l'on ne peut pas mettre sur un même plan les combats et les concours, les seconds ne pouvant en aucun cas se substituer directement aux premiers — un conflit où l'honneur est atteint ne saurait être résolu par un jeu —, c'est néanmoins une même logique culturelle qui parcourt l'espace des relations sociales antagonistes, des formes les plus dures et les plus violentes jusqu'aux formes les plus euphémisées, comme l'illustrait par exemple, dans un raccourci assez extra-ordinaire, un élève qui exprimait son dégoût face aux opérations de bombardement américaines en Irak : « Pour moi, les Américains, c'est des *cheula*, ils lancent des bombes la nuit, ils risquent rien du tout. Moi, c'est face à face avec des canons ou mitraillettes et on se tire dessus... Ou même juste avec des couteaux, voilà ! Même avec les poings si on veut... Ou encore mieux : mise à l'amende ; la guerre "mise à l'amende" ! » [note du 11 avril 1992].

Nous allons retrouver ici la dimension de compétition d'honneur à la fois dans la logique de certaines pratiques sportives et aussi dans celle des pratiques artistiques spécifiques de la culture des rues.

Sports, honneur et défis

Si la dimension honorifique des compétitions sportives est parfois évoquée par les commentateurs professionnels, il est bien rare qu'elle trouve sa place dans les analyses de la sociologie du sport. Pourtant, son rôle n'est sans doute pas négligeable, aussi bien dans les choix stratégiques ou dans les conduites des athlètes et des équipes que dans l'organisation de certaines épreuves sportives[1]. En ce qui concerne le rapport adolescent au sport, du moins dans sa version masculine, on peut en tout cas affirmer que la culture de l'honneur détermine en partie la forme des pratiques et qu'elle oriente notablement le choix des disciplines pratiquées.

Le culte de la performance individuelle, qui correspond bien au code de valorisation des conduites exemplaires, évoqué précédemment, tient ici une place tout à fait essentielle. Dans les sports de rue pratiqués par les adolescents, que ce soit le football, le basket, le tennis contre les murs, la bicyclette..., la réussite se mesure tout autant à la démonstration des capacités physiques, aux prouesses, aux exploits et aux records de chacun qu'aux points accumulés ou à la partie gagnée. La pratique des défis,

---

1. Dans une interview accordée à un journaliste sportif, au cours du Tour de France 1992, le cycliste Laurent Fignon, qui venait d'intégrer l'équipe professionnelle italienne Gatorade, se plaignait ainsi du type de stratégie appliqué par ses coéquipiers dans les compétitions : « Dans les équipes françaises, on court pour gagner alors que chez les Italiens on court, bien sûr pour gagner, mais en plus il ne faut pas perdre la face. On ne laisse pas partir une échappée à vingt minutes, ça ne se fait pas. Moi, ça me choque. Je pense qu'il faut plus calculer que ça pour ne pas user d'énergie à tort et à travers » (*Libération*, 20 juillet 1992).

très courante, est à l'origine de compétitions et de concours informels permanents[1].

Dans les clubs de sport, cette valorisation, voire cette obsession des performances individuelles, pose des problèmes aux entraîneurs, qui éprouvent généralement des difficultés particulières à imposer des stratégies collectives à leurs joueurs.

Au sein des équipes de football de cadets ou de juniors, il existe d'ailleurs une insulte tout à fait insolite en rapport direct avec cette valorisation de la performance individuelle. Il s'agit du qualificatif de « présu » (« espèce de sale présu »), qui est en réalité la forme abrégée de « présumé », terme désignant les adolescents immigrés d'Afrique noire, que les parents, dépourvus de livrets de famille à leur arrivée en France, ont volontairement rajeunis dans leur déclaration à la mairie d'accueil dans le but de faciliter leur intégration dans de petites classes. Ces adolescents, enregistrés avec une date de naissance dite « présumée », sont toujours plus âgés réellement qu'ils ne le sont administrativement et se trouvent naturellement avantagés physiquement par rapport à leurs pairs. Voici, par exemple, la remarque acerbe que me fit Samir, un soir où nous étions accoudés à la barrière du terrain de foot du grand ensemble, en réaction à mon jugement positif sur les qualités footballistiques d'un adolescent en train de marquer un but : « Hachim ? C'est un "présu". En vérité, y' pue la merde, c' *keumé* ! » [note du 27 mai 1992]

D'une façon générale, les sports les plus populaires — au double sens du terme —, comme par exemple le football, sont des sports dont la pratique institutionnalisée est liée de manière assez remarquable aux représentations et à la logique de l'honneur. D'une part, ils se trouvent intégrés dans une logique de spectacle et de mise

1. Voir, au sujet de la pratique des défis sportifs adolescents, l'ouvrage sur le skate de Michel Fize et Marc Touché, *Le Skate : la fureur de faire*, Caen : Arcane-Beaunieux, 1992.

en scène, où la pression de l'opinion et du public, qui encourage et supporte ou bien conspue et insulte, prend une dimension extrême de fête et de rite collectif[1]. D'autre part, la valeur de virilité et l'honneur personnel des joueurs sont portés à leur plus haut degré par une logique de « star-system ». Enfin, l'honneur collectif du groupe, à différentes échelles — locale, régionale, nationale... —, est en quelque sorte mis en jeu et échangé dans un combat euphémisé et territorialisé, qui s'accompagne souvent, en marge, d'échanges de violence tout à fait réels entre bandes de supporters ennemies qui trouvent là l'occasion de construire ou de défendre leur réputation[2]. Dans notre contexte particulier de culture des rues, si la pratique adolescente très répandue du football, dans la rue ou bien même en club, occasionne naturellement des formes d'identification spontanée aux stars et aux équipes phares du ballon rond, le véritable supporterisme actif est presque totalement absent, pour la raison que celui-ci est régionalement associé, du moins pour ce qui concerne l'équipe renommée du P.S.G., à une sous-culture de type petit blanc ou skinhead, dont on a vu qu'elle n'a pas réellement la possibilité d'exister dans les grands ensembles de banlieue « multiethniques ». Nous n'avons connu à La Courneuve qu'un seul adolescent membre de ces groupes plus ou moins organisés qui défraient régulièrement la chronique très médiatisée du parc des Princes : Alain, déjà cité ici, qui n'était en l'occurrence, et fort logiquement, que très mal intégré au groupe des pairs et aux activités de la culture des rues.

---

1. Voir, à ce sujet, Christian Bromberger, *Le Match de football. Ethnologie d'une passion partisane à Marseille, Naples, Turin*, Paris : M.S.H., 1995.

2. Sur ce point, voir Éric Dunning, Patrick Murphy, John Williams, « La violence des spectateurs lors des matchs de football : vers une explication sociologique », p. 335-366, *in* Norbert Élias, Éric Dunning, *Sport et civilisation..., op. cit.*

Nulle pratique, plus que celle des sports de combat de compétition et en particulier celle des différents types de boxe, ne contient, semble-t-il, autant d'éléments organisationnels et symboliques en rapport étroit avec la dynamique des échanges d'honneur. Ici, la dimension de combat des matchs n'a évidemment plus rien de métaphorique, et la proximité de la pratique sportive avec la logique des affrontements conflictuels imprime aux discours des compétiteurs une tonalité franchement guerrière, dimension que l'on retrouve dans la rhétorique des commentaires journalistiques, qui magnifient plus que partout ailleurs les qualités de force, de puissance, de courage, de générosité et de cœur des sportifs, et qui portent volontiers au pinacle, dans les célébrations médiatisées des victoires, les valeurs de respect et d'honneur individuel.

Le système de l'honneur est à la base de l'organisation même des compétitions, tout au moins dans la boxe professionnelle, puisque les matchs de championnat fonctionnent généralement sur le principe du défi, avec challengers et « défendeurs » des titres [1]. Un championnat international de boxe thaïe organisé dans une grande salle parisienne ne s'intitulait-il pas tout simplement « Grande soirée des défis au stade Carpentier » ? On sait également qu'en préparation de certains matchs de boxe

---

1. On retrouve ce type d'organisation de la compétition, reposant sur le principe du défi, avec challengers et « défendeurs », au pôle social opposé du champ sportif, dans les régates de voiliers de l'*America Cup*, compétition de tradition culturelle aristocratique, c'est-à-dire liée historiquement à un groupe social très familier des affaires d'honneur. Les équipes nationales qui participent à cette course prestigieuse sont même tout simplement désignées par le terme « défi », telle celle dirigée par Marc Pajot en 1995, inscrite sous le nom de « Défi français ». Pendant longtemps, l'équipe australienne eut d'ailleurs pour emblème, comme pour illustrer cette correspondance culturelle avec le « noble art », un kangourou boxeur.

les futurs combattants ne manquent pas de se défier mutuellement, soit directement, soit par presse inter-posée.

Défis de boxeurs

« Lorsque Sonny Liston, ra-conte le journaliste Chemin, eut détrôné Floyd Patterson, en septembre 1962, Cassius Clay, qui n'avait qu'une quin-zaine de combats à son actif, grimpa sur le ring pour défier le nouveau champion. À son grand dam, il dut patienter près de deux ans. Durant cette période, Clay ne cessa de har-celer Liston. Une nuit, il vint le réveiller et piétiner sa pelouse, provoquant un tel chambard que la police dut intervenir. Une autre fois, il prit l'avion spécialement pour aller le tra-quer autour du tapis de jeu d'un casino de Las Vegas. Lis-ton sortit un pistolet de sa poche et fit feu — le pistolet était chargé à blanc — sur Clay. C'est donc dans une am-biance électrique qu'eut lieu le combat... Avant d'affronter Liston, qu'il avait qualifié de "gros ours mal léché", Cassius Clay redouble d'ardeur. Il affrète un autobus qui tourne nuit et jour autour du domicile de Liston, les haut-parleurs débitant des provocations les unes après les autres : "Sonny Liston est grand, mais au 8e, il sera dedans." Lors de la pesée qui précède le combat, les deux hommes sont tout près de se battre. » Finalement, c'est Clay qui emporta le com-bat, par K.O. au 7e round, devenant, pour la première fois d'une longue série, cham-pion du monde des poids lourds.

(Michel Chemin, *La Loi du ring*, Paris, © Gallimard, 1992, p. 108.)

Il n'est pas jusqu'aux trophées de victoire de ces sports qui ne rappellent, par leur forme particulière, les critères particuliers de l'honneur individuel masculin, puisque dans les compétitions de boxe, par exemple, ce ne sont pas des coupes qui sont attribuées aux vainqueurs, mais de larges ceintures, ornées d'une grosse boucle gravée.

La ceinture s'apparente ici symboliquement à la dépouille de l'ennemi vaincu[1]. La ceinture, que l'on retrouve également comme attribut essentiel dans les arts martiaux orientaux tels que le judo, le karaté, le taekwondo, ou l'aïkido, avec pour certains de ces « sports » des couleurs qui permettent de distinguer le niveau des pratiquants[2], a toujours été, dans de nombreuses civilisations, emblème de virilité, de force et de pouvoir, comme en atteste notamment sa valeur de représentation chez les soldats, ou encore chez les élus, ceints d'une écharpe.

Les compétitions artistiques

Tous les adolescents du groupe social qui nous intéresse ne participent pas, loin s'en faut, aux consommations culturelles, ni encore moins aux créations artistiques du mouvement qu'on appelle le *hip hop*. C'est en réalité un cliché de médiocre reportage journalistique que de présenter les jeunes des banlieues populaires dansant le *smurf* au pied des barres, au rythme de NTM, MC Solaar, Run DMC, ou Public Enemy, avec en arrière-plan des murs sales couverts de graffitis et de tags. Une partie des adolescents ne s'identifient en réalité pas du tout à cette sous-culture et expriment même au besoin un rejet très net pour ses productions artistiques : « Le rap, c'est pas notre *keutru* [truc], on n'en a rien à foutre ! »

Pour autant, et quelles que soient les variations locales, ethniques (l'identification des jeunes Noirs est fré-

---

1. Le mot « trophée » lui-même vient d'ailleurs du grec *tropaion*, issu de *tropê*, terme désignant la fuite, la déroute.
2. C'est la pratique occidentale qui a instauré, dans les clubs de judo, l'usage des ceintures de couleurs jaune, orange, verte, etc. Dans la tradition japonaise, il n'existe que deux types de ceinture, la blanche et la noire, la seconde symbolisant simplement la fin de la phase — relativement longue — d'initiation.

quente, mais nullement obligatoire ni encore moins exclusive) ou individuelles de son emprise, ce mouvement culturel a indéniablement trouvé dans la jeunesse des quartiers de grands ensembles un terreau propice à son développement et à son renouvellement. Sa dimension originelle, aux États-Unis, de culture de ghetto, ainsi que les courants privilégiés de la diffusion de la culture américaine en Europe et spécialement en France ont rendu possibles à la fois son expansion et l'émergence de pôle de création nouveau, notamment — mais pas seulement — dans les banlieues parisiennes.

Ce qui est intéressant pour nous, c'est que le *hip hop*, quel que soit son degré d'emprise, constitue sans aucun doute la forme la plus achevée et la plus cohérente de « culture cultivée » issue de la culture des rues des grands ensembles. La prise en compte et l'analyse des formes artistiques du *hip hop* sont donc indispensables, dans l'optique d'une étude anthropologique de la culture adolescente. De fait, nous allons voir que les pratiques et les représentations artistiques nous ramènent tout droit au système des relations et au système des représentations liés aux échanges d'honneur. Les trois modes d'expression du mouvement *hip hop* fonctionnent tous en effet sur le principe de la performance individuelle et de la compétition honorifique avec défi.

Le hip hop *ou l'art des rues*

Rappelons que le mouvement *hip hop* désigne une forme de culture adolescente urbaine apparue au cours des années 1970 dans les ghettos noirs aux États-Unis et diffusée en France et dans de nombreux pays d'Europe et du monde entier depuis le milieu de la décennie suivante, culture qui comprend les productions artistiques de la musique rap, de la *break dance* et des tags et grafs, ainsi qu'un style de consommations vestimentaires spécifique.

Le rap est un genre de musique qu'on peut définir, avec Lapassade et Rousselot, comme « une diction, mi-parlée mi-chantée, de textes élaborés, rimés et rythmés, et qui s'étend sur une base musicale produite par des mixages d'extraits de disques et autres sources sonores[1] ». Un groupe de rap *(posse)* est ainsi composé d'un sélectionneur-mixeur de musique et de son, le *D.J.*, qui officie sur un ensemble de sonorisation *(sound system)*, comprenant dans sa version originelle deux platines et un amplificateur avec microphone, et d'un ou de plusieurs chanteurs, les rappeurs *(M.C.'s)*, qui déclament les textes au rythme de la musique. Le groupe de rap du *hip hop (posse)* ne recouvre pas tout à fait la même réalité que le groupe de musique rock. C'est un ensemble de personnes plus fluctuant, composé de tous les pairs qui gravitent autour des musiciens proprement dits. Dans les concerts, si modestes soient-ils, la scène est presque toujours occupée, en plus des rappeurs et des *D.J.'s*, par des acolytes, dont certains peuvent à l'occasion danser sur la piste. Voici la réponse évasive que me donna Abdellah, un adolescent rappeur à qui je demandais combien de membres comprenait son groupe : « On est trois, ou quatre, ça dépend... ou même plus si on veut. En tout, on est neuf ; c'est comme ils veulent [les organisateurs de concerts], si ils veulent qu'on soit trois, on y va à trois, si ils veulent qu'on soit plus, on peut y aller tous... » [note du 30 mai 1993].

Le rap trouve ses origines dans les performances orales et musicales des *disc-jockeys* de boîtes de nuit et de radios aux États-Unis, qui furent les initiateurs de cette forme musicale lorsqu'ils mesuraient entre eux, dans des sortes de concours, leur dextérité aux platines et leur habileté verbale au micro. Au départ, le rap se pratiqua exclusivement dans les rues des ghettos noirs, sous forme de concerts improvisés par les *D.J.'s* eux-mêmes.

---

1. Georges Lapassade, Philippe Rousselot, *Le Rap...*, *op. cit.*, p. 9.

En France, il y a eu une première vague de rap éphémère et sans véritables suites au milieu des années 1980, puis une deuxième, depuis 1989, qui s'est traduite cette fois par l'installation durable d'un phénomène d'assez grande ampleur, notamment dans les banlieues populaires[1].

À La Courneuve, aux Quatre-Mille notamment, il existe plusieurs groupes locaux de rap, dont l'un d'entre eux, Aliby MC, a acquis une notoriété en banlieue nord et même dans le milieu du rap français. Un certain nombre de préadolescents et d'adolescents s'essaient, à un moment ou à un autre de leur « carrière », à écrire quelques textes dont ils font d'ailleurs éventuellement part à certains enseignants. Les plus persévérants ont même pu à l'occasion « tâter de la platine » dans les studios d'enregistrement du centre John-Lennon des Quatre-Mille. Et bon nombre d'entre eux écoutent du rap et surtout dansent sur cette musique dans les après-midi ou soirées dansants, privés ou publics (fêtes, *teufés*, *teufs*).

Second pan de la culture *hip hop*, la *break dance* est en effet une forme de danse spectaculaire directement et étroitement liée à la musique rap. Au départ, c'est-à-dire dans les années 1970 aux États-Unis, elle se pratiquait dans les boîtes de nuit, sur de la musique soul, funk, disco, etc. Elle a été ensuite associée aux concerts de rap de rue, puis s'est pratiquée de manière autonome, au son des enregistrements de rap passés sur de gros radiocassettes stéréo portables *(ghetto-blaster)*.

---

1. Sur l'histoire détaillée et sur les descriptions des techniques spécifiques du rap, voir l'ouvrage bien informé et documenté de Georges Lapassade, Philippe Rousselot, *Le Rap...*, *op. cit.* Une partie des explications qui figurent dans notre texte sont tirées de ce livre. Voir aussi le très instructif recueil d'interviews d'artistes du *hip hop* du monde entier, de Desse et SBG, *Free Style*, Paris : Florent Massot, 1993 ; ainsi que l'ouvrage du journaliste David Dufresne, *Yo ! Révolution rap : l'histoire, les groupes, le mouvement*, Paris : Ramsay, 1991.

Aux États-Unis comme en France, où la grande vogue de la *break dance* a eu lieu au milieu des années 1980, la pratique a plus ou moins disparu de la rue et s'est en partie institutionnalisée, avec l'apparition de troupes professionnelles qui se produisent en spectacle[1]. À La Courneuve, l'époque des « défis » organisés entre adolescents, dans les halls d'entrée ou dans les caves des immeubles, s'est achevée à peu près à l'époque où nous commencions notre travail de terrain, c'est-à-dire au début des années 1990.

Enfin, les graffitis sur les murs ou les wagons de métro et de train, à la bombe de peinture (« *aerosol art* »), qui comprennent principalement les tags, sortes de signatures stylisées, et les grafs, signatures également, mais dans une version plus sophistiquée qui leur donne la forme de véritables fresques murales, constituent le troisième et dernier pan des productions artistiques du mouvement *hip hop*. Bien que les tags et les grafs ne soient que rarement associés physiquement aux concerts de rap ou aux spectacles de *break dance*, ils font néanmoins partie intégrante de cette mouvance, puisque ce sont occasionnellement les mêmes personnes qui participent aux différentes formes d'expression et surtout parce qu'ils sont, comme la musique et la danse, un art de la rue et une façon symboliquement marquée de s'approprier les espaces publics. Les tags et les grafs, comme le rap et la *break dance*, ont pris naissance dans les ghettos noirs américains, en particulier à New York, au début des années 1970[2].

1. Sur la *break dance*, voir le numéro spécial de la revue *Dansons Magazine*, « Rap et culture *hip hop* », avril 1992 ; ainsi que l'ouvrage de Sidney, *Hip hop story*, Paris : Hachette, 1984.

2. Il faut replacer les tags et les grafs dans l'histoire contemporaine des graffitis, en Europe et en Amérique. Pour un résumé synthétique de cette histoire, voir Jacky Lafortune, *Le Muralisme à l'université*, Saint-Denis : Université de Paris VIII, 1993. Sur les tags et les grafs, voir aussi Henry Chalfant, *Spraycan Art*, Londres : Thomas and Hud-

En France, où le phénomène est apparu à grande échelle à la fin de la dernière décennie, la pratique s'est beaucoup atténuée depuis 1993, avec la mise en place d'un arsenal répressif sévère et fortement dissuasif, et peut-être aussi par un effet de retombée de mode.

Les lois en vigueur dans les espaces publics trouvent naturellement leur pendant réglementaire à l'intérieur des établissements scolaires — comme le nôtre, dans lequel les élèves ayant apposé des graffitis sont systématiquement exclus pour trois jours. La cité des Quatre-Mille semble, quant à elle, avoir été particulièrement peu touchée par le phénomène des tags, même à la grande époque de cette pratique — tandis que le grand ensemble voisin, celui des Francs-Moisins, par exemple, fut pendant longtemps envahi par les marques de signatures adolescentes. Les murs de clôture de la ligne B du R.E.R. qui passent devant la cité restent jusqu'à aujourd'hui encore parfois investis par quelques tagueurs et graffiteurs courneuviens ou d'autres communes.

Performances et compétitions musicales

La performance du rap est d'abord verbale. On a vu combien la culture des rues accorde de l'importance à la parole et au verbe. Le mot « rap » lui-même vient de l'américain « *to rap* », qui signifie « jacter », « tchatcher ». On trouve dans le rap bon nombre des procédés propres aux différentes formes de poésies orales des sociétés tra-

son, 1987 ; Alexandra Goldstein, Joël Perrota, *Let's Move, Let's Tag !*, Paris : Institut d'études sociales, 1992 ; Michel Kokoreff, « Tags et zoulous, une nouvelle violence urbaine », *Esprit*, 169, février 1991, p. 23-36 ; Martine Lan-Bayle, *Du tag au graff'art : les messages de l'expression murale graffitée*, Paris : Hommes et perspectives, 1993 ; Denys Riout, *Le Livre du graffiti*, Paris : Alternatives, 1985 ; Yvan Tessier, *Art libre dans la ville*, Paris : Herscher, 1991 ; Alain Vulbeau, *Du tag au tag*, *op. cit.*

ditionnelles, avec pour commencer la capacité à improviser devant un public participant. On a pu ainsi voir et entendre à plusieurs reprises, dans des reportages télévisés sur les banlieues, des jeunes improvisant devant les caméras des paroles de rap endiablées à l'intention des journalistes. Cette technique de l'improvisation, même si elle a en partie disparu, du fait du travail d'écriture des textes et de l'enregistrement des disques, reste à la base du rap. Les formes poétiques sollicitées sont principalement l'effet de formule, la rime et la consonance entre les mots [1]. L'utilisation de la voix, l'intonation, la diction et surtout la scansion des textes, en rapport avec le rythme *(beat)* et la mesure *(tempo)* du fond musical, sont tout aussi essentielles et revêtent une même dimension de virtuosité langagière. Le rap a ainsi porté au plus haut degré la valorisation de l'agilité et du débit verbal, ce qui se vérifie d'ailleurs aussi au volume des textes [2].

Cette agilité orale se décline non seulement dans les chansons, mais encore en dehors du langage, puisqu'il existe une technique spectaculaire favorite des rappeurs, qui consiste à produire avec la bouche des rythmes de percussion à la manière d'une batterie ou plutôt d'une

---

1. MC Solaar est passé maître dans la création des longs phrasés paronymiques : « On me traite de traître quand je traite de la défaite du silence /... » ; « Les salauds salissent Solaar / Cela me lasse / Mais laisse-les salir Solaar / Sur ce, salut /... » ; « Car j' suis un MC d'attaque, sans tic, authentique pas en toc / Prêt à frapper sur le beat pour le mouvement *hip hop* / Coûte que coûte j'écoute et je goûte /... » ; « Ma tactique attaque tous les tics avec tact... » (MC Solaar, *Qui sème le vent récolte le tempo*, *L'Histoire de l'art*, « Qui sème le vent... », *op. cit.*)

2. On mesure combien la dimension de performance est présente quand on sait qu'il existe de véritables concours de vélocité, avec records mesurés et dûment homologués. Le record actuel est attribué à un rappeur américain nommé Tung Twista, réputé capable de déclamer 596 syllabes par minute.

Encart publicitaire paru dans le magazine L'Affiche,
spécialisé dans les musiques rap
et raggamuffin. On remarquera, au centre, les représentations schématiques
de la compétition et de la puissance verbale.

boîte à rythmes, technique appelée *human beat box*[1], et dont Samir, qui n'était pas un virtuose mais se faisait fort de maîtriser toutes les conduites exemplaires langagières, me fit à plusieurs reprises la démonstration dans le dictaphone qui me servait à enregistrer nos entretiens.

Le contenu de nombreux textes de chansons, ou même simplement les titres (*J'ai les mots qu'il faut*, *Roi du micro*, *La Vie en prose*, *L'homme qui tient le mic*, *La Formule secrète*, *Je rap*[2]...), ou encore les noms des groupes (Créateurs Uniques, Lyrical Tom, Option Verbale, Prophètes du Vacarme, Dynamic Toasters...), reflètent de manière frappante cette importance de la parole et de la création verbale dans la musique rap.

Le rap comprend un second type de performance, celle du *D.J.*, le créateur ou du moins le producteur de la base musicale. Si le rap est une musique sans musiciens, c'està-dire fabriquée à partir de sons et de morceaux puisés dans la discographie déjà existante, la création du fond musical n'en nécessite pas moins une maîtrise technique certaine. Les trois techniques principales, qu'on appelle le *sampling*, c'est-à-dire l'échantillonnage de courts extraits répétés en ligne de fond musical, le *cutting*, technique qui consiste à « fragmenter une phrase musicale, comme pour la faire bégayer[3] » et le *scratching*, qui est une manipulation très rapide et rythmée du disque sur la platine, en avant et en arrière, afin d'obtenir des effets de son spéciaux, sont toutes trois très difficiles à acquérir et font des *D.J.'s* de véritables artistes du son, dont l'habi-

1. Voir, par exemple, le morceau intitulé *Human Beat Boxologie* de Dee Nasty, *[album sans titre]*, Polydor, 1991.

2. Respectivement : Dee Rock, « Nation Rap », *op. cit.* ; Keas 2, « Rapattitudes 2 », *op. cit.* ; Dee MC, « Nation Rap », *op. cit.* ; MC Janick, « Les Cool Sessions », Jimmy Jay / Virgin, 1993 ; Assassin, « Rapattitude 1 », Labelle Noir / Virgin, 1990 ; et Suprême NTM, « Rapattitudes », *op. cit.*

3. Georges Lapassade, Philippe Rousselot, *Le Rap...*, *op. cit.*, p. 113.

leté et la dextérité manuelle, d'une part, le sens du rythme et l'imagination créative, d'autre part, n'ont rien à envier aux instrumentistes d'autres musiques populaires les plus avertis. Là encore, la dimension d'exploit et d'excellence individuelle est fondamentale. D'une façon générale, il faut remarquer que la place de l'*ego* est très forte dans la culture rap[1]. On a vu que la pratique de l'affichage et de l'affirmation patronymique est fréquente dans les textes. L'autoaffirmation des qualités personnelles, tant physiques qu'intellectuelles et surtout artistiques, du rappeur est tout aussi courante. « La vantardise et la glorification du rappeur par lui-même, souligne Lapassade, font partie des règles du jeu[2]. »

La performance s'accompagne encore une fois de formes de compétition. Le rap est aussi un art de la compétition et du défi, qui puise ses sources dans les joutes oratoires poétiques et musicales des *disc-jockeys*, mais aussi, en cherchant plus loin, dans celles des *preachers*, des griots et, plus généralement, dans toutes les formes de combats oratoires qui ont cours dans de nombreuses sociétés traditionnelles et en particulier dans les sociétés à honneur[3]. « *Hep* », de l'argot noir américain, d'où fut tiré « *hip* », signifiait aussi « défi ».

Sur scène, dans les concerts, les rappeurs, qui vont généralement par deux, se défient mutuellement, se répondent, se relancent sans cesse et se livrent à de véritables concours, dans lesquels les capacités d'improvisation, de vélocité, d'agilité et d'efficacité verbale de chacun sont mesurées à l'aune des acclamations et du soutien bruyants et remuants d'un public toujours prêt à s'en-

---

1. Comme « Crie au monde bien ceci que : Je suis IAM, Imperial Asiatic Man... » (*IAM Concept*, « De la planète Mars », Labelle noir / Virgin, 1991).

2. Georges Lapassade, Philippe Rousselot, *Le Rap...*, *op. cit.*, p. 96.

3. Notamment dans de nombreuses sociétés méditerranéennes. Voir, par exemple, Raymond Jamous, *Honneur et baraka...*, *op. cit.*

flammer. Les duels d'insultes, qui s'inspirent directement des joutes de vannes de la culture des rues, sont même pratiqués à l'occasion[1].

À l'instar des rappeurs chanteurs, les *D.J.'s* se livrent aussi entre eux à des concours, avec défis et contre-défis à l'appui, dans lesquels ils peuvent faire montre de leur inventivité, de leur sens du rythme et surtout de leurs capacités à maîtriser les techniques avec le plus de brio possible. La compétition entre *D.J.'s* revêt parfois une dimension parfaitement formelle d'organisation, puisqu'il existe, généralement associés à des concerts ou à des festivals de rap et de raggamuffin, des championnats officiels de *D.Jing* organisés sous forme de tournois, avec jury et remises de prix.

Il faut noter le rôle essentiel du public, dont la participation bruyante et mouvementée, voire déchaînée, lors des concerts, donne toute son épaisseur et tout son sens à la compétition. C'est la foule qui, par ses cris et ses acclamations ou par ses sifflets et ses insultes, est le principal juge de la qualité et des prouesses des artistes sur scène. Il est d'ailleurs intéressant d'observer que l'institutionnalisation de la compétition et du spectacle s'accompagne inévitablement d'une forme de confiscation du rôle du public, privation qui ne s'effectue en l'occurrence pas toujours sans douleur ni conflit.

---

1. La dimension violente et guerrière du langage est d'ailleurs un thème récurrent du rap, qu'on retrouve aussi bien dans des noms de groupe (Destroy Man, Assassin) que dans les métaphores courantes du mot, comme coups de poing, couteau, revolver, etc., bref de la parole comme arme, métaphores présentes dans de très nombreuses chansons : « Dans la terminologie des meurtriers de la rime / Mille combinaisons des lettres de l'alphabet / Dans ma bouche comme les balles dans un pistolet /... » (IAM, *Elvis*, « De la planète... », *op. cit.*) ; « Je les dose avec le prose combat / Pose avec le mic, le mic est devenu ma tenue de combat / [...] / Le Solaarsenal est équipé de balles vocales / Face au sol-sol, sol-air, Solaar se fait radical /... » (MC Solaar, *La Concubine de l'hémoglobine*, « Prose combat », Polydor, 1994).

[Note du 14 février 1993] Lors de la coupe de France 1993 des *D.J.'s*, au Bataclan à Paris, à laquelle j'ai assisté avec deux adolescents du collège, la désignation du champion donna lieu à une belle passe d'armes entre la foule d'un côté et les organisateurs de la soirée de l'autre. Le jury n'avait en effet pas suivi les élans spontanés du public dans le choix du vainqueur, à l'issue de la finale, si bien que la foule, voulant reprendre ses droits, se mit à manifester très bruyamment et de plus en plus violemment sa colère, jusqu'à ce que les organisateurs, craignant de dangereux débordements, finissent par faire marche arrière et se décident à accorder, dans la panique, une coupe supplémentaire, définie comme « la coupe du public », au candidat perdant.

D'une façon générale, au sein du milieu du rap, les groupes sont fort jaloux de leur renommée et de leur succès ; et la rivalité et la concurrence entre eux sont très virulentes. Dans les concerts et les festivals, les uns et les autres se surveillent et se jugent, à l'aune de l'enthousiasme manifesté par le public : « On les a vraiment cassés mortel », jubilait Abdellah en parlant des autres groupes d'une réunion locale à laquelle son *posse* avait participé [note du 20 juin 1993].

Danses et défis

Il en va pour la *break dance* comme pour le rap ; là aussi, les dimensions de performance et de compétition sont essentielles. L'assertion assez courante selon laquelle les pratiques de la culture *hip hop* fonctionnent comme des rituels de remplacement aux affrontements adolescents, ou autrement dit, le *hip hop* « fournit un champ esthétique où la violence et l'agression physique sont transformées symboliquement[1] », prend, dans le

---

1. Richard Shusterman, *L'Art à l'état vif...*, *op. cit.*, p. 194.

domaine de la danse, tout son sens. À l'origine, cette danse s'est en effet pratiquée exclusivement dans les boîtes de nuit et dans la rue, sous forme de compétitions entre groupes rivaux. Ces concours étaient tout simplement désignés par le mot « défi ». Les adolescents formaient un cercle à l'intérieur duquel les danseurs venaient montrer leurs prouesses aux membres du camp adverse et d'une manière générale à tout le public présent. Dans la rue, cela se passait au son des radiocassettes et sur des cartons, pour pouvoir glisser mieux sur le sol. Dans les discothèques, la piste de danse était parfois entièrement monopolisée par les compétitions. Des joutes d'insultes précédaient éventuellement les danses proprement dites. Les rivalités artistiques cédaient occasionnellement le pas aux échanges de violence, tant l'esprit de compétition était fort et l'ambiance dans l'assistance, électrique. Dans son ouvrage *La Caillera*, Giudicelli cite deux ex-membres de la culture des rues, qui racontent ainsi leurs souvenirs de la fin des années 1980 : « ... il suffisait que tu aies une salle, un peu de son, c'est bon, on faisait une Zoulou Party. À l'intérieur, c'étaient que des défis toute la soirée. C'était à celui qui dansait le mieux ! La danse, c'était tout. Les mecs se battaient pour ça. Tu ne dansais pas ou tu ne rappais pas parce que ça marchait bien, ou parce que tu savais que tu allais avoir l'argent. Tu dansais pour tes copains, pour ta cité, pour ta famille, pour la boîte [...] C'était défi. Ta vie, tous les jours, c'était un défi. Tu étais toujours défié par ton voisin, parce qu'il avait de plus belles sapes que toi, parce qu'il dansait mieux, ou parce qu'il avait de plus belles *meufs*, parce qu'il avait été dans un endroit où il avait tapé un magasin plus important que le tien[1] ».

1. Anne Giudicelli, *La Caillera*, *op. cit.*, p. 60-61.

Sur les hauteurs de Belleville, défis de break dance, *1991.* © *Stéphane Herbert.*

À l'époque, les municipalités ainsi que les différents organismes gouvernementaux travaillant sur les quartiers de banlieue organisèrent eux-mêmes des tournois locaux de *smurf*, dont l'un d'entre eux, associé à une fête populaire aux Quatre-Mille de La Courneuve, fut observé et analysé par Bachmann et Basier, lesquels ont retranscrit la chanson de rap de l'animateur sur scène, qui introduit le défi proprement dit : « Il s'appelle Junior / Il s'entraîne très fort / À casser son corps / Pour êt' le plus fort / Mais ce type-là cartonne dans les aéroports / Il cire le sol sans s'arrêter jusqu'à l'aurore / Hé ! pour lui, la vie est belle / Mais ce gars-là s'entraîne dans les poubelles / Et devant nous, il vient frimer / Junior, je n'ai pas envie de te casser / Mais tu vois, devant toi, y a un public / Qui tout l' monde, oui, forme une clique / Et si tu veux vraiment pouvoir *breaker* / Lâche le micro et mets-toi à donner [1]. »

---

1. Christian Bachmann, Luc Basier, « Junior... », *op. cit.*

La compétition était à la fois individuelle, avec pour enjeu l'honneur personnel des danseurs, et collective, opposant ainsi des groupes de *smurfers* et de *breakers* dont les noms (Courneuve-City-Street-Danse, Bosquets-City-Gang, 3000 Breakers, etc.) témoignaient bien de leur inscription territoriale et dont les rivalités artistiques recoupaient assez bien les antagonismes réels.

Compétition de break dance *dans le gymnase Langevin-Wallon,*
à la fin des années 1980. © Robert Laponce.

Aujourd'hui, les défis de rue ont pratiquement disparu, au profit de spectacles chorégraphiques, produits en salle par des troupes comme B3-Black-Blanc-Beur, Accrorap, Wanes, B. Boys Breakers et bien d'autres, qui ont effectué depuis cette époque leur propre cheminement créatif et artistique en se distanciant de l'esprit et du style originels. D'une manière encore plus significative que pour le rap, il faut aussi noter que le passage de l'art de rue à l'art reconnu et institutionnalisé s'accompagne d'une euphémisation évidente du rôle du public. Cette évolution se donne à observer pour ainsi dire *in vitro* et de manière frappante dans ces spectacles en salle où l'on voit s'affronter les diverses manières de manifester son enthousiasme des différentes catégories sociales de l'assistance, avec, d'un côté, les applaudissements policés de la fraction bourgeoise du public et, de l'autre, les débordements tonitruants et enflammés de la fraction jeune et populaire venue autant pour jouir du spectacle que pour soutenir et encourager les danseurs qui apparaissent, en quelque sorte, aux yeux de ces adolescents, comme des combattants défendant leur réputation.

La pratique originelle de la *break dance* a par ailleurs considérablement transformé les pratiques de danse dans les soirées adolescentes et dans les fêtes populaires, qui n'ont aujourd'hui plus grand-chose à voir avec les manières de danser de la génération précédente. Au-delà du fait que les styles mêmes de danse ont changé, le modèle du cercle avec un danseur au milieu, qui fait son numéro, puis qui vient défier un membre de l'assistance, qui vient danser à son tour dans le cercle, etc., le tout sous les acclamations ou les huées de l'assistance, modèle spécialement répandu chez les adolescents d'origine maghrébine ou noire africaine qui le reproduisent en partie de leurs parents, ce modèle, donc, lié à la culture de l'honneur et du défi, a presque totalement supplanté celui des danses en couple telles qu'elles étaient pratiquées dans les années 1960 ou 1970 avec le rock'n roll ou le slow.

Les performances d'écriture

Enfin, la pratique des tags et accessoirement des grafs relève elle aussi, bien que de manière sans doute moins évidente et perceptible, de la logique de la performance, du défi et de la compétition.

La performance des tags repose d'abord sur l'adresse manuelle, c'est-à-dire essentiellement sur la dextérité et la rapidité d'exécution, étant entendu que le tag, une fois son modèle mis au point par son auteur, doit toujours être réalisé à la perfection et de manière rigoureusement identique, afin d'être aisément reconnaissable, aussi bien par les initiés que par les personnes étrangères au mouvement. Elle repose ensuite sur le débit et la quantité, c'est-à-dire sur la répétition du modèle, soit sur un même support, soit sur des supports différents. La performance se fonde également sur la visibilité et sur le caractère spectaculaire des graffitis. Ici, le public convié n'est pas seulement constitué par le groupe des pairs, mais par la société tout entière, puisque les tags peuvent recouvrir toutes les surfaces visibles, au sein de l'ensemble de l'espace urbain. La visibilité maximale est atteinte, aussi bien réellement que symboliquement, lorsque les tags sont apposés sur les surfaces mouvantes comme les rames de métro ou de R.E.R., ou bien encore sur les murs bordant les voies de chemin de fer, les signatures de chacun s'offrant de cette manière au regard de millions de voyageurs[1]. L'inaccessibilité de certaines surfaces comme les murs élevés, sous les toitures d'immeubles, dont le tagage nécessite des prouesses et des acrobaties, augmente encore cette dimension d'exploit. Enfin, le caractère de performance est fortement lié à l'illégalité des graffitis et à la mise en place d'un arsenal répressif qui est devenu de plus en plus sévère. Le risque de sanctions et de peines donne à la pratique des tags un caractère d'aventure et de danger correspondant bien au besoin adolescent d'affirmation de soi par l'épreuve et la prise de risque.

1. Les références plus ou moins légendaires nourrissent ici régulièrement la culture de groupe, tel cet exploit attribué à un tagueur, Boxer, dont les tags, apposés le long de l'aile d'un avion, auraient traversé l'Atlantique (Desse et SBG, *Free Style, op. cit.*).

L'esprit de compétition peut être associé aux rivalités territoriales, puisque les tags, et au besoin les grafs, opèrent dans certains cas une forme de marquage des espaces appropriés par des groupes d'adolescents. Cela était en fait surtout observable aux États-Unis où, dès l'origine, les tags ont revêtu cette dimension territoriale[1]. En France, la référence territoriale des tags est plus ou moins absente, et cette forme de rivalité semble ne jamais avoir véritablement existé. La compétition porte plutôt sur les caractères de performance précédemment décrits et elle oppose soit des individus, soit, comme pour la danse et pour le rap, des groupes qui prennent la forme de bandes d'écriture. La concurrence entre ces groupes peut à l'occasion devenir virulente et conflictuelle, ce qui se traduit par des pratiques extrêmement codées comme celle du *toy*, marque insultante apposée sur un graffiti déjà en place : « Avoir la rage, c'est être là. Sur le terrain. Et montrer à tous les autres tagueurs que t'es pas dans les oubliettes. Que t'as ton style et que t'imposes. Si le mec te *toye*, mets une croix sur ton tag et mets son nom... Il sera découragé avant moi parce que je le lâche pas. Et s'il le faut, ça se terminera en bagarre. C'est pas le but du truc, mais il faut que le mec lâche prise. Qu'il dise : "O.K., t'es plus fort que moi[2]"... »

La logique de rivalité et de défi a pris avec les grafs et les tags une dimension particulière, du fait de la grande visibilité sociale des graffitis et surtout du fait de leur statut illégal et de la répression dont ils ont fini par faire l'objet. Au départ, la pratique était circonscrite dans des

---

1. Les premiers tags répertoriés, comme TAKI 183, JUNIOR 161, FRANK 207..., portaient ainsi tous, apposé au nom de guerre de leur auteur, la mention du numéro de rue où ils habitaient. Apposés en territoire « étranger » ou ennemi, ils constituaient, dans ce contexte, une forme de défi appelant des représailles éventuelles (Alain Vulbeau, *Du tag au tag, op. cit.*, p. 26).

2. SP One, tagueur. [Références de la citation égarées.]

lieux et des espaces qui n'intéressaient personne d'autre que les adolescents eux-mêmes. Les premiers tagueurs et graffeurs investissaient des espaces en chantier ou désaffectés, où ils pouvaient mesurer entre eux leurs talents, plus ou moins à l'abri des regards et par conséquent en toute liberté. Par la suite, quand la pratique s'est déplacée dans les centres des villes et notamment dans les couloirs et sur les rames des métros, une véritable guerre larvée s'est instaurée entre les tagueurs et les institutions concernées — principalement les municipalités, la S.N.C.F. et la R.A.T.P. —, pour qui les graffitis occasionnaient des frais de plus en plus considérables. À chaque nouvelle mesure répressive répondaient de façon quasi automatique des provocations nouvelles de la part des adolescents tagueurs. Cette guerre des tags s'est apparemment définitivement achevée depuis quelques années. Seule subsiste une pratique très minoritaire et occasionnelle dans certains quartiers.

**

Qu'il serve de support d'identité pour les jeunes garçons et les jeunes filles en déterminant la nature de conduites sexuellement différenciées, qu'il donne sens aux conflits entre personnes et entre groupes, en instaurant une dynamique de relations spécifiques, ou bien qu'il structure les pratiques originales de l'art des rues dont il constitue, comme on vient de le voir, un ressort créatif non négligeable, l'honneur apparaît bel et bien comme un élément essentiel de la vie sociale et de la sous-culture adolescentes. Cet âge de la vie, couramment défini dans la vision du monde des adultes comme celui de la socialisation avant toute chose, devrait par conséquent être considéré bien autrement que comme une simple période d'apprentissage de la vie en société. Les relations sociales en vigueur dans le groupe, ainsi que les représentations spécifiques qui donnent sens aux discours et aux pratiques de cette jeunesse présentent en effet, du point de vue anthropologique, un caractère autonome et pleinement achevé, dont la cohérence et l'unité n'ont rien à envier aux systèmes culturels que l'ethnologie a pour habitude de décrire.

Conclusion

La culture des rues est, comme nous l'avons annoncé en introduction, une sous-culture spécifique de classe d'âge. Les comportements, les formes d'interactions et les pratiques qui la caractérisent ne durent qu'un temps limité dans l'existence. À partir de l'âge de seize ou dix-sept ans, avec l'entrée au lycée, la projection dans un futur apparaissant déjà beaucoup plus proche et plus concret implique des préoccupations en termes de projets personnels et, par voie de conséquence, l'acceptation de contraintes nouvelles. La prise de conscience s'opère en partie du fait de la première sélection sérieuse qui est opérée pour le passage dans la classe de seconde[1] et par le premier examen, si symbolique soit-il, que constitue le brevet des collèges.

[Note du 26 juin 1992] À la sortie d'un conseil de classe de troisième de fin d'année, je rencontre Loïc, un des élèves de la classe, qui me fait part de son changement d'état d'esprit : « Il va falloir que je me mette au

---

1. Au collège Clemenceau, sur une cohorte d'élèves de sixième, seulement 60 % rentrent en seconde à leur sortie de l'établissement. Parmi les autres, la plupart entrent en classe de préparation aux différents B.E.P. (Brevets d'études professionnelles), en vue d'apprendre directement un métier ou éventuellement de poursuivre, par la suite, vers un bac professionnel. Un très petit nombre d'élèves, devenu presque insignifiant, est réorienté dès la fin de la cinquième, vers des apprentissages. Quelques-uns sortent définitivement, à un moment ou à un autre, du système scolaire.

boulot, hein, m'sieur, ça va pas être la même chose, maintenant. Je vais le regretter, ce collège, remarque ! Je me
suis bien marré pendant quatre ans, mais, maintenant, y'
va falloir travailler, en B.E.P., ça c'est sûr... Et qu'ils [ses
pairs] viennent pas me traiter de bouffon, ou je leur mets
une tête, hein ! »

Sur le plan de la sociabilité, la rupture avec la culture
des rues se traduit d'abord par une nette prise de distance par rapport à l'univers spatial et social du grand
ensemble. Le sentiment d'enracinement territorial s'affai-
blit, même si l'attachement aux lieux reste très fort par
la suite pour la plupart des jeunes. L'intégration au
réseau d'interconnaissance de la cité diminue, tandis que
les centres d'intérêt et la curiosité se déplacent à l'extérieur du quartier, dans l'« autre monde », comme en
témoignent notamment les discours d'adolescents plus
âgés, se remémorant leur passé proche : « Tu sais, mais
moi, dans le temps, je te dis la vérité, j'étais dans ma
délinquance, t' sais, je pensais comme tout le monde,
"ouais, notre cité et tout"... Sur la vie de ma mère, je
pensais que comme ça... » (Samir, 24 février 1994). La
sociabilité caractéristique des groupes de pairs continue
à se développer, mais elle se transforme et perd en
grande partie son ancrage local. Quant aux manifestations et aux pratiques spécifiquement liées à l'ethnicité
et à l'interethnicité, elles ont tendance à disparaître au
profit de conduites qui expriment au contraire un fort
désir d'intégration nationale et un antiracisme de plus en
plus affirmé.

En prenant de l'âge, les adolescents abandonnent également les formes lexicales et les pratiques oratoires originales du langage des rues. Le *verlan* argotique et le
« bas langage » disparaissent au profit d'une langue « à
l'endroit », plus châtiée et syntaxiquement plus correcte.
On observe même, à l'occasion, des formes typiques
d'hypercorrection langagière (par exemple, l'emploi systématique du « ne » de négation), qui ne laissent pas de

surprendre l'auditeur qui a connu les locuteurs quelques années auparavant. La diction elle-même se transforme aussi, devenant plus feutrée et plus posée. La pratique des vannes référencées, sur le modèle de « Ta mère... », disparaît assez tôt, vers quatorze ou quinze ans (« C'est bon pour les p'tits merdeux, ce truc-là ! »). L'usage des insultes perdure, mais devient plus exceptionnel, c'est-à-dire réservé aux situations de conflit véritable. La prise de distance par rapport au réseau de sociabilité du grand ensemble entraîne également une diminution obligée de la pratique du bavardage et des ragots. Enfin, le mensonge perd de sa valeur sociale, même si son usage reste toujours possible. Bref, le langage se normalise, se rapprochant progressivement du français « standard ». Cela n'empêche nullement, cependant, la pratique occasionnelle, entre soi et au second degré, des formes argotiques, de certaines formes de *verlan*, et aussi, bien entendu, des charres, et ce jusqu'à l'âge adulte.

Il en va de même, comme nous l'avons déjà évoqué, pour les échanges de violence codifiés de la culture des rues. Les duels aux poings, les batailles rangées, les bagarres festives de sortie de collège, tout cela n'a plus cours à partir d'un certain âge. Les rapports sociaux se métamorphosent et deviennent beaucoup plus courtois, plus policés, plus civilisés au sens propre du terme, ce qui induit une sociabilité infiniment plus raisonnable, c'est-à-dire moins agitée et moins bruyante. Le principe de vengeance, même s'il reste présent à la conscience de chacun, perd sa dimension sociale et culturelle. Pour autant, les conflits graves peuvent toujours au besoin se régler par des affrontements en bonne et due forme. Mais la bagarre n'est alors ni souhaitée ni cherchée au départ ; tout au plus est-elle acceptée et assumée, lorsque les circonstances sont censées l'imposer. Seules subsistent et même se développent à partir de cet âge les pratiques agonistiques sportives, dont on a vu qu'elles se situaient en fait en rupture avec l'univers de la rue.

Enfin, l'intégration dans le système des valeurs de la culture des rues, fondé en grande partie sur les notions d'honneur et de réputation, est abandonnée au profit d'une adhésion forte aux valeurs dominantes essentiellement individualistes et hédonistes de la société française contemporaine. Les conduites et les comportements ne sont plus subordonnés à la construction et à la défense de la réputation individuelle ou collective. La sensibilité aux offenses, surtout verbales, fait place à un détachement volontiers affiché. Les querelles d'honneur apparaissent désormais futiles aux yeux d'adolescents qui, quelques années auparavant, étaient pourtant prêts à se battre pour un simple « regard de travers » ou pour une parole « par-derrière ». Comme en matière d'échanges de violence, ce sont les seules formes ritualisées et euphémisées de défis et de compétitions d'honneur qui perdurent, dans le domaine sportif et artistique, principalement.

Certes, les itinéraires individuels sont multiples et divers, et l'on doit bien se garder de croire qu'il existe un modèle type d'entrée dans l'âge adulte, valable pour tous les adolescents. Le schéma de rupture rapide et précoce avec la culture des rues est surtout applicable à ceux — largement majoritaires, quoi qu'on en dise — qui se trouvent intégrés dans les « filières » de socialisation classiques et notamment dans les deuxièmes cycles valorisés du cursus scolaire, c'est-à-dire dans les classes dites « générales » de lycée. Cette situation leur permet entre autres de se projeter raisonnablement dans un avenir professionnel et social réussi, même si le futur apparaît, dans le contexte économique contemporain, plein d'obstacles et d'incertitudes. Pour les autres, qui se trouvent orientés dans les filières scolaires techniques et qui se savent parfaitement, à plus ou moins brève échéance, écartés et plus ou moins exclus des modes de socialisation dominants, les comportements et les pratiques de la culture des rues peuvent persister durablement et jusqu'à l'âge adulte, mais alors de manière moins intégrée que pour la classe d'âge ici décrite, et bien souvent en association avec des sous-cultures déviantes et délinquantes, nées du sentiment de frustration[1] ou des logiques d'action du type de celles décrites dans l'ouvrage *La Galère*[2].

La rupture avec la culture des rues, précoce et rapide pour une grande majorité des adolescents, plus tardive et chaotique pour d'autres, correspond en réalité à l'adoption définitive et irréversible de l'*habitus* social dominant, c'est-à-dire l'adhésion aux normes de comportements et aux valeurs « civilisées », au sens que donne Élias à ce terme[3]. Ce passage se traduit en effet essentiellement par une élévation du niveau de sensibilité à la violence et par l'incorporation d'un fort contrôle des affects et de l'agressivité. Cela se vérifie dans les différentes formes de rapports sociaux, autant dans les interactions physiques que dans les échanges verbaux, dont on a pu voir qu'ils se situaient également à un haut niveau de violence. Contrairement à ce qu'affirment la plupart des discours entendus, ce processus plutôt réussi d'incorporation des valeurs tendrait à montrer par les faits la puissance et l'efficacité très forte des dispositifs institutionnels de socialisation et en particulier de l'école. Celle-ci, malgré toutes ses difficultés et tous les problèmes qu'elle rencontre, continue en effet à produire — peut-être même plus encore qu'avant — des individus, si ce n'est suffisamment dotés en capital culturel, du moins tout à fait aptes à vivre « en société ».

À ce sujet, il convient d'ailleurs de noter que l'abandon de la culture des rues implique, dans l'esprit des adolescents qui vivent ce changement, un rejet radical et très affirmé — presque une sorte de repentir —, puis rapide-

---

1. Voir Olivier Galland, *Sociologie de la jeunesse...*, *op. cit.*
2. Voir François Dubet, *La Galère...*, *op. cit.*
3. Voir Norbert Élias, *La Civilisation des mœurs*, Paris : Calmann-Lévy, 1973 ; ainsi que *La Dynamique de l'Occident*, Paris : Calmann-Lévy, 1991.

ment un oubli quasi complet des schèmes mentaux qui constituaient les fondements de leurs comportements et de leurs pratiques quelques années auparavant. Ce rejet est logique, compte tenu de l'opposition globalement forte entre la sous-culture des rues et la culture dominante et de la nécessité qu'il y a, pour se construire une personnalité cohérente, d'oublier une grande partie de ce que l'on a été. La coupure est d'ailleurs bien perçue par les adolescents eux-mêmes, lorsqu'ils se retrouvent en présence d'individus plus âgés qu'eux, qui ont définitivement changé d'état d'esprit et d'univers. Au début du film *Hexagone*, un jeune retourne ainsi, un samedi matin, visiter ses anciens « potes » de la cité. Surnommé Marlboro, à cause de l'habitude qu'il avait auparavant de quémander des cigarettes à tout le monde, il se fait interpeller par deux jeunes adolescents qu'il croise sur son passage : « Marlboro, t'essayes pas de me taper une clope, aujourd'-hui ? » Vexé, il les rembarre vertement et en profite pour les sermonner : « Qu'est-ce qu'y a, *charclo* [clochard] — Faut pas te vexer, faut avoir un peu d'humour, Marlboro ! — On en reparlera quand vos parents seront plus là pour vous nourrir... » Une fois qu'il s'est éloigné, l'un des deux gamins lance alors, l'air ahuri : « T'as 'u comme il a changé, Marlboro, du jour au lendemain ! »

Cette coupure très marquée montre en fait l'autonomie très grande de cette sous-culture de classe d'âge. Comme on l'a vu, la culture des rues se développe pour une bonne part à l'écart et hors du regard des adultes, qui n'en perçoivent généralement que le caractère déviant ou bien les seules manifestations cultivées, reconnues et légitimées. Corollairement, cela souligne encore combien la discontinuité générationnelle constitue aujourd'hui une discontinuité culturelle majeure de notre société[1]. La sous-

---

1. Voir à ce sujet Margaret Mead, *Le Fossé des générations : les nouvelles relations entre les générations, dans les années 1970*, Paris : Denoël, 1979.

culture des rues se reproduit, d'une part, par initiation dans les rapports sociaux directs entre adolescents du même quartier, de la même banlieue, ou de la même agglomération, et, d'autre part, par un processus de diffusion culturelle, tant au niveau national, par le fait des mass media et des manifestations spécifiques, qu'au niveau international, puisque, comme on le sait, certaines pratiques artistiques, telles que la musique rap, sont aujourd'hui devenues un phénomène planétaire.

Le caractère passager de la culture des rues implique par ailleurs un renouvellement rapide de la population qui y participe, avec des « départs » et des « arrivées » nombreuses et permanentes. Les facteurs de conservation de ce système culturel sont donc relativement faibles, et celui-ci se trouve soumis à des forces de changement, liées en particulier au phénomène de la mode, qui entraînent une modification continuelle des pratiques et des consommations. Entre le moment où nous avons commencé notre travail de terrain et celui où ces lignes sont écrites, c'est-à-dire en un peu moins de cinq années, les attributs vestimentaires des adolescents ont en grande partie changé, l'« art » de la rue a poursuivi son processus d'institutionnalisation et de recentrage sur la musique rap, de nouvelles pratiques sportives de rue se sont développées, etc. Pourtant, malgré toutes ces transformations importantes, les formes de sociabilité, les modes d'interactions spécifiques et le code central des relations en vigueur se reproduisent et restent fondamentalement les mêmes.

Le signe le plus manifeste de la fixation profonde et durable de certains traits culturels majeurs est sans doute la diffusion culturelle massive dont cette sous-culture adolescente semble être devenue aujourd'hui la source, à l'échelle de la société française. Certes, depuis une quinzaine d'années, parallèlement aux phénomènes propres à la crise sociale et économique de ces quartiers, des formes d'expression artistique avaient vu le jour, dont celles appartenant au mouvement *hip hop*, et avaient déjà acquis une audience et même une assez forte publicité locale et nationale, à l'occasion de manifestations, ou par le fait d'émissions de radio ou même de télévision. Mais il s'agissait alors exclusivement d'une diffusion concernant des formes d'expression artistiques et ce phénomène restait cantonné à un public jeune et relativement initié. Avec le succès commercial, auprès d'un public socialement très étendu, d'un rappeur comme MC Solaar — considéré, sans doute à juste titre, comme le porteur d'un certain renouveau de la chanson française —, une étape fut assurément franchie.

Mais nous voulons surtout évoquer des réussites de production et d'édition récentes et frappantes, telles que le sont, par exemple, le film *La Haine*, de Mathieu Kassovitz, ou l'ouvrage *Ta Mère*[1], de l'animateur vedette de télévision Arthur. Le premier, tourné dans une cité de banlieue, avec des adolescents « du cru » — mais mis en scène par un réalisateur étranger à ce milieu social —, relate les frasques et les aventures, vingt-quatre heures durant, d'un trio d'adolescents débridés. C'est un produit qui, malgré des qualités de réalisation certaines, est somme toute assez médiocre du point de vue du traitement du contenu. Pourtant, orchestralement promu et massivement distribué, il a acquis un statut au moins éphémère de film culte, puisqu'il a fait plus d'un million d'entrées en trois mois[2]. Quant à l'ouvrage *Ta mère*, inspiré des « Guignols de l'info » de l'émission *Nulle part ailleurs*, sur la chaîne de télévision Canal +, c'est en fait un simple recueil de vannes — sur le modèle de « Ta mère, elle est tellement... que... ». Typographié en corps énorme (quatre ou cinq vannes par page), également très bien

1. Arthur, *Ta Mère*, Paris : Michel Lafon, 1995.
2. Pour une critique du film et une analyse de son succès, voir David Lepoutre, « Le succès de *La Haine* », *La Revue administrative*, 285, mai-juin 1995, p. 335-336.

promu et mis en vente à bon prix, cet ouvrage, principalement constitué, il faut bien le souligner, de papier, s'est
tellement bien vendu qu'un deuxième, puis un troisième
tome ont été édités, qui totalisent avec le premier près
de 500 000 exemplaires écoulés en moins de six mois. La
maison d'édition, forte de ce succès, a même mis sur le
marché toute une panoplie de produits dérivés, estampil-
lés « Ta mère », tels que chewing-gums, cassettes, tee-
shirts, jeans et même des poupées parlantes à l'effigie de
rappeurs « noirs » ou « arabes » débitant quelques minutes
de vannes sur « Ta mère ». Dans la même lignée d'ouvrages à vocation principalement commerciale, on peut
encore citer les récents « dictionnaires » du langage des
banlieues comme *La Téci à Panam'* — présenté par Bernard Pivot à *Bouillon de culture* —, ou encore *Le Dico de
la banlieue*[1].

En somme et c'est un fait relativement nouveau, la culture des rues s'« exporte » bien, puisqu'elle se vend et
qu'elle rapporte même beaucoup d'argent — ce qui constitue donc le signe flagrant de sa capacité nouvelle de
diffusion. Après la sortie de *La Haine*, le magazine *V.S.D.*,
qui en avait fait, à l'instar de beaucoup d'autres journaux,
sa une de couverture, ne titrait-il pas : « "Jusqu'ici, tout
va bien !" Les meilleurs dialogues du film. "Ta mère,
sguegue, mortel, keusma..." Apprenez le langage des
cités » ? Aujourd'hui, aux yeux du grand public, les adolescents des grands ensembles périphériques apparais-

---

1. Pascal Aguillou, Nasser Saiki, *La Téci à Panam'...*, *op. cit.* Philippe Pierre-Adolphe, Max Mamoud, Georges-Olivier Tzanos, *Le Dico
de la banlieue...*, *op. cit.* On ne mettra pas dans la même catégorie
d'ouvrages le dictionnaire réalisé dans le cadre d'un établissement
scolaire par une classe de sixième sous la direction de Boris Seguin
et Frédéric Teillard, *Les Céfrans parlent aux Français...*, *op. cit.*, ouvrage
qui, même s'il érige en langue ce qui n'en est pas une, est le produit
d'un travail très intéressant et approfondi sur les formes lexicales du
parler adolescent.

Les Ta mère sont nés dans les faubourgs de Los Angeles où les gangs ont soudain décidé de s'affronter à coups d'insultes plutôt qu'à coups de couteau. Et ça marche ! La formule fait un malheur-bonheur chez les rappers aux États-Unis et en Amérique du Sud, déferle en Angleterre et commence à faire des ravages bénéfiques dans les cours de récréation françaises.

Seulement bien sûr, pour canaliser la violence physique par l'agression verbale, on ne saurait employer des mots doux. Alors, avant de crier à la provocation scandaleuse, sachez bien que l'intention de ce livre — dont les auteurs ont fait le tour du monde pour glaner les Ta mère les plus forts de chaque pays — n'est ni méchante, ni raciste, ni parricide, ni matricide : la démarche s'avère thérapeutique, tout bonnement.

Quant à vous, chères mamans, on vous demande pardon. Mais réfléchissez : si insulter les mères figure l'injure suprême, c'est quand même bien parce qu'on vous aime plus que tout !

ARTHUR

ta mère est tellement plate qu'on pourrait la fa

ta mère est tellement moche

Michel LAFON

Ta mère, d'Arthur : première et quatrième de couverture, avec le commentaire de la présentation. On notera le ton conformiste et autojustificateur du texte, qui semble vouloir « rassurer le bourgeois ».

sent immanquablement comme les dignes successeurs des titis parisiens de naguère, et la sous-culture des rues, en passe de réification, fait désormais figure de nouvelle culture populaire des banlieues, source d'un renouveau supposé de la culture française.

Même si l'on perçoit aisément le caractère de mythification de cette reconnaissance soudaine, qui témoigne sans doute d'un fort besoin de se rassurer de la part des classes moyennes et supérieures, et au-delà de tout jugement que l'on pourrait porter sur la valeur des contenus culturels transmis, il faut bien convenir que ce nouvel engouement pour la banlieue donne aujourd'hui aux habitants de ces quartiers, et tout particulièrement aux adolescents très nombreux qui y résident, une visibilité sociale nouvelle et positive, qui contraste singulièrement avec les images catastrophiques et inquiétantes, sur fond de misère, d'émeutes et de délinquance, auxquelles nous avons été habitués depuis une quinzaine d'années. Gageons que cette nouvelle lisibilité culturelle de la jeunesse des grands ensembles de banlieue produira à terme des acteurs sociaux légitimes à force d'être reconnus et, par voie de conséquence, des citoyens de la République.

Bibliographie

Abou Selim, *L'Identité culturelle : relations interethniques et problèmes d'acculturation*, Paris : Anthropos, 1981.

Abrahams Roger, « Playing the Dozens », *Journal of American Folkor*, 75, 1962, p. 209-218.

Abrahams Roger, *Deep Down in the Jungle : Negro Narrative Folklore from the Streets of Philadelphia*, Chicago : Aldine Publishing Company, 1964.

Adler Alfred, « La vengeance du sang chez les Moundang du Tchad », p. 75-89, *in La Vengeance*, tome 1, *Vengeance et pouvoir dans quelques sociétés extra-occidentales*, sous la dir. de Raymond Verdier, Paris : Cujas, 1981.

Aichoune Farid, *Nés en banlieue*, Paris : Ramsay, 1991.

Alès Catherine, « Violence et ordre social dans une société amazonienne : les Yanomami du Venezuela », *Études rurales*, 95-96, 1984, p. 89-114.

Althabe Gérard, Légé Bernard, Sélim Monique, *Urbanisme et réhabilitation symbolique, Ivry, Bologne, Amiens*, Paris : Anthropos, 1984.

Alvarez-Uria Fernando, Varela Julia, « Le syndrome d'Olivier Twist : sociologie, école et délinquance juvénile », *Critique sociale*, 3-4, 1992, p. 129-135.

Amiot Michel, « L'intervention sociologique, la science et la prophétie », *Sociologie du travail*, 4 (80), 1980, p. 415-424.

Amselle Jean-Lou, « Quelques réflexions sur la question des identités collectives en France aujourd'hui », p. 36-43, *in L'Actualité des bandes*, Vaucresson : C.R.I.V., 1991.

Anselin Alain, *L'Émigration antillaise en France : la troisième île*, Paris : Karthala, 1990.

Arendt Hannah, « Sur la violence », p. 113-218, *in Du mensonge à la violence*, Paris : Calmann-Lévy, 1972.

Arnold David, « Subculture Marginality », *in Sociology of Subcultures*, sous la dir. de David O. Arnold, Berkeley : Glendessary Press, 1970.

Arthur, *Ta mère*, Paris : Michel Lafon, 1995.

Attias-Donfut Claude, *Sociologie des générations : l'empreinte du temps*, Paris : P.U.F., 1988.

Augé Marc, *Non-Lieux : introduction à une anthropologie de la surmodernité*, Paris : Le Seuil, 1992.

Avery Desmond, *Civilisations de La Courneuve*, Paris : L'Harmattan, 1987.

Bachmann Christian, « Jeunes et banlieues », p. 129-154, *in Intégration et exclusion dans la société française contemporaine*, sous la dir. de Gilles Ferréol, Paris : Presses universitaires de Lille, 1992.

Bachmann Christian, Basier Luc, « Junior s'entraîne très fort ou le *Smurf* comme mobilisation symbolique », *Langage et Société*, 34, 1985, p. 57-68.

Bachmann Christian, Basier Luc, « Le *verlan* : argot d'école ou langue des *keums* », *Mots*, 8, 1984, p. 169-185.

Bachmann Christian, Basier Luc, *Mise en images d'une banlieue ordinaire*, Paris : Syros, 1989.

Bachmann Christian, Copel Anne, *Le Dragon domestique : deux siècles de relations étranges entre l'Occident et la drogue*, Paris : Albin Michel, 1989.

Bachmann Christian, Leguennec Nicole, *Violences urbaines. Ascension et chute des classes moyennes à travers cinquante ans de politique de la ville*, Paris : Albin Michel, 1996.

Balandier Georges, « Violence et anthropologie », *in Violence et transgression*, sous la dir. de Michel Maffesoli et André Bruston, Paris : Anthropos, 1983.

Balazs Gabrielle, Sayad Abdelmalek, « La violence de l'institution : entretien avec le principal d'un collège de Vaulx-en-Velin », *Actes de la recherche en sciences sociales*, 90, 1991, p. 53-63.

Bare Jean-François, « Fantômes de la violence : énigmes tahitiennes », *Études rurales*, 95-96, 1984, p. 23-46.

Barreyre Jean-Yves, *Les Loubards : une approche anthropologique*, Paris : L'Harmattan, 1992.

Beau Stéphane, Noiriel Gérard, « L'immigration dans le football », xxᵉ siècle, 26, 1990, p. 83-96.

Becker Howard S., *Outsiders : études de sociologie de la déviance*, traduit de l'américain par J.-P. Briand et J.-M. Chapoulie, Paris : Métailié, 1985.

Bennassar Bartolomé, *L'Homme espagnol : attitudes et mentalités (XVIe-XIXe siècles)*, Paris : Hachette, 1975.

Berger Peter, « On the Obsolescence of the Concept of Honor », *Archives européennes de sociologie*, 11, 1970, p. 339-347.

Bergson Henri, *Le Rire*, Paris : P.U.F., 1988.

Bertolotto Fernando, Bouhnik Patricia, *Quartier, démocratie et santé : mode de vie et santé des familles et des jeunes sur un quartier de banlieue, une recherche-action en santé communautaire*, Paris : L'Harmattan, 1993.

Billacois Robert, « Flambée baroque et braises classiques », *Autrement*, 3, 1991, p. 69-80.

Billacois Robert, *Le Duel dans la société française des XVIe et XVIIe siècles : essai de psychosociologie historique*, Paris : E.H.E.S.S., 1986.

Bing Léonie, *Les Anges qui tuent : Los Angeles, l'envers du décor*, traduit de l'américain par J. Martinache, Paris : Presses de la Cité, 1992.

Birraux Annie, *L'Adolescent face à son corps*, Paris : Éditions universitaires, 1990.

Bloch Herbert, Niederhoffer Arthur, *Les Bandes d'adolescents*, Paris : Payot, 1974.

Blurton Jones Nicholas, « Étude éthologique de certains aspects du comportement social des enfants à l'école maternelle », p. 380-403, *in L'Éthologie des primates*, sous la dir. de Desmond Morris, Paris : Complexe, 1978.

Body-Gendrot Sophie, *Villes et violences, irruption des nouveaux acteurs*, Paris : P.U.F., 1994.

Boisbourdain Marie-Claude, *Comment la violence vient aux enfants*, Paris : Casterman, 1983.

Bouhnik Patricia, « La drogue au quotidien », *Esprit*, 110, 1990, p. 54-71.

Bourdieu Emmanuel, « Dialogue sur la violence : entretien avec un videur », p. 737-753, *in La Misère du monde*, sous la dir. de Pierre Bourdieu, Paris : Le Seuil, 1993.

Bourdieu Pierre (sous la dir. de), *La Misère du monde*, Paris : Le Seuil, 1994.

Bourdieu Pierre, « L'ordre des choses », *Actes de la recherche en sciences sociales*, 90, 1991, p. 7-9.

Bourdieu Pierre, « Programme pour une sociologie du sport », p. 303-216, *in Choses dites*, Paris : Minuit, 1987.

Bourdieu Pierre, « Remarques provisoires sur la perception sociale du corps », *Actes de la recherche en sciences sociales*, 14, 1977.

Bourdieu Pierre, *Esquisse d'une théorie de la pratique précédée de trois études d'ethnologie kabyle*, Genève : Droz, 1972.

Bourdieu Pierre, *La Distinction : critique sociale du jugement*, Paris : Minuit, 1979.

Bourdieu Pierre, *Questions de sociologie*, Paris : Minuit, 1984.

Bourgois Philippe, « Une nuit dans une *shooting gallery* : enquête sur le commerce de la drogue à East Harlem », *Actes de la recherche en sciences sociales*, 94, 1992, p. 59-78.

Brake Mike, *The Sociology of Youth and Youth Subcultures*, Londres : Routledge and Kegan Paul, 1980.

Breteau Claude, Zagnoli Nello, « Le système de gestion de la violence dans deux communautés rurales méditerranéennes : la Calabre méridionale et le N.-E. constantinois », p. 43-73, *in La Vengeance*, vol. 1, *Vengeance et pouvoir dans quelques sociétés extra-occidentales*, sous la dir. de Raymond Verdier, Paris : Cujas, 1981.

Breton Émile, *Rencontres à La Courneuve*, Paris : Messidor, 1983.

Brito (de) Xavier, Vasquez Ana, « La perception de l'étranger par les enfants d'une école primaire : étude ethnographique d'un groupe-classe au quotidien », *Migrants-formation*, 96, 1994, p. 57-72.

Bromberger Christian, *Le Match de football. Ethnologie d'une passion partisane à Marseille, Naples, Turin*, Paris : M.S.H., 1995.

Brun Jacques, « Nouvelles approches », p. 333-391, *in Histoire de la France urbaine* : tome 5, *La Ville aujourd'hui*, sous la dir. de Georges Duby, Paris : Le Seuil, 1985.

Calame-Griaule Geneviève, « La parole et le discours », p. 7-74, *in Histoire des mœurs* : tome 2, *Modes et modèles*, sous la dir. de Jean Poirier, Paris : Gallimard, 1991.

Calogirou Claire, « L'honneur : valeur et pratique », p. 58-61, *in L'Actualité des bandes*, Vaucresson : C.R.I.V., 1991.

Calogirou Claire, *Sauver son honneur : rapports sociaux en milieu urbain défavorisé*, Paris : L'Harmattan, 1989.

Calvet Louis-Jean, *La Tradition orale*, Paris : P.U.F., 1984.

Camilleri Carmen, « Images de l'identité et ajustements culturels au Maghreb », *Peuples méditerranéens*, 24, 1983, p. 127-152.

Campbell John K., *Honor, Family and Patronage. A study of Institutions and Moral Values in a Greek Mountain Community*, Oxford : Clarendon Press, 1964.

Carenini André, « La symbolique manuelle », p. 75-160, *in Histoire des mœurs* : tome 2, Paris : Gallimard, 1991.

Castan Nicole, *Les Criminels du languedoc : les exigences d'ordre et les voies du ressentiment (1750-1790)*, Toulouse : Ass. des publ. de l'université de Toulouse, 1980.

Castleman Craig, *Getting up : Subway Graffiti in New York*, Cambrige : Mitt Press, 1982.

Chalfant Henry, *Spraycan Art*, Londres : Thomas and Hudson, 1987.

Chamboredon Jean-Claude, « Adolescence et postadolescence : la "juvénisation". Remarques sur les transformations récentes des limites et de la définition sociale de la jeunesse », p. 13-28, *in Adolescence terminée, adolescence interminable*, sous la dir. d'Anne-Marie Alleon, Odile Morvan, Serge Lebovici, Paris : P.U.F., 1985.

Chamboredon Jean-Claude, « Construction sociale des populations », p. 442-471, *in Histoire de la France urbaine* : tome 5, *La Ville aujourd'hui*, sous la dir. de Georges Duby, Paris : Le Seuil, 1985.

Chamboredon Jean-Claude, « La délinquance juvénile, essai de construction d'objet », *Revue française de sociologie*, XII 3, 1971, p. 335-377.

Chamboredon Jean-Claude, « La société française et sa jeunesse », p. 155-177, *in Le Partage des bénéfices : expansion et inégalités en France*, Actes du colloque du cercle de Noroit, Arras, 12-13 juin 1965, Paris : Minuit, 1966.

Chamboredon Jean-Claude, Lemaire Madeleine, « Proximité spatiale et distance sociale. Les grands ensembles et leur peuplement », *Revue française de sociologie*, 1 (9), 1970, p. 3-33.

Charef Medhi, *Le Thé au harem d'Archi Ahmed*, Paris : Gallimard, 1986.

Chauveau Gérard, Duro-Courdesses Lucile, *Écoles et quartiers. Des dynamiques éducatives locales*, Paris : L'Harmattan, 1989.

Chebel Malek, *Le Corps dans la tradition au Maghreb*, Paris : P.U.F., 1984.

Chemin Michel, *La Loi du ring*, Paris : Gallimard, 1992.

Chesnais Jean-Claude, *Histoire de la violence en Occident de 1800 à nos jours*, Paris : Robert Laffont, 1981.

Chopart Jean-Noël, « Crise du travail social », *MIRE Info*, 23, 1991, p. 3-10.

Choron-Baix Catherine, *Le Choc des mondes : les amateurs de boxe thaïlandaise en France*, Paris : Kimé, 1995.

Christin Rosine, « Première génération : entretiens avec un professeur de lettres d'un collège de la banlieue parisienne », *Actes de la recherche en sciences sociales*, 90, 1991, p. 37-52.

Clarke John *et al.*, « Subcultures, Cultures and Class : a Theoretical Overview », *Working Papers, in Cultural Studies*, 7-8, 1975, p. 9-74.

Claude-Valentin Marie, Signori Sabine, *La Population des D.O.M.-T.O.M. vivant en métropole*, Paris : I.N.S.E.E. Première, 1992.

Claverie Élisabeth, « "L'honneur" : une société de défis au xixe siècle », *Annales Économie, société, civilisation*, 34 (4), 1979, p. 744-759.

Claverie Élisabeth, Jamin Jean, Lenclud Gérard, « Une ethnographie de la violence est-elle possible ? », *Études rurales*, 95-96, 1984, p. 9-21.

Clément Jean-Paul, « La souplesse et l'harmonie : Étude comparée de trois sports de combat, lutte, judo, aïkido », p. 285-301, *in Sports et société : approche socioculturelle des pratiques*, sous la dir. de Christian Pociello, Paris : Vigot, 1981.

Cloward Richard A., Ohlin Lloyd E., *Deliquency and Opportunity : a Theory of Delinquent Gangs*, London : Routledge and Kegan Paul, 1961.

Cohen Albert K. (sous la dir. de), *Urban Ethnicity*, Londres : Tavistock, 1974.

Cohen Albert K., « The Sociology of the Deviant Act : Anomy Therory and Beyond », *American Sociological Review*, 30, 1965.

Cohen Albert K., *Delinquant Boys*, New York : Free Press, 1955.

Corbin Alain, « L'histoire de la violence dans les campagnes françaises au xixe siècle. Esquisse d'un bilan », *Ethnologie française*, 21 3, 1992, p. 224-236.

Crubellier Maurice, *L'Enfance et la jeunesse dans la société française (1800-1950)*, Paris : Armand Colin, 1979.

Dannequin Claudine, *L'Enfant, l'école et le quartier, les actions locales d'entraide scolaire*, Paris : L'Harmattan, 1992.

Dansons Magazine, numéro spécial, « Rap et culture *hip hop* », avril 1992.

Davis John, *People of the Mediterranean : an Essay in Comparative Social Anthropology*, Londres : Routledge and Kegan Paul, 1977.

Defrance Bernard, *La Violence à l'école*, Paris : Syros Alternatives, 1988.

Delarue Jean-Marie, *Banlieues en difficultés : la relégation*, Paris : Syros Alternatives, 1991.

Descamp Marc-Alain, *Le Langage du corps et la Communication corporelle*, Paris : P.U.F., 1989.

Despres Leo A. (sous la dir. de), *Ethnicity and Ressource Competition, in Plural Societies*, Paris-La Haye : Mouton, 1975.

Desse et SBG, *Free Style*, Paris : Florent Massot, 1993.

Dollard John, « The Dozens : the Dialect of Insult », *American Image*, 1, 1939, p. 3-24.

Dolto Françoise, *La Cause des adolescents*, Paris : Robert Laffont, 1988.

Dubar Claude *et al.*, *L'Autre Jeunesse. Des jeunes sans diplôme dans un dispositif de socialisation*, Paris : Presses universitaires de Lille, 1987.

Dubard Claude, *La Socialisation : constructions des identités sociales et professionnelles*, Paris : Armand Colin, 1991.

Dubet François, « Les bandes, de quoi parle-t-on ? », p. 9-18, *in L'Actualité des bandes*, Vaucresson : C.R.I.V., 1991.

Dubet François, *La Galère : jeunes en survie*, Paris : Fayard, 1987.

Duby Georges, « Au XIIᵉ siècle : les "jeunes" dans la société aristocratique », *Annales E.S.C.*, 5, 1964, p. 835-846,

Ducastel Christiane, Voisard Jacques, *La Question immigrée*, Paris : Le Seuil, 1990.

Dufresne David, *Yo ! Révolution rap : l'histoire, les groupes, le mouvement*, Paris : Ramsay, 1991.

Dumay Jean-Michel, *L'École agressée : réponses à la violence*, Paris : Belfond, 1994.

Dunning Eric, Murphy Patrick, Williams John, « La violence des spectateurs lors des matchs de football : vers une explication sociologique », p. 335-366, *in* Norbert Élias, Éric Dunning, *Sport et civilisation : la violence maîtrisée*, Paris : Fayard, 1994.

Duprez Daniel, « L'émergence du "jeune leader" dans les cités populaires et les nouvelles vocations à l'animation », p. 259-

167, *in Problèmes de la jeunesse, marginalité et délinquance juvéniles, interventions sociales au milieu des années 1980*, Actes des cinquièmes journées internationales de Vaucresson, mai 1985, Vaucresson : C.R.I.V., 1986.

Duret Pascal, *Anthropologie de la fraternité dans les cités*, Paris : P.U.F., 1996.

Duro-Courdesses, Lucile *et al.*, « Négociations dans le groupe des pairs à l'école élémentaire ou : comment ne pas se dénoncer », *Études de linguistique appliquée*, 46, 1982, p. 78-89.

Duvignaud Jean, *La Planète des jeunes*, Paris : Stock, 1975.

Eckert Roland, Willems Helmut, « Youth Protest in Europe », p. 89-104, *in Problèmes de la jeunesse, marginalité et délinquance juvéniles, interventions sociales au milieu des années 1980*, Actes des cinquièmes journées internationales de Vaucresson, mai 1985. Vaucresson : C.R.I.V., 1986.

Édouard Robert, *Dictionnaire des injures*, Paris : Sand, 1970.

Élias Norbert, « Sport et violence », *Actes de la recherche en sciences sociales*, 6, 1976, p. 2-19.

Élias Norbert, Dunning Éric, *Sport et civilisation : la violence maîtrisée*, Paris : Fayard, 1994.

Élias Norbert, *La Civilisation des mœurs*, traduit de l'allemand par P. Kmnitzer, Paris : Calmann-Lévy, 1991.

Esterle Maryse, « Y a pas, La Z.U.P., c'est mon village, Jeunes dans la rue, banlieue est de Paris », p. 132-144, *in Le Social dans tous ses états*, sous la dir. de Sylvie Joubert et Éric Marchandet, Paris : L'Harmattan, 1990.

Esterle Maryse, *Les Bandes de jeunes*, mémoire de D.E.A. : Anthropologie sociale : Sorbonne-Paris V : 1989.

Evans-Pritchard Edward Evan, *Les Nuers : description des modes de vie et des institutions politiques d'un peuple nilote*, traduit de l'anglais par L. Évrard, Paris : Gallimard, 1968.

Farge Arlette, *La Vie fragile : violence, pouvoirs et solidarité à Paris au XVIIIe siècle*, Paris : Hachette, 1986.

Farge Arlette, *Vivre dans la rue à Paris au XVIIIe siècle*, Paris : Gallimard, 1979.

Fatela Joao, « Le sang et la rue : éléments pour une anthropologie de la violence au Portugal », *Droit et cultures*, 11, 1986, p. 9-36.

Faulkner William, *Absalon ! Absalon !*, Paris : Gallimard, 1953.

Favret Jeanne, « Relations de dépendance et manipulation de la violence en Kabylie », *L'Homme*, 84, 1968, p. 18-44.

Feeley Francis, « Les loisirs à Pigalle », *Esprit*, 1979, 3, p. 23-35.

Fize Michel, « Des bandes à la bande de copains », p. 47-48, *in L'Actualité des bandes*, Vaucresson : C.R.I.V., 1991.

Fize Michel, *Les Bandes : l'« entre-soi » adolescent*, Paris : Desclée de Brouwer, 1993.

Fize Michel, Touché Marc, *Le Skate : la fureur de faire*, Caen : Arcane-Beaunieux, 1992.

Fonseca Claudia, « La violence et la rumeur : le code d'honneur dans un bidonville brésilien », *Les Temps modernes*, 1984, p. 2193-2235.

Foucault Michel, *Surveiller et punir : naissance de la prison*, Paris : Gallimard, 1975.

François Denise, « Les argots », *in Le Langage*, sous la dir. d'André Martinet, Paris : Gallimard, 1968.

Gadet Françoise, *Le Français populaire*, Paris : P.U.F., 1992.

Gaignebet Claude, *Le Folklore obscène des enfants*, Paris : Maisonneuve et Larose, 1980.

Galland Olivier, Garrigues Pascal, « La vie quotidienne des jeunes du lycée au mariage. Naissance, apogée et déclin de la sociabilité amicale », *Économie et statistiques*, 223, 1989, p. 15-23.

Galland Olivier, *Sociologie de la jeunesse : l'entrée dans la vie*, Paris : Armand Colin, 1990.

Gans Herbert J., *The Urban Villagers*, New York : Free Press, 1962.

George Pierre, *L'Immigration en France : Faits et problèmes*, Paris : Armand Colin, 1986.

Gérome Noëlle, Tartakowsky Danielle, Willard Claude (sous la dir. de), *La Banlieue en fête : de la marginalité urbaine à l'identité culturelle*, Saint-Denis : Presses universitaires de Vincennes, 1988.

Gilsenan Michael, « Lying, Honor and Contradiction », p. 191, 219, *in Transaction and Meaning : Directions in the Anthropology of Exchange and Symbolic Behavior*, sous la dir. de Bruce Kapferer, Philadelphia : Institute for the Study of Human Issues, 1976.

Girard René, *La Violence et le Sacré*, Paris : Grasset, 1972.

Giudicelli Anne, *La Caillera*, Paris : Jacques Bertoin, 1991.

Gluckman Max, « Gossip and Scandal », *Current Anthropology*, 4, 1963, p. 307-316.

Goffman Erving, *La Mise en scène de la vie quotidienne*, tome 2 : *Les relations en public*, Paris : Minuit, 1973.

Goldstein Alexandra, Perrota Joël, *Let's Move, Let's Tag !*, Paris : Institut d'études sociales, 1992.

Grafmeyer Yves, Joseph Isaac (textes traduits et présentés par), *L'École de Chicago : naissance de l'écologie urbaine*, Paris : Aubier, 1990.

Griaule Marcel, « L'alliance cathartique », *Africa*, XVIII, 4, 1948, p. 242-258.

Grignon Claude, Passeron Jean-Claude, *Le Savant et le Populaire, misérabilisme et populisme en sociologie et en littérature*, Paris : Gallimard-Le Seuil, 1989.

Guiraud Pierre, *L'Argot*, Paris : P.U.F., 1956.

Guiraud Pierre, *Les Gros Mots*, Paris : P.U.F., 1991.

Gutwirth Jacques, « Tradition et innovation religieuse », p. 13-33, *in Les Chemins de la ville*, Paris : C.T.H.S., 1987.

Hamoumou Mohand, « L'honneur perdu : les relations parents-enfants dans les familles d'immigrés algériens », *Annales E.S.C.*, 41, 4, 1986, p. 771-788.

Handman Marie-Élisabeth, *La Violence et la Ruse : hommes et femmes dans un village grec*, Aix-en-Provence : Edisud, 1983.

Hannerz Ulf, « Gossip, Networks and Culture in a Black American Ghetto », *Ethnos*, 1967, 32, p. 35-60.

Hannerz Ulf, *Explorer la ville. Éléments d'anthropologie urbaine*, traduit de l'anglais par I. Joseph, Paris : Minuit, 1983.

Harrison Paul, « Soccer's Tribal Wars », *New Society*, 29, 1974, p. 604-642.

Haumont Nicole, « La réhabilitation des grands ensembles », *Universalia*, 1985, p. 348-350.

Héran François, « La sociabilité, une pratique culturelle », *Économie et Statistiques*, 216, déc, 1988, p. 3-22.

Hoggart Richard, *La Culture du pauvre : étude sur le style de vie des classes populaires en Angleterre*, traduit de l'anglais par F. et J.-C. Garcias et J.-C. Passeron, Paris : Minuit, 1970.

Hurstel Jean, *Jeunes au bistrot, culture sur macadam*, Paris : Syros, 1984.

Jamous Raymond, « De quoi parlent les fusils ? », *Autrement*, 3, 1991, p. 176-189.

Jamous Raymond, « Mensonge, violence et silence dans le monde méditerranéen », *Terrain*, 21, 1993, p. 97-110.

Jamous Raymond, *Honneur et baraka : les structures sociales traditionnelles dans le Rif*, Paris-Londres : M.S.H.-Cambridge University Press, 1981.

Jazouli Adil, « Jeunes et banlieues : la décennie décisive », p. 27-35, *in L'Actualité des bandes*, Vaucresson : C.R.I.V., 1991.

Jazouli Adil, *Les Années banlieues*, Paris : Le Seuil, 1992.

Jelen Christian, *Ils feront de bons Français : enquête sur l'assimilation des Maghrébins*, Paris : Robert Laffont, 1991.

Joubert Sylvie et Marchandet Éric (sous la dir. de), *Le Social dans tous ses états*, Paris : L'Harmattan, 1990.

Kaufmann Jean-Claude, *La Vie H.L.M. : usages et conflits*, Paris : Éditions ouvrières, 1983.

Keiser Lincoln, *The Vice Lords*, New York : Holt, Rinehart and Winston, 1969.

Képel Gilles, *Les Banlieues de l'Islam : naissance d'une religion en France*, Paris : Le Seuil, 1987.

Kerleroux Françoise, « Notes sur l'acquisition de la langue maternelle ou : elles parlent un peu, beaucoup, passionnément », *Études de linguistique appliquée*, 46, 1982, p. 90-97.

Khellil Mohand, « L'identité des Maghrébins issus de l'immigration en France », *in* Actes du colloque : *Anthropologie sociale et ethnologie de la France*, Paris : 1989.

Kokoreff Michel, « Tags et zoulous : une nouvelle violence urbaine », *Esprit*, 169, 1991, p. 23-36.

L'Immigration en France des ressortissants des pays d'Afrique noire, Rapport du groupe de travail interministériel, Paris, juin 1992, Paris : Secrétariat général à l'Intégration, 1992.

Labov William, *Le Parler ordinaire : la langue dans les ghettos noirs des États-Unis* ; traduit de l'américain par Alain Kihm, Paris : Minuit, 1993.

Lafortune Jacky, *Le Muralisme à l'université*, Saint-Denis : Université de Paris VIII, 1993.

Lan-Bayle Martine, *Du tag au graff'art : les messages de l'expression murale graffitée*, Paris : Hommes et perspectives, 1993.

Lapassade Georges, « Introduction au mouvement *hip hop*, journée d'études "Les tags et la ville" », C.R.I.V., 14 juin 1990.

Lapassade Georges, « Le *hip hop*, "la nation zulu", les bandes "zoulous" et l'insertion des jeunes Noirs de la deuxième génération », p. 42-46, *in L'Actualité des bandes*, Vaucresson : C.R.I.V., 1991.

Lapassade Georges, Rousselot Philippe, *Le Rap ou la fureur de dire*, Paris : Loris Talmart, 1990.

Lapeyronie Didier, « Les jeunes Maghrébins nés en France : assimilation, mobilisation et action », *Revue française de sociologie*, 2, 1987, p. 287-318.

Lecharny Hugues, *Analyses anthropologiques et historiques de la notion d'honneur, bilan critique de lectures*, Mémoire de D.E.A. : Sciences sociales : Paris : E.H.E.S.S., 1986.

Léger Alain, Tripier Maryse, *Fuir ou construire l'école populaire ?*, Paris : Méridiens, 1986.

Lepoutre David, « Le succès de *La Haine* », *La Revue administrative*, 285, 1995, p. 335-336.

Levet Jean-Paul, *Talkin' that talk : le langage du blues et du jazz*, Paris : Hatier, 1986.

Lévi-Strauss Claude, *La Pensée sauvage*, Paris : Plon, 1962.

Levy Marie-Françoise, Muxel Anne, Percheron Annick, « Tableaux d'honneur », *Autrement*, 3, 1991, p. 104-119.

Lewis Oscar, « The Culture of Poverty », p 149-173, *in Explosive Forces, in Latin America*, sous la dir. de John J. Tepaske et S. N. Fischer, Columbus : Ohio State University Press, 1964.

Lewis Oscar, *Les Enfants de Sanchez. Autobiographie d'une famille mexicaine*, traduit de l'anglais par C. Zins, Paris : Gallimard, 1963.

Louis Patrick, Prinaz Laurent, *Skinheads, taggers, Zulus and co...*, Paris : La Table ronde, 1990.

Mac Kenzie Roderick, « Le voisinage, une étude de la vie locale à Colombus, Ohio », p. 213-254, *in L'École de Chicago : naissance de l'écologie urbaine*, sous la dir. de Y. Grafmeyer et I. Joseph, Paris : Aubier, 1984.

Maffesoli Michel, *Essais sur la violence, banale et fondatrice*, Paris : Méridiens, 1984.

Marin-Muracciole Madeleine-Rose, *L'Honneur des femmes en Corse du XIIIe siècle à nos jours*, Paris : Cujas, 1964.

Maspero François, *Les Passagers du Roissy-Express*, Paris : Le Seuil, 1990.

Matza David, *Becoming Deviant*, Englewood Cliffs : Prentice-Hall, 1969.

Mauger Gérard, Fosse-Poliak Claude, « Les loubards », *Actes de la recherche en sciences sociales*, 50, 1983, p. 49-67.

Mauger Gérard, Fosse-Poliak Claude, *La Vie buissonnière. Marginalité petite-bourgeoise et marginalité populaire*, Paris : Maspero, 1977.

Mauss Marcel, « Essai sur le don. Formes et raisons de l'échange dans les sociétés archaïques », p. 145-279, *in Sociologie et Anthropologie*, Paris : P.U.F., 1989.

Mauss Marcel, « Les techniques du corps », p. 368-369, *in Sociologie et Anthropologie*, Paris : P.U.F., 1950.

Mead Margaret, *Le Fossé des générations*, Paris : Denoël, 1971.

Melucci Alberto, « Sur le travail théorique d'Alain Touraine », *Revue française de sociologie*, 3, 1975, p. 359-379.

Michaud Yves, *La Violence*, Paris : P.U.F., 1986.

Mignon Patrick, « Supporters et hooligans en Grande-Bretagne depuis 1871 », xxᵉ Siècle, 26, 1990, p. 37-47.

Milburn Philip, *Les Problèmes des jeunes dans le grand ensemble de La Courneuve*, Saint-Denis : Conseil général de Seine-Saint-Denis-Aide sociale à l'enfance-Association Resscom, 1992.

Miller Walter, « Lower Class Culture as a Generating Milieu of Juvenile Deliquency », *The Journal of Social Issues*, 14, 1958, p. 5-19.

Minces Juliette, *La Femme dans le monde arabe*, Paris : Mazarine, 1980.

Minces Juliette, *La Génération suivante : les enfants de l'immigration*, Paris : Flammarion, 1986.

Monod Jean, *Les Barjots : essai d'ethnologie des bandes de jeunes*, Paris : Julliard, 1968.

Morin Edgard, « Jeunesse », p. 1-16, *in L'Esprit du temps*, Paris : Grasset, 1962.

Muchembled Robert, « Les humbles aussi », *Autrement*, 3, 1991, p. 61-68.

Négroni Angélique, « De bande à gang : la presse fait le pas », p. 1-8, *in L'Actualité des bandes*, Vaucresson : C.R.I.V., 1991.

Neuman Jean-Claude, Lecat Jean-Pierre, *Images de la toxicomanie en Seine-Saint-Denis*, Saint-Denis : D.D.A.S.S., 1984.

Noiriel Gérard, « Les jeunes d'"origine immigrée" n'existent pas », p. 211-221, *in Les Politiques d'intégration des jeunes issus de l'immigration : situation française et comparaison européenne*, sous la dir. de Bernard Lorreyte, Paris : L'Harmattan, 1989.

Noiriel Gérard, *Le Creuset français : histoire de l'immigration, xixᵉ-xxᵉ siècle*, Paris : Le Seuil, 1988.

Paine Robert, « Gossip and Transaction », *Man*, 1968, 3, p. 305-308.

Paine Robert, « What is Gossip About ? An Alternative Hypothesis », *Man*, 1967, 2, p. 278-85.

Parsons Talcot, « Age et sexe dans la société américaine », p. 109-128, *in Éléments pour une sociologie de l'action*, Paris : Plon, 1955.

Parsons Talcot, « Youth in the Context of American Society », p. 96-119, *in Youth : Change and Challenge*, sous la dir. de E. H. Erikson, Londres, New York : Basic Book, 1963.

Patrick James, *A Glasgow Gang Observed*, London : Eyre Methen, 1973.

Paty Dominique, *Collèges en France*, Paris : La Documentation française, 1980.

Payet Jean-Paul, « Ce que disent les mauvais élèves : civilités, incivilités dans les collèges de banlieue », *Annales de la recherche urbaine*, 54, 1992, p. 85-94.

Péristiany John G. (sous la dir. de), *Honour and Shame : the Values of Mediterranean Society*, Londres : Weidenfeld and Nicolson, 1965.

Pérot Michèle, « Dans la France de la Belle Époque, les "Apaches", premières bandes de jeunes », p. 387-407, *in Les Marginaux et les exclus dans l'histoire*, Paris : U.G.E., 1979.

Pétonnet Colette, *Espaces habités. Ethnologie des banlieues*, Paris : Galilée, 1982.

Pia di Bella Maria, « La "violence" du silence dans la tradition sicilienne », *Études rurales*, 95-96, 1984, p. 195-203.

Pitt-Rivers Julian, « La maladie de l'honneur », *Autrement*, 3, 1991, p. 20-36.

Pitt-Rivers Julian, *Anthropologie de l'honneur : la mésaventure de Sichem*, traduit de l'anglais par J. Mer, Paris : Le Sycomore, 1983.

Ploux François, « Rixes intervillageoises en Quercy 1815-1850 », *Ethnologie française*, 21 (3) 1991, p. 269-275.

Ploux François, *Les Bagarres de village 1815-1850 : contribution à l'étude des formes collectives de la violence en milieu rural*, mémoire de maîtrise : Sorbonne-Paris-I, 1989.

Ploux François, *Violence et conflits sociaux dans les campagnes du haut Quercy 1815-1850 : projet d'enquête*, mém. de D.E.A., Paris : Paris I, 1990.

Pociello Christian (sous la dir. de), *Sports et société : approche socio-culturelle du sport*, Paris : Vigot, 1981.

Pociello Christian, « "La force, l'énergie, la grâce et les réflexes", le jeu complexe des dispositions culturelles et sportives », p. 171-237, *in Sports et société : approche socioculturelle des pratiques*, sous la dir. de Christian Pociello, Paris : Vigot, 1981.

Policar Alain, « Racisme et antiracisme : un réexamen », p. 23-58, *in Intégration et exclusion dans la société française contemporaine*, sous la dir. de Gilles Ferréol, Paris : Presses universitaires de Lille, 1992.

Renouard Jean-Marie, « Vers de nouveaux dispositifs de gestion de l'exclusion ? », p. 249-258, *in Problèmes de la jeunesse, marginalité et délinquance juvéniles, interventions sociales au milieu des années 1980*, Actes des cinquièmes journées internationales de Vaucresson, mai 1985, Vaucresson : C.R.I.V., 1986.

Riout Denys, *Le Livre du graffiti*, Paris : Syros Alternatives, 1985.

Robert Philippe, Lascoumes Pierre, *Les Bandes d'adolescents : une théorie de la ségrégation*, Paris : Éditions ouvrières, 1974.

Robert-Lamblin Joëlle, « L'expression de la violence dans la société ammassalimiut (Côte orientale du Groenland) », *Études rurales*, 95-96, 1984, p. 115-129.

Roy Olivier, « Ethnicité, bandes et communautarisme », *Esprit*, 169, 1991, p. 37-47.

Sanchez-Jankowski Martin, « Les gangs et la presse : la production d'un mythe national », *Actes de la recherche en sciences sociales*, 101-102, 1994, p. 101-117.

Sanchez-Jankowski Martin, *Islands, in the Street : Gangs, in Urban American Society*, Berkeley : University of California Press, 1991.

Schnapper Dominique, *La France de l'intégration : sociologie de la nation en 1990*, Paris : Gallimard, 1991.

Schwartz Olivier, *Le Monde privé des ouvriers : hommes et femmes du Nord*, Paris : P.U.F., 1990.

Ségalen Martine, Le Wita Béatrix, « Se battre comme des chiffonniers », *Études rurales*, 95-96, 1984, p. 9-21.

Seguin Boris *et al.*, *Crame pas les blases*, Paris : Calmann-Lévy, 1994.

Seguin Boris, Teillard Frédéric, *Les Céfrans parlent aux Français : chronique de la langue des cités*, Paris : Calmann-Lévy, 1996.

Sélim Monique, « Travail, distance sociale, résidence », *Terrain*, 3, 1984, p. 5-19.

Shusterman Richard, *L'Art à l'état vif : la pensée pragmatiste et l'esthétique populaire*, traduit de l'américain par Christine Noille, Paris : Minuit, 1992.

Sidney, *Hip hop story*, Paris : Hachette, 1984.

Simmel Georg, *Sociologie et épistémologie*, traduit de l'allemand par L. Gasparini, Paris : P.U.F., 1981.

Simon Patrick, « Banlieues, de la concentration au ghetto », *Esprit*, 182, 1992, p. 58-64.

Sjögren de Beauchaine Annick, « La parole, reflet du remords ou de l'honneur », *Ethnologia Europaea*, 16 1, 1986, p. 39-47.

Stewart Susan, « Ceci Tuera Cela : Graffiti as Crime and Art », p. 161-180, *in Life After Postmodernism*, sous la dir. de John Fekete, New York : St. Martin's Press, 1987.

Suttles Gerald D, *The Social Order of the Slum*, Chicago : University of Chicago Press, 1968.

Tessier Yvon, *Art libre dans la ville*, Paris : Hercher, 1991.

Théodose Édith, *Ces jeunes qui galèrent*, Paris : Éditions ouvrières, 1992.

Thrasher Frederic M., *The Gang*, Chicago : University of Chicago Press, 1963.

Touraine Alain, *Le Communisme utopique*, Paris : Le Seuil, 1968.

Touraine Alain, *Pour la sociologie*, Paris : Le Seuil, 1974.

Tribalat Michèle, *Faire France. Une enquête sur les immigrés et leurs enfants*. Paris : La Découverte, 1995.

Van Campenhoudt Luc, « La délinquance comme processus d'adaptation à une décomposition des rapports sociaux : repères sociologiques », *in Animation en milieu populaire ? Vers une approche pluridisciplinaire de la marginalité*, Bruxelles : Fédération des Maisons de Jeunes en Milieu Populaire, 1981.

Vasquez Ana, Martinez Isabelle, « Interaction élève-élève, un aspect non perçu de la socialisation », *Enfance*, 44, 3, 1990, p. 285-301.

Vassal Jacques, *Folksong : racines et branches de la musique folk aux États-Unis*, Paris : Albin Michel, 1984.

Verdier Raymond (sous la dir. de), *La Vengeance dans les sociétés extra-occidentales*, 2 vol., Paris : Cujas, 1980.

Vidal Denis, « Système de vengeance », p. 736-739, *in Dictionnaire de l'ethnologie et de l'anthropologie*, Paris : P.U.F., 1991.

Vieillard-Baron Hervé, « Centralité mythique et réalité morcelée [ou la capitale vue de la banlieue] », *Espace-temps*, 33, 1986, p. 41-46.

Vieillard-Baron Hervé, « Le ghetto, un lieu commun impropre et banal », *Les Annales de la recherche urbaine*, 49, 1990 p. 13-22.

Vieillard-Baron Hervé, « Le risque du ghetto », *Esprit*, 169, 1991, p. 14-22.

Vieillard-Baron Hervé, *Les Banlieues françaises ou le ghetto impossible*, Paris : Éditions de l'Aube, 1994.

Vieillard-Baron Hervé, « De l'exil aux logiques d'enracinement : l'exemple de Sarcelles », p. 105-128, *in Intégration et exclusion dans la société française contemporaine*, sous la dir. de Gilles Ferréol, Paris : Presses universitaires de Lille, 1992.

Vieillard-Baron Hervé, « Du vague des "ghettos" aux "bandes ethniques" ? », p. 19-26, *in L'Actualité des bandes*, Vaucresson : C.R.I.V., 1991.

Vulbeau Alain, *Du tag au tag*, Paris : Desclée de Brouwer, 1992.

Wacquant Loïc, « Banlieues françaises et ghetto noir américain : de l'amalgame à la comparaison », *Comparatives Studies*, vol 10, 4, 1992, p. 81-103.

Wacquant Loïc, « Corps et âme : notes ethnographiques d'un apprenti boxeur », *Actes de la recherche en sciences sociales*, 80, 1989, p. 33-67.

Wacquant Loïc, « Le gang comme prédateur collectif », *Actes de la recherche en sciences sociales*, 101-102, 1994, p. 88-100.

Wacquant Loïc, « Pour en finir avec le mythe des "cités-ghettos" », *Annnales de la recherche urbaine*, 54, 1992, p. 21-30.

Wacquant Loïc, « The zone : le métier de *hustler* dans un ghetto noir américain », *Actes de la recherche en sciences sociales*, 93, 1992, p. 39-58.

Weber Florence, « Une expérience pédagogique de l'ethnographie en banlieue parisienne : conditions d'enquête, interconnaissance et appartenances territoriales », *Journal des anthropologues*, 49, 1992, p. 101-109.

Weber Florence, *Le Travail à-côté : étude d'ethnographie ouvrière*, Paris : I.N.R.A.-E.H.E.S.S., 1989.

Weinstein Nathalie, *La Démolition du bâtiment Claude-Debussy à La Courneuve : la promotion ou l'exlusion de ses habitants ?*, mémoire de maîtrise, Paris : Institut français d'urbanisme, 1989.

Whyte William F., *Street Corner Society, the Social Structure of an Italian Slum*, Chicago : University of Chicago Press, 1943 (trad. fr. *Street Corner Society : la stucture sociale d'un quartier italo-américain*, traduit de l'américain par H. Peretz, Paris : La Découverte, 1996).

Wieviorka Michel, *L'Espace du racisme*, Paris : Le Seuil, 1991.

Williamson Henry, *Hustler !*, Garden City / New York : Doubleday, 1965.

Wilmott Peter, *Adolescent Boys of East London*, London : Routledge and Kegan Paul, 1966.

Wirth Louis, « Le phénomène urbain comme mode de vie », p. 255-281, *in L'École de Chicago : naissance de l'écologie urbaine*, textes traduits et présentés par Yves Grafmeyer et Isac Joseph, Paris : Aubier, 1984.

Wolfgang Marvin, Ferracuti Franco, *The Subculture of Violence : Towards an Integrated Theory in Criminology*, Londres : Tavistock, 1967.

Zagnoli Nello, « Le visage et la face », p. 13-45, *in Ne pas perdre la face*, sous la dir. de Nello Zagnoli et Marcel Roux, Vaucresson : C.R.I.V., 1991.

Zagnoli Nello, « Respectez-le, il est des nôtres », *Littérature orale arabo-berbère*, 18, 1987-1988, p. 159-178.

Zagnoli Nello, « Un capital d'action : l'honneur », p. 49-57, *in L'Actualité des bandes*, Vaucresson : C.R.I.V., 1991.

Zehraoui Ahsène, « Enfants de Maghrébins au carrefour des cultures », *POUR*, 86, nov.-déc. 1982, p. 93.

Table des illustrations
et des encadrés

La cité des Quatre-Mille   41
La réhabilitation.   46
« Une pluie de pierres contre les policiers »   59
Vision en perspective des Quatre-Mille.   66
Variation des usages toponymiques en fonction du
point de vue   67
La question du ghetto.   84
École et interethnicité.   92
École et antiracisme   101
« La Bamboula »   105
Une sortie à la base de loisirs   132
Le football dans la rue   135
La passion du football.   136
Poèmes obscènes.   160
Rap et obscénité.   165
« Merlin »   182
« Pif de cochon ».   183
Les malheurs de ta mère   187
« Ta mère est tellement pauvre... »   201
« Traître »   227
Deux bandes rivales   251
Souvenir de bagarre.   253
« La poucave ».   270
Mot de menace.   289
Un prof dans la bagarre   310
« Tape-moi »   322

Entraînement de boxe thaïe...................... 332
Démonstration de boxe thaïe.................... 333
La pose devant le photographe 355
Crime d'honneur............................... 382
Défis de boxeurs 402
Coupe de France des *DJ's*...................... 410
Un défi de *break dance*....................... 416
Compétition de *break dance*.................... 417
Ta mère, d'Arthur............................. 432

Table

Introduction

L'ethnologie de la culture des rues

1. Donnant, donnant : Samir et l'ethnographe 9
2. Sociologie et ethnologie de la jeunesse des banlieues 20
3. La culture des rues 27

Première partie

Formes et cadres de sociabilité

Chapitre 1 — LES MODES D'APPROPRIATION DE L'ESPACE

L'espace stigmatisé 40
    Un habitat honni et dégradé (42). *La gestion du stigmate*
    spatial (47). *La souillure des lieux* (48).
L'espace territorialisé 51
    L'attachement résidentiel (52). *Clôture de l'espace et cir-*
    conscription symbolique (54). *La défense du territoire* (58).
L'espace symbolique et mythique 61
    Mythologie des quartiers nord (61). *Centralité et périphérie*
    du grand ensemble (64). *Noms de rues, noms de lieux* (68).
L'autre monde 69
    Les espaces urbains extérieurs (69). *L'appropriation de l'es-*
    pace scolaire (71). *La fréquentation des centres parisiens*

(74). *Le grand ensemble comme unité de référence spatiale* (76).

Chapitre 2 — LES RELATIONS INTERETHNIQUES

La composition ethnique 79
Identité et ethnicité 86
Altérité et classements 93
    Les « anthropologies » (94). *L'usage populaire des différences* (98).
Affinités et rivalités 100

Chapitre 3 — LES RELATIONS D'INTERCONNAISSANCE

Le degré d'interconnaissance 107
Les rituels de reconnaissance 112
La sociabilité de voisinage 118
Interconnaissance et appartenance 121

Chapitre 4 — LA SOCIABILITÉ DES GROUPES DE PAIRS

Les formes d'agrégation juvénile 125
Les activités des groupes de pairs 131
Membres et « bouffons » 140

Deuxième partie

Le langage de la culture des rues

Chapitre 1 — LES PERFORMANCES VERBALES

Le *verlan* argotique 153
Le langage obscène 158
Les caractères de la diction 166

Chapitre 2 — LES JOUTES ORATOIRES

Insultes rituelles et traditions culturelles 173
Le contenu et la forme des vannes 177
    Les vannes directes (178). *Les vannes référencées* (184).
Les échanges de vannes 188

Table • 457

Le capital culturel du groupe 199

Chapitre 3 — OFFENSES ET MAUVAISES PAROLES

Les offenses verbales directes 205
La force magique des insultes (205). *La rhétorique de l'offense* (213).
Bavardage et loi du silence........................... 216
Le pouvoir occulte des ragots (217). *Les formes juvéniles de l'omertà* (225).
Menteurs et jurements 228
Le mensonge et la ruse (229). *Jurements et paroles sacrées* (234).

Troisième partie

Les échanges de violence

Chapitre 1 — RIXES ET BAGARRES

Les modalités d'affrontements 245
Rixes, duels et batailles rangées (245). *Les lieux de bagarre* (250). *L'usage ludique et symbolique des armes* (252).
La publicité des affrontements 256
« Engraineurs » et « sépareurs » (256). *Bagarres en fête* (259).
L'inculcation de l'*habitus* agonistique.................. 262
L'habitude faite corps (263). *Les ambiguïtés de l'éducation* (266). *La force et la dureté* (271). *L'ethnologue et la violence* (277).

Chapitre 2 — LE SYSTÈME DE VENGEANCE

Les cycles vindicatoires.............................. 281
L'origine des affrontements (282). *Rixes et contre-rixes* (284). *Paroles et médiateurs* (290).
Les communautés de défense 293
La solidarité agonistique (294). *Les fonctions structurantes de la vengeance* (297).
L'opposition des systèmes de normes 304

Chapitre 3 — LES ÉCHANGES LUDIQUES ET SPORTIFS

Les échauffourées ludiques. 315
    Jeux, simulations et pantomimes (316). *Les tannées rituelles*
    d'accueil (320). *Les coups, les blessures et le rire* (321).
Arts martiaux et sports de combat. 324
    Culture des rues et sports de combat (325). *Les promesses*
    de la boxe thaïe (329). *Portrait de Sajo* (334).

Quatrième partie

Honneur et réputation

Chapitre 1 — LES CRITÈRES DE LA RÉPUTATION

Les conduites exemplaires masculines. 348
    Le courage physique et l'éloquence (348). *Le corps mis en*
    scène (351). *Les activités délinquantes* (356).
La pureté sexuelle féminine 359
    Virginité et modestie sexuelle (360). *La responsabilité mas-*
    culine de l'honneur féminin (363).
Le nom à l'honneur. 366
    Nom et affirmation de soi (367). *Les atteintes au nom*
    (370).

Chapitre 2 — LES QUERELLES D'HONNEUR

Offenses et réparations. 375
    L'honneur perdu (375). *L'honneur révélé* (380). *Concur-*
    rence et défis (384).
La vigilance du point d'honneur. 389
    Une idéologie guerrière (389). *Portrait d'un bagarreur égaré*
    (393).

Chapitre 3 — LES COMPÉTITIONS HONORIFIQUES

Sports, honneur et défis 398
Les compétitions artistiques. 403
    Le hip hop *ou l'art des rues* (404). *Performances et compéti-*

Table • 459

tions musicales (408). *Danses et défis* (414). *Les perfor-mances d'écriture* (418).

Conclusion...................................... 423
Bibliographie.................................... 435
Table des illustrations et des encadrés..... 453

Dans la collection « Poches Odile Jacob »

N° 1 : Aldo Naouri, *Les Filles et leurs mères*
N° 2 : Boris Cyrulnik, *Les Nourritures affectives*
N° 3 : Jean-Didier Vincent, *La Chair et le Diable*
N° 4 : Jean François Deniau, *Le Bureau des secrets perdus*
N° 5 : Stephen Hawking, *Trous noirs et bébés univers*
N° 6 : Claude Hagège, *Le Souffle de la langue*
N° 7 : Claude Olievenstein, *Naissance de la vieillesse*
N° 8 : Édouard Zarifian, *Les Jardiniers de la folie*
N° 9 : Caroline Eliacheff, *À corps et à cris*
N° 10 : François Lelord, Christophe André, *Comment gérer les personnalités difficiles*
N° 11 : Jean-Pierre Changeux, Alain Connes, *Matière à pensée*
N° 12 : Yves Coppens, *Le Genou de Lucy*
N° 13 : Jacques Ruffié, *Le Sexe et la Mort*
N° 14 : François Roustang, *Comment faire rire un paranoïaque ?*
N° 15 : Jean-Claude Duplessy, Pierre Morel, *Gros Temps sur la planète*
N° 16 : François Jacob, *La Souris, la Mouche et l'Homme*
N° 17 : Marie-Frédérique Bacqué, *Le Deuil à vivre*
N° 18 : Gerald M. Edelman, *Biologie de la conscience*
N° 19 : Samuel P. Huntington, *Le Choc des civilisations*
N° 20 : Dan Kiley, *Le Syndrome de Peter Pan*
N° 21 : Willy Pasini, *À quoi sert le couple ?*
N° 22 : Françoise Héritier, Boris Cyrulnik, Aldo Naouri, *De l'inceste*
N° 23 : Tobie Nathan, *Psychanalyse païenne*
N° 24 : Raymond Aubrac, *Où la mémoire s'attarde*
N° 25 : Georges Charpak, Richard L. Garwin, *Feux follets et champignons nucléaires*
N° 26 : Henry de Lumley, *L'Homme premier*
N° 27 : Alain Ehrenberg, *La Fatigue d'être soi*
N° 28 : Jean-Pierre Changeux, Paul Ricœur, *Ce qui nous fait penser*
N° 29 : André Brahic, *Enfants du Soleil*
N° 30 : David Ruelle, *Hasard et Chaos*
N° 31 : Claude Olievenstein, *Le Non-dit des émotions*
N° 32 : Édouard Zarifian, *Des paradis plein la tête*
N° 33 : Michel Jouvet, *Le Sommeil et le Rêve*
N° 34 : Jean-Baptiste de Foucauld, Denis Piveteau, *Une société en quête de sens*
N° 35 : Jean-Marie Bourre, *La Diététique du cerveau*
N° 36 : François Lelord, *Les Contes d'un psychiatre ordinaire*
N° 37 : Alain Braconnier, *Le Sexe des émotions*
N° 38 : Temple Grandin, *Ma vie d'autiste*
N° 39 : Philippe Taquet, *L'Empreinte des dinosaures*
N° 40 : Antonio Damasio, *L'Erreur de Descartes*
N° 41 : Édouard Zarifian, *La Force de guérir*
N° 42 : Yves Coppens, *Pré-ambules*
N° 43 : Claude Fischler, *L'Homnivore*
N° 44 : Brigitte Thévenot, Aldo Naouri, *Questions d'enfants*

N° 45 : Geneviève Delaisi de Parseval, Suzanne Lallemand, *L'Art d'accommoder les bébés*

N° 46 : François Mitterrand, Elie Wiesel, *Mémoire à deux voix*

N° 47 : François Mitterrand, *Mémoires interrompus*

N° 48 : François Mitterrand, *De l'Allemagne, de la France*

N° 49 : Caroline Eliacheff, *Vies privées*

N° 50 : Tobie Nathan, *L'Influence qui guérit*

N° 51 : Éric Albert, Alain Braconnier, *Tout est dans la tête*

N° 52 : Judith Rapoport, *Le Garçon qui n'arrêtait pas de se laver*

N° 53 : Michel Cassé, *Du vide et de la création*

N° 54 : Ilya Prigogine, *La Fin des certitudes*

N° 55 : Ginette Raimbault, Caroline Eliacheff, *Les Indomptables*

N° 56 : Marc Abélès, *Un ethnologue à l'Assemblée*

N° 57 : Alicia Lieberman, *La Vie émotionnelle du tout-petit*

N° 58 : Robert Dantzer, *L'Illusion psychosomatique*

N° 59 : Marie-Jo Bonnet, *Les Relations amoureuses entre les femmes*

N° 60 : Irène Théry, *Le Démariage*

N° 61 : Claude Lévi-Strauss, Didier Éribon, *De près et de loin*

N° 62 : François Roustang, *La Fin de la plainte*

N° 63 : Luc Ferry, Jean-Didier Vincent, *Qu'est-ce que l'homme ?*

N° 64 : Aldo Naouri, *Parier sur l'enfant*

N° 65 : Robert Rochefort, *La Société des consommateurs*

N° 66 : John Cleese, Robin Skynner, *Comment être un névrosé heureux*

N° 67 : Boris Cyrulnik, *L'Ensorcellement du monde*

N° 68 : Dorian Leader, *À quoi penses-tu ?*

N° 69 : Georges Duby, *L'Histoire continue*

N° 70 : David Lepoutre, *Cœur de banlieue*

Imprimé par Lightning Source France
1 avenue Gutenberg
78310 Maurepas

N° d'édition : 7381-0455-Y

www.ingramcontent.com/pod-product-compliance
Lightning Source LLC
Chambersburg PA
CBHW071352290326
41932CB00045B/1454